Geulnuri
2020-A-03

Moral Development in
S. Kierkegaard's Searching for Self

키에르케고어의
'나'를 찾는 도덕발달

황종환

글누리 HNU

키에르케고어의 '나'를 찾는 도덕발달*

'나'는 각자가 받은 가장 귀한 선물이며 평생에 걸쳐 계발될 수 있다. 인간본성(本性)에 걸맞은 자아의 발견과 형성은 도덕발달로 표현된다. 우리가 도덕발달을 성취하기 위해서는 각자 자기 자신을 찾아 나서야 한다. 도덕발달이 객관적으로 드러나는 고결(高潔)한 성품은 인류의 오랜 바람이었다. 키에르케고어(S. Kierkegaard, 1813-1855)에서 사람의 본성(本性)은 영원을 사모하는 마음이다. 하늘의 빛나는 별과 양심의 도덕률은 칸트(Kant)의 마음을 숭경(崇敬)하게 했다.

인간본성에 근거한 자아의 형성과정은 독단(獨斷)이나 맹목(盲目)이 아니라 도덕적 행위로 표현된다. 키에르케고어에서 인간은 영원한 존재와 관계를 맺으면서 자아를 찾게 된다. 그에게 윤리적 생활은 자기충족(充足)적(self-sufficient) 분투(奮鬪)가 아니라 영원한 존재와 관계의 드러남이다. 영원한 존재와 관계없이 내가 내 자신이 되려고 할 때 절망할 수밖에 없다. 인간의 자율적 윤리를 추구하는 사람들은 키에르케고어의 자아이해와 도덕발달을 받아들이지 않는다.

일반적으로 윤리교육은 자기분투를 통한 도덕발달의 가능성을 묵계(默契)적으로 전제해 왔다. 이런 전제는 과연 타당하며 우리는 구체적 행동에서 도덕적으로 살아가고 있는가? 도덕행위에 대한 이론적 논의 이전에 인류역사의 어두운 현실을 볼 때 쉽게 수긍하기 어렵다. 키에르케고어에서 도덕적 분투는 완벽주의를 지향할 수 있으나 자기다움의 표현으로서 도덕적 성취를 이루지 못한다.

인간본성의 탐구와 윤리교육은 긴밀히 연관된다. 윤리교육은 학교의 교과목 중 하나일 뿐만 아니라 평생 자신을 찾는 과정이다. 예술작품이 감상자에게 객관화된 즐거움을 준다면 타인에 대한 배려 등 도덕적 행위는 보편화된 즐거움을 준다. 도덕교육은 새로운 이론의 창출 차원을 넘어서 행동의 실제적 변화를 가져올 때 의미를 지닌다. 자기 자신을 찾아가는 윤리적 행동은 제 2의 천성(天性)이 되어 내면화(內面化)된다.

한국사회에는 오랜 권위주의의 영향으로 뛰어난 사회지도자를 기대하는 심리가 있어 왔다. 타인에 대한 막연한 의존적 심리에서 벗어나 각 개인이 자아의 형성 가능성을 찾고 도덕발달을 이루고자 한다. 키에르케고어는 영원한 존재와 관계에서 자아를 찾는다. 영원한 존재와 신앙의 관계는 자아의 형성과 도덕발달을 성취한다. 이런 도덕적 행위는 타인에게 영향을 미치는 실제적 윤리교육이 되며 이론적 교육보다 더 효과적이다.

* 이 저서는 2017년 정부(교육부)의 재원으로 한국연구재단의 지원을 받아 수행된 연구임(NRF-2017S1A6A4A01019986).

조요한 교수님, 표재명 교수님, 진교훈 교수님께 감사합니다.
독일 뮌헨대학교(LMU) Prof. Dr. Wilhelm Vossenkuhl,
Prof. Dr. Johannes Laube께 감사합니다.
한남대학교 출판부 안증환 교수님과 관계자 분들께 감사합니다.

2020. 09. 20.

황종환(한남대학교 명예교수)

키에르케고어의 '나'를 찾는 도덕발달

Moral Development in S. Kierkegaard's Searching for Self

I. 자아의식(意識)과 도덕교육 ········· 7

1. 자아의 형성으로서 도덕발달 ········· 9
2. 자아의식(意識)의 역사적 전개 ········· 16
3. 행복한 삶과 윤리 ········· 18
4. 중첩(重疊)된 일치와 공동의 준거(準據) ········· 20
5. 키에르케고어의 삶과 사상 ········· 21
6. 선(善)한 행동의 근원 ········· 27
7. 인간의 존엄의식과 도덕발달 ········· 34
8. 영원을 사모하는 마음과 감각적 욕망 ········· 39

II. 인간의 본성으로서 고결(高潔)한 성품의 추구 ········· 45

1. 행복한 삶의 성취로서 윤리 ········· 47
2. 생활에서 표현되는 도덕교육 ········· 51
3. 실존적 분노와 윤리의 반복적 성취 ········· 57
4. 거리낌을 받는 고결한 성품 ········· 59
5. 윤리적 생활에서 종교성 A와 종교성 B ········· 61

III. 실존적 절망과 도덕발달 ········· 65

1. 실존적 절망의 양면(兩面) ········· 67
2. 영혼의 활동으로써 도덕발달 ········· 71
3. 자아를 잃는 실존적 절망 ········· 73
4. 순간과 영원의 종합으로서 자아 ········· 76

5. 자아의 형성과 도덕발달 체험 77
6. 연약한 절망과 도전적 절망 84
7. 영혼의 활동으로써 자아와 절대무(絶對無) 92
8. 관계에서 형성되는 자아 97
9. 축복의 삶으로서 자아의 형성 108

IV. 실존적 불안과 도덕발달 113

1. 도덕발달의 계기(契機)로서 불안 115
2. 실존적 불안과 심리학적 불안 120
3. 원죄(原罪)와 실존적 불안 126
4. 현실을 변화시키는 도덕발달 131
5. 실존적 불안의 도덕교육적 효과 133
6. 자아의 형성과 불안의 극복 135

V. 영원을 사모(思慕)하는 도덕발달 141

1. 영원을 사모하는 마음 143
2. 영원한 축복과 도덕발달 150
3. 믿음의 근거 : 성육신(成肉身, incarnation) 153
4. '진리는 주체성'으로서 도덕발달 155
5. 축복된 삶 : 고난(苦難)과 도덕발달 162
6. 윤리의 목적론적 정지 169
7. 신앙의 이중운동(double movement) 174
8. 영원의 사모(思慕)와 미래의식(意識) 178
9. 인간의 존엄과 미래윤리학 183

VI. 도덕발달의 완성으로서 이웃사랑 189

1. 영원을 사모하는 이웃사랑 191
2. 아카페, 에로스, 우정 198

3. 도덕발달로서 용서 ······ 207
4. 도덕발달론 비판적 이해 ······ 213

VII. 건덕(建德, edifying)의 삶과 아이러니의 개념 ······ 221
1. 영원한 존재를 찾는 아이러니 ······ 223
2. 윤리적 행동의 형이상학적 근거 ······ 227
3. 자아의식과 실존의 변형 ······ 234
4. 도덕발달의 실존적 전달 ······ 242
5. 실존적 아이러니와 도덕발달 ······ 244
6. 낭만적 아이러니 비판 ······ 254
7. 자아형성의 도덕적 검증 ······ 257

VIII. 외톨이(den Enkelte),
그 한 사람의 도덕교육적 함의(含意) ······ 267
1. 자기 자신이 되는 축복 ······ 269
2. 예술과 도덕적 수월(秀越) ······ 275
3. 소크라테스의 출발과 그리스도의 출발 ······ 280
4. 실존적 사유(思惟)의 간접전달 ······ 283
5. 자기충족(充足) 윤리의 한계 ······ 290
6. 자아로 회귀(回歸)하는 도덕교육 ······ 296
7. 교사와 학생의 실존적 관계 ······ 305
8. 윤리상담과 자아의 형성(形成) ······ 310
9. 칸트와 키에르케고어의 윤리 ······ 317
10. 자발성과 지속성의 윤리교육 ······ 331

IX. 결 론 ······ 339

◆ 참고문헌 ······ 343

I. 자아의식(意識)과 도덕교육

1. 자아의 형성으로서 도덕발달
2. 자아의식의 역사적 전개
3. 행복한 삶과 윤리
4. 중첩된 일치와 공동의 준거
5. 키에르케고어의 삶과 사상
6. 선(善)한 행동의 근원
7. 인간의 존엄의식과 도덕발달
8. 영원을 사모하는 마음과 감각적 욕망

I. 자아의식(意識)과 도덕교육

1. 자아의 형성으로서 도덕발달

소크라테스는 '너 자신을 알라' 고 했다. 자기인식(self-knowledge)은 우리에게 주어진 오랜 과제다. 우리는 자기 자신을 아는가? 실존사상가 키에르케고어에게 사람의 본성(本性)은 영원을 사모하는 마음이다. 그에 의하면 사람은 타자와 관계 이전에 자기 자신과 관계하며 이 관계의 근거는 영원한 존재와 관계다.

오늘날 복지국가를 이룬 나라들이 선진국 문턱에서 공통으로 직면했던 문제는 인간의 영혼 혹은 자아(自我)에 대한 새로운 각성이었다.[1] 한국사회에는 경제발전, 민주화, 한류(韓流)의 영향력 등 자부심(自負心)과 함께 그에 걸맞은 행복한 삶과 도덕발달을 이루지 못한 열패감(劣敗感)이 병존하고 있다. 왜 우리는 꾸준한 성장에도 불구하고 행복지수가 낮고 도덕적으로 크게 발달하지 못할까?[2]

도덕발달이 동반되지 않는 행복의 추구는 인간영혼의 공허함을 체험하면서 그 한계가 드러났다. 현실생활에서 외형적 발전은 도덕발달과 함께 해야 행복의 성취가 가능하다.[3] 우리 사회의 어두운 현실은 의사소통(意思疏通)의 부족, 국민 1인당 가계부채 약

1) 황종환,『키에르케고어와 도덕교육』, 대전: 글누리, 2016. p. 2.
2) J. Helliwell, R. Layard and J. Sachs, (ed.), *World Happiness Report 2018*.
3) Joseph S. Nye Jr., *Soft Power: The Means To Success In World Politics*, Public Affairs; New Ed edition, 2005.

2,700만 원, 하루 36명의 높은 자살률, 향락업소 종사 여성 약 150만 명 등 도덕적 일탈 등이다.[4)]

키에르케고어는 평생 자기 자신을 찾아 나섰다. 그의 시각에서 도덕발달을 찾는 생활을 통해 우리 사회의 질(質)적 변화를 추구하고자 한다. 그는 객관적 학문(學問)의 한계를 넘어서는 자아의 형성과 실제생활의 변화를 찾았다. 그의 삶에서 영혼의 활동은 건덕(建德, edifying) 즉 도덕적 삶으로 드러난다.[5)] 그의 여러 저서가 필명(筆名)으로 출판된 까닭은 독자가 고결한 삶의 길을 스스로 찾길 원해서였을 것이다.

나 자신을 찾는 과정이 객관적으로 검증될 수 있을까? 우리는 인간본성에 걸맞은 자아의식(意識)으로 살아간다.[6)] 즉 사람에게 도덕적 생활의 추구는 그 자체로 아주 자연스러운 모습이다. 영혼의 활동으로써 자아는 외부의 영향력에서 독립하여 자신만의 고유한 책임을 의식하게 된다.[7)] 이런 소명(召命)에 부응할 때 자아의 이해가 더욱 깊어진다.

자연철학자 아낙시만드로스(Anaximander)에 의하면 우리는 자신이 심은 것을 '시간의 법정'에서 자연을 통하여 거두어들이게 된다.[8)] 여기서 자연이란 주위환경뿐만 아니라 사람의 본성(本性, nature)이란 뜻도 된다. 즉 자신의 본성에 걸맞은 생활을 할 때에만 고결한 자아의식을 형성하게 된다. 자기 자신을 찾는 과정은

---

4) 중앙자살예방센터, (http://www.spckorea.or.kr/index.php, 2019.10.14).
5) Anthony Rudd, *Kierkegaard and the Limits of Ethical*, New York: Oxford University Press, 1993. p. 20.
6) Hwang, JongHwan, *Ökologische Gerechtigkeit, eine interkulturelle Begründung*, München: Herbert Utz Verlag, 2003. p. 172.
7) Kierkegaard, *The Sickness unto Death*, trans. H. Hong and E. Hong, Princeton University Press, 1980. p. 54. (*Sygdommen til Doden*, by Anti-Climacus, ed. S. Kierkegaard, 1849).
8) Diels u. Kranz, *Die Fragmente der Vorsokratiker*, Hildesheim: Weidemann, 1961. B. I.

고결한 성품의 도덕발달로 나타남을 밝히고자 한다.

모든 민족과 세대에 걸쳐 추구해야 하는 도덕적 성품은 별이 움직이는 자연의 법칙보다 더 영광스러운 것이다.[9] 소크라테스와 키에르케고어는 자아의 형성을 단지 생각이 아니라 선(善)한 행동의 실천으로 받아들인다. 윤리적 교훈은 타자를 설득하기 전에 자신의 실존적 성숙으로 영향력을 미친다.[10] 윤리교사는 윤리이론의 전수(傳授)를 넘어 고결한 삶으로 자신과 학생을 교육한다.[11]

인간본성에 근거하는 고결한 삶은 사회적 관습의 수동적 수용을 넘어선다.[12] 토마스 아퀴나스(T. Aquinas)에게 거룩한 자아의식의 표현으로서 문화적 창작활동은 신(神)의 선물이다.[13] 그에게 신(神)적 창작(創作)은 하느님의 형상으로서 인간에게 주어진 불사(不死)의 영원함이다. 영원을 사모하는 마음으로서 자아의 활동은 미래를 깊이 생각하며 삶의 흔적을 남기려고 한다.

근대 세계관에서 무한 개념이 발견된 후 삶의 직접적 차원을 넘어서려는 시도가 지속되었다. 브루노(G. Bruno)에게서 보듯이 더 이상 물리적 세계에 제한되지 않고 무한의 세계에 도달하려고 하였다.[14] 인간은 직접적 반응을 넘어서서 상징형식을 통한 문화의

---

9) Kierkegaard, *Either/Or*. Vol. 2. Trans. Walter Lowrie, Princeton University Press, 1959. p. 356.

10) Kierkegaard, *Papirer*, ed. Peter Andreas Heiberg, Victor Kuhr and Einer Torsting, Copenhagen: Gyldendalske Boghandel, Nordisk Forlag, 20 vols. 1909-48. X2 A 235.

11) J. Collins, *The Mind of Kierkegaard*, Chicago: Henry Regnery Company, 1953. p. 154.

12) B. Clouse, *Moral Development, Perspectives in Psychology and Christian Belief*, Grand Rapids, MI: Baker Book House, 1985. p. 20.

13) R. Spaemann, *Das Natürliche und das Vernünftige*, München: Piper, 1987. p. 26.
하느님과 하나님은 보편적, 개별적 의미의 차이로 쓸 수 있으나 본 저서에서 구분 없이 사용했음.

세계에서 산다.[15] 문화철학자 카시러(Cassirer)는 문화의 형성을 통한 자기인식을 추구한다. 그에게 문화의 형식은 종교, 언어, 예술, 역사, 과학 등이다.[16] 문화의 창작은 각 개인이 자기선택을 통하여 자기 자신이 되어 가는 과정이다.

키에르케고어에서 사람은 타자와 관계 이전에 자신과 먼저 관계한다. 그에게 신(神)의 소명은 실존적 변형(變形, metamor- phosis)으로 나타난다. 한 개인은 온 인류에 관여하기에 각자 개인의 삶이 온 인류를 결정하게 된다.[17] 자아의 형성으로서 자아의식은 자기수용(受容)에서 출발한다.[18] 자신에 대한 책임인 자아의 형성은 사람들 사이의 관계 이전에 영원한 존재와 관계에서 근원한다.

키에르케고어는 하느님과 인격적 관계를 통해 자신을 찾아갔다. 그에게 최고의 축복은 도덕생활을 통해 객관적 매력으로 드러난다. 그는 자신의 신적 소명을 글쓰기를 통해 표현했고 감사의 생활을 살았다. 이런 삶은 실존적 변형과 도덕발달로 체험되기 때문에 흔히 간접전달(indirect communication) 혹은 실존전달(existence com-munication)이라 불린다.[19] 야스퍼스(Jaspers)의 통찰대로 반쪽

---

14) E. Cassirer, *An Essay on Man, an Introduction to a Philosophy of Human Culture*, Yale University Press, 1972. p. 15.

15) Cassirer, *an Essay on Man*, Yale University Press, 1972. p. 23.

16) Cassirer, *an Essay on Man*, 1972. p. 63.

17) Kierkegaard, *The Concept of Dread*, Princeton University Press, 1957. p. 168. (1844년에 처음 Kierkegaard에 의해 가명(假名)저자 Vigilius Haufniensis 발행). (unum noris omnes, when you know one, you know all).

18) R. Manheimer, *Kierkegaard As Educator*, University of California Press, 1978. p. 19.
G. Stack, *In the Journal of the History of Philosophy* Volume 19, Number 3, July 1981. pp. 398-400.

19) 임병덕, 『키에르케고르의 간접전달』, 서울: 성경재, 2003. p. 89.
Kierkegaard, *Concluding Unscientific Postscript*, trans. David F. Swenson and Walter Lowrie, Princeton: Princeton University Press, 1968. p. 68.

의 철학은 현실을 떠나지만 온전한 철학은 현실생활로 돌아온다.[20] 인간의 사유와 의지는 삶의 현실과 연관될 때 의미를 갖는다.

키에르케고어는 『아이러니의 개념』에서 자아를 끊임없이 찾았던 소크라테스를 존경했다.[21] 그는 소크라테스를 주체적 실존사상가로 보며 자아형성에 관심을 갖는다.[22] 그는 소크라테스의 자아이해를 그리스도신앙에서 심화시켰다. 소크라테스는 육체의 병이 육체를 잠식(蠶食)하듯이 영혼의 병이 영혼을 잠식할 수는 없다며 영혼불멸을 증명한다.[23] 『철학의 부스러기』에서 그리스철학과 그리스도신앙이 비교된다.[24] 전자에서 도덕적으로 살지 못하는 까닭은 앎의 부족이지만 후자에서는 하느님과 사람 사이의 관계인 신앙의 결핍이다.

자아의 형성은 데카르트(Descartes)의 사유(思惟), 마르크스(Marx)의 경제적 관심, 프로이드(Freud)의 감각적 향락, 니체(Nietzsche)의 권력의지, 홉스(Hobbes)의 만인에 대한 만인의 투쟁 등을 삶의 궁극적 문제로 간주하지 않는다. 키에르케고어에서 영원을 사모하는 사람은 누구나 자기 자신으로서 살아가기를 요구받는다.[25] 그는 영원한 존재를 사모하는 마음을 가장 고결하게 본다.[26] 자아의 활동은 영원한 존재와 관계의 표현이다.[27]

---

20) K. Jaspers, *Existenzphilosophie*, Berlin: Walter de Gruyter & Co., 1938. p. 85.

21) Kierkegaard, *The Concept of Irony, with Continual Reference to Socrates, Notes of Schelling's Berlin Lectures*, ed. and trans. with Introduction and Notes, Howard Hong and Edna Hong, Princeton: Princeton University Press, 1989.

22) R. Manheimer, *Kierkegaard As Educator*, 1978. p. 150.

23) 쇠얀 키에르케고어 지음, 임춘갑 옮김, 『죽음에 이르는 병』, 도서출판 치우, 2011. p. 39., Platon, Politeia, 608d ff.

24) 쇠얀 키에르케고어 저, 표재명 역, 『철학의 부스러기』, 서울: 프리칭 아카데미, 2007.

25) 황종환, 『키에르케고어와 도덕교육』, 대전: 글누리, 2016. p. 27.

26) Kierkegaard, *Edifying Discourse*, trans. D. F. Swenson and L. M.

키에르케고어는 영원한 존재를 사모하는 생활을 클리마쿠스(Climacus)라는 필명으로『철학적 단편(斷片)』,『종결(終結)적 비(非)학문적 철학적 단편(斷片) 후서(後書)』에서 기술한다. 안티-클리마크스(Anti-Climacus)의 필명으로『기독자의 훈련』,『죽음에 이르는 병』,『불안의 개념』 등에서는 개인의 노력만으론 종교적 도덕적 생활을 성취할 수 없음을 밝힌다. 그는 헤겔이 추구했던 사변(思辨)적 노력만으론 실제생활에서 형성할 수 없는 자아와 도덕발달을 찾고자 했다.

키에르케고어에서 윤리적 행위는 영원한 존재와 관계에서 근거하여 가능하다.[28] 사회적 책임도 하느님과 관계에서 연원한다.[29]『두려움과 떨림』에서 하나님은 아브라함에게 아들을 바칠 것을 요구했다. 아브라함은 자신의 행동이 영원한 존재인 하느님의 명령을 따르는 길인지 처음에는 확신할 수 없었다.[30] 아브라함의 행위가 일반적 윤리규범을 넘어서는 모험이기 때문이다.[31] 이에 반(反)해 사회의 풍습을 단지 수동적으로 따르는 생활은 자아를 찾는 체험이 없기에 지루하고 따분하게 된다.

러드(Rudd)는 현대윤리학에서 실존적 참여(existential engagement)의 결핍을 근본적 문제로 지적한다.[32] 자아의 형성과 도덕적 성숙을 위해서는 단지 생각이 아니라 주어진 현실에 주체적 참

Swenson, 4vols. Minneapolis: Augsburg Publishing House. 1943-46: vol. 4.

27) Kierekgaard, *The Sickness unto Death*, 1980. p. 13.
28) A. Rudd, *Kierkegaard and the Limits of Ethical*, 1993. p. 116.
29) Hwang, JongHwan, *Ökologische Gerechtigkeit. eine interkulturelle Begündung*, 2004. p. 187.
30) A. Rudd, *Kierkegaard and the Limits of Ethical*, 1993. p. 121.
31) Kierkegaard, *Fear and Trembling*. trans. H. Hong and E. Hong, Princeton: Princeton University Press, 1983. p. 79. (*Frygt og Bæven*, by Johannes de Silention, 1843).
32) A. Rudd, *Kierkegaard and the Limits of Ethical*, 1993. p. 1.

여가 필수적이다. 실존적 참여를 통해 자신의 고유한 시각을 형성해 간다. 주체적 참여는 의지적 행동을 동반하며 도덕발달을 가능하게 한다. 자아의식이 없는 향락추구의 생활에서는 감각적 재주만 발달된다.

영원을 사모하는 존재로서 인간은 누구나 자기 자신으로서 살아가기를 요구받는다.[33] 사람은 자신의 궁극적 관심 즉 종교적 신념에 근거하여 살아간다. 러드(Rudd)는 종교적 근거에서 윤리적 행위가 가능하다고 주장한다.[34] 그는 키에르케고어의 저술목적을 건덕 즉 도덕성의 고양(高揚)이라고 한다.[35] 키에르케고어에서 자연에 대한 책임도 하느님과 관계에서 연원한다.[36]

키에르케고어는 자아를 형성하는 삶을 통해 타인도 자아를 찾길 원했다. 그는 인간이 자신의 의지만으로는 윤리적으로 살 수 없음을 『불안의 개념』에서 기술한다.[37] 자신의 의지만으로 도덕적으로 살 수 있다는 주장이 오히려 실존적 불안에서 발생한다. 소위 자율성(自律性)의 윤리는 실제생활에서 후회를 겪는다. 후회를 가져오는 행위는 엄격히 말하면 행위가 아니다.[38] 사회적 규범을 따르는 규제만으론 바람직한 윤리적 생활을 할 수 없다.

키에르케고어의 사명은 영원한 존재와 관계에서 자아의 형성과 도덕발달이다. 그는 『후서』에서 정열이 동반된 헌신적 생활과 단지 객관적 관찰만 추구하는 태도를 구분한다.[39] 그는 독일관념론

---

33) 황종환, 『키에르케고어와 도덕교육』, 대전: 글누리, 2016. p. 27.
34) A. Rudd, *Kierkegaard and the Limits of Ethical,* 1993, p. 116.
35) A. Rudd. *Kierkegaard and the Limits of Ethical,* 1993, p. 20.
36) Hwang, JongHwan, *Ökologische Gerechtigkeit*. 2004, p. 187.
37) 쇠얀 키에르케고어 지음, 임춘갑 옮김, 『불안의 개념』, 도서출판 치우, 2011.
38) H. Fink-Eitel, *Die Philosophie und die Wilden*, Hamburg: Junius, 1994. p. 351.
39) Kierkegaard, *Concluding Unscientific Postscript*, trans. D. Swenson, W. Lowrie(completed after his death), Princeton University Press, 1944. p. 127.

을 대표하는 헤겔을 비판하며 학문 활동이나 과학적 탐구에서 윤리적 생활의 동반을 반복하여 강조한다. 마르크스는 노동의 가치를 인정하고 노동자혁명으로 이상적 세상을 이루고자 했지만 키에르케고어는 『사랑의 역사(役事)』에서 각자 자아를 찾는 고결한 삶을 통해 새로운 공동체를 성취하려고 했다.

우리가 논리와 현실을 동일시하면 실제 체험이 아닌 공허한 자아의식을 갖게 된다.[40] 아무리 논리적으로 정교한 체계도 현실생활을 드러내지는 못한다.[41] 주체적 실존에 대해 생각할 수 있지만 우리의 삶 자체를 논리적으로 생각해낼 수는 없다. 키에르케고어에서 자아의식은 현실에서 이상(理想)으로 나아가게 한다.[42] 그는 헤겔, 데카르트, 하느님에 대한 존재론적 증명 등 논리로서 궁극적 실재(實在)를 파악하려는 시도를 비판한다.[43]

2. 자아의식(意識)의 역사적 전개

소크라테스는 아테네의 사회적 관습보다는 한 개인이 인간으로서 마땅히 살아야 할 길을 찾았다. 바람직한 자아를 플라톤은 이성(理性)을 따르는 삶에서 아리스토텔레스는 지성적 숙고(熟考)와 고결한 마음에서 찾았다.[44] 아리스토텔레스에서 고결한 마음은 명예를 종국적으로 생명보다 더 귀하게 여기며 삶에서 하나 혹은 몇

40) Kierkegaard, *Concluding Unscientific Postscript*, 1944. p. 170.
41) Kierkegaard, *Concluding Unscientific Postscript*, 1944. p. 99.
42) Kierkegaard, *Johannes Climacus, or, De Omnibus dubitandum est* (1843), trans. Howard and Edna Hong, published with *Philosophical Fragments*, Princeton, NJ: Princeton University Press, 1985. p. 168.
43) Kierkegaard, *Concluding Unscientific Postscript*, 1944. p. 281, 298.
44) Aristoteles, *Nikomachische Ethik*, Ditzingen: Reclam. 1986. IV. pp. 7-8.

몇의 목표만을 설정하게 된다. 자아의식이 고대(古代)에는 개인이 속한 사회적 역할에 의해 결정되었다. 그러므로 자아의식의 표현인 도덕성은 사회적 역할의 수행으로 받아들여졌다.

아리스토텔레스나 토마스 아퀴나스에서 고결한 마음은 인간 영혼에 본래부터 있지 않았다. 인간의 존엄은 신(神)적으로 외부에서 왔으며 영원하고 소멸되지 않는다.[45] 스토아학파는 우주의 로고스(logos)를 스스로 따르려고 했지만 어거스틴(Augustine)은 하느님 안에서 마음의 평안을 찾았다. 이 땅에서 살아가지만 영원한 나라에 속한 사람으로서 어거스틴은 그리스도신앙을 통해 죄(罪)로 오염된 세상의 변화를 추구했다.

서양에서 윤리적 생활이란 고대에서 중세까지 자연(nature)을 따르는 즉 사람의 본성(nature)에 걸맞은 자연스러운 생활을 의미했다.[46] 근대 이후 윤리의 영역이 인간사회로 축소되었다. 사회적 정의(social justice)는 인간본성에 따라 사회에서 자기답게 사는 삶이다. 인간들 사이의 정의(正義)에서 나아가 오늘날 인간과 자연 사이의 생태(生態)적 정의(ecological justice)도 신 앞에서 자기다운 생활을 통해서 가능하다.

데카르트는 생각하는 정신과 연장(延長)된(extended) 물질을 구분했는데 현대과학은 갈수록 세상의 대상을 물질주의적으로 이해하고자 해왔다. 그가 확실성의 추구에서 받아들인 생각하는 나는 키에르케고어의 시각에서 구체적으로 실존하는 '나'가 아니다. 우리는 실제생활에서 늘 생각하는 나로서 살아가지도 않는다. 키에르케고어는 객관적 사유가 인간의 영혼에까지 침투하려는 시도

45) Spaemann, *Das Natürliche und Das Vernünftige*, München: Piper, 1987. p. 27.

46) A. MacIntyre, *Verlust der Tugend*, Frankfurt: Suhrkamp, 1997. p. 181.

에서 심각한 문제를 보았다. 그에게 실제생활에서 믿음의 근거는 유일하게 확실한 하느님과 관계다.

17세기 이후 발전한 근대 자연과학은 세계를 객관적으로 보고자 했다. 그런데 지나친 합리성의 추구는 개인의 주체적 시각을 상실하게 했다. 물론 세계를 객관화하려는 시도도 주체적 시각에서 가능하다. 근대 이후 경제적 능력은 사회적 역할과 체계가 변할 수 있음을 알려주었다. 경제적 능력은 개인에 대한 의식을 더욱 발전시켰다. 그런데 현대사회에서 개인의 도덕의식과 경제적 능력이 일치하지 않는 현상이 나타났다.

신 앞의 단독자로서 축복의 삶을 산 키에르케고어는 구체적 실천을 통하여 타인도 그런 삶을 살게 하려는 거룩한 유혹자라고 할 수 있다.[47] 실존적 믿음은 어느 주장에 대응하는 일정한 결론이 아니라 회의(懷疑)를 배척하려는 의지적 결단이다.[48] 그러므로 지성적 논박에서 나아가 도덕적으로 표현되는 삶이라야 일정한 태도를 취하지 않는 회의(懷疑)주의를 반박할 수 있다.

3. 행복한 삶과 윤리

한국사회는 경제적 발전에 걸맞은 도덕발달이 요구되고 있다. 경제적 발전을 선도해야 하는 도덕발달은 학교 현장만 아니라 평

47) C. Léon, "The No Woman's Land of Kierkegaardian Seduction", Robert L. Perkins, ed., *International Kierkegaard Commentary, Either/Or,* I, Macon, George, Mercer University Press, 1995. p. 229.

48) Kierkegaard, *Philosophical Fragments*, trans. H. Hong and E. Hong, published with Johannes Climacus, Princeton University Press, 1985. p. 84. (*Philosophiske Smuler*, by Johannes Climacus, ed. S. Kierkegaard, 1844).

생교육의 과제가 되었다. 왜 우리는 꾸준한 경제성장에도 불구하고 행복한 삶을 누리지 못하고 도덕적으로 발달하지 못할까? 감각적 향락의 추구나 자기 의지적 노력만으로 윤리적 생활을 하려고 했으나 목적을 성취하지 못한다면 인간본성에 대한 이해가 미흡하였기 때문이다.

우리는 영혼의 활동으로써 자아의식을 도덕적으로 표현하며 살아간다. 키에르케고어에서 자기 자신을 찾을 때 가장 자연스럽게 되고 이 과정은 도덕적 생활로 검증된다. 개인은 자신의 정체성(正體性, identity)과 개성을 타인과 주위환경에 표현하며 살아간다. 우리가 행복한 삶을 성취하고 한국사회의 도덕적 아노미(anomie)를 극복하기 위해서는 자신을 찾아야 한다.

키에르케고어에게서 인간이 자기 자신에 대해 관계하며 이웃과 관계를 맺게 하는 도덕적 수월성은 하느님과 인격적 관계에서 근원한다. 그에게 삶의 최고 단계는 종교 윤리적 차원이다. 그는 신 앞에 단독자로서 자아를 발견하며 고결한 삶을 통하여 의사소통을 찾는다. 그는 실제 삶이 생각과 논리로만 환원되는 독일 관념론(觀念論)의 부정적 영향과 한계를 극복하고자 했다.

키에르케고어에서 자아의 형성은 고결한 삶의 열매를 통해 자신을 변증한다. 그의 『사랑의 역사』에서 이웃사랑은 개인이 하느님 앞에 홀로 설 수 있을 때에만 가능하다. 단지 이론을 넘어 구체적 실천을 통한 실존전달(實存傳達)은 실제생활에서 예기치 않은 돌발 상황을 의사소통의 계기(契機)로 삼는다.[49] 감각적 향락만 찾는 생활은 타자와 의사소통의 관계를 해체시킨다.

---

49) 박영하, "바람직한 도덕·윤리교사의 자질과 역할", 『道德倫理科教育)』, 제37호, 2012. pp. 181-202.
변순용, "도덕교육의 서양윤리학적 접근", 『道德倫理科教育)』, 제37호. pp. 99-116.

4. 중첩(重疊)된 일치와 공동의 준거(準據)

롤스(Rawls)는 사회관계를 논하기 전에 인간의 존엄을 전제한다. 그는 중첩(重疊)된 일치(overlapping consensus)를 바람직한 사회관계 형성의 방법론으로 받아들인다.50) 사회구성원들이 서로 동의할 수 있는 공통적 요소를 먼저 찾고 각자의 고유한 시각을 받아들이는 방법이다. 특정 종교 즉 국교를 인정하지 않는 한국사회에서 중첩된 일치를 암묵(暗默)적으로 적용할 수 있다. 즉 다양한 종교적 배경과 개인적 신념을 가진 사회에서 공동의 준거(準據)를 우선 정해야 한다.

한국사회에서 도덕발달을 위한 방법으로 키에르케고어의 실존적 성숙 즉 실존 3단계를 고찰한다.51) 그의 삶과 문헌들을 분석하며 자아형성이 도덕발달을 통해 검증됨을 밝히고자 한다. 자아인식의 방법을 찾은 『아이러니의 개념』, 자아의 형성을 실존심리학적 계기로 해석한 『죽음에 이르는 병』과 『불안의 개념』, 실존적 성숙을 해석한 『종결(終結)적 비(非)학문적 철학적 단편 후서(後書)』와 『두려움과 떨림』, 윤리적 생활의 완성으로서 『사랑의 역사』 등을 중심으로 자아의 형성과 도덕발달의 상호관계를 구성한다.

인간은 논리나 사유(思惟)를 넘어 영원을 사모하며 자신의 흔적을 남기고자 한다.52) 키에르케고어는 극단의 이기주의를 추구하는

---

50) J. Rawls, *A Theory of Justice*. Cambridge: Harvard University Press. 1971. p. 340.

51) Kierkegaard, *Concluding Unscientific Postscript to Philosophical Fragments*, Volume 1, trans. H. Hong and E. Hong, Princeton University Press, 1992. p. 301.

52) 쇠얀 키에르케고어 지음, 표재명 옮김, 『철학의 부스러기』, 프리칭 아카데미, 2007.
Kierkegaard, Philosophical Fragments/Johannes Climacus, trans. H. Hong and E. Hong, 1985.

자기시대의 도덕적 병폐를 자아의식의 상실에서 찾았다. 그는 사회변화에 무관심했던 외톨이가 결코 아니라 끊임없이 새로운 세계를 바라보면서 도덕적 행위의 근거를 찾아 실천에 옮겼다. 자아의식의 표현으로서 도덕적 행위는 그 자체로서 목적이 아니라 인간 본성에 걸맞은 자기다움의 표현이다.

키에르케고어에서 인간이 타자와 관계하는 도덕적 수월(秀越, moral excellence)은 하느님과 인격적 관계에서 근원한다. 인간의 자연에 대한 관계도 영원(永遠)을 사모하는 마음의 표현이다. 생태적 위기(ecological crisis)의 배경으로 지적되는 진보신앙(進步信仰)도 삶의 불안을 자기의 힘만으로 극복하려는 시도다. 영원을 사모하는 마음으로서 자아의 형성은 인간 사이의 사회의식에서 나아가 자연의 생태적 위기를 극복한다.

5. 키에르케고어의 삶과 사상

키에르케고어는 자아(自我)의 실존적 변형과 도덕발달에 근본적 관심을 가졌다. 그는 한 사람으로서 자기답게 살기를 원했다. 그는 도덕적 무관심을 드러내는 헤겔주의를 비판하기 위해 칸트의 도덕성을 원용하기도 했다.[53] 그는 생애 말년에 덴마크 기독교인들의 도덕적 성품이 없는 삶을 비판했다. 인간의 신비한 종교적 체험이나 은혜에 대한 표현도 결국 도덕적 생활의 객관적 검증이 요구된다.

우리는 초월자, 자기 자신, 타인 및 자연과 관계를 맺으며 살아간다. 키에르케고어는 '진리는 주체성' (truth as subjectivity)을 자신의 고결한 삶으로 보여준 사상가다. 그는 윤리적 관계의 완성을

---

53) R. Green, *Kierkegaard and Kant, The Hidden Debt*, State University of New York Press, 1992. p. 181.

이웃사랑이라고 보면서 삶의 근거와 가능성을 찾았다. 그는 자신의 실존적 결단을 통한 하느님 앞의 존엄한 생활로서 일생 글쓰기를 했다. 그의 글쓰기는 자기 자신에 대한 도덕교육이었다. 현실세계에 대한 키에르케고어의 토로(吐露)는 오늘날도 여전해 보인다.

"사상가들의 시대는 지나간 것 같다. 조용한 인내, 겸손히 복종하는 일편단심, 순간적인 영향에 대한 미련 없는 단념과 무한한 거리의 유지, 하나의 사상에만 골몰하기 위해 필요한 자신의 사상, 하느님에게 헌신하는 사랑 등은 사라진 것 같다. 이런 것들은 거의 인간들의 조롱거리로 되어 가고 있는 것 같다. 다시금 '인간은 만물의 척도' 가 되었다. 이렇게 하느님과 관계하며 살아가는 사람의 값이 폭락되었다. 하느님 사랑의 표현인 기도할 수 있는 시간도 사라져 가고 있다." 54)

키에르케고어의 삶과 사상은 긴밀히 연관된다. 그가 겪은 개인적 사건과 마음의 갈등은 분리되지 않고 자기 자신을 찾아가는 과정이었다. 무어(C. Moore)는 키에르케고어의 생애에서 심각한 위기를 가져 온 사건들을 지적한다.55)

키에르케고어는 1813년 코펜하겐에서 아버지 미하엘이 57세에 자기 집의 하녀(下女)였던 45세인 어머니 사이의 7남매 중 막내로 태어났다. 그에게 1819년 둘째 형 미가엘 사망(12살), 1822년 3월 큰누나 마렌 사망(미혼 24살), 1832년 9월 둘째 누나 니콜리네 사망(33살), 1833년 9월 셋째 형 닐스 뉴저지에서 사망

---

54) 쇠얀 키에르케고어 지음, 임춘갑 옮김, 『사랑의 역사』, 도서출판 치우, 2011. p. 651.

55) C. Moore(ed.), *Provocations, Spiritual Writings of Kierkegaard*, Maryknoll, N.Y.: Orbis, 2002. xiv.

(24살)했다. 1837년 5월 8일 레기네 올센(Regine Olsen)을 처음 만났고, 그녀와 1840년 9월 10일 약혼했으나 1841년 10월 11일 파혼하고 평생 독신으로 살았다.

키에르케고어는 젊었을 때 감각적 향락의 생활과 절망, 가족들의 죽음, 레기네 올센과 파혼을 겪으면서 개인적으로 닥쳐오는 상황을 극복하려고 했다. 그는 단지 생각이 아니라 자신을 실제적으로 변화시키는 윤리적 책임을 의식하게 되었다. 그는 주체성 없이 타인을 따르는 대중과 맞서 하느님 앞에 홀로 서는 삶으로 그리스도의 진리를 받아들였다.

키에르케고어는 아버지 미하엘의 경건(敬虔)과 내(內)적 안정 사이에 이상한 불일치가 있음을 감지(感知)했다. 하느님의 성품인 경건 속에서 살아가는 사람이 영원한 사랑의 하느님으로부터 왜 평화를 누리지 못할까? 미하엘이 하느님을 저주하고 비정상적 방법으로 쇠얀(키에르케고어)을 낳은 것은 자신에게 충격이 되고 아버지 미하엘을 멀리하게 했고 1838년 미하엘의 별세 얼마 전 화해했다. 키에르케고어에게는 소위 대지진(大地震)과 같은 사건이고 자신의 삶을 낭비하며 신학공부를 멀리한 시절이기도 했다.[56)]

키에르케고어 삶에서 올센과 파혼은 큰 사건이다. 키에르케고어는 자신의 우수(憂愁)를 극복하기 어려울 것으로 알고 약혼의 잘못을 자각했다. 코르사르(Corsair)사건도 그에게 역시 큰 사건이다. 잡지 발행인 골드슈미트(Goldschmidt)는 키에르케고어의 외모를 과장해서 풍자하는 등 키에르케고어를 사람들에게 조롱의 대상으로 만들어서 큰 상처가 되었다.

현실적 삶에서 진리를 따르지 않던 당시 덴마크 국교회(國教會)의 주교 뮌스터(Mynster)를 그의 후계자 마르텐손(Martensen)이

---

56) C. Moore(ed.), *Provocations*, 2002, xv.

사도들 이후 지속되어 온 진리의 증인이라고 하였다. 증인은 진리를 위해 고난(苦難)당하는 사람이라고 확신한 키에르케고어는 뮌스터는 세상의 지혜와 즐거움을 추구한 사람이라고 하면서 다시 분노하게 되었다. 키에르케고어의 눈에 당시 덴마크 교회는 신앙을 상실함으로써 점점 약해져 갔다.

키에르케고어는 사고(思考)를 실존으로 착각하는 주지(主知)주의자들을 비판한다. 그에게 헤겔은 전형적으로 사변적 사상가였다. 자아의 형성을 가능하게 하는 종교적 신앙은 도덕적으로 검증된다. 철학자의 사유(思惟)는 도덕적 발달을 통해 변증(辨證)되어야 한다. 윤리적 생활이 동반되지 않는 주장은 끊임없이 감각적 향락을 추구하는 생활에서 보듯이 공허하다.

건강한 영혼의 활동은 도덕적 행위로 표현될 수밖에 없다. 키에르케고어에서 글쓰기의 활동은 도덕성을 높이는 과정이다. 그는 젊었을 때부터 내면의 절망과 불안을 영원한 존재와 관계에서 극복하며 자신을 찾았다. 그의 영원한 존재와 관계는 종교 윤리적 생활이라고 해석된다. 그는 자신의 구체적 삶을 통해 그리스도신앙을 보여준다. 이런 신앙을 개인의 독단(獨斷)적 신념과 구분하는 방법은 도덕발달을 통한 검증이다.

키에르케고어는 1830년 10월 30일 코펜하겐대학교 신학부 입학, 1840년 7월 3일 최종시험 통과했다. 그는 신학을 전공하고 문학과 철학 등 다양한 분야에 관심을 가졌다. 1841년 6월 3일 제출된 그의 학위논문 『아이러니의 개념』(om Begrebet Ironi)은 9월 29일 심사가 통과된다.57) 1841년 10월 20일 마기스터(Magister) 학위(후에 박사학위로 인정)를 받았다. 키에르케고어는 학창시절 정해진 강의 출석이나 학위논문의 제출보다는 자신의

---

57) Kierkegaard, *The Concept of Irony with Continual Reference to Socrates, Notes of Schelling's Berlin Lectures*, 1989. p. xii.

창조적 사유에 더 매달렸다.

키에르케고어는 올센과 1841년 파혼 후 10월 25일 코펜하겐을 떠나 베를린대학교에서 셸링(Schelling, 1775-1854)의 강의를 들었다. 그가 셸링의 강의를 들었을 때 윤리적 행위의 현실적 가능성에 대해 깊은 관심을 가졌다. 셸링의 현실성(Wirklichkeit)에 대한 철학에 그는 열광했으나 차츰 식어갔고 1842년 3월 6일 귀국했다.[58] 키에르케고어의 실망은 셸링이 제기했었던 본질적인 것(quid sit, what it is)과 실존하는 것(quod sit, that it is)의 관계에 대한 설명이 단지 신화(神話)와 연결되어 약해졌기 때문이다.[59]

키에르케고어에게는 삶의 고결한 변화가 평생의 관심이었다. 그는 자신이 추구했던 아이러니(irony)의 생활을 통해 이론을 넘어 효과적 윤리교육을 찾았다. 그의 저술 초기에는 필명(筆名)의 저자로서 아이러니의 간접적 표현을 하다가 그리스도교 가르침에 대해서는 직접적으로 표현했다. 그에게서 진리는 열정적 내면화(內面化)를 통한 자기 자신을 찾는 과정이다. 자기를 찾는 반복적 신앙은 객관적 불확실성을 견지하며 표현된다.[60]

키에르케고어는 개인과 사회에 대하여 개념적 이해를 넘어서는 실존심리학적 공헌을 했다. 그는 심리학적 추구의 한계를 넘어 인간본질을 실존적으로 찾았다. 『죽음에 이르는 병』과 『불안의 개념』은 인간의 본질에 대한 심리학적 이해와 그 한계를 지적한다. 소위 객관적 방법을 추구하는 실험심리학이나 행동심리학에서 내성

58) Kierkegaard, *The Concept of Irony*, 1989. p. xxiii.

59) Kierkegaard, *The Concept of Anxiety*, trans. R. Thomte and A. Anderson, Princeton: Princeton University Press, 1980. p. 77. (*Begrebet Angest*, by Vigilius Haufniensis, ed. S. Kierkegaard, 1844).

60) Kierkegaard defines subjective truth as 'an objective uncertainty held fast in an appropriation process of the most passionate inwardness'.

(內省, introspection)을 비판하지만 그는 자기를 살피며 타인을 이해하려고 했다.

키에르케고어에 의하면 몸과 영혼, 순간과 영원이 더불어 있는 모순적 자아가 드러나면서 불안과 절망이 나타난다. 그 자신의 내면적 갈등은 정신분석적으로 연구되었다.[61] 그는 안정적 성품이었지만 우수(憂愁, melancholy)에 시달렸고 분열기질(schizothymia)이 있다는 연구도 있다.[62] 그가 자신의 병(病)적 증상을 고치는 일에만 매달렸으면 도덕적 성품을 표현하는 실존심리학적 업적을 남길 수 있었을까?[63]

키에르케고어는 하느님이 자신을 다 헤아릴 수는 없는 방법으로 깊은 종교적 관계로 이끌어 간다는 확신을 갖게 되었다. 이런 확신을 체험하며 영원한 존재인 하느님과 신앙의 관계에서 자아의 형성과 도덕발달의 근거를 찾았다. 키에르케고어에서 자아를 형성하는 과정은 거룩한 신(神)의 섭리와 경륜을 따라 자신을 발견하는 길이다. 즉 자기 자신에게서 시인이나 철학자의 모습을 넘어 그리스도를 따르는 삶을 살고자 하였다.[64]

---

61) F. Lowtzky, *Søren Kierkegaard, Das subjective Erlebnis und die religiöse Offenbarung, Eine psychoanalytische Studie Fast-Selbstanayse*, Vienna: Internationale Psychoanalytische Verlag. 1935.

62) Ib Ostenfeld, *Søren Kierkegaard's Psychology*, trans. and ed. by A. McKinnon, Wilfrid Laurier University Press, 1978. p. xi.
J. Björkhem, *Søren Kierkegaard in psychologisk Belysning*, Uppsala: Nyblom, 1942. [Søren Kierkegaard in the Light of Psychology] .
K. Nordentoft, *Kierkegaard's Psychology*, trans. B. Kirmmse, Wipf & Stock, Eugene, Oregon, Duquesne University Press, 1978. p. 387.

63) 키에르케고어의 인간의 본성을 실존심리학으로 이해한 연구로서는
R. May, *The Meaning of Anxiety*, New York, Ronald, 1950. R. May, E. Angel, H. F. Ellenberger, (eds.), *Existence: A New Dimension in Psychiatry and Psychology*, New York: Basic Books, 1958.

64) Kierkegaard, *The Point of View for My Work as an Author*, including the appendix "The Single Individual', Two 'Notes' Concerning My Work as an Author," and On My Work as an Author. trans.

키에르케고어는 그리스도신앙에서 교의학(敎義學, dogmatics)의 원죄(原罪)를 그 자체로 전제하며 받아들인다. 윤리적 생활이 보편적 규범을 중시하는데 반하여 키에르케고어에서 종교적 삶이란 자신만의 고유한 소명(召命)을 따르는 생활이다.[65] 그는 당시 사회에서 실존의 완성인 그리스도를 따르는 삶을 보여줄 사람이 바로 자신이라는 확신을 갖게 되었다.[66]

6. 선(善)한 행동의 근원

키에르케고어의 사상에 대한 해석은 다양하다. 고(故) 표재명(表在明)교수는 한국사회에 키에르케고어를 소개하는 일에 평생 공헌했다. 선생님은 키에르케고어를 하느님으로부터 특별한 사명을 위하여 선택받은 자로 의식하고 힘써 예외자의 길을 간 사람으로 해석한다. 표재명은 1978년 코펜하겐대학교의 키에르케고어 연구소에 유학하면서 키에르케고어 연구의 표준원전인 전집 제 2판을 처음으로 국내에 들여왔다.

표재명은 정치·사회에 대한 키에르케고어의 관심을 추적하여 그를 사회철학적 관점에서 접근할 수 있는 가능성을 열었다.[67] 표재명은 해석자 자신의 마음가짐을 살핀다.[68] 마치 다이아몬드가 그 앞에 어리는 물체의 빛깔에 따라 영롱한 빛을 내듯이 시인에게

Walter Lowrie, London and New York: Oxford University Press, 1939. pp. 72-74.

65) Kierkegaard, *The Point of View*. 1939. p. 51.

66) Kierkegaard, *Journals and Papers*. trans. H. Hong and E. Hong, assisted by Gregor Malantschuk, Bloomington and London: Indiana University Press, 1967. p. 626.

67) 표재명, 『사랑과 영혼의 철학자 키에르케고어를 만나다』, 서울: 도서출판 치우, 2012. p. 81.

68) 표재명, 『사랑과 영혼의 철학자 키에르케고어를 만나다』, 2012. p. 18.

는 시인으로, 철학자에게 철학자로, 신학자에게는 신학자로 나타난다고 키에르케고어를 묘사한다.69)

키에르케고어의 추구는 자기를 찾는 중에 '무엇을 할 것인가?'에 대한 고결한 자각이었다. 특히 그는 인간이 진리를 받아들이는 방법에 관심을 가졌다. 그는 하느님 앞에 홀로 서는 한 사람의 외톨이(den Enkelte, the single individual) 혹은 단독자(單獨者)로서 자신을 찾았다. 그는 일부의 비판대로 사회성이나 역사성이 부족했을까? 결코 그렇지 않다. 나는 사회의식이 부족하다는 키에르케고어 비판에 동의하기 어렵다. 표재명은 키에르케고어를 우리에게 이렇게 전한다.

"키에르케고어는 큽니다. 그는 마치 다이아몬드가 그 앞에 어리는 물체의 색깔에 따라 영롱한 빛을 내듯이, 시인에게는 시인으로, 철학자에게는 철학자로, 신학자에게는 신학자로 나타납니다. 그는 다만 하나님의 말씀을 거울삼아 자기의 거짓 없는 모습을 보고, 그 말씀을 자기에게 하시는 말씀으로 받아들여 정죄(定罪)받고, 두려움과 떨림으로 참회하고, 자기 자신과의 깊은 갈등과 처절한 싸움 끝에 하나님의 사랑과 은총으로 피하여 마침내 구원의 확신에 이르렀으며, 자기에게 향하신 하나님의 뜻을 깨달아 기쁨과 평안을 찾은 기도의 사람이요, 경건한 사람, 하나님의 종이었습니다." 70)

키에르케고어의 주요 관심은 선(善)한 행동의 근원에 대한 물음이다. 그에게 인간은 자기의 삶을 통해 자신과 타자와 주위환경에

69) 표재명, 『키에르케고어 연구』, 서울: 지성의 샘, 1995. p. 279.
70) 쇠얀 키에르케고어 지음, 표재명 옮김, 『이방인의 염려』, 프리칭 아카데미, 2005.

책임을 지는 윤리적 존재다. 그는 영원을 사모하는 자신에게 정직해짐으로써 현실을 실제적으로 변화시키는 윤리적 삶을 찾아 나섰다. 그는 아버지와 관계에서 참된 부성애(父性愛)를 배우게 되었음을 고백한다.[71]

"나는 부친에게서 부성애가 무언인지를 배웠다. 그리고 그러해서 나는 신성한 부성애, 인생에서의 유일한 부동의 것, 곧 참된 아르키메데스의 지점을 이해했다." [72]

우리는 타인과 관계하기 이전에 자기 자신과 관계한다. 키에르케고어는 인간의 본성을 영원을 사모하는 영혼의 활동으로 본다.[73] 그에게서 영혼의 활동으로써 윤리적 생활은 실존적 절망 및 불안을 극복해 가는 과정이다. 그는 영원한 삶을 사모하며 절망과 불안을 극복하는 실존적 성숙에서 인간본성을 찾는다. 인간은 유한과 무한, 순간과 영원, 필연과 자유의 종합이다. 이런 종합에는 실존적 절망과 불안이 깃들어 있다. 인간은 스스로 자신을 만들어 갈 수 있는 자존(自存)적 존재가 아니다.

키에르케고어에서 이론을 넘어 실제적 삶을 통한 간접전달이 도덕교육에서 효과적이다. 자아를 찾는 삶은 도덕발달을 통하여 타인에게 직관적 매력의 즐거움을 준다. 만하이머(Manheimer)는 키에르케고어를 자아를 찾은 사람 즉 자기화(自己化, appropriation)의 사람으로 받아들인다.[74] 이홍우와 임병덕은 키에르케고어의 실존적

---

71) 표재명, 『사랑과 영혼의 철학자 키에르케고어를 만나다』, 2012. p. 29.
72) Kierkegaard, *Papirer*, 1909-48, IIIA 73, J.P., 5468.
73) 쇠얀 키에르케고어 지음, 임춘갑 옮김, 『죽음에 이르는 병』, 도서출판 치우, 2011, p. 21.
74) R. Manheimer, *Kierkegaard as Educator*, 1978.
R. J. Manheimer, 이홍우·임병덕 역, 『키에르케고르의 교육이론』, 교육과

성숙을 자기화의 도덕교육으로 해석한다.[75] 곽덕주는 윤리적 행위의 방법을 그리스도와 실존적 관계에서 찾지는 않지만 전승된 문화의 수동적 수용(受容)이 아니라 개인의 주체성에서 찾는다.[76]

키에르케고어는 하이데거(Heidegger), 야스퍼스(Jaspers) 등에게 영향을 준 실존철학자, 바르트(Barth) 등 위기(危機)신학자들에게 영향을 끼친 신학자, 실존심리학의 선구자 등으로 받아들여졌다. 평생 자기 자신을 찾고자 했던 키에르케고어에게 자기인식(認識)은 도덕적 성품으로 표현된다. 그를 따르면 자아를 형성하는 삶이 바로 축복이다.

1835년 여름 22살의 대학생으로서 덴마크 북쪽 세란(Zealand)을 여행하던 중 키에르케고어는 그 섬의 최북단에 있는 길레라이어(Gilleleje)에서 일기를 썼다.

"나에게 참으로 없었던 것은 무엇을 할 것인가에 대한 확실한 자각이었다. 내게 없었던 것은 결코 내가 무엇을 알아야 하느냐에 대한 이해가 아니다. 어떤 행위에도 일정한 인식이 있어야 하므로 인식이 전혀 불필요하다는 것은 물론 아니다. 문제는 내 자신의 사명이 무엇인가를 이해하는 것이다. 곧 하느님께서는 내가 무엇을 하길 원하고 계신지 아는 일이 중요한 것이다. 나에게 진리인 진리를 찾는 것, 내가 그것을 위하여 살고 또 죽기를 진심으로 원하는 이념(idee, idea)을 찾아내는 일이 필요한 것이다.

이른바 객관적인 진리를 찾아낸들 그것이 나에게 아무 소용이 없을 것이다. 내게 없었던 것은 참으로 인간다운 생활을 한다는 것

학사. 2003.

75) 이홍우·임병덕 역, 『키에르케고르의 교육이론』, 교육과학사, 2003. p. 2.

76) Duck-Joo Kwak, "A New Formulation of Ethical Self through Kierkegaard's Notion of Subjectivity : In Search of a New Moral Education." *Asia Pacific Education Review*, 2001, Vol 2, No. 1.

이다. 그러므로 나는 나의 사상 전개를 내 자신이 아닌 것 위에, 곧 객관적인 것 위에 세우지 않고 생존의 가장 깊은 뿌리와 맺어져 있는 것 위에, 곧 그것으로 말미암아 내가 신적(神的)인 것에 뿌리박고 있으며 비록 온 세계가 무너진다 하더라도 굳게 매달려 떨어지지 않는 것 위에 세우게 될 것이다. 진리란 이념을 위해 사는 것이 아니고 무엇이겠는가? 사람은 무엇보다도 먼저 자기 자신을 알지 않으면 안 된다(gnothi seauton, γ νῶθ ι σ ε α υ τόν, know thyself). 사람이 평안함과 의의를 얻는 것은 그가 자기 자신을 내면적으로 이해하고 자기의 길을 찾았을 때이다."

키에르케고어에게 진리가 되는 기준은 진리에 대한 정직함과 성실성(내면성)이다. 그의 당대에 정신계를 지배했던 헤겔의 철학사상과 덴마크 국교회의 가르침 속에서 속임수와 불성실을 보았으며 이에 온몸으로 항거, 신약성서의 그리스도에게서 진리를 찾음으로써 참 진리를 터득하였다.

키에르케고어는 영원한 존재와 관계에서 자아의식을 찾는다. 그에게 자아(自我, the self)의 형성은 스스로 의식하든 못하든 영원한 존재와 관계에 근거한다.77) 그는 영원한 존재인 하느님과 교제하는 영혼의 활동이 자신의 영원한 축복임을 확신하며 청결(淸潔)한 삶으로 자신을 표현했다. 도덕적 행위는 인간본성에 걸맞은 자기다움의 표현이다.

우리는 이 세상을 홀로 살아가지 않고 타인과 관계를 맺으며 자신을 찾게 된다. 키에르케고어는 특정의 도덕이론을 주장하지 않았지만 자아를 찾고자 하는 그의 생활은 도덕교육적 의미를 지닌다.78) 그는 영원한 존재인 하느님과 믿음의 교제를 절대적으로 받

---

77) Kierkegaard, *The Sickness unto Death*, 1980. p. 82.
78) 황종환, 『키에르케고어와 도덕교육』, 글누리, 2016. p. 121.

아들이며 세상의 시련은 상대적으로 여겼다. 본성적으로 영원한 존재와 관계에서만 살아갈 수 있다면 역설적으로 사람은 결코 절망할 수 없게 되어 있다.

키에르케고어에게 자아를 찾는 삶으로서 도덕발달은 하느님에 대한 신앙에서 가능해진다.[79] 그에게 신의 기대(God's expectation)가 고결한 성품으로 표현되는 자아형성의 핵심이다. 그는 하느님으로부터 받은 특별한 은혜와 소명(召命)을 의식했다. 자아는 단지 생각이 아니라 도덕적 실천과 함께 형성될 수 있다.[80] 현대인은 타자와 관계를 맺지 않고 끊임없이 자신의 이익만 극대화하는 중에 자기를 상실하고 있다.

키에르케고어에서 자기 자신을 찾는 과정이 도덕발달의 근거다. 자아를 형성하는 실존적 성숙은 세 단계를 거치며 고양(高揚)된다.[81] 즉 감각적 향락을 추구하는 미적 단계, 보편적 가치를 실현하려는 윤리적 단계, 영원(永遠)을 사모하는 마음의 충족인 종교적 단계로 나아간다.[82] 영원을 사모하는 마음인 인간본성이 각 개인에서 실현되어 고결한 성품으로 표현된다.

자아의 깊은 이해는 도덕교육의 기초가 되며 윤리상담, 정신분석학, 심리상담 등의 현실적 단서가 된다.[83] 우리는 자아를 알고 형성하며 도덕적 성숙을 기대할 수 있다. 고결한 성품의 추구가 동반되지 않는 단지 지적(知的) 이해의 추구는 인간본성에 걸맞지 않으므로 비(非)윤리적이다. 고결한 행동으로 표현되는 자기다움

---

79) G. Pattison, "Kierkegaard and the Anxious Sublime," in: *Kierkegaard Studies Yearbook*, 1998.
80) Kierkegaard, *Philosophical Fragments*, 1985, p. 44.
81) Kierkegaard, *Concluding Unscientific Postscript*, 1944. p. 448.
82) Kierkegaard, *Concluding Unscientific Postscript to Philosophical Fragments*, 1992. p. 349.
83) R. Perkins ed., *International Kierkegaard Commentary: The Sickness unto Death*, Mercer University Press, 1987. p. 3.

의 발견과정은 타자와 더불어 즉 공동체 안에서 그 타당성을 검증받게 된다.

키에르케고어를 도덕교육자로서 볼 수 있는 근거는 자기 자신을 찾는 삶이 타자에게도 도덕적으로 전달되기 때문이다. 그는 자신을 힘들게 한 우울을 그의 생애 후기(後期)에 하느님 앞에서 용서에 대한 확신을 통해 극복하였다. 영원한 존재를 사모하며 성취되는 축복된 삶은 감사로 표현된다. 이런 삶은 타자와 관계에서 호의를 베푸는 고결한 성품의 생활로 드러난다.

키에르케고어는 생애 마지막 단계에서 진리를 증언하는 예외자(例外者)로서 살아야 됨을 의식했다.[84] 그는 진리의 증언자를 하느님에 의해 붙잡혀 거룩한 명령을 수행하는 사람이라고 여겼다. 이런 증언은 사람의 지혜에 호소하는 천재와 달리 인간의 시각에서 모순적이며 권위적이다. 이렇게 증언이 모순적이고 권위적이라고 해서 인간의 이성(理性)이나 도덕성과 끝까지 무관하지는 않다.

특별한 경우 사람은 진리를 위해 순교를 해야 되는데 키에르케고어는 자신에게서 이런 사명을 의식했다. 그의 예외자 의식은 약혼을 파기하게 했고 윤리적 범주로 본 결혼생활과 교회에서 지위 등을 모두 포기하게 했다. 그는 1847년 8월 16일 하느님이 자신에게 고유한 과업을 주시며 새로운 관계를 세우는 변형을 느껴 자신을 직접적으로 드러낼 수밖에 없음을 고백한다.[85]

키에르케고어는 필명(筆名)의 저자로서 간접표현을 포기하고 복음을 그의 이웃에게 직접적으로 표현하려고 결심한다. 이렇게 할 수 있는 데에는 무엇보다도 그에게 사죄(赦罪)의 확신이 찾아왔기

---

84) Kierkegaard, *The Point of View*, 1939. p. 51.

85) Kierkegaard, *Søren Kierkegaard's Journals and Papers*, ed. and trans, H. Hong and E. Hong, Bloomington: Indiana University Press. 1967. p. 694.

때문이다.[86] 그는 이전의 자기 자신과 전혀 다른 자신을 느끼고 발견하게 되었다. 그는 자신을 긍휼히 여기신 하느님의 은혜 아래에서 자기 자신과 가까이할 수 있었다.[87]

7. 인간의 존엄의식과 도덕발달

키에르케고어에서 각자에게 주어진 최고의 책임은 자기인식(認識)이다. 인간 내면에 심겨진 영원(永遠)을 사모하는 마음이 나 자신과 관계하며 나아가 타자와 관계한다. 영혼의 활동으로써 자아를 찾아가는 생활은 도덕적 행동으로 표현된다. 도덕발달 없이 단지 사유(思惟)나 의지(意志)만으로 궁극적 존재를 알고자 할 때 그 한계에 다다른다.

자기 자신의 존엄의식은 삶의 진정한 즐거움이다. 존엄의식은 자신의 이익을 오히려 상대화하며 타자와 관계한다. 일시적 향락을 추구하는 쾌락주의는 존엄한 자아의식을 상실시키는 값비싼 대가를 지불한다. 쾌락주의자는 미래를 깊이 생각하지 못하고 순간적 향락을 우선시하며 자기를 포기한다.

누구나 자아의 형성이 성취되길 원하기에 도덕적으로 승화된 삶은 그 자체로 목적이다. 쾌락주의나 신비주의에서 보듯이 인간은 자아의식까지 포기할 권리는 없다. 도덕적 수월(秀越)을 우선시한 희랍사람은 자아의식을 지키는 자연스러운 생활을 추구했다. 소크라테스는 소피스트(sophists)를 비판하며 단지 말이 아니라 도덕적 삶이 실제생활에서 동반되기를 원했다.

---

86) Kierkegaard, *Journals and Papers*, 1967. p. 747, 749. S. Kierkegaards Papirer, VIII A, 640, 645.

87) Kierkegaard, *Journals and Papers*, 1967. 754, Papirer, VIII, A, 643.

영원한 존재와 관계하는 자아의식은 일시적 재치(才致)나 감각적 향락추구를 넘어서 도덕적 활동을 추구한다. 키에르케고어에게 영원한 존재와 관계는 인간의 본성을 표현하기 전에 전제된다.88) 그러므로 자아의식은 영원한 존재와 관계하는 방식으로 자기가 자기에게 관계하는 의지(意志)로 형성된다. 자아는 지식의 축적(蓄積) 이전에 그 누구와 함께 알아간다는 뜻에서 의식(con+sciousness)으로 이해된다.89)

키에르케고어에게 도덕발달은 신과 단독자적 신앙의 실존에서 가능하다. 자신의 힘만으로 윤리적으로 완벽한 생활의 추구는 결국 자신을 절대화하게 된다. 자기 자신에 대한 절대화는 현실생활에서 어떤 통제도 받지 않는 자의(恣意)적 태도를 보이게 된다. 영원한 존재와 관계에서 도덕적 생활을 할 때 상대적 대상들의 가치를 오히려 바르게 받아들인다.

『이것이냐 저것이냐 2』에서 도덕적 책임감으로 살아가는 윌리엄(William) 판사의 삶에서 자기의지(意志)적 생활의 한계와 연약함이 지적된다.90) 윌리엄 판사는 인간에게 모순적 면모인 순간과 영원, 유한과 무한, 필연과 자유의 종합을 스스로 해결할 수 있다고 착각한다. 그는 자율적으로 윤리적 생활을 원하지만 영원한 존재와 관계의 단절을 의식하지 못하고 있다.

키에르케고어에서 도덕적 행위는 자신의 본성을 찾아가는 자기교육을 통해서 표현된다. 그는 하느님이 이런 교제에서 우선(優先)적 행동을 취하고 특정인에게 더 많은 기대를 하며 자신을 더 깊

---

88) Kierkegaard, *Either/Or*. Vol. 1. 2. Trans. David F. Swenson and Lilian Marvin Swenson, Princeton University Press, 1917. p. 38. (*Enten-Eller*, ed. Victor Eremita, 1843).

89) Kierkegaard, *The Sickness unto Death*, 1980. p. 42.

90) Kierkegaard, *Either/Or, II*, trans, W. Lowrie, Garden City: Anchor Books. 1959.

은 종교적 차원으로 이끈다는 확신을 했다. 자기교육에 근거하는 도덕적 행위에서 갈등의 순간은 신앙에 근거하는 도덕생활과 이 세상에서 행복의 조건들 사이의 선택이다. 물론 키에르케고어에서 삶의 궁극적 안정과 도덕적 행위의 근거는 하느님과 신앙의 교제다.

아리스토텔레스는 윤리적 행위의 근거보다는 공동체에 관심을 갖는다.[91] 헤겔도 인륜성(人倫性, Sittlichkeit)을 강조하여 보편적 공동체를 강조한다. 그러나 키에르케고어는 하느님신앙에서 윤리적 행위의 근거와 현실적 가능성을 찾는다. 그에게 자아와 윤리적 공동체의 관계는 영원한 존재와 관계에 근거한다.[92] 영원한 존재와 관계에서 찾아지는 자아의 존엄이 이루어지지 않는 주된 이유는 타자에 대한 두려움이다.

키에르케고어에서 자아는 영원한 존재에 대한 경외(敬畏) 즉 '두려움과 떨림' 의 관계에서 도덕적으로 발달할 수 있다.[93] 『두려움과 떨림』에서 하느님의 명령에 순종하여 이삭을 바치려는 아브라함의 믿음은 '살인하지 말라' 라는 윤리적 보편성을 중지시키려고 한다.[94] 영원한 존재와 관계에 근거하지 않고 타자나 사회적 관습에 의존하여 관계를 추구할 때 실존적으로 절망하게 된다.[95]

영원한 하느님과 신앙의 관계는 개별자가 보편자보다 우선한다는 뜻이다. 즉 키에르케고어에서 도덕발달은 사회적 관습보다 우

---

91) M. Westphal, "Kierkegaard's Psychology and Unconscious Despair" in Robert L. Perkins ed., *International Kierkegaard Commentary v. 19, The Sickness unto Death*, Mercer University Press, 1987. p. 45.

92) Kierkegaard, *The Sickness unto Death*, 1980. p. 27.

93) Kierkegaard, *Training in Christianity*, trans. Walter Lowrie, London and New York: Oxford University Press, 1941; rpt.: Princeton University Press, 1944. p. 89. (*Indovelse i Christendom*, by Anti-Climacus, ed. S. Kierkegaard, 1850).

94) Kierkegaard, *Fear and Trembling*, trans. W. Lowrie, Princeton University Press, 1970.

95) Kierkegaard, *The Sickness unto Death*, 1980. p. 33.

선하는 하나님과 절대적 관계에서 출발한다.[96] 이런 절대적 관계에서만 단 한 사람(the single individual)이 의미를 갖게 된다. 이런 절대적 관계가 올바르다면 윤리적 행동으로 드러날 수밖에 없다. 영원한 존재와 절대적 관계는 사회적 관습을 상대화하지만 실제 삶에서 윤리적 성품은 보편적 타당성을 갖게 된다.

영원한 존재와 절대적 관계는 타자나 사회체계에 대한 관계를 상대적으로 존중한다. 그러므로 사회적 권위에서 완전히 자유로워지려고 하지 않는다. 키에르케고어에서 개인은 타자와 함께 지내며 단지 수(數)적으로 하나가 되려 하지 않고 독립하여 자아가 되고자 한다.[97] 그에게 자아는 데카르트에서 볼 수 있듯이 유아론(唯我論, solipsism)적 입장이 아니라 영원한 존재와 관계에서 형성된다. 현실생활에서 자기중심주의로 드러나는 유아론은 상호 의사소통에서 가능한 자아를 형성하지 못한다.

키에르케고어는 인간의 이성(理性)이나 감정을 상대적으로 존중한다. 그는 자아의 형성 즉 자기화(自己化)를 통해 타인도 자기 자신을 찾길 원하는 도덕교육을 시사한다.[98] 그에게 실존이 성숙함에 따라 윤리적 행동이 가능하게 된다. 그는 영원한 존재와 절대적으로 관계하는 의식을 자아의식으로 보며 상대적 대상들과는 상대적으로 관계하며 자유를 추구한다. 이런 자유의 추구가 도덕적 행위의 현실적 가능 근거다.

윤리교육에서 이론적 전달은 한계가 있기에 윤리적 생활을 통한 전달이 효과적이다. 놀라운 계획은 세우면서 구체적 실행이 없으면 도덕적 행위가 드러날 수 없다.[99] 반대의 경우는 다른 사람들

---

96) Kierkegaard, *Fear and Trembling*, 1983. p. 70.
97) Kierkegaard, *The Sickness unto Death*, 1980. p. 27.
98) R. Manheimer, 이홍우·임병덕 역, 『키에르케고르의 교육이론』, 교육과학사, 2003.
99) Kierkegaard, *The Sickness unto Death*, 1980. p. 31.

의 평가와 시선을 두려워하며 자기 자신이 되지 못하게 된다. 이런 생활은 단지 사회적 관습을 수동적으로 수용할 뿐이므로 도덕적 행위가 나타날 수 없다.

인간의 실존은 유한과 무한, 필연과 자유, 순간과 영원의 결합이다.[100] 이런 모순적 결합에는 실존적 불안이 함께 한다. 실존적 불안은 피하고 싶지만 자아형성과 도덕발달의 적극적 계기가 된다.[101] 특정의 대상에서 말미암는 공포가 아니라 인간에게만 실존적 불안이 있으며 영원한 존재를 그리워한다. 키에르케고어는 자기 자신을 알아감으로써 타인, 나아가 인류를 이해하고자 한다.

키에르케고어는 삶의 궁극적 안정을 하느님과 관계에서 찾았다. 그는 자아의 형성을 도시국가의 내재(內在)적(immanent) 차원의 아리스토텔레스를 넘어 초월적(transcendent) 하나님관계에서 찾는다.[102] 키에르케고어에게 영원한 존재와 관계하는 자아는 타인에게 윤리적 감동을 주는 능력을 전달할 수 있다. 그는 자기관계와 하느님 관계를 동일시하는 포이에르바하(Feuerbach)와 달리 영원한 존재와 관계에서 도덕발달을 찾는다.

---

100) Kierkegaard, *Concluding Unscientific Postscript to Philosophical Fragments*, Princeton University Press, 1941. pp. 212-57.

101) 황종환, 『키에르케고어와 도덕교육』, 글누리, 2016. p. 282.

102) Kierkegaard, *Concluding Unscientific Postscript*, trans. D. Swenson and W. Lowrie, Princeton University Press for American- Scandinavian Foundation, 1941. p. 506.
(*Afsluttende uvidenskabelig Efterskrift*, by Johannes Climacus, ed. S. Kierkegaard, 1846).

8. 영원을 사모하는 마음과 감각적 욕망

키에르케고어에서 감각적 향락추구는 실존적으로 낮은 삶이다. 감각적 향락추구는 부끄러움 없이 쾌락을 추구하며 특히 성(性)적으로 세련된 감각을 갖고 인생을 즐기고자 한다.[103] 감각적 향락추구는 욕망의 충족이 목적이기에 특정(特定)의 대상이 있지 않다. 직접적 욕구충족은 『불안의 개념』에서 아담에게 주위환경이 원형적(原型的, prototypical)으로 단지 욕구의 대상인 것과 같다.[104]

『이것이냐 저것이냐 1』의 돈 주앙(Don Juan)은 숙고 없이 직접적 향락을 추구하는 인물이다.[105] 돈 주앙에게는 충동의 힘이 있을 뿐이지 구체적 현실에서 실존적 의식이 없다. 이런 생활에는 영혼이 활동하는 개인의 정체성이 없고 타인이나 환경에서 구분된 자아의식이 없다. 향락의 추구에는 문명화된 삶은 감각적 본능의 생활을 막는다는 불만스런 전제가 들어있다.

키에르케고어를 따르면 감각적 욕망을 추구하는 동기는 감정이 아니고 실존적 불안 때문이다. 이런 불안이 감각적 향락추구의 추동력이다.[106] 그런데 이런 추동력은 일시적 작용을 할 뿐이지 지속적으로 작동할 수 없다.[107] 쾌락주의는 인간존엄의 표현인 자아의식을 상실시키며 도덕적 생활을 약속하지 못한다. 쾌락주의자는

---

103) H. Fink-Eitel, *Die Philosophie und die Wilden*, Hamburg: Junius, 1994. p. 302.

104) 쇠얀 키에르케고어 지음, 임춘갑 옮김, 『불안의 개념』, 도서출판 치우, 2011. p. 86.

105) 쇠얀 키에르케고어 지음, 임춘갑 옮김, 『이것이냐 저것이냐 1, 2』, 도서출판 치우, 2012.
Kierkegaard, Either/Or, I, trans. W. Lowrie, Princeton University Press, 1971.

106) K. Nordentoft, *Kierkegaard's Psychology*, 1978. p.31.

107) Kierkegaard, *Either/Or I*, (Kierkegaard가 1834년 Victor Eremita라는 가명으로 첫 출판), Garden City: Anchor Books, 1959. p. 128.

미래를 깊이 생각하는 인간본성의 실현이 아니라 현재의 일시적 향락을 우선시하며 자기의식을 포기한다.

영원을 사모하는 마음은 인간 상호 간의 관계나 대화에서 온전히 드러날 수 없고 삶의 열매 즉 고결한 성품을 통하여 표현된다. 종교적 실존에서 고결한 생활은 감각적 향락의 끝에 찾아오는 권태와 허무를 극복하고자 한다. 감각적 향락추구는 처음에 꿈을 꾸고 다음에 대상을 찾으며 다음 단계에선 욕구를 충족시키려고 한다.[108] 사람이 단지 욕망에 따라 살아갈 때는 특정대상에게 고정되지 않는다. 어린아이의 자기중심적 자아(me)는 성숙하면서 분명히 주위와 관계하는 나(I)로 바뀌게 된다.

그리스도신앙은 하느님과 인간의 관계에서 옛 사람과 새 사람 사이의 갈등을 극복하여 영원한 행복을 추구한다. 프로이드는 자기 소외(疏外)의 해결을 위해 욕망의 해결을 문제시한다. 본능과 초자아 사이의 갈등해소가 프로이드의 주된 관심이다. 프로이드가 초자아와 본능의 조화로 자아가 형성된다고 하나 키에르케고어에서 개인은 영원한 존재인 하느님과 주체적 열정의 관계로서 자신을 찾아가며 영원한 행복을 추구한다.

『이것이냐 저것이냐 1』의 모차르트의 오페라 <돈 죠바니>(Don Giovanni)에서 욕망(desire), 숙고(reflection), 영혼(spirit) 등은 프로이드(S. Freud, 1859-1936)의 본능(Id), 자아(Ego), 초자아(Super-Ego)와 비교되어 생각할 수 있다.[109] 키에르케고어의 실존 삼 단계 각 영역의 특징인 감각적 향락, 자아의식, 영혼의 활동이 각각 프로이드의 본능(本能), 자아(自我), 초자아(超自我)로 비교되어 이해될 수 있다. 그런데 키에르케고어에서 하느님과 인간

---

108) Kierkegaard, Either/Or *I*, 1959. p. 79.
109) 쇠얀 키에르케고어 지음, 임춘갑 옮김, 『이것이냐 저것이냐 1』, 도서출판 치우, 2012. p. 73.

의 관계는 정신분석에서 긍정적 방어기제로서 승화(昇華)와 달리 새로운 생명의 창조다.

키에르케고어에 의하면 정신(mind)과 몸(body)으로 된 자아에 영원한 존재를 사모하는 영혼의 활동이 있자 실존적 불안이 함께 한다. 실존적 불안은 피하고 싶지만 자아형성의 근거가 된다. 정신과 몸이 각기 다른 방향으로 가고자 할 때 불안은 증대되고 자기 자신을 찾을 때 실존적 불안은 오히려 친근한 힘이 된다. 친근한 힘이 되는 실존적 불안은 자아를 윤리적으로 형성하는 계기가 될 수 있다.

고대 그리스사상에서 육욕(肉慾, flesh)적인 것은 정신적인 것과 조화를 구하며 추구되었다. 육욕은 단지 한 개인의 욕망이 아니라 인간에게 보편적으로 주어진 욕망의 원리다. 이런 욕망의 일방적 추구는 각 개인의 실존적 책임인 자아를 형성하지 못하는 자기소멸(消滅)이 된다. 그런데 개인이 영혼의 활동으로써 자신의 소명과 책임을 실행하지 않고 그 영향력을 정신과 신체로부터 분리하여 살아가고자 할 때 세상에서 자신을 분리하게 된다. 이렇게 되면 세상은 늘 갈등의 힘이 작용하는 곳이 되고 영(靈)적 영향력이 행사되는 영역이 줄어든다.

영혼의 활동과 감각적 향락추구를 구분한 기독교의 시각은 특히 중세에 나타난다. 기독교는 세계를 영(靈)적 시각에서 보는데 이는 감각적 영역을 인정하고 영혼의 활동에서 판단하거나 포기한다는 의미다. 파우스트(Faust)가 지적(知的) 추구의 화신(化身)이라면 돈 주앙(Don Juan)은 감각적 향락추구의 화신이라고 할 수 있다. 돈 주앙에서 향락추구는 에로스적인 것으로 특히 유혹(誘惑, seduction)을 통해 나타났다.

현대의 정신신체의학(psychosomatics)이 밝히듯이 육체의 질병은 정신적 갈등과 밀접히 연관된다. 몸은 정신이, 근원적으로는 정신과 몸의 관계를 가능하게 하는 영혼이 표현되는 기관이다. 인간을 전 인격적으로 이해한다면 한 개인이 자기 자신을 찾아가는 과정은 정신과 몸을 통해 드러나게 된다. 영혼의 활동은 정신 및 육체와 함께 할 때에만 온전한 역할을 한다.

키에르케고어는 육체적 향락이나 자기의지(意志)적 생활의 한계를 보았다. 그는 사회적 적응 혹은 관습의 단순한 수용을 통한 도덕발달을 넘어서고자 한다.[110] 그에게는 자신의 고유한 시각을 통한 실존적 선택이 자아의 형성과 성숙을 가능하게 한다. 그는 하느님과 관계하는 종교 윤리적 실존에서 자아의 변형과 도덕발달을 찾았다.[111] 『들의 백합 공중의 새』는 하느님의 무조건적 은혜와 사랑의 용서를 그린다. 영원한 하나님 관계에 근거한 자기 자신에 대한 관계가 타자와 자연의 관계에까지 확장된다.

키에르케고어는 음악에서 감각적이며 에로스(eros)적 면을 문제시한다. 그는 음악이 직접적이고 감각적 차원에만 머문다면 심지어 악마적 수단이라고 한다.[112] 그러므로 음악은 직접적 즐거움을 넘어서 영혼의 활동을 전하는 언어의 수준에 이르러야 된다. 감각적인 것은 기독교에서 처음 적극적으로 받아들여졌지만 또한 영(靈)적 시각에서 상대적으로 평가되었다. 영혼의 활동은 감각적 향락의 영역이 있음을 오히려 분명히 하면서 포기한다.

키에르케고어는 영혼의 갈망을 직접성이 아니라 의식으로 표현되는 언어에서 찾고자 하였다. 그는 음악과 노래를 일시적 감정이나 향락을 넘어 영원한 진리에 대한 확신에서 이해하려고 하였다.[113] 그는 음악이 언어와 같이 하지 않으면 아무리 승화된 표현

---

110) B. Clouse, *Moral Development*, Baker Book House, 1985. p. 20.
111) 이홍우·임병덕 역, 『키에르케고르의 교육이론』, 교육과학사, 2003. p. 3.
112) Kierkegaard, *Either/Or*, 1959. p. 51.
113) 바실 콜 저, 박균열 역, 『음악윤리학』, 철학과 현실사, 2008.

을 추구해도 직접적 수단을 통하기 때문에 영원과 관계할 수 없다고 한다.114)

키에르케고어는 인간의 실존적 변형을 논하며 음악이 추구할 수 있는 목적으로 감각의 천재를 넘어서려고 한다.115) 그는 이런 변형을 승화된 형태로 표현하여 실존의 최종단계에 다다르고자 하였다. 오페라 <돈 죠바니>의 피가로(Figaro)에서 볼 수 있듯이 사랑은 인간으로 하여금 취하게 한다. 키에르케고어는 음악이 불투명한 침울(沈鬱)에 빠지게 않고 삶의 투명한 기쁨을 추구하고자 하였다.

희랍적 의식(意識)에서 감각적 즐거움이 포함된 사랑이 개인 안에서 존재한다. 그런데 키에르케고어는 정신적인 것과 감각적인 것의 관계를 영원을 사모하는 영혼의 활동에서 해석한다.116) 감각적인 것이 단지 정신적 시각에서 고찰된다면 이 둘은 반드시 서로 적대적이지 않고 오히려 조화로운 결합을 추구할 수도 있다. 희랍적 의식에서 감각적인 것은 아름다움을 위하여 있기에 정신적인 것은 감각적인 것을 통해 표현될 수 있다.

그리스도신앙에서는 말씀(logos)이 육신이 된 즉 성육신(成肉身, incarnation)의 그리스도를 믿는다. 특정한 개인에게 집중된 희랍적 의식과 달리 그리스도신앙은 타자를 위해 존재함으로써 그 의미를 지닌다. 키에르케고어에서 사람의 생각도 영혼의 활동이라는 시각에서 의미를 갖는다. 그에 의하면 언어는 숙고의 과정을 갖기 때문에 직접적이지 않다. 다른 표현수단들은 공간 안에 있지만 언어는 감각적 영역을 넘어서 시간에 관계한다.

희랍시대에는 감각적 영역을 보편적 타당성을 추구하는 정신적

114) Kierkegaard, *Either/Or*, 1959. p. 56.
115) Kierkegaard, *Either/Or*, 1959. p. 59.
116) Kierkegaard, *Either/Or*, I959. p. 49.

측면에서만 이해했다. 개별적 감각을 보편적 정신에 맞서는 것으로 여겼지만 기독교는 감각적 영역을 인정하며 영혼의 활동에서 배척하기도 했다. 즉 감각적 영역을 하나의 원리로 이해하는 기독교에서 영혼의 활동은 감각적 영역을 배제하면서 그 영역을 인정한다. 감각적이고 에로스적인 것은 직접적 방법으로 찾아지고 간접적이고 숙고의 영역은 윤리적 방법으로 추구된다.

실체적 대상에 대한 갈망으로서 감각적 사랑은 이성(異性)을 정복하고자 한다. 영원의 지평에서 실존적 삶을 이해하는 키에르케고어에게 직접적이고 잠시의 만족을 주는 감각적 향락은 미래를 준비할 수 없다. 『들의 백합 공중의 새』에서 키에르케고어는 하느님에게서 받은 은혜와 사랑 속에서 평화와 기쁨을 노래한다. 영원한 축복을 사모하는 역사의식은 구체적 현실에서 주어진 문화와 환경을 개선한다.

하느님과 깊은 내면에서 관계하는 영혼의 활동에서 인간을 본 키에르케고어는 영원한 축복을 추구한다. 우리가 함께 알아가는 의식(consciousness)이 아니라 자신을 잊고 취(醉)함을 통해서 직접적 향락을 추구하고자 할 때 더 큰 불행에 빠질 수밖에 없다. 영원한 축복의 추구는 실제생활에서 도덕발달로 나타나기에 종교적 맹신(盲信)과 구분된다. 자신의 존엄을 의식하는 개인은 타자를 위해 자신을 일방적으로 희생할 수 없다. 공동체의 행복도 개인의 윤리적 존엄을 의식하며 추구되어야 한다.[117)]

117) 황종환, 「생태정의와 인간의 존엄」, 『철학논총』, 47집 1권, 새한철학회, 2007.

II. 인간의 본성(本性)으로서 고결(高潔)한 성품의 추구

1. 행복한 삶의 성취로서 윤리
2. 생활에서 표현되는 도덕교육
3. 실존적 분노와 윤리의 반복적 성취
4. 거리낌을 받는 고결한 성품
5. 윤리적 생활에서 종교성 A와 종교성 B

II. 인간의 본성(本性)으로서 고결(高潔)한 성품의 추구

1. 행복한 삶의 성취로서 윤리

우리는 종종 극단적 질문을 한다. 사람은 도대체 왜 도덕적으로 살아야 하나? 이런 극단적 물음은 슈페만(Spaemann)에 의하면 물음의 제기 자체가 인간본성에 맞지 않기에 비(非)윤리적이다.[1] 그에 의하면 사람은 본성적으로 도덕적 삶을 추구한다.[2] 그에게 삶의 목적성취와 윤리적 생활은 긴밀히 연관된다.[3] 슈페만에서 사람의 본성을 따르는 자연스러운 삶은 더 이상 그 배후를 물을 수 없다.

슈페만은 삶의 근본적 목적을 성취하게 하는 학문이 윤리학이라고 한다. 그는『행복과 호의』에서 행복을 삶의 성취와 연관하여 해석한다. 인생을 전체로 보며 성취하고자 하는 슈페만에게 행복은 선의(善意, Wohlwollen)를 베푸는 삶이다. 선의를 베푸는 행복한 삶은 현실생활에서 도덕적 감수성이 요구된다. 도덕적 감수성은 상호 간 도덕적 행위에서 예민해지기에 우리는 그 누구도 자신의 목적을 위한 수단으로 대할 수 없다.

---

1) R. Spaemann, *Glück und Wohlwollen*, Stuttgart: Klett-Cotta, 1993. p. 10.
2) Spaemann, *Glück und Wohlwollen*, 1993. p. 10.
3) Spaemann, *Glück und Wohlwollen*, 1993. p. 18.

인간의 존엄과 함께 행복은 보편적으로 추구하는 인류의 목적이다. 키에르케고어는 행복을 추구하는 생활에 동반되는 도덕적 측면과 한계를 밝힌다. 그에 의하면 영원한 행복은 생각이나 추상의 차원에 머무르지 않고 실제생활에서 현실을 변화시키는 도덕적 의미를 지닌다. 영원한 행복은 하느님과 단독자의 신앙의 관계를 통해 추구될 때 본래적 의미를 지니게 된다.

소피스트는 행복을 개인의 자기 유익추구에서 찾았다. 그들은 바람직한 상호관계에서 표현되는 윤리적 매력보다는 이익추구를 우선 생각했다. 아리스토텔레스에게 행복은 영혼을 좋게 하는 생활이다. 어떻게 영혼을 좋게 할 수 있는가? 슈페만은 아리스토텔레스가 행복의 형식은 제시했지만 실제 내용이 없다면서 비판한다.[4] 슈페만에서 행복은 자신의 주관적 측면만 아니라 타인에게 호의를 베풀며 성취된다. 그에게 인간본성에 걸맞은 윤리적 행위는 자기 자신뿐만 아니라 인류 전체에 대한 기여를 뜻한다.

슈페만에서 행복은 삶의 최고의 목적을 성취하며 이루어진다. 최고의 목적을 위해 인간은 자신의 유한성 즉 생명을 바치기까지 한다. 행복을 이루기 위한 수단은 목적달성을 위한 그야말로 단지 수단이 아니라 전체 목적에 관계하는 작은 부분들이다. 개인의 행복추구는 영원한 존재 및 다른 사람과 상호관계 속에서만 성취될 수 있다. 행복한 삶은 자기 자신과 타자를 함께 위하며 성취된다.[5]

슈페만에서 도덕적 행위는 근원적으로 인간의 존엄(human dignity)에 의하여 가능하다.[6] 롤스(Rawls)도 인간의 존엄을 추론의 결과가 아니라 그 자체로 전제한다.[7] 인간본성에 걸맞은 존

4) Spaemann, *Glück und Wohlwollen*, 1993. p. 9.
5) Spaemann, *Glück und Wohlwollen*. 1993. p. 19.
6) Spaemann, *Glück und Wohlwollen*, 1993. p. 11.

엄이 추구될 때 자아의 형성을 체험한다. 인간의 존엄은 자아의 형성을 통해 드러나며 도덕적 행위를 깊이 생각하게 된다. 도덕적 행위로 드러나는 자아의 형성은 다른 무엇을 위한 수단이 될 수 없고 그 자체로 받아들이게 된다.

고결한 성품으로서 삶의 성취는 자기 자신에게 관계하는 주관적 측면과 사회적 관계에서 이해되는 객관적 검증이 함께 고려되어야 한다.[8) 인간이 일시적 만족만 추구한다면 성취된 혹은 성공적 삶을 살 수 없기에 윤리적 행동은 형이상학적 근거를 전제해야 된다.[9) 인간의 존엄한 본성을 형이상학적으로 받아들이면 삶의 미래를 깊이 생각할 수밖에 없다.

키에르케고어에서 영원을 사모하는 자아는 본성적으로 타자와 상호관계를 통해서만 찾을 수 있다. 피히테(Fichte)에서 '존재를 어떻게 받아들이나?' 가 그 사람의 됨됨이를 결정하게 된다.[10) 슈페만에 의하면 형이상학적 전제는 자기 자신을 찾음으로써 드러난다.[11) 그에게 윤리적 행동의 형이상학적 전제는 인간의 존엄이다.[12)

삶의 성취는 고결한 성품으로 표현된다. 고결한 행위로 표현되는 인간의 존엄은 논리적 추론의 결과가 아니라 그 자체로 목적이다. 인간의 존엄은 단지 살기 위한 삶 즉 생존을 위한 생존을 윤리적 규범으로 받아들일 수 없다. 단지 자기보전의 생활관을 비판

---

7) J. Rawls, *Eine Theorie der Gerechtigkeit*, Frankfurt: Suhrkamp. 1994. p. 19.
8) Spaemann, *Glück und Wohlwollen*, 1993. pp. 19-20.
9) Spaemann, *Glück und Wohlwollen*, 1993. p. 10.
10) Fichte, *Grundlage der gesamten Wissenschaftslehre : als Handschrift für seine Zuhörer*, Leipzig: Gabler, 1794. I, 2. p. 259.
11) Spaemann, *Happiness and Benevolence*, trans. S. J. Jeremiah Alberg, University of Notre Dame Press, 2000. p. 10.
12) Spaemann, *Glück und Wohlwollen*, 1993. p. 204.

하는 슈페만은 인간의 정신활동을 단지 체계의 존속을 위한 입장에서는 받아들이지 않는다.[13)]

삶의 목적은 도덕발달로 드러나며 그 완성은 이웃사랑이다. 이웃사랑은 자기 자신에 대한 책임으로서 자기사랑의 확장된 표현이다. 이웃사랑은 자신에 대한 관계나 사람들 사이의 관계만으로 가능하지 않고 하느님의 영원한 사랑에서 연원한다.[14)] 도덕발달은 인간본성에 관계하는 영원한 행복추구의 객관적 표현이다. 인간본성에 걸맞은 행복추구는 본질적으로 특정(特定)의 목적을 달성하는 기술(技術)적 발전보다 우선한다.

슈페만은 인간의 도덕적 생활을 자발적으로 동의하는 전제로서 받아들였지 논증하려고 하지 않았다. 플라톤은 『소(小) 히피아스』에서 인간의 본성(本性, nature)에서 도덕적 수월(秀越, kalon)이 기술(技術)적 재질(才質, agathon)보다 더 주요(主要)함을 지적했다.[15)]

플라톤의 주장을 아리스토텔레스와 토마스 아퀴나스도 동의했다. 행복을 성취하려는 도덕적 행위는 주관적으로 개인적 생활과 객관적으로 인류 전체를 함께 고려한다. 전체로서 삶의 성취를 위한 도덕적 목적추구는 작은 기술적 유익을 위한 목적과 비교될 수 없다.

도덕적 생활은 삶을 전체적 측면에서 고찰하지만 기술적 재질은 작은 목적들을 달성하기 위해서이다. 기술적 재질은 특정부분에 관계되지만 도덕적으로 뛰어난 생활은 전체로서 행복한 삶을 성취한다.[16)] 단지 특정의 목적을 추구하는 기술적 행위는 행복과 분리

---

13) Spaemann, *Happiness and Benevolence*, 2000. p. 46.
14) 쇠얀 키에르케고어 지음, 임춘갑 옮김, 『사랑의 역사』, 도서출판 치우, 2011.
15) Plato, *Hippias Minor or The Art of Cunning*, introduction and artwork by Paul Chan, trans. Sarah Ruden, essay by Richard Fletcher, Badlands Unlimited, 2015.
Spaemann, *Glück und Wohlwollen*, 1993. p. 18.

되어 수행될 수도 있다.

영원한 존재와 관계에서 인간의 존엄을 의식한다면 개인의 의지(意志)를 전적으로 신뢰하는 완벽주의를 지향할 수 없다. 미래를 의식하는 역사와 문화의 존재로서 인간은 행위의 규범에서 단지 유용성만 따르지 않고 존엄한 삶에 걸맞게 살고자 한다. 인간이 단지 본능에 호소하지 않고 더 나은 미래를 괘념(掛念)하는 존재라면 자신의 주위환경을 깊이 생각하는 도덕적 행위는 당연하다.

슈페만에 의하면 인간의 보편적 목적인 행복추구는 제 2의 천성으로 내면화(內面化)된다.[17] 내면화를 위하여 미래와 과거는 끊임없이 현재의 윤리적 생활에서 통합된다. 인간은 자신의 본질적 인간조건을 자연스럽게 받아들일 수밖에 없다. 즉 인간은 자신의 생활에서 누구의 도움과 은혜가 없이는 존엄에 걸맞은 생활을 지속할 수 없다. 하나님의 절대적 은혜를 믿는 사람들은 홉스(Hobbes)에서 보듯이 개인을 기능적으로 받아들이는 입장을 비판한다.[18]

2. 생활에서 표현되는 도덕교육

키에르케고어에게 인간은 신(神)과 은혜의 관계에서 이해된다. 그에게 영원한 존재를 사모하는 마음은 윤리적으로 드러난다.[19] 예술에서 내용과 형식이 상호 침투하여 의미를 갖게 된다면 키에르케고어에서 예술작품은 영원한 존재와 관계할 때 고전이 될 수 있다.[20] 예술작품이 추구하는 이념은 역사의식과 구체적으로 연관

---

16) Spaemann, *Happiness and Benevolence*, 2000. p. 5.
17) Spaemann, *Das Natürliche und Das Vernünftige*, 1987. p. 45.
18) Spaemann, *Glück und Wohlwollen*, 1993. p. 46.
19) Kierkegaard, *Concluding Unscientific Postscript*, 1992. p. 40.
20) Kierkegaard, *Either/Or 1*, trans, David Swenson and Lilian Swenson, Princeton University Press, 1961. p. 42.

될 때에만 의미를 지닌다.[21]

키에르케고어는 『철학적 부스러기』에서 소크라테스의 상기(想起)설과 그리스도신앙의 성육신을 구분한다. 영원한 축복이 단지 역사적 지식 위에서 세워질 수 있는가? 『후서』에서 그리스도가 이 세상에 왔다는 역사적 사실을 아는 데에서 나아가 그리스도를 개인이 주체적으로 믿고 수용(受容)하며 영원한 축복이 약속된다.

키에르케고어에게 도덕교육은 영원한 존재와 관계에서 성취되는 축복된 삶의 표현이다. 그는 신(神) 앞에 단독자로 설 수 있을 때에만 역설적으로 도덕적 삶을 전달할 수 있다고 한다. 『사랑의 역사』에서도 이웃사랑은 개인이 하느님 앞에 믿음으로 설 때에만 현실적으로 가능하다. 믿음의 생활은 실존적 불안을 극복하고 자아의 변형을 가져 온다.[22]

자아의 변형은 도덕적으로 검증되기에 도덕발달은 인간본성에 걸맞은 자기다운 생활의 표현이다.[23] 키에르케고어에서 도덕발달은 인간 사이의 관계 이전에 하느님과 관계하는 믿음에 근거한다. 자기 자신을 우선 선(善)하게 대하는 행위는 타인과 자연에 대한 도덕적 관계에 앞선다. 현실적으로 우리는 자연을 포함하여 타자와 함께 살아간다. 인간본성에 근거하는 도덕교육은 사회적 관습을 단지 수동적으로 수용하지 않는다.[24]

키에르케고어에게 도덕발달은 인간 자율성의 의지(意志)를 강조하는 입장과 다르다. 인간의 자율성에 전적으로 근거를 두고 있는

---

21) Kierkegaard, *Either/Or 1*, 1961. p. 43.
22) 이홍우·임병덕 역, 『키에르케고르의 교육이론』, 교육과학사, 2003. p. 3.
23) John D. Glenn, *"A Highest Good … An Eternal Happiness": The Human Telos in Kierkegaard's* Concluding Unscientific Postscript, Robert L. Perkins, (ed.), International Kierkegaard Commentary V. 12, *Concluding Unscientific Commentary to "Philosophical Fragments"* Mercer University Press, 1997. p. 248.
24) B. Clouse, *Moral Development*, Baker Book House, 1985. p. 20.

도덕발달 이론은 인간역사의 어두운 면을 보며 한계를 드러내었다. 자아를 찾아가는 자연스러운 생활은 개인의 독단적 주장이 아니라 도덕발달로 보편화되어야 한다. 우리는 사회에서 타인과 함께 살아가기에 타인의 비도덕적 생활에 대한 대가를 지불한다.

키에르케고어에서 하느님과 인간의 관계는 일방적 의존이 아니라 자유에 의한 인격적 관계다. 이런 시각에서 도덕교육도 일방적 주입이 아니라 교육자와 학습자가 실제로 자기 자신을 찾아가면서 서로 도덕발달을 돕는 관계이어야 한다. 전달자와 학습자의 관계에서 형성되는 도덕교육은 실제적 삶을 통해 보여주게 된다. 우리는 현실생활에서 이론적 담론을 넘어서는 고결한 행위를 통해 상호 이해하고 의사소통한다.

키에르케고어는『후서』에서 영원한 축복은 지식의 점진적 축적이 아니라 하느님과 종교 윤리적 실존을 통해서 가능하다.[25] 그에게 도덕발달은 하느님의 사랑을 체험하고 영원한 축복을 사모하며 가능하다. 이런 사랑의 관계는 자기중심적 의지를 넘어서며 일시적 향락을 상대화한다. 그러므로 도덕교육은 일시적 향락추구를 넘어서 미래를 준비하는 전(全)인격적 측면에서 이해된다.

키에르케고어에서 '진리는 주체성' 은 영원한 하느님과 무한히 투명하게 관계하며 자신을 찾는다는 뜻이다. 하느님의 사랑 안에서 삶의 필요한 것들의 충족을 믿고 투명한 생활을 추구한다. 하느님 관계에서 자아의 형성과 자기포기는 모순적으로 보이지만 자신을 비우는 삶은 도덕발달을 통해 전달된다. 나날의 삶에서 영원한 하느님과 주체적 관계는 구체적 현실에서 윤리적 행위로 검증된다.

우리는 각기 자신의 존재를 드러내는 도덕적 행위를 통해 타자와 의사소통할 수 있다. 슈페만에서 행복한 생활은 타자에 대한 호의(好

25) Kierkegaard, *Concluding Unscientific Postscript*, 1992. p. 11.

意, Wohlwollen, benevolence) 즉 선(善)한 의지(意志)의 행위를 통해서 성취된다.[26] 고대 자연철학자 헤라클레이토스(Heraclitus)에 의하면 인간은 깨어 있을 때는 다른 사람과 더불어 살아가지만 꿈속에서는 자기 자신에게만 관심을 갖는다.[27] 자기만 생각하는 모습은 깨어 있지 못하고 꿈속에 있는 상태다.

자기 자신을 알아가는 삶은 각 개인에게 주어진 최고의 책임이다. 키에르케고어에서 개인을 매력적으로 만드는 실존적 성숙은 도덕발달로 드러난다. 그에 의하면 인간본성에 걸맞은 자유에 대한 갈망, 무한한 차원에 대한 희구(希求), 영원한 존재와 관계 등은 자아의 형성을 실제로 가능하게 한다. 소크라테스는 소피스트들이 말은 잘하지만 자기 자신이 되는 계기 즉 자아형성의 현실성이 없기에 윤리적으로 실존하지 않는다며 비판한다.

사람은 영원을 사모하는 자아의식을 지녔기에 본성적으로 타자와 더불어 살아가면서 자아를 찾는다. 자아의 형성은 타자와 관계에서만 가능하다. 타인과 관계의 형성은 본성에서 나오는 욕구이기에 관계의 상실은 자아를 형성하지 못한다. 자아를 형성하지 못하는 생활은 실존적 절망을 가져 온다. 키에르케고어는 자아의 형성에서 가능해지는 도덕적 의식을 표현하며 살았다.[28]

아리스토텔레스는 시학(詩學)에서 현실의 세계만을 말하지 않고 있을 수 있는 가능의 세계를 그린다.[29] 키에르케고어에서 시적(詩的)이며 미적(美的)인 가능의 현실은 종교 윤리적 삶을 통해 가능

---

26) Spaemann, *Glück und Wohlwollen*. Klett-Cotta Verlag, 1989.
27) K. Vorländer, *Philosophie des Altertums* 1, Reinbek bei Hamburg: Rowohlt, 1969. p. 199.
28) Kierkegaard, *Philosophical Fragments*, 1985, p. 44.
쇠얀 키에르케고어, 표재명 역, 『철학의 부스러기』, 프리칭 아카데미, 2007.
29) Aristotle, *Poetics I*, trans. Richard Janko, Indianapolis/ Cambridge: Hackett Publishing Company, 1987. p. 66. 47a 8-13.

하다.[30] 그에 의하면 하느님과 관계하지 않고 스스로 자신의 권위자가 되려고 하는 한 가능의 현실로 나아가지 못한다. 영원을 사모하는 존재로서 개인은 영원한 하느님 안에서 자신의 내면을 심화시키며 혼자 있음을 감내(堪耐)한다.

키에르케고어는 신(神)과 영원한 관계를 맺는 방법으로 자신과 관계하였다. 그는 자신에게 주어진 본성을 따라 도덕적 삶을 추구했다. 그는 하느님 앞에 홀로 서서 실존적 절망과 불안을 극복하며 영원한 축복을 바라보았다. 그에게 자기 충족적 분투는 자아를 형성하지 못한다. 자아의식을 포기하는 일시적 향락추구는 만족을 외부에서 찾기에 자기 자신으로부터 소외된다.

감각적 향락추구는 일시적 만족을 추구하기 때문에 윤리적 주체로서 생활이 아니다.[31] 윤리적 주체는 자신의 대상에 따라 욕구를 끊임없이 의존하는 생활을 할 수 없다. 감각적 향락추구는 욕구의 대상을 타인 혹은 다른 대상에서 찾기에 수동적 성격을 만든다. 다른 사람은 그 누구도 나의 원하는 대로 살아가지 않으므로 타자를 의존하는 생활은 심리적으로 분노가 늘 근저에 있다.

일시적 향락추구는 인간본성에 걸맞지 않기에 근본적 만족을 줄 수 없다. 자기 자신을 찾지 못하는 권태와 허무의 생활은 실존적 분노에 직면한다. 이런 권태와 허무의 자기 분투적 극복이 키에르케고어에서 윤리적 단계의 시작이다. 자신의 힘만으로 윤리적 생활을 하려고 할 때 윤리적 능력의 한계에 때문에 갈등에 직면한다. 영원을 사모하는 자연스러운 마음은 영원한 존재와 관계에서 윤리적 갈등을 극복한다.

---

30) S. Walsh, *Living Poetically: Kierkegaard's Existential Aesthetics*, University Park: Pennsylvania State University Press, 1994. p. 195.

31) Kierkegaard, *Concluding Unscientific Postscript*. 1968. p. 98.

감각적 향락의 일상적 추구는 영혼의 활동에 근거하는 자아를 성취할 수 없다. 영혼의 활동은 영원한 만족을 추구하며 곧 소멸될 향락을 넘어서고자 한다. 키에르케고어에 의하면 영원한 하느님의 인도(引導)와 윤리적 숙고가 없으면 자신을 찾아가는 실존은 없다. 타인에 대한 동정(同情)도 영원한 존재와 관계에 대한 사려(思慮)가 우선되어야 타당할 수 있다. 『이것이냐 저것이냐 1』에서 사려 없는 행동을 통한 감각적 유혹이 비판된다.[32)]

영원한 존재와 사귀며 형성되는 자아는 실존적 매력이 드러난다. 영혼의 활동으로써 자아는 언어를 통해 자기를 표현하게 된다.[33)] 숙고하는 언어와 함께 하지 않고 감정적 격정만으로 살아가려는 태도는 그 자체가 이미 유혹적이다. 자의(恣意)적 낭만주의는 잠시의 만족을 끊임없이 수집하며 자신을 소진시킨다.

영원한 존재 앞의 단독자로서 삶은 윤리적 실천을 통해 자신을 표현한다. 키에르케고어에서 영혼의 활동으로써 자아는 자신을 형성한다.[34)] 그는 『들의 백합과 공중의 새』에서 자신의 축복된 생활을 타인과 관계 이전에 하느님의 은혜에서 본다.[35)] 『후서』에서 영원한 축복의 생활은 자기중심적 지식의 끊임없는 축적을 넘어선다.[36)]

자아의 형성은 이 땅에서 소명(召命) 즉 신(神)의 부르심을 의

---

32) Kierkegaard, *Either/Or. Vol. 1. 2.* Trans. David F. Swenson and Lilian Marvin Swenson, Princeton University Press, 1917. p. 38. (*Enten-Eller*, ed. Victor Eremita, 1843).

33) Kierkegaard, *Either/Or*, 1995. pp. 67-68.

34) R. Hall, "Spirit and Presence: A Kierkegaardian Analysis", R. Perkins, eds., International Kierkegaard Commentary, *Either/Or I*, Macon, George, Mercer University Press, 1995. p. 282.

35) 쇠얀 키에르케고어 저, 표재명 역, 『들의 백합 공중의 새』, 그리스도교 강화, 서울: 21세기선교출판사, 1999. p. 217.

36) Kierkegaard, *Concluding Unscientific Postscript*, trans. D. Swenson, Princeton University Press, 1941. p. 448.

식하고 표현함으로써 가능하게 된다. 신은 우리에게 누구와도 공유할 수 없는 고유한 성품을 주며 각자 자기답게 부른다. 그러므로 각자에게 주어진 소명은 자신만이 응답할 수 있게 된다. 이런 부름의 절정은 자신의 영원한 축복에 대한 확신에서 나오는 기쁨의 노래가 된다.

3. 실존적 분노와 윤리의 반복적 성취

인간은 타자와 관계 이전에 영원한 존재와 관계하며 자신을 찾는다. 자아의 형성은 철학적 관념을 통해 일시(一時)에 성취될 수 없다. 인간은 실존적 주체성을 통해 신적(神的) 관계로서 지속적으로 알려진다. 키에르케고어에서 실존적 주체성은 하느님과 관계를 뜻한다. 헤겔 등 독일 관념론(觀念論)에서 쓰는 하느님, 세상, 인간 등은 키에르케고어와 같은 말을 사용하더라도 실존적 주체성이 아니고 단지 생각의 차원이라면 그 뜻은 다르다.

키에르케고어에게 인간은 철학적 체계를 통해서가 아니라 하느님과 영혼의 활동으로 깊이 관계한다. 그리스도신앙에서 이 세상은 스스로 있지 않고 피조물이다. 하느님은 세상을 창조했고 지금도 창조하는 분이라면 우리의 실존적 선택에도 당연히 관여한다. 절망의 극복으로서 신앙은 긍정적 창조의 태도다.[37)]

하느님은 인간이 충분히 헤아릴 수 없는 주체적 존재다. 이런 주체적 존재에 주체적으로 관계하지 못하면 실존적 절망을 겪게 된다. 이 세상은 하느님과 관계에서만 현실적으로 가능한 윤리적 삶을 요구하는 곳이다. 각자에게 고유하게 주어진 삶의 과제를 수

---

37) Kierkegaard, *Either/Or, II*, trans, D. Swenson, Princeton University Press. 1971. p. 178.

행할 때에만 윤리적 생활을 할 수 있다.

『죽음에 이르는 병』에서 실존적 죽음인 절망을 극복하며 자기 인식이 추구된다. 키에르케고어는 하느님 앞에 정직해지고 신(神)적 선물로서 용서를 확신했다. 그는 영원하신 하느님의 무조건적 용서와 수용(受容)을 확신하게 되었다. 자기를 찾는 '말로 표현할 수 없는 기쁨'을 체험했다고 한다.[38)]

영원한 축복과 용서를 확신한 키에르케고어는 자신의 소명(召命)을 의식하는 삶을 실천했다. 이런 삶은 고결한 성품으로 표현되기에 도덕교육의 의미를 갖는다. 영원에 잇대어 살아가는 삶은 도덕생활의 원천이 된다. 영원한 축복을 타인과 더불어 나누고자 하는 거룩한 유혹자는 타인도 홀로 서서 그런 축복을 누리기를 간절히 바라게 된다. 영원한 축복의 생활은 자기충족 혹은 자기분투의 윤리를 넘어선다.

하느님과 인간의 관계인 신앙은 인간오성(悟性)의 수준에서는 불합리하다. 그럼에도 불구하고 영원한 존재와 관계를 오성적으로만 이해하려면 그 목적을 성취하기 못하기에 분노하게 된다. 그러므로 심리학적으로 실존적 분노는 오성이 파악할 수 없는 것을 시도한다는 간접적 승인이 된다. 오성이 파악할 수 없지만 자신의 오성을 포기하는 역설(逆說)을 통해 하느님과 만나는 행복한 순간이 바로 신앙이다.

윤리에서 인간의 이성(理性)과 의지(意志)를 끝까지 붙잡고자 한 칸트(Kant)와 신앙에 근거한 윤리를 전달하는 키에르케고어 사이의 차이를 보게 된다.[39)] 키에르케고어는 하느님과 신앙의 관

---

38) Kierkegaard, Pap. II A 228. 그는 1938년 5월 19일 10시 30분 말로 다할 수 없는 기쁨을 체험했다고 한다. Kierkegaard, *the Journals*, II A 228. 1838 May 19: Kierkegaard records that he has experienced "an indescribable joy".

39) 황종환, "키에르케고어(S. Kierkegaard)의 『사랑의 역사』의 종교 윤리적 함

계에서 자기 자신에 대해 정직해지는 체험을 통해 다른 사람을 이해하고자 했다. 우리는 키에르케고어의 익명(匿名)의 저술들을 통해 자기 자신이 겪는 일은 타인에게도 나타난다는 소위 간접전달의 의도를 감지(感知)한다.

키에르케고어는 환상(幻想)이 아니라 하느님과 관계에서 영원한 축복을 얻고 자아를 형성하고자 한다. 하느님을 떠나 자신을 찾고자하는 시도 그 자체가 이미 환상이다. 그는 영원한 축복을 믿으며 자신을 더욱 깊이 알 수 있었다. 그리스도신앙에 대한 학문적 이해를 추구할 수 있지만 신앙은 윤리적으로 고결해지는 자신을 체험한다.

키에르케고어에서 인간은 하느님과 관계를 단절시키거나 자신에게 주어진 소명(召命)을 수행하지 못할 때 실존적 절망을 겪게 된다. 하느님과 관계는 단지 일회적 행동을 통해 성취되지 않고 끊임없는 반복이다. 그렇다면『두려움과 떨림』에서 보듯이 '윤리적인 것의 목적론적 정지' 도 아브라함의 단회(單會)적 사건이 아니라 우리 각자에게 일생동안 반복적으로 주어지는 믿음의 책임이다.

4. 거리낌을 받는 고결한 성품

그리스도신앙에서 영원한 진리로 고백하는 그리스도가 시간과 공간의 제한인 세상에 오신 성육신은 유대인에게는 '거리끼고' 희랍인에게는 '어리석게' 보인다(고린도전서 1:23). 즉 그리스도신앙은 객관적 생각만으로는 파악되지 않고 주체적 정열의 신앙으로 전달된다. 이렇게 주체적 열정의 그리스도신앙에 의해 윤리가 목적론적으로 정지될 때 윤리적 삶이 역설적으로 오히려 가능해진다.

의", 고려대학교 철학연구소,『철학연구』, 47집. 2013. p. 138.

그리스도와 신앙의 관계는 영원한 축복의 삶을 약속한다. 역설적 신앙으로 살아가는 인간은 이 땅에서 겪는 시련을 영(靈)적 투쟁(spiritual trial)으로 받아들인다. 어머니가 아이의 독립을 위해 젖을 뗄 때는 것같이 영(靈)적 신앙의 투쟁은 보편적 관습을 넘어 실존적 독립을 가능하게 한다.40) 영원한 하느님과 관계를 무조건적으로 우선시하는 삶은 고난을 축복으로 받아들인다. 이런 삶은 감각적 향락을 포기하거나 상대화한다.

영원한 존재가 유한한 시공간에 왔다는 절대적 모순의 진리는 개인이 자신의 실존에서 절대적 모순의 생활을 함으로써 전달될 수 있다. 시공간적으로 유한하게 살아가는 인간이 영원한 하느님과 관계하는 삶은 역설적 신비(神秘)이기에 생각만으로는 전달될 수 없다. 내면적 진리는 각자가 그에 상응하는 실존에 다다랐을 때에만 전달된다.

키에르케고어를 따르면 우리가 그리스도에 대한 신앙의 도약을 할 때 도덕적 행위가 현실적으로 가능해진다. 현대인은 지식과 정보의 습득에만 과도히 집착하기에 영원한 진리와 관계할 수 있는 내면적 정열의 신앙을 상실하고 있다. 우리는 단지 도덕이론의 제시를 넘어서 구체적 생활을 통하여 타인을 윤리적으로 가르치게 된다.

---

40) Kierkegaard, *Fear and Trembling*, trans. W. Lowrie, Princeton University Press. 1970. p. 28.

5. 윤리적 생활에서 종교성 A와 종교성 B

소크라테스는 '너 자신을 알라' 즉 무지(無知)를 자각하는 일을 자신의 거룩한 사명으로 받아들였다.[41] 키에르케고어는 『철학의 부스러기』에서 진리에 대한 소크라테스의 출발과 그리스도의 출발을 구분한다.[42] 전자는 내재(內在)적 인간중심적 이해라면 후자는 이성(理性)을 넘어서는 신앙의 권위에 근거한다.[43] 하느님과 관계에서 가능한 윤리적 생활은 자기충족의 분투가 아니라 신뢰와 감사의 표현이다.

윤리적 단계의 생활은 자아를 의식하며 사회적 역할에 적극적으로 참여하고자 한다. 이성(理性)과 신앙의 권위는 각각 『철학적 단편 후기(後記)』에서 종교성 A와 종교성 B로 구분하여 기술된다.[44] 즉 소크라테스의 출발로서 종교성 A는 그리스도신앙의 종교성 B의 필요조건이라면 그리스도인이 되는 종교성 B는 종교성 A의 완성이다. 키에르케고어는 그리스도신앙을 상실한 당시 덴마크 교회에 그리스도신앙을 다시 전하려고 했다.

---

41) *Kierkegaard's Journals and Papers*. trans. H. Hong and E. Hong, assisted by Gregor Malantschuk. Bloomington and London: Indiana University Press (1) 1967; (2) 1970; (3-4) 1975; (5-7) 1978. 4: 4286.

42) 표재명, 『철학의 부스러기』, 프리칭 아카데미, 2007. p. 21.
"['신은 나에게 분만(分娩)시키는 일을 강요했다. 그러나 낳는 일을 허락하지 않았다.' 『테아에테투스』 150c]. 왜냐하면, 사람과 사람 사이에서는 「분만시키는 일」이 최고의 것이며, 낳는 일은 신의 소관이기 때문이다."

43) Robert C. Roberts, "The Grammar of Sin and the Conceptual Unity of The Sickness unto Death", in ed. Robert L. Perkins, International Kierkegaard Commentary v. 19, *The Sickness unto Death*, Macon, Georgia: Mercer University Press, 1987. p. 135.

44) Kierkegaard, *Concluding Unscientific Postscript*. 1941.

키에르케고어는 윤리적 생활의 현실적 가능을 하느님과 개인의 주체적 관계에서 찾는다. 여기에서 하느님과 관계는 어떤 사회적 규범보다 우선한다. 하느님과 관계하려는 목적이 인간들 사이의 윤리적 규범을 정지시키기도 한다.[45] 『두려움과 떨림』 의 '윤리적인 것의 목적론적 정지' 에서 종교적 신앙이 윤리적 생활과 모순적 관계에 있다.[46] 즉 종교적 결단은 윤리적 생활의 보편적 규범을 넘어선다.

『두려움과 떨림』 에서 아들을 바치라는 하느님의 명령에서 아브라함은 윤리적 행동에 대해 자기체념을 하고 죽음까지도 물리칠 수 있다는 신앙을 결단한다. 초월적 존재와 믿음의 관계는 보편적 규범인 윤리적 요구를 목적론적으로 정지한다.[47] 이런 목적론적 정지는 일반종교의 종교성 A와 그리스도교 종교성 B를 구분한다.[48] 종교성 B에서는 계시(啓示)된 하나님인 예수 그리스도와 관계가 신앙의 핵심이다.

키에르케고어에서 종교적 단계는 감각적 향락추구의 자기중심주의나 사회규범을 지키려는 윤리적 단계보다 더 높은 차원의 삶이다. 그는 초월적 존재와 관계없이 자신의 힘만으로 윤리적 생활의 추구를 종교성 A라고 하며 그리스도와 신앙의 관계에서 추구하는 종교성 B와 구분한다. 『죽음에 이르는 병』 에서 영원한 존재로서 하느님, 자아, 죄(罪), 영원을 사모하는 영혼의 활동은 상호관계에서만 해석된다.

---

45) Kierkegaard, *Fear and Trembling*. 1983. p. 35.
46) Kierkegaard, *Fear and Trembling*. 1983. p. 54.
47) Kierkegaard, *Fear and Trembling*, 1983. p. 35.
48) Kierkegaard, *Abschlissende unwissenschaftliche Nachschrift zu den philosophischen Brocken*, Düsseldorf/Köln: Eugen Diedrichs, 1957-1958, p. 267.
표재명, 『키에르케고어 연구』, p. 79.

키에르케고어가 인간의 자기의지에 근거한 자율적 윤리를 받아들이지 않은 까닭은 영원한 존재와 관계의 단절로서 죄(罪)를 의식했기 때문이다. 그는 도덕발달의 현실적 가능성을 초월적 하느님과 신앙의 관계에서 찾았다. 그는 『후서』에서 종교성 A를 언급하며 자기충족 윤리의 한계를 지적한다.[49] 그에게 종교성 A는 무한체념을 한다면 종교성 B는 그리스도와 신앙에 근거한다. 영원한 하느님과 관계에서는 주체적 열정과 인내가 요구된다.

『사랑의 역사』에서 아가페의 사랑을 전하는 종교성 B에 근거한 이웃사랑의 사회윤리를 요구한다. 영원한 하느님을 사랑하며 자아의 영원에 대한 의식을 얻게 된다. 영원한 존재에 대한 사랑의 의식은 세상의 시련을 상대적으로 받아들인다. 진리는 나의 주체성이 아니라 그리스도 안에서 발견된다. 영원한 존재와 관계보다 객관적 타당성을 우선 추구할 때 비(非)진리가 된다.

『이것이냐 저것이냐 2』에서 건덕을 위한 윌리엄 판사의 윤리적 노력은 소위 종교성 A로서 내재적(immanent)이다. 내재적 분투와 의지에 근거한 삶은 아무리 화려해 보여도 본질적으로 하느님 관계에서 가능한 건덕의 생활을 성취할 수 없다. 그리스도신앙은 윤리적 생활의 근거를 초월적 하느님에서 찾는 종교성 B다.[50]

키에르케고어는 하느님 관계에 근거하여 자아를 찾으며 사회윤리를 정립한다. 그에게서 각자에게 주어진 사회적 지위는 하느님 관계에서 보면 상대적이다. 사람은 누구나 자신을 찾아가는 실존적 현실을 체험하며 살아가야 한다. 자기를 알아가는 생활은 윤리적 매력을 통해 직관적으로 드러난다.

---

49) Kierkegaard, *Concluding Unscientific Postscript to Philosophical Fragments*, 1992. p. 555.

50) Kierkegaard, *Concluding Unscientific Postscript*, 1992. p. 497.

자아를 찾고자하는 사람은 자신이 속한 사회적 관습에 단순히 적응하며 살지 않는다. 키에르케고어에게 하느님에 대한 믿음의 순종은 다른 책무보다 단지 뛰어난 것이 아니라 비교될 수 없다. 그는 하느님 앞에서 자신의 삶을 받아들이며 자신이 불완전하고 잘못할 수밖에 없음을 고백한다. 인간에게 핵심은 영혼의 활동인데 영혼은 하느님 앞에서 누구에게나 평등하게 주어졌다.

Ⅲ. 실존적 절망과 도덕발달

1. 실존적 절망의 양면(兩面)
2. 영혼의 활동으로써 도덕발달
3. 자아를 잃는 실존적 절망
4. 순간과 영원의 종합으로서 자아
5. 자아의 형성과 도덕발달 체험
6. 연약한 절망과 도전적 절망
7. 영혼의 활동으로써 자아와 절대무(絶對無)
8. 관계에서 형성되는 자아
9. 축복의 삶으로서 자아의 형성

III. 실존적 절망과 도덕발달

1. 실존적 절망의 양면(兩面)

영원한 존재와 투명한 관계가 자아의 형성과 도덕발달의 핵심이다.[1] 키에르케고어에서 영원한 존재와 관계할 때 자아는 자기 자신과 관계하며 자아가 형성된다.[2] 인간은 감각적 향락추구의 생활에서 자아를 찾지 않았기에 삶의 권태와 허무를 겪는다. 스스로 도덕적으로 살려는 윤리적 단계에서 자기능력에 대한 갈등을 거쳐 종교 윤리적 생활로 발전하며 자아를 형성한다.

키에르케고어에게 인간은 육체와 영혼의 종합이다. 『죽음에 이르는 병』에 의하면 그리스도는 나사로의 생물학적 죽음을 잠자는 것이라며 이 병은 죽음에 이르지 않는다고 한다(요한복음 11:4).[3] 오히려 영원한 존재와 관계를 맺지 않는 절망이 실존적 죽음이다. 인간은 유한과 무한, 필연과 자유, 순간과 영원의 결합이다. 이런

---

1) Kierkegaard, *The Sickness unto Death*, 1980. p. 48.
2) 키에르케고어 지음, 임춘갑 옮김, 『죽음에 이르는 병/관점』, 다산글방, 2007. p. 24. "인간은 정신(精神)이다. 그러나 정신이란 무엇일까? 정신이란 자기(自己)다. 그러나 자기란 무엇일까? 자기란 자기 자신에게 관계하는 관계, 바꾸어 말하면, 그 관계에 있어서 그 관계가 자기 자신에게 관계한다고 하는 것이다. 따라서 자기는 관계가 아니고, 관계가 자기 자신에게 관계하는 관계다. 인간이란 하나의 유한과 무한의 종합(綜合), 시간적인 것과 영원한 것의 종합, 자유와 필연의 종합, 요컨대 하나의 종합이다. 종합이란 두 개의 것 사이의 관계다. 이런 식으로 본다면 이른바 인간이란 아직 자기가 아니다."
3) 쇠얀 키에르케고어 지음, 임춘갑 옮김, 『죽음에 이르는 병』, 도서출판 치우. 2001. p. 13.

결합의 인간은 생물학적 죽음뿐만 아니라 절망이라는 실존적 죽음을 겪게 된다.

『죽음에 이르는 병』에서 절망은 죽음에 이르는 병이다. 키에르케고어에서 인간은 신(神)과 영원한 관계를 맺는 방법으로 우선 자기 자신과 관계하고 나아가 타인 및 자연과 관계한다. 그에게 인간이 타자와 관계하는 방식은 자아와 타자의 관계만으로 받아들을 수 없고 영원한 존재와 관계에서 시작한다. 사람은 신과 단독자적 관계에서 자기 자신을 만들어간다. 이렇게 자아의 형성은 도덕적 생활을 가능하게 하는 누구에게나 책임이다.

『죽음에 이르는 병』은 도덕적 성숙을 위한 실존심리학 혹은 도덕심리학의 설명을 한다. 키에르케고어의 저서 중 처음으로 김형석에 의해 한국어로 번역되었다.[4] 키에르케고어는 자기의지(意志)에 호소하는 윤리적 분투로는 도덕적 각성과 성숙을 성취할 수 없음을 보인다. 즉 그는 '나' 를 찾아가는 과정에서 자기 자신을 의지(依支)하는 윤리적 낙관주의를 비판한다.

『죽음에 이르는 병』의 전반부에서 절망은 심리학적으로 설명되지만 후반부에서 하느님과 관계의 단절을 교의학(教義學, dogmatics)에서 죄(罪)라고 한다. 전자에서는 자아가 인간의 기준에서 이해되어 영원한 존재로서 의식이 희미하지만 후자에서는 그리스도신앙으로 받아들여진다.[5] 내재(內在)적 종교와 초월적 종교는 실제적 삶의 적용에서 예리하게 구분되지는 않지만 『죽음에 이르는 병』에서 심리학적 종교와 계시적 종교로 대비된다.

스트로서(Strawser)는 『죽음에 이르는 병』의 저술 목적을 그리스도와 관계에서 고결한 성품의 함양으로 본다.[6] 키에르케고어

---

4) 키엘케골 저, 김형석 역, 『죽음에 이르는 병』, 지경사, 1956.
5) Kierkegaard, *The Sickness unto Death*. 1980. p. 114.
6) M. Strawser, *Both/And: Reading Kierkegaard from Irony to Edification*,

는 하느님만이 선(善)하고 능력이 있어 인간과 관계하며 고결한 성품을 만든다고 본다. 우리는 하느님과 영혼의 활동을 통해 '나' 자신과 관계한다.[7] 키에르케고어에게 영혼의 활동으로써 자아는 도덕발달을 가능하게 한다.[8]

『죽음에 이르는 병』에서 실존적 절망은 누구나 피하고 싶지만 영원한 존재와 관계하는 계기가 될 수 있다.[9] 그러므로 실존적 절망은 양면(兩面)적(ambivalent)이며 자아의 형성과 도덕적 성숙을 위한 기회가 될 수 있다. 삶의 막다른 골목에서 주어진 운명이 과중하게 보일 때 하느님신앙은 절망을 극복하게 한다. 이 신앙은 변할 수 없는 하느님의 영원한 축복을 믿으며 생의 난제(難題)들을 단지 방어하지 않고 적극적으로 극복한다.[10]

소크라테스에서 인간의 최고의 책임은 자아인식(self- knowledge)이다. 키에르케고어의 시각에서 영원을 사모하는 마음은 사람의 본성이며 자기 자신을 알게 된다. 그는 인간이 자신의 윤리적 무능을 깨닫는 과정도 신의 선물로 받아들인다. 영원한 존재와 관계가 끊어진 상태가 죄(罪)이고 죄는 인간에게 가장 치명적 영향을 미친다.

협소한 마음은 절망을 극복하는 신앙을 선뜻 받아들이지 못하고 영원한 존재를 오히려 질투한다. 질투는 불행한 자기주장이고 영원한 존재를 찬양함은 행복한 자기상실이다.[11] 유한을 의식하지 않는 무한의 추구는 공상(空想)적으로 된다. 윤리적 실천이 없는 완전한 자기 독립의 추구는 다스릴 땅이 없는 왕과 흡사하다. 반대로 유한

New York: Fordham University Press, 1997. p. 202.

7) 쇠얀 키에르케고어 지음, 임춘갑 옮김, 『죽음에 이르는 병』, 2011. p. 21.

8) Kierkegaard, *The Sickness unto Death*, 1980. p. 46.

9) Kierkegaatd, *The Sickness unto Death*. 1980. p. 30.

10) Kierkegaard, *The Sickness unto Death*. 1980. p. 87.

11) 임춘갑 옮김, 『죽음에 이르는 병』,2011. p. 183.

성의 절망은 모험을 하지 않으며 운명이라며 스스로 절망하게 된다.

절망에는 자아를 찾지 않으려는 연약한 절망과 자신의 힘만으로 자아가 되려는 도전적 절망이 있다. 실제생활에서 연약한 절망과 도전적 절망, 무의식적 절망과 의식적 절망은 섞여 있다. 영원한 존재와 관계 외에서 궁극적 만족을 추구할 때 절망하고 분노하게 된다. 영원한 존재와 믿음의 관계는 실존적 분노를 승화(昇華)하고 새 생명을 형성한다.

사람은 실존적 절망에서도 영원을 그리워하는 본성에서 벗어날 수 없다. 절망하는 사람은 그 무엇을 성취하지 못해서보다 성취하지 못하는 자기 자신에 대해 절망하고 있다. 개인이 영원한 존재보다 타자와 관계에서 자아를 찾으려고 할 때 결국 수(數)의 하나가 되고 자신을 찾을 수 없게 된다. 이런 생활은 사회의 분위기나 관습에 자신을 의탁하게 된다.

자아의 활동과 번영은 영원한 존재와 관계에서 가능하다. 이런 시각에서 영원한 존재와 관계가 없는 자아는 자기 자신도 모르게 절망하며 살아가고 있다. 육체적 질병이 있지만 그 증상을 느끼지 못할 수 있듯이 영원한 존재와 관계가 단절된 현실을 깨닫지 못하며 절망할 수 있다. 즉 육체의 질병과 마찬가지로 영혼의 질병으로서 실존적 절망은 자각되지 않을 수 있다.

인간이 유한, 순간, 필연의 차원을 무시하고 무한, 영원, 자유의 영역으로만 나아가면 삶의 윤리적 열매를 맺지 못하는 공허한 생활을 하게 된다.12) 이에 반대되는 생활은 이 세상의 상황에 그저 적응하며 살아가는 태도로 다른 사람들의 이목을 그냥 따르게 된다. 이런 생활은 자기 자신 찾기를 두려워하며 많은 사람 중에 단지 하나로 전락한다.13)

---

12) Kierkegaard, *The Sickness unto Death*, 1980. p. 31.
13) Kierkegaard, *The Sickness unto Death*, 1980. p. 33.

영원한 존재와 관계하는 신앙이 올바르다면 도덕적 매력을 드러낼 수밖에 없다. 의심은 단지 사유(思惟)에서 절망이라면 절망은 개인의 인성(人性)과 능력에 대한 의심이다. 키에르케고어에서 자신에 대한 절망은 오히려 영원한 존재와 관계에서 자아를 발견하는 계기가 될 수 있다. 자아를 형성하지 못하는 수동적 기분은 의지(意志)의 자유로서 새로운 차원으로 나아가고 싶어 한다.

영원한 존재와 관계에서 자유로운 선택을 자아가 지속적으로 형성될 수 있다. 자아가 필연성에서 가능성으로 나아가며 도덕발달이 이루어진다. 자아의 발견이 내재(內在)에 머문다면 필연의 차원에 있게 된다. 영원을 사모하는 자아가 자신의 힘만으로 자아가 되려고 하면 필연적으로 절망하게 된다. 영원한 존재와 관계없이 자아가 되려는 시도는 스스로 권위자가 되려고 한다.

키에르케고어는 새로운 존재가 되기 위해 그리스도신앙의 초월적 존재를 받아들인다. 그리스도신앙에서 영원한 존재는 개인에게 절대적 선택을 요구한다. 즉 자아의 새로운 탄생은 인간 상호 간이나 자연의 관계로는 불가능하다. 그리스도와 신앙의 실존적 관계는 순간적 시간을 영원한 시간으로 변형시킨다. 이런 실존을 생각이나 논리로 충분히 이해할 수 있도록 체계화하기는 불가능하다.[14)]

2. 영혼의 활동으로써 도덕발달

『죽음에 이르는 병』의 1부에서 자아(self)는 영혼(spirit)의 활동이다.[15)] 자기가 자신에 대한 관계가 자아의식이다. 자아는 순간, 유한, 필연의 범주에 있지만 영원, 무한, 자유의 차원으로 나아가려

---

14) Kierkegaard, *The Sickness unto Death*, trans. Walter Lowrie, Princeton: Princeton University Press, 1968. p. 107.
15) Kierkegaard, *The Sickness unto Death*. 1980. p. 1.

고 한다. 자아가 순간, 유한, 필연의 제한을 생각하지 않고 영원, 무한, 자유의 차원으로만 나아가면 거대한 계획을 세우지만 구체적 실천이 없는 비현실적 자아가 된다. 반대로 순간, 유한, 필연에만 얽매이면 자신만의 고유한 가능성을 찾지 못하는 운명론자가 된다.

『죽음에 이르는 병』의 2부에서 자아는 영원한 하느님과 관계하지 않으면 의식하든 못하든 절망하게 된다. 실존적 절망은 개인의 결단만으로는 주어진 상황을 개선할 수 없다는 체험이다. 영원한 존재로서 이 세상에 온 그리스도와 관계는 신앙으로 가능하다. 이 신앙은 철학적 관념만으론 전달될 수 없다. 영원한 존재와 관계의 단절이 죄(罪)이기에 죄의 반대는 덕(德)이 아니고 신앙이다. 윤리적 행위는 올바른 신앙의 드러남이다.

키에르케고어에서 인간의 자유는 초월(超越)의 존재를 영원히 사모한다. 『죽음에 이르는 병』은 절망이라는 질병에서 시작해서 치료에 이르는 임상심리학적 성격을 갖는다. 키에르케고어에게 실존적 절망의 극복은 영원한 존재와 관계에서 체험된다. 그에게서 사람의 건강은 고정된 상태가 아니라 자아를 찾아가는 도덕적 행위의 체험이다.

『죽음에 이르는 병』에서 심리학은 인간에 대한 신학적 이해의 서론(序論)이다.[16] 키에르케고어에게 심리학은 '자아를 알아가는 체험'의 이해로 요약된다. 자아를 알아가는 체험으로서 심리학은 오늘날 현상학(phenomenology)이라고 할 수 있다.[17] 여기서 현

---

16) Kierkegaard, *Repetition*. trans, H. Hong and E. Hong, Princeton: Princeton University Press, 1983, p. 324. (*Gjentagelesen*, by Constantin Constantius, 1843).
Kierkegaard, *The Concept of Anxiety*. 1980. p. 77.
Kierkegaard, *The Sickness unto Death*, 1980. p. 77.

17) M. Westphal, "Kierkegaard's Psychology and Unconscious Despair", Robert L. Perkins, *International Kierkegaard Commentary: The Sickness unto Death*, V. 19. Georgia: Mercer University Press,

상학은 영원한 존재를 전제하는 인간의 체험이라는 뜻이다.

키에르케고어에서 심리학적 저서는 '실험심리학' 이라는 부제(副題)가 붙은 『반복』, '원죄(原罪)에 대한 심리학적 고찰' 이라는 부제의 『불안의 개념』, '심리학적 실험' 의 부제로서 『인생길의 여러 단계』, 기독교심리학적 건덕, 혹은 각성(覺醒)이라는 부제의 『죽음에 이르는 병』 등이다.

키에르케고어에서 인간은 불안, 절망, 분노 등으로 병들어 있고 치료받아야 된다는 뜻에서 임상심리학으로 이해된다. 그는 자아를 영원(永遠)을 사모(思慕)하는 영혼의 활동으로 보며 감각적 생리적 차원을 넘어서 받아들인다.[18] 심리학적 이론은 치료를 위해서이고 인간의 지식은 건덕 혹은 도덕발달을 위해서이다.

3. 자아를 잃는 실존적 절망

인간을 자존(自存)적 존재로 보는 근대 이후 세속적 휴머니즘의 인간관과 달리 키에르케고어에서 절망은 실존적 불안과 함께 나타난다. 실존적 불안은 부정적 측면만 있지 않고 자기 자신을 찾아가는 계기가 될 수 있다. 키에르케고어에 의하면 절망에는 세 경우가 있다. ① 절망하여 자기가 있다는 것을 자각하지 못하는 절망, ② 절망하여 자기 자신이려고 하지 않는 절망, ③ 절망하여 자기의 힘만으로 자기 자신이려고 하는 절망 등이다.

첫째, 절망하여 자기 자신이 있다는 현실을 자각하지 못하는 절망은 특히 현대인에게 적용된다고 할 수 있다. 현대인의 상당한 불행은 자아가 있음을 의식하지 못하기 때문이다. 자아의식이 형

1987. p. 40.

18) Kierkegaard, *The Sickness unto Death*, 1980. p. 25, 29.

성되지 않으면 자연을 포함하여 타자와 교제하려고 하지 않고 오히려 정복하고자 한다. 이론이나 생각은 인격의 전체가 아니며 실존적 절망은 부정적 느낌을 준다.

둘째, 절망하여 자기 자신이려고 하지 않는 절망은 자기 자신에게 모순적으로 살아가는 모습이다. 인간이 자기 자신이 되어야 함은 더 이상 그 배후를 물을 수 없는 목적이다. 물론 키에르케고어는 영원한 존재인 하느님과 관계에서 자기를 찾았다. 지성이나 상상력만으로 자기 자신이 될 수 없고 생각이나 이론만으로 도덕적 성품이 형성되지 않는다.

셋째, 절망하여 자기의 힘만으로 자신이려고 하는 절망은 인간의 본질인 사회적 관계에 눈뜨지 않는 모습니다. 인간이란 생물학적으로 잠시 살지만 영원을 사모(思慕)하는 존재다. 이렇게 영원을 사모하는 마음을 받아들이지 않고 단지 자기 자신만으로 살아가려고 할 때 본성에 걸맞지 않기에 절망할 수밖에 없다. 인간은 자존(自存)적 존재가 아니라 영원한 존재와 관계하는 방식으로 타자와 사회적 관계를 맺으며 살아가게 된다.

요약하면 인간은 자기가 자신과 관계하는데 이 관계는 영원한 존재와 관계에 의존한다. 신(神)적, 동물적 두 요소가 종합된 인간이 어느 한 면의 자아의식만으로 과도하게 자기를 주장할 때 실존적 죽음인 절망에 이르게 된다. 긍정적으로 표현하면 실존적 절망은 자기 자신을 찾는 계기가 될 수도 있다. 자아는 영원한 존재와 관계하며 형성되어 간다.[19] 키에르케고어에서 자아의 형성은 삶의 번영을 약속하는 하느님의 선물이다.

키에르케고어는 『죽음에 이르는 병』에서 실존적 절망을 극복하며 자아를 찾고 형성하고자 한다. 그는 심리학의 한계를 넘어 스

---

19) Kierkegaard, *The Concept of Irony*, trans. L. M. Capel, Bloomington: Indiana University Press, 1965. p. 278.

스로에게 정직하며 자신을 알아 갔다. 실존적 절망은 자기 자신이 있음을 잊거나, 자기 자신이 되려고 하지 않거나, 자기 자신의 힘만으로 자신이 되려는 비현실적 노력을 한다.[20] 실존적 절망은 단지 심리적 상태가 아니라 자아가 되지 않으려는 의지의 결과다.

실존적 성숙 과정에서 감각적 향락추구는 자아의식을 잠시의 쾌락과 바꾸며 피상적으로 살아간다. 키에르케고어는 자아의식이 싹트는 윤리적 생활에서 의지(意志)를 강조한다. 그런데 인간의 본성은 자신의 의지만으론 보편적 규범을 지키는 윤리적 생활을 할 수 없다.[21] 인간의 본성에서 선택은 '이것이냐 저것이냐' 사이의 갈등이 아니라 영원한 존재와 다른 것들 사이의 현실적 결단이다.

『죽음에 이르는 병』은 덴마크의 근대화와 중산층의 형성과 관련하여 저술되었다.[22] 이런 근대화 과정에서 자아가 하느님 대신에 국가와 사회에 의해 형성되는 한계를 키에르케고어는 진단했다. 그는 절망에서 벗어나기 위해선 국가나 사회의 의존에서 나아가 하느님과 내면적 관계의 회복을 주장한다.[23] 개인은 영원한 존재인 하느님과 신앙의 관계 안에 있을 때 자신을 사랑하듯이 이웃과 자연을 사랑할 수 있게 된다.[24]

키에르케고어는 당시 덴마크와 유럽을 지배한 독일관념론과 세속적 휴머니즘에서 인간사유(思惟)의 한계를 자각했다. 그는 인간 실존을 단지 학문적 객관성으로 설명하거나 감각적 향락에서 삶의 만족을 찾으려는 시도를 비판했다. 이런 시도는 결국 공허한 주체

---

20) 쇠얀 키에르케고어 지음, 임춘갑 옮김, 『죽음에 이르는 병』, 2011. p. 21.
21) 황종환, 『키에르케고어와 도덕교육』, 글누리, 2017. p. 311.
22) J. Elrod, *The Social Dimension of Despair*, in ed. R. Perkins, International Kierkegaard Commentary v. 19, *The Sickness unto Death*, Macon, Georgia: Mercer University Press, 1987. p. 107.
23) Kierkegaard, *The Sickness unto Death*. 1980. p. 46.
24) Kierkegaard, *Works of Love*, ed. and trans. H. Hong and E. Hong, Princeton University Press, 1995. p. 69.

주의(subjectivism) 혹은 주관주의가 된다. 키에르케고어는 객관적 학문만으로 삶을 해결하려는 시도를 비판했지만 인간의 이성(理性)을 일방적으로 배척하지는 않는다.

4. 순간과 영원의 종합으로서 자아

키에르케고어에서 도덕적 발달은 영혼의 활동으로써 자아의 형성이 실현될 때 가능하다. 그는 인간의 자아를 세 차원으로 구분하여 규정한다. 1) 인간은 유한과 무한, 순간과 영원, 필연과 자유의 종합이다. 2) 자아는 자기 자신과 관계를 맺는 존재다. 3) 자아의 자기관계는 영원한 존재와 관계에 근거한다.

키에르케고어는 『죽음에 이르는 병』에서 순간과 영원의 결합을 영원한 존재에 근거하여 받아들인다.[25] 자아는 영원한 존재와 깊이 관계하며 내면의 진리를 발견해 간다. 영원한 존재와 관계하는 주체적 실존은 가능성을 현실성으로 드러내면서 살아간다.[26] 영원한 존재와 관계하려는 실존적 열정의 자아는 감각적 향락추구를 넘어서려는 고난의 삶을 축복으로 받아들인다.[27]

인간은 필연성에서 가능성으로 나아갈 때, 생각에서 행동으로 나아갈 때, 선에 대한 지식에서 행동으로 나아갈 때 불확실한 실존적 불안을 겪는다. 이런 실존적 불안은 오히려 삶의 진실한 현실을 깊이 체험하게 한다. 생각에서 행동으로 나아가는 개인은 순간적으로 변증법적 현실에 있게 된다.[28] 즉 필연성에서 가능성으

---

25) Kierkegaard, *Concluding Unscientific Postscript*, trans. D. Swenson and W. Lowrie, Princeton: Princeton University Press. 1941. p. 147.

26) Kierkegaard, *Concluding Unscientific Postscript*, 1941. p. 184.

27) Kierkegaard, *The Point of View for My Work as an Author*, trans. W. Lowrie, NY: Harper & Row, Harper Torchbook, 1962. p. 91.

로 나아가는 질(質)적 변화를 겪는 변증법적 순간에 자기 모순적 체험을 한다.

영원한 존재와 관계가 없는 실존적 절망은 본인이 그 증상을 못 느낄 수 있다. 이런 경우 '나는 영원하다' 는 의식이 없는 증상이 대표적 영혼의 질병이다. 또 다른 영혼의 질병은 내가 되고자 하지 않고 다른 사람이나 대상과 자기를 동일시하려는 연약한 절망이다.[29] 키에르케고어에서 도덕적 행위의 추구 자체가 자아를 찾는 길이 아니라 자아가 영원한 존재와 더불어 관계할 때 도덕발달이 나타난다.

키에르케고어는 절망을 하나의 증상이 아니라 치료받아야 할 영혼의 질병으로 본다. 즉 당사자가 자신의 증상을 자각하지 못하더라도 영원한 존재와 관계를 맺지 않으면 실존적으로 절망하게 된다. 그러므로 영혼의 질병으로서 실존적 절망은 본인의 자각(自覺)이 판단 기준이 될 수 없다. 영원한 존재와 바른 관계의 판단 기준은 도덕적 행위의 객관적 드러남이다. 즉 도덕적으로 고결한 성품은 영혼의 질병에 대한 진단 기준이다.

5. 자아의 형성과 도덕발달 체험

『죽음에 이르는 병』은 자아를 자기충족에서 찾지 않고 영원한 존재와 관계에서 본다. 영원한 존재와 관계하는 자아가 활동해야 윤리적 행동을 비롯한 생활의 실제적 변화가 가능하다.[30] 영원한 존재와 관계가 없으면 실존적 절망에서 지내게 된다. 그러므로 『죽음에 이르는 병』에서 절망의 극복은 지식과 정보의 습득 혹

---

28) Kierkegaard, *The Concept of Irony*, 1965. p. 279.
29) Kierkegaard, *The Sickness unto Death*, 1980. p. 49.
30) Kierkegaard, *The Sickness unto Death*, 1980. p. 46.

은 자기의지(意志)적 윤리를 넘어서는 신앙이다. 자아는 영원을 사모하는 영혼의 활동에서 평안을 누릴 수 있다.

우리는 절망과 불안을 피하고 싶지만 실존적 불안과 절망은 자기 자신을 찾아 도덕발달을 이루는 계기가 된다. 영원한 존재와 관계의 단절은 자아의 형성에 부정적 영향을 미친다. 키에르케고어에서 글쓰기 등 문화적 활동은 건덕의 과정과 함께 할 때 의미가 있다. 끊임없이 계략을 이어가면서 감각적 향락을 추구하는 생활은 그 내면에 단지 잠시의 쾌락이 있을 뿐이다.

순간과 영원의 종합으로서 자아가 영원한 존재와 관계하지 않을 때 자아가 투명하지 못하게 된다. 모든 절망의 공통점은 영원에 대한 의식이 없이 자기 자신이 되지 않으려는 자기의지(意志)다. 자기 자신이 되려고 하지 않기에 구체적 생활에서 도덕적 연약성이나 과도한 자기의지(依支)를 보인다. 연약성의 절망은 자아에 대한 분명한 의식을 갖지 못할 때 나타난다.[31] 이런 절망은 기존 관습에 단지 적응하며 주위사람들의 생활습관을 무비판적으로 받아들인다.

키에르케고어는 자기 자신을 형성하는 영원한 존재와 열정의 신앙의 관계를 호소한다. 그는 자아를 그리스도와 관계하는 영혼의 활동으로 본다. 영혼의 활동으로써 자아는 자신의 소명을 성취하면서 완성되어 간다. 인간이 자신의 한계를 무시하고 무한, 영원, 자유의 영역으로만 나아가면 삶의 윤리적 열매를 맺지 못하는 공허한 생활을 하게 된다.[32] 반대 경우는 다른 사람들의 이목과 세상 풍조를 따르며 자기 자신이 되기를 두려워한다.

영원을 사모하는 마음은 인간 존엄(尊嚴)의 근거다. 키에르케고어는 영원하신 하느님의 무조건적 용서를 확신했다. 그는 타인에

---

31) Kierkegaard, *The Sickness unto Death*, 1980. pp. 33-34.
32) Kierkegaard, *The Sickness unto Death*, 1980. p. 31.

게서 위로를 구하지 않고 하느님의 은혜를 갚는 삶을 살고자 했고 실천했다. 도덕적 삶은 타인과 관계 이전에 하느님과 단독자로서 관계에서 오는 축복된 삶의 표현이다.

키에르케고어는 자아를 영원한 존재와 믿음으로 관계하는 의식(consciousness) 즉 상호관계에서 받아들인다. 그는 실존적 절망을 극복함이 그리스도신앙 안에서 자기교육이라고 고백한다. 그는 용서의 확신으로 신의 은혜를 갚는 삶을 살고자 하며 다른 데서 삶의 위로를 찾지 않았다. 그는 자신의 정체성을 찾으며 도덕발달을 체험하였다.

『죽음에 이르는 병』에서 그리스도신앙의 핵심은 자기교육이다.[33] 영혼의 활동으로써 자기교육은 영원한 존재를 사모하며 윤리적 생활을 하게 한다. 자기교육에서 갈등적 순간은 이 세상의 행복의 조건들과 영원한 존재에 근거하는 윤리적 삶 사이의 선택이다. 그는 상대적 대상들과는 상대적으로 관계하는 자유를 추구했다. 이런 자유의 추구가 도덕적 행위의 현실적 가능근거가 된다.

우리는 생물학적으로 순간, 유한, 필연의 범주에서 살아가지만 자아의 깊은 마음은 영원, 무한, 자유의 영역에로 나아가고자 한다. 본성상 영원(永遠)을 사모하게 되어 있는 인간이 이런 갈증을 충족시키지 못하면 실존적 절망에 이르고 스스로 자신을 잠식(蠶食)하게 된다. 실존적 절망은 영원한 존재를 사모하는 인간이 상대적 존재와 절대적 관계를 맺고자 할 때 찾아오는 부정적 현상이다.

본성상 영원하거나 절대적이지 않은 사회적 인정, 돈, 감각적 향락 등에 삶의 궁극적 의미를 부여하며 살아갈 때 인간은 절망하게 된다. 인간은 자신의 의지만으로 자아가 되려는 절망적 시도를 계속하기도 한다. 키에르케고어에서 절망으로서 나타나는 죄(罪)는

33) Andrew Burgess, *Kierkegaard and Christianity*, ACTA KIERKEGAARDIANA v. 3. Kierkegaard Circle, Toronto: Trinity College, 2008. p. 93.

무지(無知)의 결과가 아니라 영원한 존재와 관계의 단절이다. 무지라면 영원한 존재에 대한 무지다.

인간이 자신에게 영원을 사모하게 하는 영혼의 활동이 있음을 자각하지 못하면 절망한다. 모든 절망은 자기 자신이 되려고 하지 않기에 구체적 생활에서 도덕적 의지의 빈약을 보이게 된다. 그리스도신앙은 부활과 심판을 믿기에 생물학적 죽음이 아니라 절망을 죽음에 이르는 병으로 본다. 그렇지만 절망은 인간의 본성적 소원인 영원(永遠)을 사모하는 영혼의 활동을 소멸시킬 수 없다.

키에르케고어에서 자아는 영원한 존재와 관계를 통해서만 도덕적 삶이 수행된다.34) 자기 자신이 되도록 되어 있는 인간이 무한성과 연관을 갖지 않거나 인간에 대한 공포 때문에 자아형성의 근원적 책임을 방기(放棄)하게 된다. 영원한 존재와 관계하며 가능성이 현실생활로 변환되면서 도덕적 삶이 형성된다.

키에르케고어에서 자기 자신에 대한 절망의 유일한 치유는 하느님 안에서 활동하는 믿음의 가능성이다. 자신의 과오 때문에 파멸이 당연히 올 것이라는 현실 속에서도 아니 바로 이런 현실에서 믿음의 의지가 활동하며 구제가 나타난다.35) 유한과 무한, 순간과 영원, 필연과 자유의 바람직한 결합은 자신의 분투만으론 성취되지 못하고 영원한 존재인 하느님과 관계에서 가능하다.36)

인간은 스스로 알지 못하더라도 영원한 자아를 갖고 있다. 자신이 겪는 사건들 혹은 자신의 부족한 삶에 실망하며 자아가 되려고 하지 않을 뿐이다. 역설적으로 절망의 과정을 통해서 영원한 하느님과 관계하게 되며 자신을 찾아 나서게 된다. 보편적 현상으로서

---

34) 임춘갑 옮김, 『죽음에 이르는 병』/『관점』, 다산글방, 2007. p. 57.

35) 송재우, 「키에르케고르적 개인적 체험의 학문적 정초가능성 -하이데거의 해석학적 방법을 통하여-」, 『철학논총』, 55집 1권, 새한철학회, 2009.

36) Kierkegaard, *The Sickness unto Death*, 1980. p. 14.

실존적 절망은 오히려 자기 자신을 찾는 실마리를 제공한다. 이런 의미에서 실존적 절망은 하느님의 축복이다.

영원을 사모하는 마음을 지닌 인간의 본성은 영원한 존재와 관계에서 자아의 근거를 찾는다. 영원한 존재와 관계에서 도덕적 생활을 할 때 상대적 대상들의 가치를 오히려 바르게 받아들이게 된다. 감각적 향락, 경제적 관심, 사회적 인정(認定) 등은 일정 기간의 안정을 줄 뿐이다. 유한한 대상에서 절대적 안정을 추구하면 절망하게 된다.

『죽음에 이르는 병』에서 자아의식은 심리학적 이해에서 나아가 영원한 존재와 관계에서 해석된다.[37] 데카르트에서 자아가 유아론(唯我論, solipsism)적이었다면 키에르케고어에서 자아는 상호관계에서만 성립할 수 있다. 영원한 존재와 관계에서 자아를 찾지 않으면 타인이 삶의 기준과 두려움의 대상이 된다. 타인이나 사회적 영향력에 자신을 의탁하면 자아가 형성되지 않으므로 실존적으로 절망하고 분노하게 된다.[38]

『죽음에 이르는 병』에서 죄(罪)는 특정의 행위라기보다 영원한 존재를 관계하지 않는 실존적 태도다. 이런 태도는 책임이 있는 자아로서 역사에 기여하지 못하고 다수의 행동양식을 무비판적으로 따르며 살아가게 된다. 현대의 왜곡된 자아의식은 독특한 가치관을 드러내는 주체성으로 표현되지 않고 사회구성원의 하나로 전락하고 있다. 즉 고유한 정체성의 표현이 아니라 주어진 상황에 따라 변하는 모습이다.[39]

---

37) Kierkegaard, *The Sickness unto Death*. 1980. pp. 13-14.
38) Kierkegaard, *The Sickness unto Death*, 1980. pp. 33-35.
39) Robert Musil, *The Man without Qualities*, Perigee Books, 1965. Louis Dupré, "*The Sickness unto Death: Critique of the Modern Age*", in ed. Robert L. Perkins, International Kierkegaard Commentary v. 19, *The Sickness unto Death*, Macon, Georgia: Mercer University Press, 1987. p. 87.

키에르케고어에서 자아의 주체적 활동은 필연성과 가능성의 종합으로서 표현된다. 누구나 자기가 선택하지 않은 일정한 조건으로서 필연성 속에서 태어나고 성장한다. 그렇지만 아무리 엄혹(嚴酷)한 조건 속에서도 인간에게는 영혼이 활동하는 자유의 가능성이 주어졌다. 영원한 존재와 관계를 맺으며 자아를 형성해 가는 도덕적 수월(秀越)은 협소한 마음을 지닌 사람들로부터 오히려 거리낌이나 미움을 받게 된다.40)

인간은 영원한 존재와 관계에서만 필연과 자유를 종합하며 절망을 극복하게 된다.41) 키에르케고어에서 영원한 존재와 관계없이 자신의 상상력과 의지(意志)만 의존하면 절망한다. 실존적 절망에서는 자신이 영원한 존재와 관계하며 영혼의 활동을 한다는 자각이 없기에 자아를 소진시킨다. 실존적 절망 속에서 자아는 없애려고 해도 없앨 수 없고 죽고 싶어도 죽을 수 없어 고뇌한다.

실존적 절망은 자기 자신이 되고 싶으나 자기 자신이 될 수 없는 절망이다.42) 무엇에 대한 절망이 아니라 무엇을 할 수 없는 자기 자신에 대한 절망이다. 실존적 절망으로서 죄(罪) 안에서 자아는 영원한 존재와 관계를 맺지 않으면서 자아가 되려는 헛된 시도로 나타난다.43) 영원한 존재와 관계를 회복하는 참회를 받아들이지 않으면 더욱 절망하게 된다.

『후서』와 『죽음에 이르는 병』에서 영원한 존재와 관계가 없으

---

40) Kierkegaard, *Works of Love*, 1995. p. 254.

41) R. Perkins, *International Kierkegaard Commentary v. 19, The Sickness unto Death*, 1987. pp. 15-16.

42) J. Marsh, "Kierkegaard's Double Dialectic of Despair and Sin", in ed. R. Perkins, *International Kierkegaard Commentary v. 19, The Sickness unto Death*, Macon, Georgia: Mercer University Press, 1987. p. 69.
Kierkegaard, *The Sickness unto Death*. 1980. p. 19.

43) Kierkegaard, *The Sickness unto Death*, 1980. p. 77.

면 엄청난 철학적 체계를 세우거나 정치권력을 쟁취하더라도 삶의 실제 모습은 헛간에서 사는 것 같다.44) 절망은 인간의 본성인 영원한 존재와 관계를 맺지 않으려는 의지(意志)의 결과다. 빌라도가 예수에게 '진리가 무엇이냐?' 물었을 때 예수가 침묵했듯이 자신의 실존에 대해 결정적 태도를 취하지 않음이 진리에 대한 무관심의 도전이다.45)

『죽음에 이르는 병』에서 인간의 모든 의식은 자아의식에서 연유한다. 인간은 영원한 존재와 관계하기에 그리스도신앙 안에서 자아의식은 절망에 대한 바른 이해를 가능하게 한다.46) 실존적 절망은 무능한 자기소모(self-consumption)가 될 뿐이다. 치명적 절망은 절망하고 있음을 자각하지 못하고 자신의 영혼이 건강하다고 여기는 상태다. 영원한 존재와 관계없는 과도한 자기사랑은 자기도취(self-absorption)가 된다.

자기도취는 과장된 자아상(自我像)과 관심유발의 추구 등을 특징으로 한다. 이러한 특징은 정도의 차이는 있으나 모든 사람에게 나타난다. 현대 인간관계에서 자기중심적 나르시시즘(narcissism)은 심리학적 문제를 넘어서서 사회적 문제가 되어 가고 있다. 타자와 의사소통이 없이 늘 자신의 이익만 생각하며 살아가는 현상이다. 이런 현상은 새로운 사회적 질병으로 지적되고 있다.47)

---

44) Kierkegaard, *The Sickness unto Death*, 1980. pp. 22-28, 42-47.
Kierkegaard, *Concluding Unscientific Postscript*. 1941. pp. 268-69.

45) 요한복음 18:37-38.
Kierkegaard, *The Sickness unto Death*, 1980. pp. 125-29.

46) H. E. Barber and John Donnelly, "Self-Knowledge and the Mirror of the Word". in ed. Robert L. Perkins, *International Kierkegaard Commentary v. 19, The Sickness unto Death*, 1978. p. 176.
Kierkegaard, *The Sickness unto Death*, 1980. p. 47.

47) Sergia Hay, *Wrenching Open the Lock of Self-Love: Kierkegaard on Narcissism*. Søren Kierkegaard Newsletter. A Publication of the Howard and Edna Hong Kierkegaard Library St. Olaf College·

6. 연약한 절망과 도전적 절망

자아를 형성하지 못하는 경우는 연약한 절망과 도전적 절망으로 구분된다. 연약한 절망은 영원한 존재와 관계하려는 의지의 결여로 말미암아 자신의 운명에 굴복하여 자아가 되지 못한다. 연약한 절망은 유한한 대상과 관계에서 삶의 궁극적 의미를 찾으며 자아를 상실한다. 영원한 존재와 관계없는 연약한 절망은 자신의 힘만 신뢰하려는 숨겨진 교만일 수 있다. 감각적 향락의 일방적 추구는 상호관계를 가능하게 하는 자아의식을 형성하지 못한다.

연약한 절망과 도전적 절망의 증상은 엄격히 구분되지는 않는다. 즉 자신이 되지 않으려는 절망에도 나름의 의지가 있고 자신의 힘만으로 자신이 되려는 절망에도 타자와 관계를 맺지 못하는 연약함이 숨겨져 있다.[48] 모든 절망의 공통점은 자기 자신이 되지 않으려고 의지(意志)한다는 점이다.[49] 자기 자신이 되지 않으려는 생활에서 도덕적 행위가 드러날 수 없다. 돈, 향락, 사회적 지위 등 유한한 대상을 통하여 절대적 안정을 추구하면 도전적 절망에 이르게 된다.

도전적 절망은 누구의 도움도 받으려 하지 않고 자신의 힘만으로 삶의 문제를 해결하려는 시도다. 이런 주장은 영원한 존재의 위로와 치료에 대한 진지함이 없다. 영원한 존재와 관계에서 가능성을 받아들이지 않는다. 자신에게 주어진 독특한 고난을 겪으며

Northfield, Minnesota. Number 67: Summer 2001. p. 3.
Jia Tolentino, "*What Happens When We Decide Everyone Else is a Narcissist.*" The New Yorker, 17 August, 2016.
http://www.newyorker.com/culture/jia-tolentino/what-happens-when-we-decide-everyone-else-is-a-narcissist.

48) Kierkegaard, *The Sickness unto Death*, 1980. p. 49.
49) Kierkegaard, *The Sickness unto Death*, 1980. p. 20.

자신만의 필연적 약점에 분개하여 인생 자체에 분노한다. 도전적 절망은 자아에 대한 추상적 관념에서 기인한다. 자신의 의지(意志)만으로 유한성을 망각하고 무한을 찾는 생활은 무한성의 절망 혹은 도전적 절망에 빠지게 된다.

자아는 본질적으로 관계 속에서만 형성된다. 도전적 절망은 모든 관계를 단절하고 스스로 자신의 분투(奮鬪)적 의지만으로 자신이 되려는 그릇된 시도다. 그 누구의 위로나 교정(矯正)도 받으려고 하지 않는다.50) 이런 상태의 극단적 모습은 인간이 자신의 힘으로 신적 존재가 되려고 한다. 영원한 존재와 관계가 없는 절망적 상태에서 자신의 분투적 의지만으로 자신이 되려는 시도가 실존적 절망의 대표적 모습이다. 이런 의지(意志)로는 실제로 도덕적 행동이 충분히 생성될 수 없다.

개인은 자아와 영원한 존재가 있음을 의식하지 못하며 절망하게 된다. 유한, 순간, 필연의 인간이 무한, 영원, 자유의 영역으로 나아가는 과정을 키에르케고어는 가능성이라고 한다. 서로 모순되는 두 가지 면모가 종합되는 자아는 도덕적 생활로 나타나게 된다. 우리가 구체적 생활을 등한시하고 가능성의 차원으로만 나아가려고 할 때 소위 가능성의 절망을 겪게 된다. 인간이 자신의 한계를 받아들이지 않는 모습이다.

반대로 필연성의 절망은 자신에게 주어진 가능성을 받아들이지 않는 모습으로 자신의 삶을 단지 숙명(宿命)으로 받아들인다. 자아가 있음을 의식하지만 자아를 찾지 않거나 영원한 존재와 관계를 맺지 않고 절망 속에서 자신의 힘만으로 자아를 찾고자 한다. 혹은 자신의 힘만으로 자아가 되려고 한다.51) 연약한 절망은 의지의 결핍에서 연유한다.52) 모든 일들은 개인에게 숙명적으로 주어

---

50) Kierkegaard, *The Sickness unto Death*, 1980. p. 67.
51) Kierkegaard, *The Sickness unto Death*, 1980. p. vi.

진다며 가능성을 부인하는 중에 나타난다.

절망의 연약한 형태에서는 가능성을 받아들이지 않으면서 자아가 되려는 시도도 하지 않는다. 사회적 관습을 단지 수동적으로 수용하면 자아가 형성되지 않고 도덕적 행위가 나타날 수 없다. 자기 주위의 사람에 둘려 쌓여서 다른 사람들의 평가와 시선을 두려워하며 자기 자신이 되지 못한다. 가능성을 부인하는 절망은 자신에게 다가오는 사건들 혹은 자신의 부족한 삶에 실망하며 자아가 되려고 하지 않는다.

반대로 영원한 존재와 관계를 맺지 않으려는 도전적 절망 속에서 자아가 되려고 하지 않는다. 영원한 존재와 관계없이 자신의 힘만으로 주인이 되려는 시도 속에서 구체적 한계를 받아들이지 않으며 자신 위에 권위를 받아들이지 않는다. 이런 태도를 현대의 무신론적 실존주의자들에게서 볼 수 있다. 자기 자신의 특유한 한계를 인정하며 실존적 상황을 헤쳐 나갈 때 실존적 절망은 극복된다.[53)]

인간에게는 스스로 의식하지 못하는 실존적 절망이 있다.[54)] 도전적 절망은 강하게 절망을 의식하면서 절망 속에서 자신의 의지만으로 자아가 되려고 한다. 자신이 저지른 부끄러운 일이나 자신에게 찾아온 고통이 자아의 가능성을 받아들이지 않게 한다. 자신의 의지에 끝까지 매달리며 자기를 포기하지 못한다. 도전적 절망은 개인의 지식, 감정, 의지, 상상력 등을 감상(感傷)적으로 받아들이며 실현하고자 할 때 나타나는 현상이다.

도전적 절망은 가능성 자체에만 매혹되어서 현실적 한계를 자각하지 못한다.[55)] 자아에게 주어진 상황을 무시하거나 자신을 지나

---

52) Kierkegaard, *The Sickness unto Death,* 1980. pp. 49-67.
53) J. Glenn Jr., "The Definition of the Self and the Structure of Kierkegaard's Work", in ed. R. Perkins, *International Kierkegaard Commentary v. 19, The Sickness unto Death,* 1987. p. 12.
54) Kierkegaard, *The Concept of Anxiety,* 1980. pp. 95-96.

치게 이상(理想)시 한다. 극단적으로 도전 자체에 의미를 두는 악마적 도전 속에서 스스로 자아가 되려고 한다. 자신의 특유한 자유를 갖고자 하지만 영원한 존재와 관계를 맺고자 하지 않는다. 프로메테우스(Prometheus)의 도전과 같이 그 누구의 위로나 충고도 받아들이지 않으려한다.[56]

모든 도움을 거절하면서 자기 자신이 되려는 도전적 시도에는 자신의 실존에 대한 악의(惡意)적 저항이 들어 있다. 인간은 자신의 의지만으로 자아가 되려는 절망적 시도를 계속하기도 한다. 즉 영원한 존재로서 하느님과 관계없이 스스로 자유로워지려고 한다. 모든 실존적 절망은 자아가 되지 않으려는 시도이거나 그런 시도가 숨어 있다.

키에르케고어에 의하면 인간은 스스로 알지 못하더라도 영원한 자아를 갖고 있다. 실존적 절망에서 인간본성인 영원한 존재와 관계가 없게 된다. 그리스도신앙에서 영원한 존재와 관계의 단절이 죄(罪)다. 영원한 존재와 관계없이 절망적 상태에서 자신의 분투적 의지만으로 자신이 되려는 시도가 도전적 절망의 대표적 모습이다. 그러므로 키에르케고어는 실존적 절망을 의지적 행동으로 본다.

어떤 절망도 도전적 요소가 있다. 즉 자아가 되려고 하지 않는 시도에도 도전적 요소가 있다. 반대로 극단적 도전의 절망에도 영원한 존재와 관계하지 못하는 연약함이 들어 있다. 또한 의식된 절망과 무의식적 절망 사이에 구분도 상대적이다. 즉 연약한 절망과 도전적 절망, 의식적 절망과 무의식적 절망은 명확히 구분되지 않고 이 둘이 서로 섞여 있다.

연약한 절망이나 무의식적 절망은 잘못된 신앙에서 연유한다. 영혼의 질병은 그 상태를 습관적으로 계속 숨기는 한 치료되기 어렵

---

55) Kierkegaard, *The Concept of Anxiety*, 1980. p. 36.
56) Kierkegaard, *The Sickness unto Death*. 1980. pp. 67-74.

다. 비현실적 자아는 자신의 생각, 감정, 의지를 그야말로 환상 속에서 받아들인다. 환상적 감정은 마치 '나는 온 인류를 사랑하겠노라' 에서 보듯이 감상(感傷)적이며 현실적 자아를 형성하지 못한다. 환상적 혹은 감상적 감정에서 도덕발달이 이루어질 수 없다.

환상적 지식은 단지 지식의 축적일 뿐이지 자기인식에 관계하지 못한다. 또한 학문적으로 객관성을 추구한다는 명목으로 자기 자신을 윤리적으로 등한시한다.[57] 소위 객관성이라는 명목으로 타자를 비판하지만 자기 자신에게 적용하지는 않는다. 환상적 의지는 대단한 계획을 세워놓고 구체적이고 작은 실천을 다하지 않는다. 구체적 실천이 없기에 자아가 형성되지 못하며 꿈꾸는 계획이 현실화되지 못한다.[58]

절망의 또 다른 현상은 무한성이 개입되지 않는 유한성이다. 환상적 생활이 쉽게 종교적 형태를 띈다면 무한성이 개입되지 않는 유한성은 세속적 생활에 얽매이게 된다.[59] 예를 들면 본래 상대적일 수밖에 없는 사회질서를 절대화하는 시도에서 볼 수 있다. 이런 생활은 다수의 사람들의 생활모습이 판단과 두려움의 대상이 되어 자아를 형성하지 못한다.[60] 이 세상의 상황에 적응하며 다른 사람들의 이목을 그저 따르며 살아가는 태도다.

단지 다수의 무리가 모이고 동의한다고 자아가 그냥 강해지지는 않는다. 자기 자신이 되기를 두려워하면서 많은 사람 중에 하나가 되려고 한다.[61] 우리는 절망을 피하고 싶지만 실존적 절망은 자기

57) 객관성 추구가 갖는 문제에 대하여: Kierkegaard, *Concluding Unscientific Postscript*, 1941. (*Afsluttende uvidenskabelig Efterskrift*, by Johannes Climacus, ed. S. Kierkegaard).
Kierkegaard, *The Sickness unto Death*, 1980. p. 43, 90.
58) Kierkegaard, *The Sickness unto Death*, 1980. p. 31.
59) Kierkegaard, *The Sickness unto Death*. 1980. p. 33.
60) Kierkegaard, *The Sickness unto Death*. 1980. p. 34.
61) Kierkegaard, *The Sickness unto Death*, 1980. p. 33.

자신을 찾아 도덕발달을 이루는 계기가 될 수 있다. 유한, 순간, 필연과 무한, 영원, 자유의 서로 모순되는 두 가지 모순적 면모의 종합에서 자아의 형성과 도덕발달이 가능하다.

키에르케고어의 시각에서 경제적 어려움, 감각적 욕구, 타인의 인정(認定) 등은 자아형성의 본질적 문제가 아니다. 그는 영원한 존재와 관계에서 자기 자신을 찾기 위한 열정의 신앙을 반복하여 호소한다. 이런 호소는 자아의 형성을 가능하게 하며 실존적 불안과 실존적 절망에 직면하는 용기를 원한다. 인간은 자기 자신에 대해 바른 관계를 맺을 때 도덕적 행위로 나타나는 매력과 호소력을 드러낸다.

가능성을 의식하는 자아는 주어진 상황이나 사회적 관습에서 독립하여 도덕적으로 서려고 한다. 개인이 독립해서 영원과 초월의 가능성으로 나아갈 때 희망, 두려움, 불안 등이 현실생활에 깃들어 있게 된다. 자기가 자신의 힘만으로 윤리적 분투를 할 때 어처구니없는 자신의 모습을 모며 스스로 웃을 수밖에 없다.

인간은 생물학적 한계를 넘어 영원한 삶을 사모하며 추구한다. 필연성과 가능성의 관계에서 어느 하나만 받아들이면 실존적 절망에 이르게 된다. 주어진 현실적 환경을 받아들이고 자아를 변형시킬 때 가능성이 실현된다. 가능성이 구체적 행동을 동반하지 않으면 단지 비현실적 환상이 된다. 가능성은 숙명주의(fatalism)와 결정주의(determinism)에 의해 부인된다.

웨스트팔(Westphal)에 의하면 『죽음에 이르는 병』에서 유한성의 절망을 겪는 까닭은 삶의 진지함을 함께 하지 않는 게으름이나 지나친 자부심 때문이라고 한다.[62] 어느 경우든 피조물의 한계를

62) M. Westphal, *"Kierkegaard's Psychology and Unconsciousness"*, in ed. R. Perkins, International Kierkegaard Commentary v. 19, *The Sickness unto Death*, 1987. p. 64.

받아들이지 않고 영원한 존재와 관계의 가능성을 믿지 않는다. 유한과 무한, 순간과 영원, 필연과 자유의 종합으로서 삶은 일생동안 지속되는 여정(旅程)이지 어떤 특이한 체험으로 완성되지 않는다.[63)]

영원한 존재에 대한 의식과 자아의 성숙으로서 도덕발달은 긴밀히 연관된다.[64)] 영원한 존재와 관계에서 자신이 영원한 존재임을 의식한 자아는 주위의 환경이나 영향으로부터 자신을 구별하는 도덕적 행위를 하게 된다. 영원한 하느님 앞에서 삶이 투명하지 않고 자아의식이 분명하지 못하면 상대적 대상이나 사회에 자신을 의탁하게 된다. 이런 삶은 자아의 깊은 원천을 의식하지 못하기에 실존적으로 절망을 겪게 된다.[65)]

키에르케고어에게 절망은 단지 마음의 고통이 아니라 참다운 자아에 이르려고 하지 않는 도전적 행위다.[66)] 절망하는 개인은 영혼의 활동이 나타날 때 동반되는 실존적 불안을 감내하지 못하고 방어적 수단으로 향락추구에 빠지기도 한다. 인간본성의 표현으로 영원한 존재와 관계하면 자아가 형성되어 간다. 자아의 형성은 자기주장(self-assertion)을 창조적으로 만들며 그 반대는 실존적 절망이다.

인간의 행복은 덕을 세우는 행동과 더불어 성취되어 간다. 데카르트는 '나는 생각한다, 고로 나는 존재한다'에서 출발했다. 이후 인간의 실존이 지식 혹은 앎으로 더욱 환원되었고 현실을 주로 합리적 사유로 설명해 왔다. 윤리적 진지함이 겸비되지 않으면 대중

---

63) Alastair Hannay, "Spirit and Idea of the Self as a Reflexive Relation" in ed. Robert L. Perkins, *International Kierkegaard Commentary* v. 19, *The Sickness unto Death*, 1987. p. 27.

64) Kierkegaard, *The Sickness unto Death*, 1980. p. 80, 113.

65) Kierkegaard, *The Sickness unto Death*, 1980. p. 46.

66) Kierkegaard, *The Sickness unto Death*, 1980. p. 62.

속에 함몰된 개인이 된다. 개인은 주위환경에 의해 함몰되지 않고 자아의 형성을 통하여 사회를 변형한다. 키에르케고어는 사회적 규범인 윤리를 존중하나 영원한 존재인 하느님의 권위 아래서 받아들인다.

자기 자신이 되어가는 과정과 실존적 절망의 극복은 불가분리다.[67] 건강과 병도 직접적 감각이나 보편적 정신작용을 넘어서서 영혼의 활동과 긴밀히 연관된다. 인간의 학문활동 역시 덕(德)을 세우는 목적을 갖는다. 사변(思辨)철학이 사람들을 인류라는 보편성으로 추상화한다면 하느님 앞에서 믿음의 '외톨이' 는 죄의 극복을 그리스도신앙에서 찾는다.

아리스토텔레스에서 자아의 의지적 활동은 바람직한 시민의 역할로 표현된다. 헤겔에서도 영혼의 활동은 관계적이며 부버(Buber)에서 영혼의 활동은 내 안에 있지 않고 나와 너 사이에 있다.[68] 키에르케고어에서는 자아의 활동은 보편적 이해를 추구하는 윤리적 단계를 넘어서 영원한 존재와 종교적 차원으로 표현된다. 자아는 타자와 관계를 통하여서만 형성된다.

키에르케고어에서 사람은 영원한 존재와 관계에서만 자신을 찾으며 쉴 수 있다.[69] 영원한 존재를 사모하는 마음이 자기 자신과 관계하면서 성품(性品)이 고결해진다. 타자와 관계를 거부하는 절망은 결국은 하느님과 관계에서 주어지는 영원한 축복을 받아들이지 않는다. 키에르케고어에서 죄(罪)는 인간이 하느님과 은혜의 관계를 의식하지 않는 저급한 자기고집이라고 할 수 있다.

---

67) Kierkegaard, *The Sickness unto Death,* 1980. p. 25, 29.

68) Martin Buber, *I and Thou*, trans. Walter Kaufmann, New York: Scribner's, 1970, p. 89.
M. Westphal, *"Kierkegaard's Psychology and Unconsciousness"*, in R. Perkins ed., *International Kierkegaard Commentary, v. 19, The Sickness unto Death*, 1987. p. 43.

69) Kierkegaard, *The Sickness unto Death*, 1980. p. 14.

『죽음에 이르는 병』은 절망하여 자신이 되지 않으려는 형태로부터 끝까지 타자와 관계를 거부하고 하느님에 대한 반항을 통해 자아가 되려는 절망을 그리고 있다. 절망하는 사람은 자아를 찾지 않거나 자신을 단지 사회적 규범에 적응시키며 살아가려고 한다. 혹은 자기 자신을 절대적으로 주장하면서 절망한다.

하느님과 관계를 자기 자신에 대한 관계로 바꾸면 결국 절망한다. 그리스도신앙에서 죄(罪)는 절망하여 자기 자신이려고 하지 않거나 자신의 힘만으로 자기 자신이 되려는 의지다.[70] 그러므로 죄의 반대는 덕(德)이 아니라 신앙이다.[71] 자아의 형성은 신앙으로 말미암으며 덕이 있는 삶 즉 도덕발달을 표현한다.

7. 영혼의 활동으로써 자아와 절대무(絶對無)

키에르케고어는 영원을 사모하는 마음에서 형성되는 도덕적 행동을 통해 자아의식을 해석한다. 『죽음에 이르는 병』에서 자아의 건강은 신앙을 통해 가능하고 이런 신앙이 없을 때 실존적 절망이 나타난다. 데카르트와 칸트에서 의식(意識)은 자아의식을 의미하며 인간의 사유(思惟)나 의지를 중요시한다. 헤겔에서는 자아의식이 타자 혹은 공동체로 나아간다.

키에르케고어에서 영혼의 활동으로써 자아는 하느님과 관계하며 자신을 찾아간다. 하지만 자신을 완전히 비우려는 선(禪)불교나 교토학파의 입장은 다르다.[72] 존재에 근거하는 서양사상과 달리

---

70) 키르케고르 저, 임춘갑 역, 『죽음에 이르는 병』/『관점』, 다산글방, 2007. p. 149, 158.
71) 황종환, 「키르케고아와 카시러의 종교성 비교연구」, 『철학논총』, 51집 1권, 새한철학회. 2008.
72) Keiji. Nishitani, *Was ist Religion*? Frankfurt: Insel, 2001.
K. Nishitani, *Religion and Nothingness*, trans. with introduction

교토(京都)학파(the Kyoto school)는 인간과 타자와 관계 즉 혹은 어떤 분리도 비판하면서 모든 의식(意識)으로부터 완전한 적멸(寂滅)을 추구한다.[73]

그리스도신앙이나 아미다(Amida) 불교에서 보듯이 타력(他力) 종교는 절대자와 상대적 개인 사이에서 중재자를 받아들인다. 교토학파에서 절대무(絶對無)는 의식으로부터 완전한 자유를 추구한다. 자아의 의식 자체를 부정하는 절대무를 타나베(Tanabe)는 언어로써 표현할 수 없다고 한다.[74] 그에 의하면 언어에서 나아가 행동을 통하여 존재가 드러난다.[75] 타나베에 의하면 절대자, 역사, 국가 사이에서 윤리적 행동은 분리되어 나타날 수 없다.

타나베는 헤겔과 달리 역사가 단지 사변(思辨)적이거나 이상(理想)적이어서는 안 되고 이 땅에서 구체적 행위를 통하여 드러나길 요구한다. 타나베는 개인의 절대적인 것에 대한 의식 자체로부터 벗어나길 원한다. 그는 역사이해에서 전통적 방법인 과거-현재-미래에서 미래-현재-과거로 넘어가려고 한다.[76] 이는 목적이 의지를 결정한다는 역사에 대한 새로운 이해에 연유한다.

그 어느 존재자도 자신을 절대화할 수 없다. 타나베는 우리의 자아의식이 전적으로 자기를 부인하고 참회하면서 구체적 행위를 통한 절대무의 실현을 요구한다. 타나베에서 절대무는 그야말로 아무 것도 없다는 뜻이 아니라 종교적 행동을 뜻한다. 이런 행위

Jan Van Bragt, California University Press. 1983.

73) K. Nishitani, *Religion and Nothingness*, 1983.
니시타니 케이지 지음, 정병조 옮김, 『종교란 무엇인가』, 대원정사, 1996.

74) Hwang, JongHwan, *Ökologische Gerechtigkeit*. 2004. p. 153.

75) J. Laube, *Dialektik der absoluten Vermittlung: Hajime Tanabes Religionsphilosophie als Beitrag zum "Wettstreit der Liebe" zwischen Buddhismus und Christentum*. Freiburg im Breisgau: Herder, 1984. p. 39.

76) Laube, *Dialektik der absoluten Vermittlung*, 1984. pp. 42-43.

는 자아가 참회를 통해 부서지면서 가능하게 된다.

타나베는 구체적 행위를 사랑을 통해 드러내고자 한다. 그에게 자아의식은 사랑의 행위를 통해 표현되어야 한다. 이런 사상의 선구자로 타나베는 키에르케고어를 꼽는다. 그런데 키에르케고어가 행위의 근거를 영원한 하느님에게서 찾는다면 타나베는 참회하는 개인에게서 찾는다. 그러면서 타나베나 교토학파는 독일관념론이 중요시했던 자아의식 자체에서 벗어나고자 한다.

키에르케고어에서 자아의식을 형성하는 내면성은 영원한 존재와 관계에서 가능하다. 『이것이냐 저것이냐 2』의 윌리엄 판사에서 보듯이 자기분투의 노력만으론 윤리적 생활을 할 수 없다. 자신의 힘만으로 윤리적으로 완벽한 생활의 추구는 결국 자신을 절대화하게 된다. 윤리적 완벽을 위한 분투는 현실생활에서 자의(恣意)적 자유를 추구하게 된다.

키에르케고어의 시각에서 인간은 절망할 수밖에 없음에도 불구하고 영원한 존재와 함께 하며 절망하지 않고 살아간다. 실존적 현상인 불안이 자신을 찾아가는 단서가 되듯이 절망은 자신을 찾을 수 있는 하느님의 축복이라고 할 수 있다.[77] 실존적 불안이 이중(二重)적 의미를 지니듯이 절망은 인간이 숭고(崇高)해지는 계기가 될 수 있다. 물론 그리스도 안에서 실존적 불안과 절망은 자아를 찾는 단서가 될 수 있다.

키에르케고어는 『후서』 이후 1848년 일기에서 건덕적 강화(講話)와 숙고 사이의 관계를 언급한다. 건덕적 강화가 타인을 진정시키고 격려하고자 한다면 숙고는 타인에 대한 영향력이 반드시 나타나지는 않는다. 사랑에 대한 건덕적 강화는 독자들이 실제로 거룩한 존재와 관계에 근거하여 자신과 타인을 사랑하며 살아가게

77) 키르케고르 저, 임춘갑 역, 『죽음에 이르는 병』/『관점』, 2007. p. 49.

하려는 뜻이다. 숙고는 그야말로 단지 사랑에 대한 깊은 이해를 목적한다.

키에르케고어는 자아를 의식하며 이론(理論)의 전수(傳授)를 넘어 윤리적 생활을 표현하려고 한다. 이론적 전달이 무의미해서가 아니라 그 한계를 극복하기 위해서이다. 평생 자기 자신을 찾고자 했던 키에르케고어에서 자기인식의 과정은 실제생활에서 고결한 성품으로 표현된다. 윤리적 삶을 통한 상호 간 의사소통이 우리에게 가능하다.[78)]

도덕적 행위로 드러나는 삶의 진정한 즐거움은 자아의 주관적 의식의 포기가 아니다. 개인존엄의 표현인 자아의식을 상실시키는 쾌락주의나 신비주의는 도덕적 생활을 약속하지 못한다. 자아의 적멸(寂滅)을 완전히 추구하는 신비주의도 자아의식을 갖지 못한다. 존엄의식의 표현으로서 도덕교육은 타자의 존재를 그 자체로서 전제하고 받아들인다.

키에르케고어는 동감과 분노의 방식을 통하여 주위의 사람들이 자기 자신을 찾게 했다. 자기 자신을 찾아가는 윤리적 행동은 새로운 천성(天性)으로 내면화(內面化)되며 다양한 문화형식으로 표현된다. 도덕발달은 그 자체가 목적이 아니라 자아의식 즉 상호관계 속에서 자신을 찾는 삶의 객관적 표현이다. 쉴러(F. Schiller)에서도 인간다워지는 삶은 도덕적으로 드러나지만 도덕적 의지의 분투가 자아를 찾는 행복을 가져오지는 않는다.[79)]

키에르케고어에서도 아리스토텔레스처럼 사람은 사회적 동물이

---

78) K. Ramsland, *Engaging the Immediate, Applying Kierkegaard's Theory of Indirect Communication to the Practice of Psychotherapy*, Lewisburg: Bucknell University Press, 1989. p. 75.
임병덕, 『키에르케고르의 간접전달』, 성경재, 2003. p. 89.

79) F. Schiller, *Letters Upon The Aesthetic Education Of Man*, Kessinger Publishing, LLC, 2004.

며 연합하는 능력을 가진 존재다.[80] 세계역사는 세계의 심판이라는 쉴러(Schiller)의 개인주의 윤리를 헤겔은 받아들여 종교와 국가를 긴밀히 결합하려고 한다. 헤겔에서 역사는 자유 혹은 의식의 진보를 의미한다. 그는 키에르케고어와 달리 국가 안에서 개인이 자유를 획득할 수 있다고 본다.

키에르케고어에서 인간에게는 개별성(個別性)과 이상성(理想性)이라는 더 높은 규범이 있다. 현대인이 직면한 문제는 한갓 정치·사회의 영역에 머무르지 않고 본질적으로 종교에 관한 내(內)적이고 정신적 문제다. 키에르케고어는 자연과학이 놀라운 성과를 과신하며 영혼의 활동까지 대상화하면 인간에 대한 모독이라고 생각했다.

키에르케고어에서 사회성이나 공동체의 이념은 자아의 발달이 올바로 이루어지기 위해 필요한 단지 부정적 계기일 뿐이다. 사회이념의 추상(抽象)성은 개인이 단련되어 종교적으로 자기 자신을 획득하게 되는 계기다. 영원을 사모하는 인간이 자신의 실존을 자기 자신과 타인과 관계에서만 고찰하면 자아를 형성하지 못한다. 키에르케고어는 타자와 관계를 맺으면서 자기 자신을 찾고자 했지만 인간관계만으론 자신을 찾을 수 없었다.

타자와 관계를 가능하게 하는 자아는 영원한 존재와 관계에서 찾아진다. 소크라테스에서 대화를 통한 타자와 관계는 자기 자신의 인식과정이었듯이 키에르케고어는 타자도 자기 자신을 찾길 바랐다. 키에르케고어에서 자기 자신을 알아가는 윤리적 책임은 소크라테스의 단계를 넘어서 영원한 존재와 관계에 근거한다.

키에르케고어에 의하면 모든 세대의 각 개인은 자신에게 주어진 고유한 사명이 있다. 그는 하느님의 은혜로운 간섭에 의해 역사적

---

80) Aristoteles, *Politik*, Reclam, 1989. I, 1, 9, 12, III 11.

사명의 수행이 가능하다고 믿는다. 그러므로 그는 인간의 언어와 행위만으론 역사창조의 원동력을 온전히 표현할 수 없다고 본다. 영원한 존재와 관계에서 근원하는 도덕적 힘은 새로운 역사창조의 원동력이다.

개인은 절대적 목적을 상대적으로 실행할 뿐이지 절대적 목적을 구체적 삶에서 완전히 실현할 수는 없다. 사람은 관계 속에서만 자아를 찾으며 살아간다면 교토학파의 주장과 같이 자기 자신을 무(無)로 만들 수는 없다. 절대무로 돌아가려는 포기와 일정한 행위를 취하는 선택은 나에게 모순적으로 보인다. 인간행위의 결과가 모순적일 수 있지만 모순적 선택을 동시에 취할 수는 없다.

일정한 목적을 성취하기 위해선 그에 상응하는 방법을 받아들여야 한다. 즉 삶의 전체적 성취는 작은 목적달성이 모여서 이루어진다. 일시적 만족의 집적(集積)으로는 객관적으로 정당화되는 목적을 성취할 수 없다. 사람은 영원을 사모함으로써 만족하는 존재라면 영원한 존재를 현실적으로 체험함으로써 삶 전체를 성취할 수 있게 된다. 인성교육, 도덕교육 등 교육의 바람직한 방법은 타자에 대한 교육 이전에 자신을 찾아 자신을 교육하는 길이다.

8. 관계에서 형성되는 자아

자아의 의식(意識, consciousness)은 그 어원(語源)에서 보듯이 함께 알아가는 과정이다. 인간은 관계를 통해 알아간다. 키에르케고어에게 우리의 삶은 특정의 행동 이전에 역동적 자아형성의 지속이다. 그에게 자아란 본질적으로 타자와 관계에서만 형성될 수 있음이 강조된다. 그는 자아의식에서 의지적 측면을 강조한다. 그런데 인간이 자신의 의지적 힘만으로 유한을 망각하고 무한을 찾는 생활은 무한성의 절망 혹은 도전적 절망에 빠지게 된다.

감각적 향락을 추구하는 생활에서는 자아의식이 가장 피상적이다. 현대사회에서 상황변화만 살피면서 자신의 참다운 모습을 표현하지 못하고 위축된 정신분열적 모습이 심화되고 있다. 개인의 특유한 주체성의 결단이 아니라 사회에 단지 적응하기 위해 '생각에 생각을 더하는' 시대가 되어 가고 있다. 단지 사회적 순응을 위한 생활은 대중 속에서 도덕적 인성(人性)을 표현하지 못한다.[81] 사회적 관행을 따르는 삶이 유한한 시간 내에서 개인에게 주어진 영원한 책임을 대체하고 있다.

자아는 영원한 존재와 관계하며 지속적으로 형성된다. 영원을 사모하는 마음으로 하느님 앞에 홀로 선다는 종교적 시각에서 누구나 진정으로 평등하다. 다수결의 합의에 진리가 있다고 잘못 받아들이기에 사람이 모인 곳에 진리가 있다면서 삶이 오해되고 있다.[82] 대중의 다수를 신성시함으로써 개인은 본래의 존엄성을 상실하게 되었다.

독일과 다툼에서 남부지역(Schleswig- Holstein)을 덴마크는 결국 상실했다.[83] 1848년 마르크스의 『공산당 선언』이 발표되었다. 그 후 유럽에서 인간의 활동이 정치적으로 환원되는 사회상황에서 키에르케고어는 종교적 실천을 통해 자기 자신과 인간의 평등을 찾았다. 헤겔 등의 사변(思辨)적 사상은 사회에 적응하는 생활을 합리화한다. 즉 개인의 행동은 '사회적으로 어떻게 받아들이

---

81) Kierkegaard, *Two Ages: The Age of Revolution and the Present Age. A Literary Review*. trans. H. Hong and E. Hong, Princeton: Princeton University Press, 1978. pp. 85-86.

82) Kierkegaard, *The Point of View for My Work as an Author*, including the appendix "The Single Individual", Two "Notes" Concerning My Work as an Author, trans. Walter Lowrie. London and New York: Oxford University Press, 1939. p. 110.

83) Kierkegaard, *The Point of View*. 1939. p. 60.

나?' 가 주요한 판단기준이 된다. 근대사상은 종교윤리 의식(意識)에서 죄(罪)를 현실적으로 전제하지 않는다.

키에르케고어는 죄(罪)를 사회적 차원 이전에 영원한 하느님과 인격적 관계에서 본다. 즉 그는 죄를 보편적 사회규범인 도덕적 차원에서 심화(深化)하여 영원한 존재와 관계에서 받아들인다. 그는 실존적으로 절망이 강화(强化)된 실상을 죄와 동일시한다.[84] 그는 이런 현상에서 탈출을 종교적 내면(內面)에서 찾는다. 일반적으로 죄의 반대는 덕(德)이 있는 사회생활이지만 키에르케고어에서는 하느님에 대한 신앙이다.[85]

하느님과 관계에서 인간의 본성은 영원을 사모하는 마음을 충족하려고 한다. 영원한 하느님과 관계의 단절로서 죄는 개별적으로 잘못된 행위 이전에 절망과 불안의 지속적 상태를 뜻한다. 즉 죄는 영원을 사모하는 자아의 본성을 의식하지 못하면서 생존을 위한 생존을 계속하게 한다. 영원한 존재와 관계에서 죄의 극복은 타자와 연합 이전에 자아를 우선 돌아보게 한다.

영원한 존재와 관계하지 않으려는 죄는 현실생활에서 자아 혹은 자기다움의 상실로 나타난다.[86] 영원한 존재에게는 모든 일이 가능하다는 믿음을 숙명론자는 갖지 못한다. 물론 각 개인은 가능성과 함께 필연성을 갖는다. 여기서 필연성이란 각 개인이 갖는 특유의 기호(嗜好), 희망과 두려움의 차이, 책임과 편견 등 그야말로 각자에게 이미 주어진 특성을 의미한다.

자아의식은 영혼의 활동과 긴밀히 연관되기에 일시적 유혹에 자신을 맡기기를 두려워한다. 반대로 감각적 향락이나 자기충족적(self-sufficient)으로 살아가는 개인은 영(靈)적 차원으로 생활의

84) Kierkegaard, *The Sickness unto Death*. 1980. p. 100.
85) Kierkegaard, *The Sickness unto Death*. 1980. p. 82.
86) Kierkegaard, *The Sickness unto Death*. 1980. p. 119.

변화를 두려워한다.[87] 이런 현실에서 현대인은 자아를 잃어버렸을 뿐만 아니라 내면의 절망 속에서 살아가고 있다. 『죽음에 이르는 병』에서 자아의 상실은 영원한 존재 앞에 고유한 책임을 수행하지 못하는 모습이다.

키에르케고어에서 영원한 존재와 신앙의 관계에서 근원하는 자아의 형성은 하느님의 선물이다. 재물, 향락, 사회적 지위 등은 유한하고 상대적이다. 하느님의 명령에 순종하여 이삭을 바치려는 아브라함의 믿음은 윤리적 보편성인 '살인하지 말라' 도 넘어서서 하느님과 관계하며 살아가고자 한다. 헤겔에서 자아는 인륜성(人倫性)을 통해 국가의 경계를 넘어서 국제적으로 나타나기에 아리스토텔레스와 같이 윤리적 영역에서 이해된다.

가능성을 겸비하지 못한 필연성은 영혼의 활동을 하지 못하고 하찮은 일에 얽매이게 된다. 이런 사람은 신앙 안에서 가능성을 받아들이지 않아 건강한 자아를 형성하지 못한다.[88] 숙명론이 영혼의 절망이라면 속물근성(俗物根性)은 자아를 여러 가지 하찮은 일에 매몰시켜 자신이 절망하고 있다는 자각도 갖지 못하게 한다. 속물근성을 현대적으로 이해하면 돈과 향락추구를 위한 잔재주의 노예로서 살아가는 안타까운 모습이다.

영원한 존재와 주체적으로 관계하는 개인에게 이웃사랑이 가능하다. 『죽음에 이르는 병』에서 실존적 절망의 원인은 영원한 존재와 관계의 단절이다. 이런 단절은 현실사회에서 정보의 축적만으로 삶의 문제를 해결하려는 시도로 나타난다. 나르시시즘(narcissism) 즉 자기중심적 사랑이 아니라 영원한 존재에 근거한 상호관계에서 절망의 극복과 사랑이 가능하다. 자기중심적 사랑은 다른 사람을 공격하고 정복하기 때문에 관계를 맺지 못한다.

---

87) Kierkegaard, *The Sickness unto Death*. 1980. p. 110.
88) Kierkegaard, *The Sickness unto Death*. 1980. p. 40.

『죽음에 이르는 병』에서 절망을 극복하는 자기 자신이 되기 위해선 영원한 하느님과 신앙의 관계에 있어야 한다. 이런 관계에서는 생의 필수적 조건인 호흡이나 수면과 더불어 인간의 심오한 본성으로서 고독(孤獨)에 대한 욕구를 갖는다.[89] 고독에 대한 요구는 사회적 소음으로 자신을 잠재우지 않으려는 영혼의 활동이 인간 속에 있다는 뜻이다.

키에르케고어에서 영원을 사모하는 마음으로 자신을 포기하는 절망의 용기는 신으로부터 오는 선물이다.[90] 자기 자신의 나약함을 알지만 자기 자신이 되기 위해 자신에 대한 절망을 넘어서 하느님과 관계한다. 반대로 영원한 존재와 관계를 포기하는 생활은 용기와 신앙이 아니라 끝까지 자기 자신을 추상적 형태로 만드는 태도다. 인간이 끈질기게 절망적으로 자기의 힘만으로 자신이 되려고 할 때 영원한 존재와 관계를 맺지 못한다.

현실적으로 자기 안에 있는 영원을 사모하는 마음을 절망적으로 오용(誤用)하면 자아가 형성되지 못한다. 영원한 존재와 관계하지 않고 스스로 자기 자신이려는 태도를 고대 스토아주의와 근대 이후 세속적 휴머니즘에서 본다. 사람은 자신이 선택한 대상에게 헌신함으로써 행복해질 수 없다고 느낄 때 그 대상을 오히려 질투하거나 미워하게 된다.

그리스철학이 행위의 실패를 앎의 부족으로 설명하며 앎을 인간 사이의 관계에서 설명한다. 소크라테스가 신성(神性)에 대한 경외 때문에 자신은 무지(無知)하다고 한다면 그리스도신앙은 인간이 살 수 있는 길을 가르친다.[91] 키에르케고어에서 하느님과 사람 사이의 관계는 신앙이며 이 관계가 단절된 죄는 단지 개념이 아니고

89) 임춘갑 옮김, 『죽음에 이르는 병』/『관점』, 다산글방, 2007. p. 124.
90) 임춘갑 옮김, 『죽음에 이르는 병』/『관점』, 2007. p. 131.
91) 임춘갑 옮김, 『죽음에 이르는 병』/『관점』, 2007. p. 194.

인간에게 실증적으로 나타난 절망의 현실이다. 죄의 극복인 신앙은 개념으로는 알 수 없고 영원한 존재와 관계다.

키에르케고어에서 현실생활은 끊임없는 자아형성의 윤리적 과정이다. 그는 죄의 용서를 받아들이지 않으려는 반항을 인간의 나약성으로 분석한다.[92] 나약한 실존은 자신의 죄에 절망하면서도 그리스도와 관계하려고 하지 않는다. 그런데 인간이 그리스도를 삶의 척도로 삶고 믿음의 관계에 들어갈 때 죄에 대한 의식은 더 예민하게 된다.

실존적 성숙에서 영혼의 활동으로써 자아는 영원한 존재와 절대적으로 관계하고 다른 것들은 상대화시킨다. 『두려움과 떨림』에서 보듯이 보편적 규범인 윤리적 생활을 가능하게 하는 실존은 하느님과 주체적 관계에서만 가능하다. 하느님과 주체적 신앙의 관계는 아리스토텔레스의 공동체나 칸트에서 선의지(善意志)의 윤리와 다르다.

그리스도신앙에서 하느님은 육신을 입은 그리스도로서 이 세상에 왔다. 그리스도에 대한 인간의 관계는 신앙이 요구된다. 영혼으로 활동하는 자아는 그리스도를 신앙의 눈으로 보고 믿는다. 하느님에 대한 믿음으로 말미암는 영원한 축복에서 그리스도와 동시대에 같이 살았는지 여부(與否)는 중요하지 않다. 각 개인은 신앙의 목격(目擊, autopsy of faith) 혹은 실견(實見)으로 오히려 그리스도와 동시대인이 된다.[93]

인간이 하느님과 관계하는 신앙은 순간(瞬間)이란 계기를 통하여 이루어진다. 신앙의 역설은 하느님과 인간 사이의 축복된 관계를

---

92) 임춘갑 옮김, 『죽음에 이르는 병』/『관점』, 2007. pp. 222-223.

93) 표재명 지음, 『키에르케고어 연구』, 지성의 샘, 1995. p. 195.
J. Furnal, *Catholic Theology after Kierkegaard*, Oxford University Press, 2016. p. 58.

가능하게 한다. 『철학의 부스러기』에서 산파(産婆)로서 소크라테스는 낳는 일을 대행하지 못하지만 그리스도는 믿는 이들에게 진리를 낳게 한다. 믿음은 단지 생각이 아니라 그리스도와 인격적 관계임을 키에르케고어는 자신의 삶을 통하여 증언했다.

키에르케고어는 『관점』에서 글을 쓰는 저술가로서 자신의 삶을 설명했다. 『종결(終結)적 비(非)학문적 후서』는 심미(審美)적이거나 인간이 스스로 고결한 삶을 추구할 수 있다는 종교적 저서가 아니었다. 기독인(基督人)이 되는 전환점에 관한 글이었다. 즉 한 인간이 심미적 혹은 사변(思辨)적 삶을 넘어서서 기독인으로 변형되는 과정을 쓰고 있다. 키에르케고어의 삶에서 『종결(終結)적 비학문적 후서』는 저술의 종결이 아니라 자신이 추구했던 믿음으로 말미암은 축복된 삶의 출발이다.

키에르케고어에서 유일하게 확실한 길은 종교 윤리적 생활이다.[94] 이런 생활은 실존적 신비를 체험한다. 신앙의 신비를 단지 이론의 가능성으로 바꾸려는 시도는 하느님에 대한 믿음의 관계를 질식시킨다. 영혼의 활동을 단지 학문적 방법만으로 접근하면 하느님에 대한 믿음의 정열을 깨뜨린다. 키에르케고어의 신앙과 학문의 관계는 헤겔의 관념론 비판에서 함축되어 있다. 그의 관념론 비판에는 자신이 그리스도신앙을 단지 이론적으로 이해하고자 했던 생활에 대한 참회가 보인다.

키에르케고어는 신앙에서 요구되는 무한한 정열이 당시 학문의 객관화로 말미암아 오히려 상실되는 위험을 보았다.[95] 그는 신앙의 비약에 의해서만 자아의 형성으로서 그리스도인이 됨을 알게 되었다. 그는 신앙의 역설적 열정을 통해서 더 이상 사변(思辨)적 물음이 아니라 그리스도를 닮는 제자가 되려고 투쟁하였다. 이렇

94) Kierkegaard, *Postscript*, 1944. xv.
95) Kierkegaard, *Postscript*, 1944. p. 30.

게 키에르케고어에서 진리는 주체성이 된다. 신앙은 단지 지식이 아니라 역설적 행동을 끊임없이 요구한다.

진리는 관념이나 지식을 넘어 구체적 삶을 통하여 타인에게 전달된다는 점에서 도덕적 매력을 지닌다.96) 키에르케고어는 종교적 실존이 윤리적으로 표현되는 생활을 감각적 향락추구로부터 구분했다. 또한 종교의 내재적 측면과 초월적 측면의 강조에 따라 종교적 단계를 A와 B로 구분했지만 초월적 측면과 내재적 측면은 긴밀히 연관된다. 종교적 실존은 윤리적 생활을 배제하지 않고 오히려 자신의 매력과 정당성을 윤리적으로 입증한다.97)

인간은 자신의 힘만으로 윤리적 삶을 통하여 하느님 앞에 실존할 수 없다. 하느님과 인간의 바람직한 관계는 타인에게 윤리적 영향력을 전달하기에 윤리교육의 의미를 지닌다. 하느님 앞에 실존은 끊임없이 가능성만을 제시하는 지식의 축적이 아니라 한 사람의 외톨이로서 신앙의 질(質)적 도약을 요구한다.

단지 철학적 체계를 세우려는 시도는 온갖 가능성을 약속하지만 신앙으로 말미암는 고결한 성품을 가져오지 못한다. 단지 학문적 체계는 양(量)적 변화를 가져올 수는 있더라도 인간의 영원한 관심인 최고의 선(善)으로서 영원한 축복을 추구할 수 없다. 하느님 앞의 신앙의 외톨이는 객관적 차원을 넘어서 영원한 축복을 기대하며 살아가고자 한다.

신앙의 삶은 정열이 퇴색하는 단지 사변(思辨)적 가능성과 함께 할 수 없다. 유한한 인간의 학문적 숙고는 확실성을 보장하지 못하기에 하느님과 인간의 관계는 열정의 신앙을 요구한다. 단지 객관적 차원에서만 세상을 탐구할 때 주체적 실존의 무한한 정열인 신앙은 사라진다. 키에르케고어에게 그리스도신앙은 영혼의 내면

---

96) 황종환, "영원한 행복의 도덕적 함축", 『철학논총』 제67집 1권, 2012. p. 285.
97) Kierkegaard, *Postscript*, 1944. xix.

(內面)적 활동이다.

내면의 주체적 활동은 본질적으로 정열이다. 이 정열은 영원한 축복에 대한 인격적 관심이다.98) 진리는 주체가 그 진리에 '어떻게' 관여하느냐에 달려 있다. 진리가 영혼의 활동이라면 인간의 주체성이 내면적으로 전환되어 신앙으로 표현된다. 그러므로 무한한 정열이 없이 단지 객관적 지식으로 살아가는 사람에게 진리가 전달될 수 없다.

하느님과 관계하는 자유로운 영혼의 활동은 고결한 성품으로 나타난다. 키에르케고어는 객관적 이해수준을 넘어 자신의 주체성을 갖고 내면의 변화를 드러내며 살아갔다. 진리에 대한 사변적 접근은 아무런 전제도 받아들이지 않지만 그리스도신앙은 하느님의 계시를 믿음의 관계로 전제한다.

키에르케고어에게 그리스도신앙은 본질적으로 주체적이기에 진리는 객관적 지식만으로는 전달될 수 없다.99) 그에게 진리에 대한 주체성의 최고 표현은 영원한 축복에 대한 무한한 정열이다. 인간이 본질적으로 주체적이기 위해선 각자에게 주어진 책임을 의식하고 수행해야 한다. 어느 정도 환상이 있을 수밖에 없는 이 땅의 연인들의 사랑도 주체적 정열이 요구된다.

우리들이 겪는 이 세상의 갈등과 고난은 단지 생각으로 해결될 수 없고 각자 믿음의 체험을 요구한다. 은혜로운 하느님과 믿음의 관계는 사람의 측량을 넘어선다. 진리는 객관적 관찰과 생각을 넘어 주체적 정열의 믿음으로 성취되고 전달된다. 인간 사이의 갈등은 종국적으로 주체적으로 하느님 앞에 자기답게 홀로 서지 못하기 때문이다.100)

---

98) Kierkegaard, *Postscript*, 1944. p. 35.
99) Kierkegaard, *Postscript*, 1944. p. 51.
100) Kierkegaard, *Postscript*, 1944. p. 62.

인간 상호관계를 하느님과 인간의 주체적 관계보다 우선하면 바람직한 인간관계가 오히려 상실된다. 하느님 앞에 주체적 실존은 타인과 관계에서는 윤리적으로 표현된다. 키에르케고어에서 실존의 마지막을 단지 종교가 아니라 종교 윤리적 단계라고 한 뜻을 이해할 수 있다. 영원한 존재와 관계하는 신앙은 윤리적 행위로서 드러난다.101)

주체적으로 실존하는 사상가는 의사소통 과정에 큰 관심을 갖는다. 주체적 사상가는 본질적으로 한 개인으로서 자신의 실존에서 타인과 관계를 깊이 생각한다. 객관적 지식과 정보만 의존하면 결과에 주된 관심을 갖는다. 주체적으로 생각하는 사람은 끊임없이 자기 자신이 되길 원하며 과정과 결과를 함께 중시한다.

키에르케고어에서 주체적으로 활동하는 사람의 생각은 윤리적 의사소통을 가능하게 한다. 영원한 존재와 관계에서 주체적 사유는 독특한 의사소통 방법을 갖게 한다. 하느님과 주체적이고 은밀한 관계는 인간관계의 의사소통을 더욱 심화한다. 자아의 형성과 윤리적 의사소통은 일정한 단계에서 완성되지 않고 끊임없이 진행된다.

자기다워지는 과정과 주체적 내면화의 의사소통은 긴밀히 연관된다. 키에르케고어에서 내면화를 실제생활과 관계없이 전달하고자 하면 실패할 수밖에 없다. 소크라테스도 타자와 의사소통에서 소위 다이몬(daimon)의 소리를 듣는다고 하면서 자기 자신을 단지 인간관계를 위해 희생하지 않았다. 그는 소위 산파술(產婆術)을 통하여 타인들이 자신들의 다이몬 즉 그들만의 내면의 비밀에 귀를 기울이도록 하였다.

주체적 실존은 영원한 존재와 관계에서 자신을 표현하고 타자와 의사소통한다. 키에르케고어는 영원한 존재와 관계하며 당시의 사

---

101) Kierkegaard, *Postscript*, 1944. p. 91.

회현실을 보았다. 주체적 참여가 동반되지 않는 역사적 사실의 습득은 많은 정보를 얻더라도 자기 자신을 찾지는 못한다. 주체적 행동은 개인의 자발적 확신을 요구하지 강압으로 가능하지 않다. 영원한 축복을 추구하는 삶이 향락추구에 매몰되면 자신을 왜곡하여 자아를 형성하지 못한다.102)

키에르케고어는 이론을 넘어 자신의 실제적 삶을 통해 자신의 주장을 전하고자 했다. 그에게 직관적 매력을 느끼게 하는 도덕적 성품은 영원한 존재인 하느님과 거룩한 관계의 표현이다. 그는 신앙의 역설(逆說)을 통해 하느님과 관계하며 실존적 불안, 절망, 분노를 극복했다.

키에르케고어에서 실존하는 각 개인은 본질적으로 온 인류에 관여하기에 한 개인의 삶이 온 인류를 결정하게 된다. 인간은 한 개인인 동시에 인류 전체로서 존재하면서 불안하게 실존한다. 키에르케고어에게 자기 자신에 대한 주체적 이해 즉 자기가 자기 자신에게 관계시키는 활동은 인류 전체를 이해하는 길이다.103)

주체적으로 결단하는 실존은 타자의 동의에 연연하지 않으며 보편적 사유를 넘어서고자 한다. 유한한 인간이 어떻게 영원을 사모하는 마음을 채울 수 있는가? 단지 다양한 지식의 축적이 아니라 개인이 자신의 본성 즉 영원한 존재와 관계할 때 자아를 형성한다. 『후서』에서 보듯이 정열을 지닌 주체적 사상가라야 자아를 찾는 삶이 도덕발달로 검증된다.104)

---

102) Kierkegaard, *Postscript*, 1944. p. 75.
103) Kierkegaard, *The Concept of Dread*, trans, W. Lowrie, Princeton University Press, 1957. p. 168.
104) Kierkegaard, *Concluding Unscientific Postscript to Philosophical Fragments*, 1992. p. 390.

9. 축복의 삶으로서 자아의 형성

자아를 찾아가는 고결한 성품의 형성은 삶의 본질적 기쁨이다. 플라톤이 제기한대로 도덕적으로 승화된 삶은 그 자체로 목적인 아름다운 길이다. 물론 키에르케고어는 승화된 생활을 영원한 존재와 관계에서 찾는다. 승화된 생활은 윤리나 예술에서 모두 관심사다. 승화된 생활로서 이해하여 추구되는 도덕발달은 학교현장의 교과목 차원을 넘어 모든 사람들에게 주어진 평생의 과제다.

행복한 삶은 다른 사람과 호의(好誼)를 주고받으며 성취할 수 있다. 행복을 가져오는 행위는 의도했던 현실에 도달할 때 의미를 지닌다. 잘못된 행위란 행위자가 의도된 목표를 달성하지 못했다는 뜻이다. 이런 행위는 사실 유효(有效)적 결과를 가져오지 못했기 때문에 행위가 아니라고 할 수 있다. 돈, 사회적 지위, 육체적 향락 등 행복의 조건만으로 행복한 사람을 만들지 못한다.

행복은 타자와 윤리적 관계에서 가능하다. 아리스토텔레스에서 승화된 삶으로서 행복은 타자와 관계 즉 공동체 안에서 타당성을 검증받는다. 그는 행복을 추구하는 인간의 행동이 개인적일 수 없고 공동체 속에서 일어나는 정치적 행위라고 주장한다.105) 그는 공동체를 단순히 개인의 집합이 아니라 윤리적 생활로서 이해했다. 개인의 행복과 도덕적 생활은 이기적 동기가 아니라 공동체 안에서 현실적으로 이루어진다.

인간은 공동체에서 자아의 본성을 실현함으로써 행복을 추구하게 된다. 키에르케고어에서 바람직한 공동체를 형성하기 위한 인간본성의 실현은 신과 관계에서 연유한다. 인간은 단지 본능에 호

---

105) Aristotle, *Nicomachean Ethics*, Oxford University Press, 2009. (1094 b11).

소하며 충족하는 생활이 아니라 승화된 삶을 추구해 왔으며, 이는 인간에게 주어진 책임이며 소원(所願)이다. 그 누구도 자신의 삶이 실패하기 원하지 않는다는 점에서도 승화된 삶으로서 행복은 인류의 보편적 소원이다.

키에르케고어는 사회적 관계의 원천인 영원한 존재 앞에서 자기를 선택하고 찾고자 했다. 이런 자기선택은 실제적 삶에서 서로 윤리적으로 교통(交通)하며 이해될 수 있다. 자기선택이 없는 학문적 이해는 도덕적 행위가 동반되지 않는다. 자기선택을 통한 의사소통은 다른 사람도 그런 삶의 깊이에 도달했을 때 이해된다. 자기선택은 구체적 현실에서 타자와 구분되며 자아를 발견해 가는 과정은 도덕적 삶이 된다.

쾌락주의는 자신의 유익을 행동의 기준으로 삼는다. 그런데 쾌락주의는 자기가 아닌 외부의 대상에 매달리기에 객관적 주장을 할 수 없다. 쾌락주의자는 잠시의 만족을 주장할 뿐이지 객관적 방법으로 정당성을 입증할 수 없다. 인간의 존엄에 상응하지 않는 쾌락주의는 자기 모순적 결과를 낳게 된다. 플라톤이 소피스트의 수사학을 비판한 이유는 삶에 대해 공동의 선(善)을 고려하지 않고 단지 개인적 유익과 즐거움만을 찾았기 때문이다.[106]

쾌락주의 윤리설의 모순적 결과에서도 보듯이 자아의식마저 포기할 윤리적 규범은 없다.[107] 아리스토텔레스는 윤리학과 정치학을 공동체의 관계에서 본다. 그는 스토아(stoa)학파나 에피큐러스(epicurus)학파의 개인주의와 달리 도시국가라는 공동체 안에서 삶의 규범을 생각했다. 공동체 안에서 삶의 성취는 쾌락주의에 빠지지 않고 명예를 존중했다는 뜻이다. 여기서 명예란 물질적 대가와 교환하지 않고 심지어 자신의 생애에는 보답을 못 받더라도 덕

---

106) Spaemenn, *Happiness and Benevolence*, 2000. p. 42.
107) Spaemann, *Happiness and Benevolence*, 2000. p. 50.

(德)이 있는 삶을 살겠다는 뜻이다.

개인적 유익을 넘어 공동체 안에서 명예로운 삶은 윤리적 행위로 표현된다. 그런데 이런 삶은 아리스토텔레스에게서 반복과 훈련을 통한 습관과 관련하여 주목되었다.[108] 그는 현재에만 관심을 갖지 않고 바람직한 습관을 미래의 삶 전체와 관련하여 공동체 안의 개인의 역할로서 받아들였다. 그에 의하면 개인이 공동체 안에서 살아갈 때 삶을 전체로 생각하는 역할의 수행이 반드시 행복한 상황을 가져오기만 하지는 않는다.[109]

아리스토텔레스에게 윤리적 삶은 다른 이익을 위한 수단이 아니라 그 자체로서 목적을 갖는다. 개인의 습관을 통한 덕(德)의 형성은 당연히 반복을 요구한다. 덕의 형성을 위해 아리스토텔레스는 언어를 예로 들면서 사적(私的) 언어가 있을 수 없는 것과 같이 공동체의 올바른 양육의 중요성을 강조한다.[110] 그러므로 아리스토텔레스에서 개인의 행복은 공동체와 관련하여서만 이해된다. 개인적 차원에서 나아가 공동체와 연관하는 승화된 생활은 삶의 도덕적 지평을 문제시할 수밖에 없다.

도덕교육은 삶의 역정에서 끊임없이 자기 자신을 선택하는 과정을 통하여 구체화된다. 이런 과정은 보통 교사가 학생에게 지식을 전달하는 제도화된 교육활동의 범주를 넘어선다. 윤리적 생활은 윤리이론의 이해를 넘어 자아형성의 실존으로 해석된다. 『두려움과 떨림』에서 영원한 존재와 관계는 자아를 찾아가는 근거다.[111] 타자와 관계에서 윤리적으로 검증되는 자아의식은 자기가 자신에 관계하는 영혼의 활동에서 나온다.[112]

---

108) Spaemann, *Happiness and Benevolence*, 2000. p. 56.
109) Aristotle, *Nicomachean Ethics*, 2009. (1101a).
110) Spaemann, *Happiness and Benevolence*, 2000. p. 57.
111) H. Fink-Eitel, *Die Philosophie und die Wilden*, Hamburg: Junius, 1994, pp. 157-158.

인간실존에서 위계(位階)적 측면과 상황(狀況)적 측면이 분리되지 않지만 위계적 측면이 확실할 때 상황적 측변에 영향력을 발휘할 수 있다.113) 키에르케고어에게 영원한 존재와 관계에서 가능한 윤리적 행동은 사회적 관습의 수용을 넘어선다. 그는『철학의 부스러기』에서 일반적 종교성을 넘어 그리스도신앙에서 윤리적 삶을 찾는다. 그리스도신앙에서 새로운 삶이 탄생하고 향락추구의 욕구가 승화된다.114)

키에르케고어는 그의 저작에서 독자로 하여금 그리스도신앙을 전달하려는 목표를 가졌다.115) 윤리적 관계에서 한 사람이 도덕적으로 우월하여 타자에게 영향을 미치려는 의도는 인간들 사이의 관계만으로는 가능하지 않다. 향락추구의 생활은 개인 상호 간의 감정과 욕망에 의하여 서로 합일하려는 시도다. 감각적 향락추구와 자기 의존적 태도는 인간본성에 걸맞지 않기에 자아를 형성하지 못한다.

키에르케고어에서 신과 단독자로서 관계는 신이 베풀어 준 은혜와 사랑이 끝까지 그 동기가 된다. 여기에서 교사는 그리스도 예수이며 새로운 생명이 태어나도록 한다. 새로운 생명을 전하는 종교윤리적 전달은 교회나 성경의 권위보다는 전달자의 구체적 삶의 증언에 의하여 가능하다. 구체적 삶으로써 진리를 증언하는 전달자는 자신의 삶이 실존적으로 순간에 지나지 않음을 자각하게 된다.116)

---

112) S. Kierkegaard, *Die Krankheit zum Tode*, (ü). E. Hirsch, Düsseldorf: Eugen Diederichs Verlag, 1982. Abt. 24-25.

113) 이홍우·임병덕 역,『키에르케고르의 교육이론』, 교육과학사, 2003, pp. 263-264.

114) Pattison, "Kierkegaard and the Anxious Sublime", in: *Kierkegaard Studies Yearbook*, Berlin: Walter de Gruyter, 1998.

115) 이홍우·임병덕 역,『키에르케고르의 교육이론』, 2003. p. 303.

116) Erich Frank, *Philosophical Understanding and Religious Truth*. New York: Oxford University Press, 1966. p. 76.

증인은 자신이 주장하고자 하는 대로 실제로 삶으로써 자신을 변증할 수 있다. 키에르케고어는 진리를 설명하기보다는 진리의 증인으로 살려했다. 그는 현실적 상황에서 자기 자신을 알아가는 데에 관심을 가졌다.[117] 이를 도덕교육과 관련하면 실존의 단계가 높아질수록 투명해진 자아는 도덕적 수준이 낮은 타인에게 이해되기가 더욱 어렵게 된다. 이런 어려움은 타인도 꼭 같은 실존적 단계에 도달했을 때에만 극복될 수 있다.

키에르케고어는 자아의 형성이 언어를 통해 충분히 모두 전달될 수는 없음을 의식했다. 그에게 인간이 도달할 수 있는 최고의 완성은 하느님과 교제하고 싶은 마음이다.[118] 그는 『들의 백합과 공중의 새』를 통하여 침묵과 묵종(黙従)의 가르침을 배우고자 한다.[119] 인간 상호 간 의사소통에서 언어의 한계는 교육의 한계로 해석할 수 있다.

키에르케고어는 일상의 언어와 질(質)적으로 다른 실존의 현실을 드러낸다. 지상(地上)의 것을 잃는 것은 얻는 것이요, 그것을 얻는 것은 잃는 것이다.[120] 인간이 죄의식을 가질 때에만 새 생명과 은혜가 가능함을 깨닫게 된다. 어떤 대상을 단지 지적(知的) 이해만을 통해 알아가려는 시도는 주체적 진리의 과정이 아니다.[121] 그리스도신앙은 자아의 형성과 윤리적 행위를 가능하게 하는 고난의 삶을 축복으로 받아들인다.

---

117) James Collins, *The Mind of Kierkegaard*. Chicago: Henry Regnery Co., 1953. p. 154.
118) Kierkegaard, *Edifying Discourses*, trans. D. F. Swenson and L. M. Swenson, 4 vols. Minneapolis: Augsburg Publishing House. 1943-46: vol. 4.
119) 쇠얀 키에르케고어 저, 표재명 역, 『들의 백합 공중의 새』, 1999. p. 134.
120) 이홍우·임병덕 역, 『키에르케고르의 교육이론』, 2003. p. 308.
121) Kierkegaard, *Concluding Unscientific Postscript to Philosophical Fragments*, 1992. p. 21.

IV. 실존적 불안과 도덕발달

1. 도덕발달의 계기(契機)로서 불안
2. 실존적 불안과 심리학적 불안
3. 원죄(原罪)와 실존적 불안
4. 현실을 변화시키는 도덕발달
5. 실존적 불안의 도덕교육적 효과
6. 자아의 형성과 불안의 극복

IV. 실존적 불안과 도덕발달

1. 도덕발달의 계기(契機)로서 불안

키에르케고어에서 실존적 불안은 도덕적 행위를 가능하게 하는 자아의 변형을 가져올 수 있다.[1] 도덕교육에서 이론과 지시를 통한 직접전달이 아니라 실제적 삶을 통한 교육이 더 효과적이다. 즉 교육자 자신이 도덕적 삶을 실제로 살아야 타인에 대한 도덕교육이 가능하다. 인간이 스스로 도덕적 생활을 할 수 없다면 어떻게 도덕교육이 가능할까? 인간본성과 실존적 불안을 이해하며 도덕발달의 가능성을 찾고자 한다.

인간은 순간과 영원이 더불어 있는 현실의 모순적 결합이다. 이 모순적 현실이 드러나면서 인간에게 불안의 현상이 나타났다. 불안이라는 실존적 현상은 감각적 향락을 추구하는 미적 단계에서뿐만 아니라 실존의 최고 단계라는 종교 윤리적 실존에서도 드러난다. 영원한 존재와 관계하기를 원하는 영혼의 활동으로써 자아는 몸과 정신의 관계를 바람직하게 한다. 영혼의 활동은 정신 및 육체와 함께하며 온전한 역할을 하게 된다.

영원한 존재를 사모하는 영혼(spirit)의 활동이 있게 되자 실존적 불안이 나타난다. 실존적 불안은 반드시 일탈(逸脫)적 행위의 결과만이 아니라 자아형성의 계기가 될 수 있다. 키에르케고어에

---

1) 이홍우·임병덕 역, 『키에르케고르의 교육이론』, 교육과학사, 2003. p. 3.

서 인간은 타자와 관계하기 이전에 실존적으로 불안의 존재다. 그는 자신의 불안이 하느님의 용서에 대한 확신에서 극복되자 영원한 축복에 대한 확신으로 살게 되었다.

『불안의 개념』에서 인간은 타자와 관계하기 이전에 실존적으로 불안한 존재다. 아무리 유능한 심리학자나 정신분석가도 한 개인의 실존적 현실을 온전히 이해할 수 없다. 『불안의 개념』에서 불안은 물론 성(性)과도 연관되지만 인간의 실존적 현실이다. 타인 혹은 주위환경과 결합과 분리를 경험한 자아는 영원한 존재에 대한 사모(思慕)의 과정을 통해 자신을 찾아가게 된다.

새로운 삶을 위한 가능의 조건(condition of possibility)으로서 실존적 불안은 심리학적으로 충분히 이해되지 않는다. 키에르케고어에서 인간본성의 이해는 심리학적 한계를 넘어선다. 즉 실존적 불안은 심리학이나 정신분석만으로 설명될 수 없는 삶의 현실이다.[2) 만약 불안이 실존적 현상이 아니고 특정 대상과 관련된 문제라면 유능한 정신의학자나 상담심리학자를 만나면 삶의 문제가 해결될 것이다.

『불안의 개념』에서 영원한 존재와 관계의 단절인 원죄(原罪)는 그 자체로 전제된다.[3) 인간은 몸과 영혼, 순간과 영원이 함께 결합되었다. 이 모순적 현실이 드러나면서 인간에게 불안의 현상이 나타난다. 인간은 불안에서 벗어나고자 하지만 불안하기 때문에 오히려 자신을 찾아 나설 수 있다. 영원한 존재에 대한 열정적 신앙은 실존적 불안을 극복하고 자아를 형성한다.

키에르케고에에게 인간이 자신의 삶을 추구하는 과정에서 가장

---

2) Kierkegaard, *The Concept of Dread*, trans. W. Lowrie, Princeton University Press, 1957. p. 13.
3) 쇠얀 키에르케고어 지음, 임춘갑 옮김, 『불안의 개념』, 도서출판 치우, 2011. p. 221.

큰 문제는 죄(罪)와 실존적 불안이다. 사실 그에게 각 개인이 저지르는 과거 현재 미래의 악한 행동도 본질적 문제가 아니다. 이런 문제는 더 근본적이며 존재론적 문제인 원죄(原罪)와 불안의 범주에서 이해되어야 한다. 인간실존에서 종교적 허무감, 인간 사이의 갈등, 자연 파괴 등은 죄와 불안에 대한 이해가 먼저 요청된다.

인간에게 비(非)본래적 자기선택 즉 권력, 돈, 쾌락, 사변(思辨)적 지식 등을 통한 실존적 불안의 극복은 자기선택이 아니기에 성공할 수 없다. 영혼의 활동을 배제하고 직접적 감각적 향락을 추구하며 자신을 강화(强化)시키려는 돈 주앙(Don Juan)의 생활에는 충동의 힘이 있을 뿐이지 의식을 지니는 개인적 실존이 없다. 이런 생활에는 영혼의 활동으로써 개인의 정체성이나 자아와 타자를 구분하는 윤리의식이 없다.

실존적 불안은 낮은 단계에선 단지 감각적 쾌락을 추구하는 에너지이지만 높은 단계에서는 주체적으로 자아형성의 근거가 된다. 이런 불안의 변화과정을 『여배우의 삶에서 위기』에서도 본다.[4] 여배우는 나이가 들어가면서 쇠락(衰落)해진 자신의 육체를 극복하기 위해 내면(內面)연기에서 자신의 생명력을 구하지만 감각적 향락을 추구하는 관중은 그녀의 옛 육체만을 보려고 한다.

『불안의 개념』에서 보듯이 우리는 낭떠러지를 보며 불안해진다. 떨어져 죽을 수도 있고 뛰어 넘을 수도 있는 현기증을 느낀다. 영원을 사모하는 인간은 한 개인이며 동시에 인류 전체로서 불안하게 실존한다. 자아를 찾는 단서(端緖)라는 긍정적 시각의 실존적 불안은 정신분석학적 설명으로 충분히 이해되어 극복될 수 없다. 학문적 이해를 넘어서는 실존적 불안은 영원을 사모하며 자아형성의 계기가 될 수 있다.

---

4) Kierkegaard, *The Crisis and a Crisis in the Life of an Actress*, ed. and trans. H. Hong and E. Hong, Princeton University Press, 1997.

부정적 느낌의 실존적 불안은 심리학적으로 해소될 수 없고 하느님과 관계에서 자신을 찾아가는 계기가 될 수 있다. 인간의 본성을 영원한 존재와 주체적 정열의 관계로서 받아들인 키에르케고어는 자기이해를 통해 영원을 사모하는 존재로서 인간의 보편성을 추구했다. 인간은 유한과 무한, 시간과 영원, 필연과 자유 사이의 종합으로서 불안 속에서 선택의 책임을 갖는다.

키에르케고어에서 잠시의 향락추구도 실존적 불안 때문이다. 이런 불안이 감각적 향락의 추동력이 된다. 그런데 이런 추동력으로서 불안은 일시적 작용을 할 뿐이지 지속적으로 작동할 수 없다. 사람이 단지 욕망에 따라 살아가려고 할 때 직접적 만족을 충족시키려는 대상을 찾고자 한다. 실존적 불안을 드러내는 원죄(原罪)의 인간은 영원한 존재와 관계하지 않고 인간적 연합에 대한 열망이 작동한다.

양가(兩價)의(ambivalent) 감정인 실존적 불안은 피하고 싶지만 자아형성과 도덕발달의 출발이 될 수 있다. 영원한 존재를 사모하는 개인적 체험은 끊임없이 고결한 삶을 통한 현실적 변화를 추구하게 된다. ‘나’ 를 찾아가는 고결한 삶은 자신의 정체성을 지키기 어려운 상황에도 자신의 고유한 영혼의 활동으로 있고자 한다. 실존적 불안은 자아형성의 즐거운 계기가 되어 주위환경을 새롭게 보며 변혁시킬 수 있다.

키에르케고어에 의하면 정신(mind)과 몸(body)이 하나인 상태에서 영원한 존재를 사모하는 영혼의 활동이 있게 되자 불안이 나타나게 되었다.[5)] 실존적 불안은 특정의 대상과 연관되는 공포와 달리 정서적 잠재성(emotional potentiality)으로서 삶의 현실이다. 실존적 불안은 부정적 느낌이지만 ‘나’ 를 찾는 잠재성을 지닌다.

---

5) K. Nordentoft, *Kierkegaard's Psychology*, 1978. p. 46.

인간영혼의 활동이 다른 사람이나 대상을 관찰한다면 관찰자의 내면적 상태가 결정적으로 중요하다.[6] 관찰은 단순한 수용(受容)이 아니라 자신의 실존적 참여가 동반되는 창조의 과정이다. 관찰자가 자기 자신을 알지 못한다면 주변세계의 이해는 단지 개인적 감정의 투사가 될 뿐이다. 키에르케고어에서 자아의식은 타자를 욕망의 충족이나 불안의 투사(投射) 대상으로 대하지 않고 그 자체로 인정(認定)한다.

키에르케고어는 『불안의 개념』에서 자아의식과 모순적 관계가 되며 불안을 야기하는 성(性)과 관련하여 사람의 몸을 설명한다.[7] 직접적 향락에서 살 때 타자를 향락의 대상으로 간주하기 때문에 실생활에서 수동적 자아를 형성하게 한다. 이렇게 자신을 찾아가는 과정이 제대로 정립되지 못하면 부정적 증상이 정신과 몸을 통해 드러나게 된다. 그 예로는 과민한 감수성과 분노, 우울 등이다.[8]

케에르케고어는 영원한 존재와 관계를 맺지 못하는 원죄(原罪)를 논증의 대상이 아니라 전제로 받아들인다. 그는 원죄 안에서 살아가는 타인의 근본적 문제를 같이 느끼고자 했다. 그는 실존적 불안으로 드러나는 인간의 원죄(原罪)를 단지 심리학적 탐구만으로 볼 수 없었다. 『불안의 개념』 에서 영원한 존재와 관계가 단절된 죄(罪)는 심리학적 설명뿐만 아니라 하느님의 권위적 말씀으로 알려진다.

그리스도신앙의 죄에 대한 가르침은 사람들에게 거리낌을 줄 수 있다. 나아가 삶의 근원적 분노를 느끼게 한다. 죄는 단지 무지(無知)가 아니라 하느님에 대한 항거다. 죄, 거듭남, 속죄(贖罪) 등은

6) Kierkegaard, *Edifying Discourses*, 1943-46. p. 67.
7) 쇠얀 키에르케고어 지음, 임춘갑 옮김, 『불안의 개념』, 도서출판 치우, 2011. p. 129.
8) K. Nordentoft, *Kierkegaard's Psychology*, 1978. p. 52.

영원한 하느님과 분리되어 이해될 수 없다. 죄인(罪人)이란 인간이 자신의 힘만으론 이 상태를 벗어날 수 없다는 뜻이다.

키에르케고어는 인간의 현실을 실존적 불안으로 이해하며 이런 불안의 극복을 자기 자신을 찾아가는 과정으로 본다. 그에게서 자기 자신을 찾아가는 과정의 객관적 표현이 도덕적 행위다. 도덕적으로 발달된 고상한 성품은 직관적 매력을 갖는다. 이렇게 키에르케고어에서 인간본성과 도덕적 행위는 불가분리의 관계에 있다.

2. 실존적 불안과 심리학적 불안

인간에게 본래 주어진 실존적 불안은 상담치료로 해소될 수 있는 심리학적 불안과 구분된다. 실존적 불안으로 드러나는 원죄는 인간의 실존을 설명하기 이전에 전제된다. 인간은 유한한 존재이면서 영원을 사모하며 살아가는 실존적 불안의 존재로서 '영원'과 '불안' 중 하나를 배제하면 다른 하나가 드러난다. 이렇게 인간은 실존적으로 불안하며 불안해 하는 주위사람들과 더불어 살아간다.

인간은 타자와 관계하기 이전에 실존적으로 불안하다. 키에르케고어에서 실존적 불안은 단지 개념적으로 분석되지 않는다. 그는 영원을 사모하며 불안을 극복하고 도덕적 성숙을 이루는 영혼의 활동에서 인간본성을 찾는다. 그는 직접적 감각적 향락을 넘어서서 하느님과 교제에서 자기 자신을 찾는다. 그에게 그리스도신앙은 단지 하나의 교리체계가 아니다. 그리스도신앙은 마땅히 살아야 되는 삶으로서 진리를 발견해 가는 모험과 도약의 길이다.

절망을 실존적 죽음으로 본 키에르케고어에서 실존적 불안은 단지 감각적 향락의 추구 다음에 오는 현상이 아니다. 향락과 자기

충족적 윤리의 추구 그 자체가 실존적 불안의 표현이다. 인간본성에 걸맞지 않은 향락추구는 목적의 달성 여부와 관계없이 자신을 스스로 절망하게 만든다. 이런 향락추구에서 헤어나지 못하는 개인은 자아를 형성하지 못하기 때문에 절망하게 된다. 불타지만 그렇다고 완전히 소멸되지도 않는 상태에 자신이 빠져 있는 모습과 같다.

실존심리학은 자기이해를 통해 타인을 알아가는 방법이다. 인간은 자기이해를 통해 타인과 주위환경을 관찰하며 확증한다. 타인의 드러내고 싶지 않은 고착된 생각을 찾아냄으로써 실존적 불안에 동감할 수 있게 된다. 주지(主知)주의는 인간의 지식에 집중하지만 무의식도 인간이해의 주요 부분으로 밝혀지고 있다. 타인과 교통(交通)하지 않고 자기침잠(沈潛)에 빠진 사람과 내면적 실존적 공감(共感)을 위해서는 시각적 관찰보다 상대방을 말을 잘 듣는 방법이 아주 중요하다.

종교적 실존을 죄의식(罪意識)과 연관하여 설명하는 『불안의 개념』은 키에르케고어 자신의 개인적 체험으로 해석되기도 한다.[9) 『불안의 개념』에는 하느님 앞에 아담을 인류의 원형(典型)으로 보이는 인간의 모습이 그려진다. 아담은 하느님께 순종할 수도 있고 떠나서 스스로 살아가려고 할 수도 있는 상황이다. 이렇게 아담이 낙원에서 그랬듯이 온 인류의 한 사람으로서 각 개인 역시 순수한 상태에서 시작된다.

아담은 인류에 참여한 한 개인이기에 그가 타락으로 순수한 상태를 잃었듯이 후대의 각 개인도 그렇게 된다. 『불안의 개념』에서 영원한 존재를 사모하는 인간에게 불안은 실존적으로 깃들어

---

9) J. Thomson, *The Lonely Labyrinth: Kierkegaard's pseudonymous Works*, Carbondale: Southern Illinois University Press, 1967. pp. 150-64.

있다. 키에르케고어는 실존적 불안을 신앙으로 극복하며 인간의 이성(理性)을 넘어서는 하느님사랑을 체험한 순종의 삶을 살고자 했다.

실존적 불안은 부정적 측면만 있지 않고 자기 자신을 찾아가는 계기가 된다.[10] 인간은 실존적 불안과 더불어 영원한 존재를 믿음으로 오히려 자기 자신을 찾을 수 있다.[11] 키에르케고어는 윤리적 단계를 결코 낮게 평가한 것이 아니라 하느님과 단독자적 단계에서만 윤리적 실천을 할 수 있다고 믿었다. 몸과 마음, 순간과 영원, 필연과 자유가 종합된 개인의 삶은 실존적 불안을 극복해 가며 자기 자신뿐만 아니라 인류에게 영향을 미치게 된다.

실존적 불안을 드러내는 원죄(原罪)의 개인은 하느님과 관계보다 인간적 연합으로 불안을 해결하려고 한다.[12] 키에르케고어에서 감각적 향락은 타인과 욕망의 충족을 통해 달성하려고 하지만 프로이드에서 억압된 성적 본능은 불안 등 다른 증상을 나타낸다. 리비도(Libido)가 의식(意識)으로부터 억압되면 단지 소멸되지 않고 자아는 불안하게 된다.

그리스도와 관계하는 은혜와 사랑, 죄(罪)는 관념적 설명을 넘어서는 체험이다. 개인이 주위환경에서부터 자신의 정체성을 의식하며 독립해 가는 과정이 『불안의 개념』에서 전개되고 있다.[13] 키에르케고어는 자기 자신의 실제적 삶에서 죄(罪)의 실존적 현상인 불안을 극복하고 용서의 확신을 믿었다. 그는 종교적 체험에서 '들의 백합과 공중의 새' 를 바라보며 노래하게 되었다.[14]

---

10) 쇠얀 키에르케고어 지음, 임춘갑 옮김, 『불안의 개념』. 2011. p. 70.
11) 아르네 그뤼엔 지음, 하선규 옮김, 『키에르케고어의 인간학, 불안과 함께 살아가기』, 도서출판b. 2016.
12) Kierkegaard, *Either/Or*, 1959. p. 328.
13) K. Nordentoft, *Kierkegaard's Psychology*, 1978. p. 22.
14) 키에르케고어 저, 표재명 역, 『들의 백합 공중의 새』, 1999. p. 146.

『불안의 개념』에서 실존적 불안은 영원한 하느님의 권위와 죄(罪)를 언급하며 인간이 거룩함과 영원(永遠)을 사모하며 살아감을 드러낸다.15) 이 책의 익명의 저자(Vigilius Haufniensis)에 의하면 인간의 자발적 선(善)을 전제하는 이교(異敎)의 윤리는 하느님과 관계를 맺지 않는다. 이런 삶은 죄 때문에 역사적 책임을 수행하지 못하고 파선(破船)할 수밖에 없다.

『불안의 개념』에 의하면 실존적 불안이 반드시 죄의 결과는 아니지만 인간은 아담의 원죄 이후 불안과 함께 살아간다.16) 우리는 영원한 축복과 일시적 향락 사이를 선택하는 불안의 경험에서 자신의 삶에 대한 책임을 갖는다. 기독교윤리학에서 사람은 누구나 죄의 영향 아래 있다. 성경에 의하면 아담의 범죄에 의해 죄가 세상에 들어왔고 그 후 다른 사람도 그 영향 아래 있게 되었다.

키에르케고어에 의하면 죄가 세상에 온 것은 논리적으로는 설명되지 않는다. 그는 죄로 말미암는 실존적 불안의 극복을 논리나 사변(思辨)이 아니라 신앙의 비약(leap of faith)에서 찾는다. 죄는 인간에게서 질(質)적 변화이고 신앙은 죄를 극복하는 또다시 새로운 질적 비약이다. 죄와 신앙을 통한 삶의 질적 변화를 합리적으로는 설명할 수 없다. 그러므로 심리학은 죄 자체는 설명할 수 없고 죄의 상태 혹은 현상을 설명할 뿐이다.

키에르케고어는 개인이 주관적으로 겪는 실존적 불안과 온 세계에 퍼져 있는 즉 아담으로 말미암는 죄성(罪性)의 반영으로서 객관적 불안을 구분했다.17) 『불안의 개념』에서 개체적 혹은 한 개인의 죄의 실존적 현상을 주관적 불안으로, 불안이 자연 등에 나

15) G. Malantschuk, *Kierkegaard's Thought*, ed. and trans. H. Hong and E. Hong, Princeton University Press, 1971. p. 340.
16) 키에르케고어 지음, 임춘갑 옮김, 『불안의 개념』, 2011. p. 70.
17) 키에르케고어 지음, 임춘갑 옮김, 『불안의 개념』, 2011. p. 110, 111.

타나는 현상을 객관적 불안으로 서술된다. 철저한 자기집착과 이기심은 주관적 불안의 대표적 표현이다.

객관적 불안을 현재 인류가 직면한 생태적 위기와 연관하면 자연의 구속(救贖)과 회복을 피조물은 간절히 고대(苦待)한다(로마서 8:19). 누구나 실존적 불안과 함께 산다는 동감(同感)적 현실은 인간에 대한 깊은 이해를 가능케 한다. 키에르케고어에서 자율적으로 도덕적 존재가 되려는 시도는 하느님 없이 불안을 해결하려는 노력과 같이 비(非)현실적이다.

그리스도신앙에서 하느님과 관계가 단절된 죄로 말미암는 불안은 종교 윤리적 단계 즉 그리스도신앙으로 극복된다. 『불안의 개념』에서 자유와 불안이 함께 하는 영혼의 활동은 영원한 존재와 관계하며 자아를 도덕적으로 성숙시킨다. 죄는 자연에도 영향을 미치게 되어 피조물들은 하느님의 아들들이 나타나기를 고대하게 되었다(로마서 8:19). 이런 현실을 『불안의 개념』에서 객관적 불안이라고 한다.

자연이 범죄(犯罪)한 것이 아니라 인간의 범죄 후 자연 즉 피조물은 전혀 다른 시각으로 보이게 되었다. 이에 반해 자아의 주관적 불안은 죄가 나타나기 전에도 자유와 함께 있었다. 인간본성의 활동으로써 자유의 추구는 불안을 동반한다. 자유와 불안은 같이 가기 때문에 개인의 창조적 활동에는 불안이 깃들이게 된다. 생산적 활동을 전혀 하지 않는 까닭은 심리적으로 불안을 피하기 때문이다.

『불안의 개념』에서 아담의 범죄 이후 인간은 타자 즉 주위환경과 관계에서 더욱 더 죄에 노출되었다. 인간의 범죄는 자신의 피조물에 대한 지각에 나타나게 되어 감각기관이 죄성(罪性, sinfulness)을 지니고 주위환경을 대하게 되었다. 『불안의 개념』에서 여성은 남성보다 생리적으로 더 감각적이기에 더 불안하다고 한다. 감각적 향락의 추구로서 성(性)적 요구는 불안의 실존적 현실을 이성(異性)과 육체적 관계를 통해 극복하려고 한다.

그리스도신앙은 인간의 본성을 영원을 사모하는 영혼의 활동으로 보며 남성과 여성의 구분을 넘어선다.[18] 즉 자신과 타자를 구분했던 성적 욕구가 영혼의 활동단계에서 지양(止揚)되고 승화(昇華)된다. 이렇게 성애(性愛)의 욕구가 있는 곳에 영(靈)적인 것 즉 영혼의 활동이 낯설게 다가오며 불안이 함께 한다.

영원한 하느님과 믿음의 관계는 모든 관계의 근거다. 『사랑의 역사』에서 이웃사랑은 개인이 하느님 앞에 믿음으로 설 때에만 오히려 가능하다. 개인이 타자와 사랑으로 관계하며 자신을 찾고자 할 때도 불안을 의식하게 된다. 감각적 향락추구가 실존적으로 변형되어 영원을 추구하는 영혼의 활동은 불안을 극복하여 간다.[19]

『불안의 개념』에서 실존적 불안은 인간의 삶과 함께 하는 현상으로 바람직한 인간관계만으로 해소될 수 없다. 또한 실존적 불안은 정신분석이나 상담의 이론적 설명의 한계를 넘어선다. 불안이 늘 죄(罪)의 결과는 아니지만 영원한 존재와 관계에서 실존적 불안은 이해되고 극복될 수 있다.[20] 영원한 존재의 기대에 이르지 못하는 자아의 윤리의식은 경건한 감정의 분노로 표현된다.[21]

『불안의 개념』에서 실존적 불안은 죄에 의한 실존적 변화 이전에도 있었던 심리상태다.[22] 영원한 존재와 관계가 단절되는 그 순간 감성(感性)도 오염되었다. 우리는 한 개인인 동시에 온 인류이기에 첫 사람 아담과 후대의 각 개인은 본질적으로 차이가 없

---

18) Kierkegaard, *The Concept of Anxiety*, 1980. p. 70.
19) Kierkegaard, *The Concept of Anxiety*, 1980. p. 80.
20) 키에르케고어 지음, 임춘갑 옮김, 『불안의 개념』. 2011, p. 26.
21) Kierkegaard, *Purity of Heart*, trans, D. Steere, New York: Harper. (Opbyggelige Taler i forskjellig Aand, by S. Kierkegaard, 1847, Part One, "En Leiligheds-tale".) 1948. p. 49.
22) 키에르케고어 지음, 임춘갑 옮김, 『불안의 개념』, 2011. p. 182.

다.[23] 인간은 영원한 존재와 관계에서 자아가 될 수 있기에 개인의 명성과 업적이 곧바로 윤리적 존재를 만들 수는 없다.

실존적 불안은 상담이나 정신분석 등 학문적 설명으로 이해되더라도 극복되지는 않는다. 실존적 불안은 인간의 구체적 실존에서 복합적으로 작용하여 심리학적으로 양가감정(兩價感情, ambivalent emotion)이 된다. 키에르케고어에서 인간이해의 단서인 불안은 특정의 대상과 연관된 공포와 달리 실존적으로 잠재된 가능성이다. 실존적 불안은 영혼의 활동에 의해 영원한 존재와 관계하며 극복된다.[24]

3. 원죄(原罪)와 실존적 불안

실존적 불안은 인간에게만 고유한 현상으로 자기를 찾게 하고 도덕적으로 발달하는 계기가 된다. 직접적 향락추구는 실존적 불안을 공허하게 극복하려는 시도다. 영원을 사모하는 인간본성에 역행하는 감각적 향락은 자아를 상실하게 된다. 실존변형을 통한 자아의 형성에서 이성(異性)에 대한 의존이 초월자에 대한 신앙으로 승화(昇華)된다.

『죽음에 이르는 병』에서 보듯이 영원한 축복을 동경하지 않고 감각적 향락 속에서 실존적 불안을 극복하려는 시도는 절망의 표현이다. 감각적 향락만이 있고 영원을 사모하는 마음이 없다는 강박적 자기설득은 실존적 불안의 역설적 표현일 뿐이다.

『여배우의 삶에서 위기』에서 여배우가 무대에서 활동하는 동안 불안이 추동력이 되어 일정 시간 자신의 불안을 잊고 지내는 모습

23) 임춘갑 옮김, 『불안의 개념』, 2011. p. 195.
24) 임춘갑 옮김, 『불안의 개념』, 2011, p. 180.

이 기술된다.[25)]

실존적 불안은 주체적으로 숙고되지 않은 채 살아가는 원동력으로 일정 기간 작동하기도 한다. 실존적 불안은 감각적 향락 추구의 결과가 아니라 향락의 추구 자체가 실존적 불안의 표현일 뿐이다. 키에르케고어는 사람의 본성대로 영원한 존재와 관계하며 실존적 불안을 극복한다. 주위환경에 함몰(陷沒)되어 있던 자아의식을 자각하면서 자기화(自己化)가 시작된다.

키에르케고어에서 타자에 대한 의식은 하느님과 관계에서 근원한다. 『불안의 개념』에서 타인의 동의를 얻고자 자신의 품격을 낮추는 태도를 어리석게 본다. 키에르케고어 자신의 실제 삶에서 죄(罪)의 실존적 현상인 불안을 극복하고 용서를 확신하는 종교적 체험을 했다.[26)] 실존적 불안은 철학자의 생각이나 심리학자의 분석을 넘어서며 영원한 존재에 대한 신앙으로 극복된다.

그리스도신앙은 영원한 축복을 위해 감각을 포기하면서 감각적 향락이 있음을 오히려 분명히 한다. 키에르케고어는 직접적 향락을 넘어서서 개인이 자기 자신을 찾는 길로서 하느님과 교제를 찾는다. 그에게 인식의 주요한 요소인 주체적 열정은 타인의 실존적 불안을 동정(同情)하기 위해서이다. 주체적 믿음으로 살아가는 그리스도신앙은 직접적 감각적 향락추구의 생활로부터 구분되어 고결한 삶을 성취한다.

『불안의 개념』에서 영원한 축복의 단초인 영원한 존재와 영원한 삶에 대한 기대가 서술된다. 영원한 축복을 추구하는 생활은 자기 자신을 찾아 도덕적 생활을 하게 된다. 참된 예술은 영원한 생명의

---

25) Kierkegaard, *The Crisis in the Life of an Actress and Other Essays on Drama,* trans. Stephen D. Crites, New York and Evanston: Harper Torchbooks, 1967.

26) 키에르케고어 저, 표재명 역, 『들의 백합 공중의 새』, 1999. p. 146.

기대(true art is an anticipation of eternal life)다.27) 키에르케고어의 스승 묄러(M∅ller)에 의하면 예술은 축복된 생활에 대한 기대(true art is an anticipation of the blessed life)다.28)

실존적 공감(existential sympathy)은 관찰된 사실을 수집하는 추상적 수준을 넘어 도덕적 삶을 통해 표현한다. 『불안의 개념』에서 실존적 불안은 정신분석학 심리학 상담학 등에서 보듯 병(病)적이거나 건강하지 못하다는 뜻이 아니고 인간이해의 구조다. 프로이드에게 불안은 성(性)과 사회적 금제(禁制) 사이의 갈등이다. 키에르케고어에서 하느님과 신앙의 관계는 프로이드의 정신분석적 이해를 넘어서 불안을 극복하며 윤리적 생활을 가능하게 한다.

키에르케고어에 의하면 인간은 본성적으로 영원(永遠)을 사모하며 자기 자신을 찾아간다. 그의 『여배우의 삶에서 위기』에서 실존적 불안의 변화과정을 본다.29) 여배우는 나이가 들어가면서 쇠락(衰落)해진 자신의 육체를 극복하기 위해 내면(內面)의 연기에서 자신의 생명력을 구하지만 관중은 여배우 육체의 감각적 향락만 추구한다. 인간에게 선택의 갈등은 본능과 함께 영혼의 활동이 주어졌기 때문이다.

감각적 향락에 얽매인 생활은 삶을 현실적으로 직면하지 못하고 추상적 수준에 머무른다. 이런 생활은 진지하고 끈질긴 사유나 객관적 표현이 없는 지속적 불안정일 뿐이다. 한 사람을 사랑하지 못하고 순간적 만족만을 추구하기에 순간이 지나며 모든 것은 사라지고 아무런 신뢰도 없게 된다. 이런 식의 욕망충족은 현실생활

---

27) Kierkegaard, *the Concept of Anxiety*, 1980. p. 153
28) Kierkegaard, *the Concept of Anxiety*, 1980. p. 253.
Poul M. Møller, *Efterladte Skrifter*, (Leftover Scripture), Copenhagen: Reitzel, 1855. 1 ed. II, p. 137.
29) Kierkegaard, *The Crisis and a Crisis in the Life of an Actress*, ed. and trans. H. Hong and E. Hong, Princeton University Press, 1997.

의 빈곤이며 자기 자신의 정체성을 갖지 못한다.

영혼의 활동이 자아를 찾아 형성해 가면 고결한 성품의 도덕적 행위로 표현된다. 개인이 단지 감각적 향락에 몰입하는 까닭은 영원한 존재에 대한 의식을 피하기 때문이다. 키에르케고어에 의하면 보편적 타당성을 구하는 정신(mind)과 몸(body)에 영원한 존재를 사모하는 영혼의 활동이 있게 되자 불안이 나타나게 되었다.[30]

『불안의 개념』의 자아의식에서 성(性)이 인격적 관계가 아니라 일시적 향락이라면 서로 모순적 관계다.[31] 우리가 어느 것을 선택하면 그것과 모순적인 것을 배척하면서 간접적으로 그 실재를 인정한다. 즉 그리스도를 믿으며 영원한 축복을 추구하면 육욕(肉慾)적인 것이 있음을 간접적으로 인정하게 된다.

『불안의 개념』에서 보듯이 불안을 그 실존적 현상으로 드러내는 죄(罪) 아래 인간은 자발적 힘으로 스스로 사랑을 실천할 수 없다.[32] 키에르케고어에서 하느님은 사랑의 원천이기에 인간이 하느님 안에 있을 때에만 사랑이 가능하다. 구원자이며 사랑의 실천자인 그리스도의 삶은 바로 순수한 혹은 영혼의 활동으로써 사랑의 역사(役事)다. 그리스도의 거룩한 고난과 구원이 자기분투의 도덕적 삶에서 절망할 수밖에 없는 인간에게 새로운 힘을 준다.

영혼의 활동으로써 인간은 영원한 존재인 하느님과 관계함으로써 자기 자신을 찾아간다.[33] 이런 관계에서 실존적 결단은 영원한 축복을 반복하여 추구한다. 즉 인간의 실존적 결단은 영원한 존재와 영원한 축복의 관계이기에 용기가 요구된다. 이런 시각에서 볼 때 비겁한 사람이 가장 비참한 삶을 살게 된다. 근거 없는 자부심

---

30) K. Nordentoft, *Kierkegaard's Psychology*, 1978. p. 46.
31) 임춘갑 옮김, 『불안의 개념』, 도서출판 치우, 2011. p. 129.
32) J. Hare, *The Moral Gap*, Oxford University Press, 1997. p. 191.
33) 조수동, 「禪과 자유」, 『철학논총』 제49집, 2007, 제3권. p. 291.

과 비겁은 함께 간다.

하느님에 대한 신앙의 용기를 갖지 못하는 사람은 자기 자신의 힘만으로 큰일을 하려고 한다. 이런 삶은 자부심이 넘치는듯하지만 실상은 하느님께 저항하며 비겁한 생활을 한다. 이런 사람은 주위에서 자기와 비슷한 사람을 찾지만 신앙의 용기는 하느님만 바라본다. 비겁은 영원한 존재에게서 연원하는 영원한 축복에 대한 결단을 두려워하며 마땅한 행위를 끊임없이 미룬다.

하느님의 영(靈)은 인간에게 비겁함이 아니라 힘과 사랑 및 절제를 주었다.[34] 영원을 사모하는 마음은 일상적 일처리에서 드러난다. 각 개인은 영원한 축복을 주는 하느님과 세상 혹은 돈(money) 사이의 선택이 주어진다. 이 둘을 동시에 선택하려는 시도는 현실적으로 아무 것도 선택하지 못하게 한다. 논리학에서 '당나귀의 딜레마' 같이 둘을 똑같이 좋아하면 굶어 죽는 자기파멸을 가져 온다. 타인을 두려워하면서 타인과 비슷하게 살아가면 자아를 형성하지 못하게 된다.

키에르케고어의 시각에서 기존의 도덕교육은 죄(罪)와 실존적 불안(不安)의 현실성에 대한 언급이 없다. 불안과 죄의 실존적 현실은 도덕교육에서 인간의 한계를 지적한다. 엄격한 윤리생활을 요구하는 소시니안주의(socinianism), 펠라기우스주의, 박애주의 등은 인간의 자율(自律)적 구원과 행복을 주장한다.[35] 즉 인간의 도덕성을 단지 의지(意志)나 인간관계로 해결하려고 한다.

그리스도신앙에서 신(神)적 고결한 성품과 죄(罪)된 성품 사이에서 갈등하는 아담의 원죄(原罪)가 후대에 상속(相續)되었다. 그리스도신앙은 죄와 비교할 수 없는 그리스도의 영광된 성품이 인간

---

34) "하나님이 우리에게 주신 것은 두려워하는 마음이 아니요 오직 능력과 사랑과 절제하는 마음이니" (디모데후서 1:7).

35) Kierkegaard, *The Concept of Anxiety*, 1980. p. 28.

에게 주어졌다고 믿는다(로마서 5:17). 인간을 자존(自存)적 존재로 볼 수 없는 키에르케고어에게 도덕발달은 인간 사이의 관계로 설명되지 않고 하느님과 내(內)적으로 관계하는 영혼의 표현이다.

4. 현실을 변화시키는 도덕발달

영원한 존재와 관계하며 자기를 찾아가는 도덕교육은 인간이 하느님과 더불어 단독자적 관계에 들어갈 때에만 가능하다. 영원한 존재와 관계가 단절된 죄는 실존에 깃들어 있다는 점에서 어느 한 개체 인간뿐만 아니라 온 인류의 문제가 된다.36) 하나님과 인간의 관계가 단절되어 죄가 성립하는 순간 시간은 죄성(罪性)이 되었다.37) 즉 죄의 영향 아래서 인간본성에 대하여 낙관적 전제를 갖고 자기를 찾아가는 도덕교육은 용인될 수 없게 되었다.

키에르케고어는 가능태(可能態)로부터 현실태(現實態)로 변환에 관심을 가졌던 아리스토텔레스를 비판적으로 수용하였다. 아리스토텔레스는 가능태와 현실태를 구분하여 실제적 변화를 설명했다. 그는 이 방법을 이론적 명상에서 찾았는데 키에르케고어는 바로 이 점을 비판적으로 보았다.38) 키에르케고어에서 자기를 찾아가는

---

36) 쇠얀 키에르케고어 지음, 임춘갑 옮김, 『불안의 개념』, 다산글방, 2007. p. 53. 『불안의 개념』의 익명의 저자 하우프니엔시스(Haufniensis)에 의하면 인간은 영혼과 육체의 결합으로서 이 종합이 깨지게 되면 불안이 찾아오게 된다. 그에 의하면 여성이 비교적 더 불안을 느끼는 이유는 더 감각적이기 때문이다.
불안을 성욕(性慾)과 관련시켜서도 이해하게 되는 이유는 성욕은 그 자체로 죄악된 것은 아니지만, 불안의 근원이 자아가 타자에게서 자아를 찾고자하는 데서 나오기 때문이다. 그런데 기독교에서는 부활의 상태에 대한 기술에서도 볼 수 있듯이 온전히 영(靈)적인 상태에서 남자와 여자의 구분은 없어진다. 이 땅에서 인간의 실존이 도덕적으로 고양되더라도 에로스적인 것이 영적으로 완전히 고양되지 않기 때문에 영적인 것이 아직 낯선 것으로 다가오며 불안이 현존하게 된다.

37) 쇠얀 키에르케고어 지음, 임춘갑 옮김, 『불안의 개념』, 2007. pp. 182-183.

과정은 이론적 명상이 아니라 신앙의 질적 도약(qualitative leap)을 통해서 가능하다. 그에게 이런 질적 변화는 영혼과 육체의 종합으로서 자아가 신과 단독자적 관계를 맺음으로써 가능하다.

키에르케고어에게 영향을 받은 틸리히(P. Tillich)에 의하면 실존적 불안은 존재론적 범주이고 어느 학문도 이를 온전히 설명할 수 없다.[39] 키에르케고어에서 불안은 죄에 선행하는 인간의 심적(心的) 상태이며 또한 죄의 실존적 현상이다. 그에게 신과 인간의 단독자적 관계에서 유전(遺傳)적 원죄(原罪)는 누구에게나 보편적 현실이다.

키에르케고어에서 의사소통의 주체는 하느님이다. 그에게 주체적 사상가는 타자와 직접적 관계 이전에 영원한 존재와 우선 관계하며 의사소통한다. 이런 의사소통은 자기 자신을 찾게 하는 윤리적 생활을 통해 현대사회의 결과주의(consequentialism)를 극복하게 한다. 주어진 현실을 객관적으로만 파악하려는 철학자들에게 주체성을 최고로 요구하는 영원한 축복이 주된 관심이 될 수 없다.

키에르케고어는 자아의 탐구를 통해 인간의 보편적 본성에 관심을 가졌고 당시 덴마크 사회의 구체적 변화를 추구했다. 주체적으로 실존하는 사람은 자신의 근원적 영역 즉 종교적 실존에 있어서 타인과 직접적으로 교제하지 않는다. 종교적 실존에서 의사소통은 타자에 대한 근본적 존엄의식을 고려한다. 즉 인간의 의사소통 혹은 전달은 인간들 사이의 관계가 아니라 하느님 앞에 주체적으로 실존할 때에만 가능하다.

---

38) Kierkegaard, *The Concept of Anxiety*, 1980. ix.

39) Paul Tillich, *Systematic Theology I-III*, Chicago: University of Chicago Press, 1959. I. pp. 191-192, 199.

5. 실존적 불안의 도덕교육적 효과

키에르케고어가 추구하는 영원한 축복은 실제생활에서 윤리적 매력으로 표현된다. 자아의 발견과 형성은 도덕교육의 결정적 열쇠가 된다. 『불안의 개념』에서 인간이 영원한 하느님을 찾아 나설 수 있게 하는 근본적 현실이 바로 실존적 불안이다. 실존적 불안은 인간에게 부정적 의미만 있지 않고 오히려 자기를 찾아 나설 수 있게 한다.

효과적 윤리교육은 윤리교육이론의 소개에서 나아가 교사가 인간 본성에 걸맞은 윤리적 삶을 드러내면서 가능하다. 인간이 신 앞에서 단독자로서 생활하면서 자기를 선택할 때 교사와 학생의 구분은 더 이상 의미를 지닐 수 없다. 교사와 학생은 서로의 관계에 앞서 영원한 존재와 관계 속에 있어야만 바람직한 관계가 가능하게 된다.

키에르케고어에 의하면 인간은 오성(悟性)으로 죄의 현실을 설명하지 못하고 오히려 신앙을 통하여 실존적 불안을 극복할 희망을 갖는다. 실존적 불안을 의식할 때 인간의 낙관적 가능성에 근거한 도덕교육의 이해와 추구는 그 출발부터 문제시된다. 실존적 불안은 인간의 존재론적 범주인 동시에 자기를 찾아나서는 계기로서 도덕교육의 단초가 된다.

키에르케고어에서 실존적 불안은 하느님과 단독자적 실존의 관계를 통해서만 해결할 수 있다. 실존적 불안은 하느님 아닌 다른 인간 혹은 자연 등과 잘못된 변증법적 관계의 추구에서 인간에게 피할 수 없이 나타나는 현상이다. 즉 인간이 신(神) 아닌 타자에게서 자신을 발견하려고 하면 소외(疏外)가 나타나고 이런 왜곡된 결과는 불안의 현상이 된다.

키에르케고어는 누구나 자아를 형성하는 고결한 삶을 원했다.

그에게는 자신에 대한 교육과 타인에 대한 교육이 구분될 수 없었다. 그에게 자아의 형성은 기독교인이 됨을 의미하기도 하고 누구나 공유하는 실존적 고뇌의 극복 과정이다. 인간을 자존(自存)적 존재로 받아들이지 않는 키에르케고어에서 회의(懷疑)는 숙고가 아니라 신앙적 결단에 의해서 극복된다.

키에르케고어에게 영혼과 육체의 결합이며 시간적인 것과 영원한 것의 종합으로서 인간은 순간적 이행(移行)을 통하여 자신을 표현하게 된다. 그에 의하면 그리스(Greece)인은 영원에 대한 개념을 갖지 못하였기 때문에 미래에 대한 개념을 갖지 못하였다. 그리스인은 절대자와 단독적으로 관계하는 영혼의 활동이라는 규정을 갖지 못하였다.

『불안의 개념』에서 영원한 존재와 관계의 단절인 죄(罪)는 인간의 영(靈)적, 정신적, 감성(感性)적 면모에 모두 영향을 미치게 했다. 인간은 내재적 육욕(肉慾)뿐만 아니라 객관적으로 편재(遍在)되어 있는 죄로 말미암는 불안의 영향을 받게 되었다.[40] 영원을 사모하는 본성을 지닌 인간에게 영혼의 활동이 없는 의식은 가능하지 않지만 이런 의식을 돌보지 않을 때 현실적으로 자기 자신을 숭배하게 된다.

키에르케고어는 자기 자신을 찾아가는 계기가 되는 실존적 불안을 반복하여 밝힌다. 사물이 객관적 특성에 의해 기술된다면 인간은 자아의식에 의하여 기술된다.[41] 인간은 자기 자신을 비롯한 타자와 관계에서 단지 직접적 반응이 아니라 의미를 찾는다는 점에서 끊임없이 도덕적 의식에서 살아가고 있다.

---

40) S. Dunning, "Kierkegaard's Systematic Analysis of Anxiety", in R. Perkins (ed.), *The Concept of Anxiety*, International Kierkegaard Commentary. V. 8. Mercer University Press, 1985. p. 16.

41) Ernst Cassirer, *Versuch über den Menschen*, Frankfurt: S. Fischer Verlag, 1990. p. 21.

6. 자아의 형성과 불안의 극복

키에르케고어는 자아의 형성에 의해 자신과 주위생활의 변화가 가능하다고 보았다. 그가 『불안의 개념』에서 중요시하는 것은 불안의 현실적 극복이다. 그는 현실성의 영역에 속하는 자유를 받아들였다.42)

키에르케고어는 트렌델렌버그(A. Trendelenburg)의 영향을 받아서 현실성이 논리학에서 다루어지면 논리와 현실성 사이에 혼동이 일어난다고 했다.43) 헤겔이 현실성을 필연성(必然性) 속에 포함시켰지만 키에르케고어는 우연(偶然)적인 것 즉 논리적으로 예기치 못한 영역으로 보았다.

현실생활은 논리적 추론만으로 충분히 설명될 수 없다. 도덕교육은 도덕적 행위의 실제적 변화가 관심이다. 키에르케고어는 인간실존에서 불안의 극복에 대한 수미일관(首尾一貫)된 시각을 갖고 있다. 그에게 죄의 실존적 현실인 불안은 신앙에 의해 극복된다. 그리스도신앙은 교리(敎理) 즉 교의학(敎義學, dogmatics)적 기술(記述)에 의해서도 전달될 수 없고 실제 윤리적 삶이 동반되어야 한다.

키에르케고어는 슐라이에르마허(Schleiermacher)를 예를 들면서 죄가 학문적으로 다루어질 수 없다고 한다.44) 죄는 단지 잠재

---

42) Kierkegaard, *The Concept of Anxiety*, 1980. p. 224.

43) Kierkegaard, *The Concept of Anxiety*, 1980. p. vii.

44) Kierkegaard, *The Concept of Anxiety*, 1980. p. 20.
히르쉬(Immanuel Hirsch)는 그의 독일어 번역『불안의 개념』(Der Begriff Angst, p. 243)에서 원죄를 슐라이에르마허(Schleiermacher)의 죄에 대한 언급과 비교하며 설명하고 있다. (『*The Christian Faith*, pp. 283-314』) §70. 인간이 행동하기 전에 이미 죄 아래에 있다는 것이 선을 행할 수 없다는 근거고 오직 구원에 의해서만 극복될 수 있다.
§71. 원죄는 모든 인류에게 퍼져있으므로 보편적으로 구원의 필요성을 인식하

적(de potentia)으로 있지 않고 실제 삶에서 불안이라는 현실(de actu, in actu)로 존재한다.[45] 분명히 죄는 학문적으로 설명될 수 없지만 인간실존에 실재하고 있다. 키에르케고어는 학문적으로 설명할 수 없는 실존적 불안으로서 죄의 극복을 다른 사람들에게 전달하는 방법을 찾았다.[46]

키에르케고어에서 인간은 모든 순간 자기 자신이면서 온 인류다. 그에 의하면 죄는 실재하지만 특정 장소에만 실재하지 않는다.[47] 교의학(敎義學)도 원죄(原罪)의 실재를 설명하지 못하고 단지 전제할 뿐이다. 이런 죄의 현실적 전제는 오직 믿음의 행위 혹은 운동을 통해서만 극복된다. 이런 윤리적 실천은 역사적 책임을 통하여 구체화된다.

키에르케고어에 의하면 인간이 순수하게 자연적 상태에 있었을 때도 불안이 함께 있었다. 한 개인이 역사를 갖고 있다면 동시에 인류의 역사이기도 하다. 죄가 이 세상에 들어온 현실은 합리적 설명이 아니라 무지한 상태에서 순수함을 상실하게 된 질(質)적 변화를 의미한다. 이런 점에서 키에르케고어는 헤겔의 합리적 설명을 비판한다. 합리적 혹은 윤리적 엄격성에 의한 인간본성에 대한 설명은 인간실존의 합리적 윤리적 한계를 의식하지 못한 시도다.

인간본성의 시각에서 실존적 불안과 자유는 함께 한다.[48] 실존

게 한다.

§72. 우리는 원죄 아래에 있기 때문에 죄를 충분히 설명할 수 없다.

§73. 원죄는 인간이 스스로 행하는 죄에서 늘 다시 문제가 된다.

§74. 모든 사람이 구원에 대하여 똑같은 관계에 있지 않다는 점을 제외하고 인간은 모두 죄 아래에 있다는 점에서 동일하다.

45) 임춘갑 옮김, 『불안의 개념』, 2007. p. 28.

46) Kierkegaard, *The Concept of Anxiety*, trans. R. Thomte, 1980. p. 16.

47) Kierkegaard, *The Concept of Anxiety*, 1980. p. 14.

48) Kierkegaard, *The Concept of Anxiety*, 1980. p. viii.

적 불안은 가능성을 드러내는 자유의 현실적 표현이 될 수 있다.[49] 그리스도신앙에서 세상의 죄를 자발적으로 짊어지고 처벌을 받은 분은 그리스도다. 그리스도는 여러 사람 중에 단지 하나의 개인이 아니기 때문에 이런 진술은 단지 미적 수준의 수사(修辭)가 아니라 신앙으로 받아들여질 수 있다.

키에르케고어에서 인간을 신과 단독자로 관계하는 영혼의 활동으로 의식하지 못하고 정신과 육체의 존재로만 이해하는 한 도덕교육은 온전할 수 없다. 인간은 영혼의 활동으로 자아를 의식하는 한 새로운 가능성으로 말미암아 실존적으로 불안하다. 그런데 인간은 불안을 낯설어하면서 새로운 가능성을 원하며 즐기기도 한다. 순수한 상태에서 불안은 잘못된 상태가 아니라 신앙에 의해 극복되는 소위 즐거운 불안이다.

키에르케고어에 의하면 영혼의 활동에는 실존적 불안이 같이 한다.[50] 실존적 불안을 극복하는 영혼의 활동에 의해 정신과 육체가 바람직하게 상호 작용한다. 실존적 불안은 신앙의 질(質)적 도약으로만 극복될 수 있다. 실존적 불안이 진지하게 고려되고 극복할수록 인간문화도 더욱 풍요롭게 된다. 실존적 불안은 인간 내면에서 창조적 활동의 영원한 전제조건이다.[51]

『불안의 개념』에서 아담(Adam)에게는 무지의 단계에서 외부로부터 금제(禁制)의 명령과 함께 무엇을 할 수 있다는 불안한 가능성이 있었다. 아담의 범죄 이후 질(質)적으로 변화된 죄의 상태에 있으므로 학문적으로나 객관적으로 죄가 설명될 수 없다. 키에르케고어에서 한 개인은 동시에 전 인류를 의미하기에 아담의 원죄가 각 개인에게 전달되었다.

---

49) Kierkegaard, *The Concept of Anxiety*, 1980. P. 42.
50) Kierkegaard, *The Concept of Anxiety*, 1980. pp. 43-44.
51) Kierkegaard, *The Concept of Anxiety*, 1980. p. xvii.

개인이 주위환경에서부터 자신의 정체성을 의식하며 독립해 가는 과정이 『불안의 개념』에서 전개되고 있다.[52] 『불안의 개념』에 의하면 실존적 불안이 반드시 죄는 결과는 아니지만 인간은 아담의 원죄 이후 불안과 함께 살아간다.[53] 인간이 구체적 생활에서 영원한 존재와 영혼의 활동으로 관계하면서 실존적 불안이 함께 한다.

키에르케고어에서 인간은 감각적 향락을 추구하는 미적 단계, 사회적 규범을 추구하는 윤리적 단계, 영원한 존재와 관계하는 종교적 단계를 거치며 도덕적으로 발달한다. 『불안의 개념』과 『죽음에 이르는 병』 등은 인간본성에 대한 심리학적 이해와 한계를 분명히 지적하고 있다. 실존적 불안은 단지 심리학적으로 충분히 설명할 수는 없지만 인간에 대한 심리학적 이해는 의미를 갖고 있다.

실존적 불안은 특정 대상과 관계된 증상 즉 불안신경증과 같은 심리학적 상태가 아니라 인간 삶에 깃들여져 있는 현상이다. 『불안의 개념』에서 실존적 불안은 물론 성(性)과도 연관되지만 자아를 찾고 형성할 수 있는 실존적 계기다. 실존적 불안은 사실 성(性)적으로 향락추구를 추동(推動)한다. 인간에게 감각적 만족추구를 부인할 수 없으나 키에르케고어에서 근원적 즐거움은 영원한 존재를 사모함이다.

감각적 만족추구의 끝에 찾아오는 권태, 허무, 분노는 향락생활이 인간본성의 근원적 욕구가 아님을 드러낸다. 키에르케고어에서 미적-쾌락추구의 결과로서 우수(憂愁)의 생활은 자아의 고유성을 잃어버리고 단지 수(數)의 하나로 전락한 모습이다. 빈스방거(Binswanger)는 불안에 대하여 키에르케고어에 빚지고 있음을 인

---

52) K. Nordentoft, *Kierkegaard's Psychology*, 1978. p. 22.
53) 쇠얀 키에르케고어 지음 임춘갑 옮김, 『불안의 개념』, 도서출판 치우, 2011. p. 70.

정하지만 신과 인간 사이의 존재론적 관계를 받아들이지는 않는다.[54)]

키에르케고어에서 도덕발달은 자아의 의지만으로 찾아질 수 없고 신과 단독자적 관계에서 가능하다. 그는 자존(自存)적 자기선택의 가능성 자체를 논박하기에 인간의 자기충족이나 자기분투의 도덕교육을 비판한다.[55)] 그는 인간의 삶과 고결한 성품의 현실적 가능성을 학문의 차원을 넘어 실제 현실에서 보았다. 도덕적으로 고양(高揚)된 삶은 '진리는 주체성' 이라는 종교 윤리적 해석을 통해 가능해진다.

인간은 자기상실의 불안에서 절망하여 자기의 힘만으로 자기가 되고자 하거나 혹은 더 이상 자기를 찾고자 하지 않는다. 키에르케고어에 의하면 인간은 하느님신앙을 통하여 불안을 극복하게 되고 도덕발달의 최고 단계로 향하게 된다. 이 단계에서 인간은 그가 만나는 모든 사건과 사람을 신과 관계하는 시각에서 바라보고 행동하게 된다. 종교적 생활과 윤리적 생활은 서로 긴밀히 관계하며 드러난다.

키에르케고어는 자신의 실제 삶에서 죄(罪)의 실존적 현상인 불안을 극복하고 용서에 대한 확신의 종교적 체험에서 '들의 백합과 공중의 새' 를 바라볼 수 있게 되었다. 그의 시각에서 실존적 성숙으로서 고결한 생활은 축복받은 삶의 확증이다. 그는 '진리는 주체성' 으로서 하나님과 신앙으로 관계했다. 그에게 인간 내면의 탐구는 단지 학문적 차원이 아니라 자기 자신에 대한 주체적 이해로서 인류 전체를 이해하는 길이다.

---

54) Ludwig Binswanger, ″Insanity as Life-Historical Phenomenon and as Mental Disease″ in Rollo May et. al, *Existence*, New York: Simon & Schuster, 1958. pp. 236, 297-298.

55) Kiderkegaard, *Entweder/ Oder*, (ü) E. Hiesch, Düsseldorf: Diederichs Verlag, 1982. p. 190.

윤리적 행동의 완성은 '네 이웃을 네 몸과 같이 사랑하라'는 구체적 명령이다. 현실에서 이웃이 자신과 전혀 다른 모습으로 다가올 때 더 강력한 이웃사랑을 요청받게 된다. 자신과 전혀 다르다고 느껴지는 타인과 관계하는 현실이 도덕발달의 최종적 능력 발휘가 요청되는 단계다. 이런 윤리적 능력 발휘는 영원한 존재와 영원히 같이하는 삶이기에 가능하다.

V. 영원을 사모(思慕)하는 도덕발달

1. 영원을 사모하는 마음
2. 영원한 축복과 도덕발달
3. 믿음의 근거 : 성육신(incarnation)
4. '진리는 주체성'으로서 도덕발달
5. 축복된 삶 : 고난(苦難)과 도덕발달
6. 윤리의 목적론적 정지
7. 신앙의 이중운동(double movement)
8. 영원의 사모(思慕)와 미래의식(意識)
9. 인간의 존엄과 미래윤리학

V. 영원을 사모(思慕)하는 도덕발달

1. 영원을 사모하는 마음

키에르케고어에서 영원한 존재와 관계하는 자아는 자기 자신과 우선 관계하고 나아가 타자와 관계하게 된다. 타자와 관계는 오늘날 물론 자연에까지 확장된다. 도덕교육자는 학습자와 관계하기 이전에 영원한 존재와 관계하기에 교사 이전에 자기 자신을 찾으며 살아간다. 효과적 도덕교육은 도덕이론의 전수(傳授)를 넘어서 윤리적 생활을 통한 전달이다.

영원을 사모하는 자아의 형성 즉 자기다움의 표현은 사회적 상호관계에서 도덕발달로 드러난다. 영원을 사모하는 본성에 근거한 자아는 자신의 고유한 사명을 의식하게 된다. 감각적 향락추구를 넘어서 미래를 깊이 생각하는 도덕교육은 인간을 전인격(全人格)적 측면에서 이해된다. 영원을 사모하는 자아의 형성은 도덕발달을 통해 타인들에게 객관적으로 전달된다.

우리는 자신에 대한 이해를 통해 타자 혹은 주위환경을 이해하게 된다. 키에르케고어에게 영원(永遠)을 사모(思慕)함이 인간의 가장 본질적 모습이다. 그에게 인간의 본성은 과학적 탐구의 대상을 넘어선다. 그는 실존적 공감(共感, existential sympathy) 즉 감정이입(感情移入, empathy), 동일시(同一視, identification)의 방법으로 자신과 타인을 통찰한다.

키에르케고어는 저자(著者)로서 타인들에게 알려지기보다는 독자(讀者)로서 자신의 내면성(內面性)을 견지하고자 한다. 그는 아이러니의 본래적 의미대로 영원한 존재 앞에서 자신을 부인(否認)함으로써 자신을 찾고자 했다. 추론과 논리가 무의미해서가 아니라 진리는 자신을 비우는 고결한 삶을 통해서 전달될 수 있기 때문이다.[1] 클리마쿠스(Climacus)라는 가명의 저자로 출판한『후서』도 자신을 저자라기보다도 독자로서 받아들인다.[2]

키에르케고어의 삶과 저술활동은 자아의 형성과 윤리적 삶을 드러내는 간접전달이었다. 그에게 영원을 사모하는 마음은 영원한 존재를 믿음으로 성취될 수 있다.『후서』에서는 자기의지(意志)적 윤리적 생활의 분투에 나타나는 우스운 결과가 그려진다.[3] 이런 결과는 개인이 자기 자신의 윤리적 생활을 정직하게 바라볼 때 나타나는 솔직한 현실이다.

키에르케고어는 주체적 신앙 없이 진리를 찾으려 했던 당시 덴마크 사회의 잘못된 상황을 지적했다. 성경의 객관적 진리는 주체자의 신앙이 있어야 각자에게 진리로 드러난다. 실존적 불안의 극복은『후서』에서 보듯이 지식의 양(量)을 더하는 수량(數量)적 접근을 넘어 신앙의 도약(leap of faith)으로 가능하다.[4] 신앙의 도약으로서 하느님 관계를 위해 자기를 포기하는 용기는 쉽게 얻어질 수 없는 시도다.

키에르케고어에서 그리스도신앙은 영원한 축복을 약속한다.[5] 영원한 축복을 추구하는 주체적 신앙이 같이 해야 삶의 불안을 극복할 수 있다.[6] 키에르케고어는 영원한 존재와 신앙의 관계에서 자

---

1) 임병덕 저,『教育方法으로서의 間接傳達』, 교육과학사. 1995.
2) M. Strawer, *Both/And: Reading Kierkegaard from Irony to Edification*, New York: Fordham University Press, 1997. p. 233.
3) Kierkegaard, *Concluding Unscientific Postscript*, 1992. p. 270.
4) Kierkegaard, *Concluding Unscientific Postscript*, 1992. p. 11.
5) Kierkegaard, *Concluding Unscientific Postscript*, 1992. p. 16.

기를 찾고자 했다. 자아에 대한 의식이 없으면 단지 여러 사람 중에 하나로서 다른 사람들이 살아가는 대로 살아간다. 자아의식이 활동하기 시작하면 외형적으로 볼 때 사회의 규범에 반(反)하듯이 살아가게 된다.

키에르케고어는 자신의 삶에 다가오는 시련과 도전에 대해 실존적으로 반응했다. 그는 자신의 삶을 영원을 사모하는 자의 '자기선택' 즉 자아의 형성으로 받아들인다. 자기선택은 실존적으로 미적 단계, 윤리적 단계, 종교적 단계를 거치며 성숙한다. 세 단계는 개인의 현실적 삶에서 예민하게 구분되지는 않는다. 향락의 추구에서도 영원한 존재에 대한 갈망이 있고 종교적 단계에서도 감각적 향락에 대한 미련이 있다.

실존의 첫 단계는 감각적 향락 즉 직접적 만족을 추구하는 『이것이냐 저것이냐 1』의 돈 죠바니의 모습에서 볼 수 있다.[7] 이런 생활은 영원을 사모하는 자기 자신으로부터 소외되어 절망하게 된다. 자신의 힘만으로 윤리생활의 추구는 자기능력의 한계에 스스로 웃게 된다. 영원한 존재를 그리워하는 종교적 영(靈)적 차원에 눈뜨면서 감각적 일시적 향락을 멀리하게 된다.

감각적 향락생활은 영원을 사모하는 영혼의 활동과 갈등을 느끼지만 윤리적 단계에선 이 둘 사이의 갈등이 없길 바란다. 윤리적 단계에서는 자신의 힘만으로 보편적 규범을 지키려고 하지만 실제로는 감각적 향락과 더불어 지내게 된다. 영혼의 활동이 영향력을 발휘하지 못할 때 감각적 향락이 작용하게 된다. 키에르케고어에서 영원한 삶의 축복을 사모하는 종교적 단계는 윤리적으로 검증되기에 종교 윤리적 단계라고 한다.

---

6) Kierkegaard, *Concluding Unscientific Postscript,* 1992. p. 26.
7) Kierkegaard, *Either/Or* V. 1. trans, D. Swenson and L. Swenson, Garden City: Anchor Books, 1959. p. 39.

키에르케고어는 끊임없이 자아를 찾으며 도덕적 성숙을 추구했다. 그는 자신을 찾는 삶을 다른 사람에게 윤리적 실천을 통해 전달하고자 했다. 그리스도신앙은 초월적 존재를 전제하지 않는 종교적 생활 즉 내재적(immanent) 종교성 A나 윤리적 생활을 부인하지 않는다. 자신의 의지만으로 윤리적 생활을 추구하는 윤리적 단계가 미적 단계를 부인하지 않는다. 또한 그리스도신앙이 미적 생활을 반드시 배척하지도 않는다.

헤겔철학에서 사변(思辨)적 종교철학은 세계 역사의 발전을 위해 개인은 소멸될 수도 있지만 키에르케고어에서 개인은 자기 삶의 책임적 존재다. 윤리적 영역과 종교적 영역 사이에서 윤리적 분투에도 불구하고 윤리적 생활을 못하는 우스운 상황인 '유머'를 본다.8) 실존의 성숙과 발전에서 윤리적 분투의 한계를 유머로서 받아들이는 시도다.9) 이런 시도는 영원하고 초월적 존재로서 그리스도를 받아들이는 주체적 신앙에 이르고자 한다.

삶에서 겪는 일들을 유머로써 대하는 마음은 우리가 윤리적으로 살지 못하는 현실을 받아들인다. 인간은 종국적으로 영원한 존재와 관계하는 내면(內面)의 존재다. 여기서 내면은 바깥 상황에 전혀 개의치 않겠다는 뜻이 아니다. 종교 윤리적 삶에서 그리스도와 내면의 개인적 관계가 우선 세워져야 도덕적 존재로서 외부적 상황도 개선할 수 있게 된다.

키에르케고어는 『후서』에서 세상을 종국적으로 주관하시는 하느님께 감사한다.10) 그는 자신이 영원한 하느님과 관계에서 늘 잘못할 수밖에 없음을 반복하여 고백한다.11) 이런 고백은 향락추구

---

8) Kierkegaard, *Concluding Unscientific Postscript*, trans. David F. Swenson and Walter Lowrie, Princeton University Press. 1941. p. 448.
9) Kierkegaard, *Concluding Unscientific Postscript*, 1992. p. 80.
10) Kierkegaard, *Concluding Unscientific Postscript*, 1992. p. 179.
11) Kierkegaard, *Either/Or*. trans. H. Hong and E. Hong, Princeton

와 윤리적 분투에서 보게 되는 아이러니와 유머를 넘어서 내면의 죄의식(罪意識)의 고백이다. 그는 이런 종교적 죄의식을 그리스도 신앙 바로 직전의 모습으로 본다.[12)]

프로타고라스(Protagoras)의 '인간은 만물의 척도다' (homo-mensura)라고 주장했다. 인간의 본성은 영원한 존재와 관계하지 않으면 자기 자신을 스스로 주체화하게 되며 인식에서 상대주의적 입장을 갖는다. 하느님은 무한히 주체적(infinitively subjective) 존재이기에 믿음의 관계도 반복적으로 주체적이어야 한다.[13)] 영원을 사모하는 마음은 영원한 존재와 우선 관계하고 자기 자신 및 타자와 관계한다.

키에르케고어에서 실존적 성숙으로서 미적, 윤리적, 종교적 발달은 믿음의 비약에 의해 성취되어 간다. 그의 심리학은 인간실존의 성숙과 도덕발달로 요약할 수 있다. 인간에 대한 임상심리학적 이해를 『인생의 여러 단계』, 『후서』, 『불안의 개념』, 『죽음에 이르는 병』 등에서 볼 수 있다. 인간은 타자와 관계하며 지내다가 영원한 존재를 만나며 홀로 나설 때 실존적 위기를 의식하게 된다.

키에르케고어에게 인간의 자기이해는 생각이나 이론을 넘어서 실존의 성숙으로 추구되었다. 『후서』에서 가명의 저자 클리마쿠스(Climacus)를 통해 키에르케고어는 인간의 삶을 각자의 예술로 보는 주체적 사상가로서 해석했다.[14)] 그는 주체적 사상가로서 실존적 사유(思惟)의 심리학적 실험을 『유혹자의 일기』에서 시도한다.[15)] 즉 인간의 사유는 실존의 깊이와 더불어 변형된다.

University Press, 1987. p. 386.

12) Kierkegaard, *Concluding Unscientific Postscript*, 1992. pp. 525-537.

13) Kierkegaard, *Concluding Unscientific Postscript*, 1941. p. 178.

14) Kierkegaard, *Concluding Unscientific Postscript*, 1941. p. 312.

15) 키에르케고어 저, 황문수 역, 해제: 황종환, 『유혹자의 일기』 올재 클라식스, 2013.

키에르케고어는 하느님을 주체적으로 믿으며 영원한 축복을 찾았다. 『후서』 에서 영원한 축복(eternal blessing)은 하느님에 대하여 모험을 감수하는 반복적 믿음을 통해 성취된다. 영원한 축복은 금생(今生)뿐만 아니라 미래에 성취될 수 있는 삶의 목적이다. 영원을 사모하는 마음을 본성적으로 지닌 사람이 금생(今生)뿐만 아니라 죽음 후 내세(來世)를 심려(深慮)하며 살아가려는 뜻은 지극히 자연스럽다.

아리스토텔레스는 『니코마크스 윤리학』 에서 행복(eudaimonia)을 영혼의 즐거움으로 여겨 인간에게 최고의 목표라고 생각한다. 그에게 행복은 인간본성과 걸맞은 명상(瞑想)적 생활에서 드러나는 덕스러운(virtuous) 행동과 관련되어 있다.16) 그는 덕을 포함하여 모든 노력을 행복에 존속(存續)시켰다. 이에 반해 칸트는 선의지(善意志)에서 보듯이 덕(德)을 무조건적으로 혹은 그 자체로 받아들인다. 즉 칸트에서는 행복도 최고의 선(善)인 덕(德)에 종속되어야 한다.

『후서』 에서 클리마쿠스(Climacus)는 아리스토텔레스에서 삶의 목적으로서 행복을 행복주의라고 보면서 비판한다. 또한 세계역사에 대한 객관적 이해를 꾀하고 이를 윤리적 해답이라고 간주하는 헤겔주의를 비판한다.17) 『후서』 의 전체사상에서 볼 수 있듯이 역사적 사실에 대한 객관적 이해나 철학적 탐구만으론 영원한 진리에 이를 수 없다.

현실적으로 영원한 축복에 대한 무한한 정열은 고귀한 성품으로 표현되며 도덕발달을 가져 온다. 키에르케고어에서 행복(덴마크어 salighed)은 자율적 의지적 결과이기보다 하느님의 축복이라는 뜻

---

16) Richard Mckeon, (ed.), *The Basic Works of Aristotle, Nicomachean Ethics,* New York: Random House, 1941. 1177a-78b.
17) Kierkegaard, *Concluding Unscientific Postscript,* 1992. p. 133.

에서 축복(bliss, blessedness)으로 번역됨이 낫다.[18] 이런 축복은 개인적 욕망이 영혼의 활동으로 심화되고 변형된 모습이다. 이렇게 영원한 축복은 인간의 언어 너머에 있다고 할 수 있다.

영원한 존재와 무한한 정열의 믿음으로 관계하는 그리스도신앙은 철학적 탐구를 넘어선다. 키에르케고어가 반복하듯이 도덕발달은 '나' 를 찾으면서 가능하다.[19] 그에게서 영원을 사모하는 마음의 표현인 도덕적 행동은 사회적 관습을 익히는 단계를 넘어서서 개인의 창조적 역할에서 드러난다. 그에게 영원한 존재인 하느님은 단지 도덕이론이 아니라 은혜와 사랑을 체험한 이들로부터 열정적 책임을 보려는 분이다.

도덕교육은 전달자와 학습자의 관계에서 도덕이론의 전수(傳授)를 넘어서 실제 삶을 통해 보여주며 가능해진다. 『후서』 에서 영원한 축복에서 이루어지는 자아의 형성은 지식의 점진(漸進)적 접근을 넘어서 영원한 존재를 신앙함으로써 가능하다. 영원한 하느님과 믿음으로 관계하는 생활은 독단적 주장이 될 수 없고 고결한 성품으로 표현된다. 『후서』에서 실존적 성숙으로서 자신을 찾아가는 삶은 도덕적 행위로 검증된다.[20]

실제생활을 통한 도덕교육은 이론적 교육보다 더 효과적이다. 도덕발달로 표현되는 자아의 형성은 마음의 평안을 체험하며 각자 특유의 영역에서 사회적 공헌을 가능하게 한다. 키에르케고어에서 글쓰기 즉 저술생활은 종교적 신앙체험의 객관적 표현이다. 자아의 성숙은 감각적 향락을 추구하는 미적 단계, 보편적 가치를 실

---

18) Abraham H. Kahn, *Salighed as Happiness?: Kierkegaard on the Concept Salighed,* Waterloo, Ontario: Wilfrid Laurier University Press, 1985. p. 90.

19) Kierkegaard, *Fear and Trembling,* 1983, p. 35.
쇠얀 키아케고어 저, 강학철 역, 『두려움과 떨림』, 민음사, 1991.

20) Kierkegaard, *Concluding Unscientific Postscript,* 1992. p. 518.

현하려는 윤리적 단계, 영원(永遠)을 사모하는 마음의 충족인 종교적 단계로 상승한다.

2. 영원한 축복과 도덕발달

과연 거룩하고 고결한 성품을 갖추는 도덕적 삶이 구체적 현실에서 가능할까? 키에르케고어는 영원한 축복을 바라보는 믿음에서 자신을 찾았다. 그리스도에 대한 신앙은 키에르케고어에게 인간이 도덕적으로 발달하는 현실적 근거다. 이런 신앙은 도덕적 분투나 이성(理性)만으로는 파악되지 않지만 결국은 이성과 도덕으로 객관화된다. '진리는 주체성' 즉 영원한 존재와 인격적 관계는 보편적 규범을 넘어서지만 결국은 도덕발달을 통해 자아와 사회를 고양(高揚)시킨다.[21]

인간에게 자연스러운 모습은 내면의 원망(願望)인 영원을 사모(思慕)하는 마음의 체험이다. 『후서』에서 영원한 축복을 깊이 생각하면서 현실생활에서 도덕적 발달이 모색된다.[22] 키에르케고어는 그리스도와 믿음의 관계에서 주체적으로 살면서 도덕적 삶을 살고자 했다. 그는 영원한 존재이면서도 시·공간적으로 제한된 세상에 온 그리스도와 믿음의 관계에서 자아를 형성한다.

자아의 형성은 실존적 성숙에 따라 깊어진다.[23] 첫 단계는 일시적 향락추구에서 삶의 즐거움을 찾는다. '매일 매일을 즐겨라' 라는 목적으로 일시적 향락에 따라 변화하며 지속성이 없는 생활을 한다. 개인의 영혼을 돌보기보다는 감각적 즐거움을 따라 살며 과

---

21) 정창우, "사회정서학습의 이론 체계와 도덕교육적 함의", 『道德倫理科教育)』, 제38호, 2013. pp. 1-20.

22) Kierkegaard, *Concluding Unscientific Postscript*, 1992. p. 385.

23) Kierkegaard, *Concluding Unscientific Postscript*, 1944. p. 448.

도한 소비의 만족추구는 자아를 형성할 수 없다. 향락추구는 만족의 대상이 외부에 있기에 의존적 성격이 된다.

향락추구의 의존적 성격은 해소(解消) 못한 분노를 생성하고 우울, 권태, 따분함을 가져온다. 이런 기분을 해소하려는 일시적 향락추구는 더 힘든 심리적 갈등을 가져오는 악순환이 된다. 직접적 향락추구에는 자아가 주어진 환경과 대상에 의해 함몰(陷沒)된다. 삶의 만족을 외부에서만 찾기에 '함께 안다' 라는 의식(consciousness)이 형성되지 못하고 절망하게 된다. 이런 절망은 내면의 자아에 눈뜨는 계기가 될 수도 있다.

감각적 향락추구의 따분한 결과는 주어진 현실에 대한 절망이기보다는 자기 자신에 대한 절망이다. 외부적 조건에서 즐거움을 찾는 시도는 자기중심적이고 타자와 의사소통이 없으므로 인간본성에 걸맞지 않다. 감각적 향락에 얽매인 생활에는 '나는 누구인가?' 라는 자아의식이 아직 형성되지 못하고 있다. 자아의식이 시작되면 환경의식을 포함하여 상호관계에 눈을 뜨게 된다.

향락추구의 권태와 허무를 극복하며 '나' 에 눈을 뜨면서 역사와 문화형성의 생활을 하고자 한다. 비로소 자아에 대한 물음 즉 '나는 누구이며 어떻게 나를 찾을까?' 라는 질문을 하게 된다. 또한 인간이 사회 속에서 실현하려는 보편적 가치를 자각한다. 윤리적 단계에서는 개인의 이상(理想)을 실현하고자 하나 실제로 윤리적이지 못한 자신을 정직하게 고백하게 된다.

키에르케고어는 전 생애를 통해 하느님 앞에 주체적 신앙으로 홀로 서며 자신을 찾고자 했다. 그는 헤겔(Hegel) 철학에서 보듯이 자기를 강화(强化)함으로써 자신을 찾지 않는다. 『후서』는 한 개인이 실존적으로 성숙하면서 종국에는 그리스도와 믿음의 관계에서 살면서 자기 자신을 찾는 과정으로 해석된다. 인간은 자존(自存)적으로는 진리를 발견할 수 없고 영원을 사모하는 본성에 걸맞게 찾을 수 있다.

키에르케고어는 『후서』에서 '진리는 주체성'이라면서 영원한 존재이면서도 모순되게 시공간적으로 제한된 세상에 온 즉 성육신의 그리스도와 관계에서 자기 자신을 찾는다. 영원한 하느님과 관계에서 자신을 찾고자 했던 키에르케고어에게 죄(罪)는 하느님과 관계의 단절이다. 하느님과 신앙의 관계는 죄를 극복한다.

하느님을 주체적 정열을 통해 신앙함으로써 자아를 찾아간다는 키에르케고어의 시각에서 누구나 진정으로 평등하다. 영원을 사모하는 본성을 지닌 개인이 영원한 존재인 하느님과 관계하는 종교 윤리적 단계의 소명(召命)은 고결한 성품으로 표현된다. 영원한 존재에 대해 개인은 주체적 정열을 갖지만 주체와 객체의 완전한 일치 즉 하느님과 인간의 합일(合一)은 있을 수 없다.

키에르케고어에게 영원한 축복은 내면의 관계이면서 시간 속에서 실존적 선택을 해야 하는 변증법적 성격을 갖는다. 즉 영원한 축복에 대한 종교적 열정은 하느님을 단지 찬양만 하지 않고 생활에서 윤리적 변화를 가져 온다. 개인이 외부의 대상에만 매달리면 미적 열정이 되지만 자아의 형성과 도덕발달을 깊이 생각하면 종교 윤리적 열정이 된다.

영원한 축복을 추구하는 종교적 행위는 그 결과뿐만 아니라 윤리적 행위의 선택 자체가 중요한 의미를 지닌다.[24] 영원한 축복을 삶의 최고의 목표로 삼으면 절대적 목적에는 절대적으로 헌신하며 상대적 대상과는 상대적으로 관계하게 된다. 유한과 무한의 결합으로 존재하는 개인에게 종교적 삶은 윤리적 성취를 가져 온다.[25]

키에르케고어 당시나 우리 세대나 사람들은 향락의 추구나 타인

---

24) 황종환, "키에르케고어(Kierkegaard)의 『사랑의 역사』의 종교 윤리적 함의", 고려대학교 철학연구소, 『철학연구』, 47집, 2013. p. 135.
25) Kierkegaard, *Concluding Unscientific Postscript*, 1941. p. 350.

의 인정(認定)에만 매달리면 실존의 내면화(the inwardness of existence, Existents-Inderlighed)를 등한시한다. 인간이 영원한 축복에 관계하는 자신의 존엄의식이 없을 때 일시적 감각적 향락에 자신을 맡기게 된다. 키에르케고어는 하느님 앞에 홀로 서서 자신에게 정직하게 영원한 축복을 추구했다.

영원한 축복을 동경하는 중에 자신의 존엄의식을 지닌 개인은 앞으로 나아가기 위해 과거를 돌아본다. 성경의 바울은 영원한 축복을 바라보고 이 세상의 고난을 견디었다(고린도전서 15:19, 고린도후서 11:23). 이런 생활은 영지(靈智)주의(gnosticism)나 신플라톤주의에서 보듯이 이 세상에서 벗어나고자 하거나 헤겔에서 보듯이 시민생활에서 자신의 정체성을 찾지 않는다.

누구도 타인의 삶을 대신 살 수 없다. 『후서』에서 도덕발달은 단지 도덕이론의 습득이 아니라 영원한 존재와 주체적 관계를 통해 구체적 현실에서 이루어진다. 키에르케고어 시각에서 정교한 신학이나 관념적 철학은 인간의 구체적 실존을 설명하지 못한다. 그에게서 도덕발달은 하느님과 실존적으로 교제하는 축복된 생활의 표현이다.

3. 믿음의 근거 : 성육신(成肉身, incarnation)

그리스도신앙에서 그리스도는 영원한 존재로서 이 땅에 온 분으로 믿는다. 즉 영원한 존재가 몸을 입고 이 세상에 온 성육신 신앙이다. 성육신 신앙은 실존적 성숙과 윤리적 매력의 완성이다. 키에르케고어의 『후서』에서 진리는 주체성이다. 그에게 진리는 단지 교리체계가 아니라 마땅히 살아야 되는 삶이다. '진리는 주체성' 에서 주체성(subjectivity)은 자신이 진리라고 믿기에 주장하는 주체주의(subjectivism)가 아니다. 주체성은 진리를 발견해 가며 자아를 형성하는 모험과 신앙의 길이다.

자아의 형성은 주위환경과 새로운 관계를 만들며 가능의 세계를 현실로 만든다. 자아의 형성은 영원한 존재와 관계에서 자아의 선택을 통해 이루어진다.[26] 영원한 존재를 사모하는 자아의 선택은 번영하는 현실을 보는 심리적 만족도 준다.[27] 단지 감각적 향락을 추구하는 생활은 성취를 위한 끈질긴 노력과 성취의 기쁨을 모른다. 현대인은 타인과 비교하며 자기 자신을 찾지 못하고 비생산적 갈등을 겪고 있다.

인간본성에 근거한 행위는 사회관계에서 선(善)한 도덕적 행동으로 드러난다. 『후서』에서 보듯이 정열을 지닌 주체적 사상가라야 자신을 찾아가는 삶이 고결한 성품으로 검증된다.[28] 인간본성을 찾는 고결한 성품의 사람이 타자의 뛰어남을 싫어하는 사람들에게 '거리끼게' 하는 대상이 될 수 있다. 사람이 고난을 겪기 위해 세상에 온 것은 아니지만 그리스도를 증언하는 삶에는 고난이 따른다.

하느님은 영(靈, Spirit)이기에 인간은 주체적이고 내면적으로 관계해야 한다. 하느님은 존엄한 존재로서 각자에게 절대적 관계를 요청한다. 하느님과 인간의 관계에서 자신을 찾고자 했던 키에르케고어에게 이런 관계의 단절이 죄(罪)다. 고결한 성품으로 드러나는 도덕적 매력은 감각적 만족추구를 넘어서 영원한 존재에 대한 신앙의 표현이다.

키에르케고어에서 하느님 앞의 가장 겸손한 모습은 인간답고 자

---

26) Kierkegaard, *Either/Or, II*, trans. W. Lowrie, Garden City: Anchor Books. 1959. pp. 229-30.
27) B. Williams, Persons, "Characters and Morality", in his *Moral Luck*, Cambridge: Cambridge University Press, 1981. p. 13.
28) Kierkegaard, *Concluding Unscientific Postscript*, 1992. p. 349.

기다운 생활이며 자아의 형성은 반복적 과정이다. 영원한 존재와 관계하지 않고 사회적 관습에 의존하며 이상적 관계를 추구할 때 실존적으로 절망할 수밖에 없다.[29] 자아의 내면(內面)은 현실세계에서 개념적 차원을 넘어서 타자와 관계한다. 내면의 주체적 행위는 우선 자기 자신과 관계한다.[30]

키에르케고어의 결정적 관심은 자신을 고결하게 만드는 도덕적 진리다. 그에게 윤리적 생활은 단지 욕망의 금제(禁制)가 아니라 하느님과 관계에서 얻은 축복된 생활의 표현이다. 자율적 의지에 의존하는 윤리적 분투만으론 자기다움을 표현하는 즐거움을 주지 못한다. 『두려움과 떨림』의 '윤리적인 것의 목적론적 정지' 에서 보듯이 영원한 존재를 신앙할 때 윤리적 행동이 가능해진다.[31]

4. '진리는 주체성'으로서 도덕발달

키에르케고어에게 영원한 존재와 관계에서 자아의 표현은 그에게 주어진 사명이었다. 그는 정열이 동반된 헌신적 생활과 단지 객관적 관찰만 추구하는 태도를 구분한다. 특별히 종교-윤리적 인식에서 주체적 참여가 동반되어야 인식과 윤리가 더불어 갈 수 있다. 실존철학자로서 키에르케고어에서 인식은 윤리와 함께 하기에 독일관념론을 대표하는 헤겔 비판이 이해된다.

키에르케고어는 영원한 축복을 바라보는 믿음에서 자신을 찾았다. 그에게 그리스도신앙은 도덕적으로 발달하는 현실적 근거가 된다. 『후서』에서 도덕발달은 단지 도덕이론의 습득을 넘어 영원한 존재와 주체적 관계를 통해 이루어진다. 『후서』는 한 개인이

29) Kierkegaard, *The Sickness unto Death*, 1980. p. 33.
30) Kierkegaard, *Concluding Unscientific Postscript*, 1992. p. 181.
31) Kierkegaard, *Fear and Trembling*, 1983. p. 35.

실존적으로 성숙하면서 종국에는 그리스도와 믿음의 관계에서 살면서 자기 자신을 찾는 과정으로 해석된다.

영원한 존재와 인격적 관계는 보편적 규범을 넘어서지만 도덕발달을 통해 사회를 결국 고양시킨다.[32] 키에르케고어는 하느님과 관계에서 영원을 사모하는 마음의 성취를 믿으며 투명한 생활을 추구했다. 그에게 진리는 자기 자신에서 연원하지 않고 영원한 존재인 하느님과 주체적 관계에 근거한다. 그는 하느님의 사랑에 대한 주체적 신뢰와 투명한 관계를 통해 자신을 찾았다.

사회적으로 재가(裁可)된 행동을 할 때 흔히 도덕적이라고 한다. 사회적으로 재가된 보편적 규범이 과연 '늘 도덕적으로 바람직한 행위인가?' 라는 질문이 제기된다. 도덕발달의 행동주의적 접근(behavioristic approach)에서 사람은 중립적으로 태어난다고 주장한다.[33] 이런 접근은 인간행동의 선천적(先天的, a priori) 전제를 받아들이지 않으며 사회적 요구가 초점이다. 이런 주장은 초월자와 관계에서 자율적 도덕발달을 믿는 키에르케고어의 아이러니한 시각을 받아들이지 않는다.

『들의 백합 공중의 새』는 하느님의 무조건적 은혜의 사랑으로 용서받은 키에르케고어 자신의 고백이다. 그는 하느님 안에서 자기 자신과 관계할 뿐만 아니라 다른 사람, 나아가 자연과 관계한다.[34] 그에게 도덕교육은 축복된 생활의 객관적 검증이다. 이렇게 도덕교육은 교과교과목 중 하나를 넘어 평생 자기 자신을 선택하고 형성하는 과정이다.

브룬(S. Bruun)에 의하면 키에르케고어의 강화집(講話輯)은 개

---

32) 정창우, "사회정서학습의 이론 체계와 도덕교육적 함의", 『道德倫理科教育)』, 제38호, 2013. pp. 1-20.

33) B. Clouse, *Moral Development*, 1985. p. 20.

34) 키에르케고어 저, 표재명 역, 『들의 백합 공중의 새』, 1999. p. 146.

인의 내면화(內面化)된 변증법이다.[35] 아이러니가 겉으로 드러난 바의 반대를 뜻한다면 브룬은 인간의 한계와 연약함을 종교적 생활로 제시한다. 인간의 한계와 연약함을 통해 『후서』는 인간의 본성을 기술한다. 『후서』에서 독자들은 계시는 신비로움을 통해, 영원한 축복은 고난을 통해, 신앙의 확실성은 불확실성을 통해, 진리는 부조리를 통해 드러남을 보게 된다.[36]

키에르케고어는 하느님과 인간의 관계에서 진리를 주체적으로 찾는 과정을 『후서』에서 풍자적으로 표현한다.[37] 기독교세계에서 사는 사람이 하느님에 대한 바른 개념과 지식을 갖고 하느님의 집에서 기도하지만 주체적 간절함이 없이 기도하면 그 신앙은 옳지 못하다. 한편 하느님에 대한 그릇된 이해, 나아가 우상을 섬기는 모임에서라도 하느님에게 무한한 열정으로 기도한다면 바른 신앙이 된다.[38]

하느님 관계에서 자기나 타인 의존을 포기하는 과정은 지난(至難)한 고난(苦難)을 요구한다. 하느님과 신앙의 관계는 직접적 향락을 포기하거나 상대화한다. 마치 감각적 향락을 추구하는 사람이 자신의 욕망충족을 은밀히 숨기듯이 종교적 사람은 세상의 감각적 향락에서 벗어나기 위한 시도를 은밀히 지속하게 된다.

키에르케고어는 자아의 정체성을 형성하여 다른 사람에게 전달하고자 하는 고결한 삶을 실제로 살고자 하였다. 그는 『후서』에서 지식의 점진적 진보를 통해 인간영혼을 이해하려는 입장을 받아들이지 않는다. 그는 이런 입장을 인간자율성에 대한 묵계(默契)

---

35) S. Bruun, "The Concept of 'The Edifying' in Søren Kierkegaard's Authorship", in ed. by Schulz, H. Stewart, J., Verstrynge, K., *Kierkegaard Studies Yearbook*, Berlin: Walter de Gruyter, 1997. pp. 228-252.
36) Kierkegaard, *Concluding Unscientific Postscript*, 1992. p. 432.
37) Kierkegaard, *Concluding Unscientific Postscript*, 1992. p. 179.
38) Kierkegaard, *Concluding Unscientific Postscript*, 1992. pp. 179-180.

적 신뢰라고 본다. 그에게서 자신을 찾아나서는 그리스도신앙은 자율적 도덕교육의 한계를 극복한다.

키에르케고어는 학문 활동이나 과학적 추구 자체를 비판하지 않았으나 윤리적 생활이 동반된 인식을 추구했다.[39] 그에게는 아무리 정교한 논리적 체계도 우리의 현실적 삶을 표현할 수 없다.[40] 그는 특정 개인의 인격적 됨됨이와 학문 활동을 구분하여 볼 수 없었다. 누구도 자신의 독특한 인격에서 벗어나 관념적으로 형이상학을 구축하거나 단지 객관적으로 삶의 현실을 이해할 수 없다.

주체적 실존에 대해 생각할 수 있지만 실존 그 자체를 논리적으로 생각해낼 수는 없다. 우리는 인간이기에 윤리적 성숙은 학문적 활동보다 우선한다. 키에르케고어는 실존적 현실을 논리나 학문으로 체계화할 수 있는 대상으로 생각할 수 없었다. 우리는 끊임없이 절망과 불안을 극복하며 실존적 결단을 통해 새로운 현실로 나아갈 뿐이다.

우리가 현실을 논리와 동일시하면 구체적이고 경험적 현실이 아닌 추상적 자기정체성을 갖게 된다.[41] 우리는 자기 자신의 한계 속에서 살아갈 뿐이며 전능한 하느님만이 전체를 볼 수 있다. 누구도 마치 하느님의 객관적 시각에서 보려는 시도를 할 수 없다. 실존적 현실을 단지 사유로 환원하면 공허한 자기 자신을 발견하게 된다.

영원한 존재를 믿는 생활은 어느 주장에 대응하는 일정한 결론이 아니라 회의를 배척하려는 의지적 결단이다.[42] 믿음의 의지적 결단은 구체적 생활에서 도덕적 행위를 통해 자신을 변증한다. 물론 키에르케고어에서 실존적 믿음은 유일하게 확실한 하느님과 관

---

39) Kierkegaard, *Concluding Unscientific Postscript*, 1992. p. 127.
40) Kierkegaard, *Concluding Unscientific Postscript*, 1992. p. 99.
41) Kierkegaard, *Concluding Unscientific Postscript*, 1992. p. 170.
42) Kierkegaard, *Philosophical Fragments*, 1985. p. 84.

계다. 객관적 입장을 추구하는 지식도 개인의 실존적 참여를 통해 출발한다. 우리는 주위 상황을 단지 객관적으로만 관찰하지 않고 윤리적 생활로서 실존적 참여를 요구받고 있다.

『후서』에서는 기독교에 대한 객관적 진리 여부(與否)의 논의보다는 자아(自我)의 주체적 관심과 행위가 문제시된다. 누구도 기독교에 대한 객관적 진리를 온전히 체계화할 수 없다. 그리스도 신앙의 진리는 각 개인이 객관적 진리를 깊이 숙고하는 데에서 나아가 진리에 걸맞은 삶을 원한다. 즉 열정을 갖고 신앙의 비약을 함으로써 도덕적 의사소통을 요구한다. 여기에서 열정은 자신의 영원한 축복에 대한 관심이다.

영원을 사모하는 인간의 본성은 바람직한 미래를 기대하며 살아간다. 그러므로 키에르케고어의 삶과 사상은 도덕교육적 이해와 호소력을 갖는다. 도덕적 행위는 인간이 미래에 대한 책임을 수행하며 산다는 의미다.[43] 『후서』의 영원한 축복은 하느님에 대하여 모험을 감수하는 믿음의 비약(leap of faith)을 통해 금생(今生)뿐만 아니라 내세(來世)에 성취될 삶을 목적한다.

『후서』에서 그리스도 안에서 누리는 영원한 축복은 무한히 근접시키는 객관적 지식이 아니라 주체적 신앙을 통해서 가능하다. 키에르케고어에게 진리를 변증하는 삶에 동반되는 고난은 궁극적 물음을 해결하는 데에서 자신의 이성(理性)을 포기하는 생활이다. 그런데 그의 삶에서 볼 때 그리스도와 신앙의 관계는 윤리적 삶으로 결국 검증된다. 이렇게 자기를 찾는 과정의 객관적 검증이 도덕적 생활이다.

영원한 축복을 바라보며 자아를 형성하지 않는 한 역사적 지식의 축적은 진리에로 끊임없이 접근할 수는 있지만 진리일 수는 없다.

---

43) D. Birnbacher, *Verantwortung für zukünftige Generationen*, Reclam, Ditzingen. 1988.

이런 시도는 윤리적 생활을 위해 끊임없이 분투하지만 현실적으로 윤리적 생활을 할 수 없는 현실이다. 키에르케고어에게 성육신의 그리스도가 이 땅에 오심은 역사적 사실이지만 이는 이성(理性)적으로 충분히 이해될 수 없고 신앙의 역설을 요구하는 사건이다.

키에르케고어 이후 독일과 북유럽의 자유주의신학은 『후서』의 주체성을 인간중심주의로 받아들였지만 이는 본래 『후서』의 의도와 다르다. 일부 실존주의자들은 키에르케고어에서 주체성을 일방적으로 받아들여 인간의 가능성을 지나치게 낙관적으로 이해한다. 하지만 『후서』에서 '진리는 주체성' 은 크리스천이 되는 과정과 도덕적 성숙으로 받아들여진다.[44)]

크리스텐슨(Christensen)은 『후서』의 내용적 주제는 '어떻게 크리스천이 될 수 있는가?' 라고 한다.[45)] 개인은 신앙의 비약을 통해서만 하느님과 관계를 맺을 수 있다면 어떤 철학적 사변(思辨)도 자기 자신을 찾게 할 수 없다. 키에르케고어는 단지 사고(思考)가 아니라 윤리적 삶을 통해 진리를 변증한다.

현실적 삶에서 고난(苦難)으로 표현되는 그리스도와 신앙의 교제는 비(非)진리의 다수 군중과 더불어 영합(迎合)하며 지낼 수 없다. 인간이 그리스도와 신앙으로 관계하며 자기 자신을 찾아가는 과정은 개인의 사유(思惟) 아래 종속될 수 없다. 키에르케고어에서 개인은 그리스도와 내면적 관계를 통해 자기 자신을 강화시킨다.

하느님과 주체적 관계를 가질 때 '진리는 주체성' 이지만 이런 관계없이 죄 안에서 주체성은 비(非)진리가 된다. 그리스도와 죄 아래 인간은 전적으로 다른 존재이기에 생각이 아니라 신앙으로

---

44) Niels Thulstrup, *Commentary on Kierkegaard's, Concluding Unscientific Postscript*, trans, Robert J. Widenmann, Princeton University Press. 1984. p. 135.

45) N. Thulstrup, *Commentary on Kierkegaard's Concluding Unscientific Postscript*, 1984. p. 125.

관계를 맺을 수 있다.[46] 철학이 상이한 존재 사이의 중재(仲裁, mediation)를 추구한다면 그리스도신앙은 하느님과 인간 사이의 한계를 신앙의 역설(逆說, paradox)로 극복한다.

영원한 하느님과 실존적 관계를 맺으면 개인의 사유와 관심이 서로 현실적으로 작용하고 자기 자신을 더욱 찾게 된다. 키에르케고어는 『후서』에서 기독교 진리에 대한 단지 학문적 이해가 아니라 주체적 사상가로서 실존적 관계를 다룬다. 하느님으로부터 주어진 각자의 실존적 특징은 어떤 철학적 체계로도 설명될 수 없고 자신만의 고유한 문제를 타인이 풀어줄 수도 없다.

자신의 주장에 걸맞은 윤리적 덕목을 요구하지 않는 소피스트와 달리 소크라테스는 자신의 가르침과 윤리적 삶을 일치시키고자 했다. 키에르케고어는 인간본성에 따른 문화의 창조를 넘어 자신의 존재를 영원한 행복의 시각에서 본다. 그는 하느님 앞에서 자신을 외톨이로 보며 삶을 금생(今生)뿐만 아니라 내세(來世)의 영원한 축복으로 받아들인다. 그에게 그리스도와 신앙의 관계는 보편적 윤리보다 우선한다.[47]

자유사상가 슈트라우스(D. Strauss)는 기독교를 단지 신화(神話)로 보지만 키에르케고어는 『후서』 끝 부분에서 세상을 주관하시는 하느님께 감사한다. 그리스도를 증언하는 삶에 고난이 따르지만 사람이 고난을 겪기 위해 이 땅에 온 것도 아니고 고난에서 벗어남이 삶의 목적도 아니다. 진리에 대해 주체적으로 관계한다면 그 누구도 자기 자신의 윤리적 삶을 대신 살아줄 수 없다.

---

46) N. Thulstrup, *Commentary on Kierkegaard's Concluding Unscientific Postscript*, 1984. p. 169.

47) Kierkegaard, *Fear and Trembling*, 1983. p. 35.

5. 축복된 삶 : 고난(苦難)과 도덕발달

영원한 축복은 고난(苦難)과 불가분리 결합되어 있다. 재능이 뛰어난 사람이 있는가 하면 남다른 고난의 삶으로 다른 사람과 구분되는 사람이 있다. 인간은 영원한 축복에 대한 믿음에 의해 타인의 시선을 넘어서서 자기 자신의 내면과 관계하며 살아간다. 보편적 종교성에 근거하는 종교적 단계 A는 내면(內面)의 세계로 살아간다. 단지 내면은 지극히 영광된 분으로서 비천(卑賤)했던 그리스도와 신앙의 절대적 역설(逆說)관계를 갖지는 못한다.48)

영원한 축복을 추구하는 종교적 단계 B의 실존에서 고난은 삶의 표지가 된다. 또한 신앙의 확실성은 실존적 불확실성과 긴밀히 연관된다.49) 키에르케고어에서 윤리적 삶과 도덕교육은 신과 단독자적 관계인 종교적 단계 B에서 현실적으로 가능하다. 그러므로 도덕교육은 타인에 대한 이론교육에 앞서 자신의 삶에서 윤리를 실천하는 자기교육이다.

그리스도신앙은 단순히 객관적 지식체계로 설명될 수 없고 각 개인의 주체적 관계로 받아들여진다. 철학사에서 키에르케고어는 독일관념론의 비판자로 기술된다. 그런데 그의 사상의 핵심은 하느님이 인간에 대한 실존적 관계에서 솔선(率先)적으로 활동한다는 점이다.50) 이는 인간의 자율적 도덕교육에 대한 간접적 비판으로 볼 수 있다.

하느님과 관계하는 생활의 높은 도덕성은 주위사람들을 거리끼게 한다. 영원한 축복을 추구하는 신앙의 생활은 윤리적으로 고양

---

48) 표재명, 『사랑과 영혼의 철학자 키에르케고어를 만나다』, 2012. p. 135.
49) N. Thulstrup. *Commentary on Kierkegaard's, Concluding Unscientific Postscript,* 1984. p. 348. 400. 402.
50) Hwang, JongHwan, *Ökologische Gerechtigkeit.* 2004. p. 146.

(高揚)된 영향을 사회에 드러내기에 주위에서 '거리낌과 질투' 의 대상이 되는 영적 시련(spiritual trial)을 겪게 된다. 이런 시련의 생활은 하느님 앞에서 자기 자신이 아무 것도 아님을 알아가는 고난의 축복을 체험한다.

그리스도신앙에는 인간의 실존적 고난을 동정(同情)하는 주체적 정열이 나타난다. 신앙의 역설은 개인의 주체적 결단이지 그 누구도 직접적 방법으로 전달할 수 없다. 키에르케고어에서 인간은 자신의 힘만으론 최선을 다해 진력(盡力)하여도 자아의 형성을 성취할 수 없는 존재다. 하느님에 대한 관계를 잊은 개인들은 서로 상대에 불안을 갖게 된다.

키에르케고어에서 주체적 정열은 독단(獨斷)이 아니라 타인에게 영향을 미치는 도덕적 생활로 객관화되어 나타난다.[51] 종교적 실존은 감각적 직접적 향락에서 벗어나는 고난을 통하여 하느님 앞에서 영원한 축복의 신앙생활을 할 수 있게 된다. 하느님 앞에서 영원한 축복을 추구하는 종교적 실존은 도덕적 행동의 매력을 드러낸다.

그리스도신앙에서 진리인 그리스도는 사람들로부터 이해(理解)받으려고 이 세상에 오지 않았다. 그리스도는 영원한 분으로서 시공간 안에 온 역설(逆說)적 존재로서 따르는 이들로부터 오히려 신앙의 증언(證言)을 듣고자 한다. 키에르케고어는 그리스도에 대한 지식의 축적(蓄積)이 아니라 신앙 안에서 영원한 축복을 성취하고자 했다. 그리스도가 단지 지식이나 문화의 축적으로 더 잘 알려질 수 있다면 2,000년 지난 지금 훨씬 이해하기 쉬울 것이다.

---

51) N. Thulstrup. *Commentary on Kierkegaard's, Concluding Unscientific Postscript*, 1984. p. 263.
Kierkegaard, *Søren Kierkegaards Papirer*. trans, N. Thulstrup, Copenhagen: Gyldendal, 1968. Pap. X2 A299.
Kierkegaard, *Søren Kierkegaard's Journals and Papers*, ed. and trans, H. Hong and E. Hong, Bloomington: Indiana University Press. 1967. JP IV 4450.

『후서』에서는 영원한 축복을 깊이 생각하면서 현실생활에서 도덕적으로 발달할 수 있는 길이 모색된다.[52] 『후서』는 한 개인이 그리스도와 믿음의 관계에서 주체적으로 살면서 자기 자신을 찾아가는 윤리적 과정으로 해석된다. 키에르케고어는 『후서』에서 '진리는 주체성' 이라면서 영원한 존재이면서도 모순되게 시공간적으로 제한된 세상에 온 그리스도와 관계에서 자기 자신을 찾는다.

그리스도신앙은 키에르케고어에게 인간이 도덕적 존재가 되는 현실적 근거가 된다. 그리스도와 주체적 내면화를 통해 삶의 현실에서 도덕적으로 심화시키는 방법을 『후서』에서 볼 수 있다. '진리는 주체성' 은 기존의 보편적 규범이나 사회적 감정을 벗어나지만 결국은 사회를 오히려 고양시키는 도덕적 행위를 나타낸다.[53]

키에르케고어에서 삶의 최고의 목표는 영원한 하느님 앞의 정직한 삶이다. 그가 소명으로 받아들인 저술활동도 독자들이 새로운 정보나 지식을 취득함이 아니라 고결하고 도덕적 성품을 얻기 위함이다. 진리는 개인을 고결한 성품을 통해 객관적으로 검증하기에 독단이나 맹목일 수 없다.[54] 키에르케고어에서 고결한 성품으로 드러나는 그리스도신앙은 초월적 관계뿐만 아니라 구체적 활동에서 윤리적으로 표현된다.[55]

하느님 앞에서 키에르케고어는 자기 자신임에 만족하고 세계를 지배하는 대신에 자기 자신을 다스리고 만족하는 일을 배우고자 했다. 그는 감격하는 단독자로서 하느님을 사랑하고 믿고 바라며 자신을 찾고자 했다. 그는 자기를 찾아가는 과정과 긴밀히 연관된

---

52) Kierkegaard, *Concluding Unscientific Postscript*, 1941.
53) 정창우, "사회정서학습의 이론 체계와 도덕교육적 함의", 『道德倫理科敎育)』, 제38호, 2013. pp. 1-20.
54) Kierkegaard, *Either/Or*. V. 2. Trans. W. Lowrie, Princeton University Press, 1959. p. 356.
55) Kierkegaard, *Concluding Unscientific Postscript*, 1941. p. 229.

이웃사랑의 실천으로 새로운 공동체를 추구했다. 모든 사람이 이웃을 자기 자신같이 진실로 사랑한다면 그때에는 완전한 인간평등을 바라보게 된다.

키에르케고어에게 단독자의 개념은 당시의 정치사회적 상황과 밀접한 관계를 갖는다. 그에게 자아의 형성은 새로운 공동체의 형성을 지향하는 미래의 관점이었다. 사회나 공동체의 이념은 자아의 발달이 올바로 이루어지기 위해 필요한 부정(否定)적 계기다. 사회이념은 그 추상성에 의해 개인이 단련되어 종교적으로 자기 자신을 구체적으로 획득하는 계기가 될 수 있다.

영원한 존재와 영혼의 활동을 추구하는 바에 따라 인간은 실존적으로 끊임없이 새로운 운동을 추구하게 된다. 소크라테스의 대화에서 타자와 관계는 자기 자신의 인식과정이었듯이 타자도 자기 자신을 찾길 바랐다. 『후서』의 가명(假名)의 저작자 클리마쿠스(Climacus)도 실존적 결단을 직접적 방법으로 가르치거나 배울 수 없음을 암시한다.

키에르케고어에서 개인은 타자와 관계만으론 자기 자신을 찾을 수 없다. 그에게 타자와 관계를 가능하게 하는 자아는 영원한 존재와 관계에서 찾아진다. 영원을 사모하는 인간은 영원한 존재와 본성적으로 관계하려고 한다.

키에르케고어에서 자기 자신을 알아가는 자기 자신에 대한 윤리적 책임은 소크라테스의 단계를 넘어서 영원한 존재 즉 하느님신앙에 근거한다. 자신의 존엄을 의식하는 도덕적 생활은 역설적으로 자신의 이익을 상대화시키며 타자와 관계하고 미래를 설계한다. 인간의 존엄의식의 표현으로서 도덕교육은 타자의 존재를 그 자체로서 전제하고 받아들인다.

키에르케고어는 영원한 존재와 관계를 맺으면서 자기 자신을 찾고자 했다. 자기 자신에 대한 관계가 분명할 때 감각적 향락을 추구하는 생활에서 보듯 쾌락의 끝에 찾아오는 권태와 허무의 아이러니한 생활을 극복할 수 있다. 쾌락을 찾았지만 권태와 허무가 찾아오는 저급한 생활의 단계에서 나아가 영원을 사모하는 본성의 자기자신을 찾게 된다.

데카르트는 '나는 생각한다'에 주요한 의미를 부여한다. 그에게 의식은 생각을 중시하는 자아의식을 의미한다. 헤겔에서 자아의식은 타자 혹은 공동체로 나아간다. 그러나 키에르케고어는 영원을 사모하는 마음에서 형성되는 윤리적 행동을 통해 자아의식을 받아들인다. 『죽음에 이르는 병』에서 자아의 건강은 신앙을 통해 가능하며 이런 신앙이 없을 때 실존적 절망이 나타난다.

키에르케고어에게 도덕발달은 그리스도를 믿음으로 가능하다. 그는 그리스도와 믿음의 관계 대신에 인간실존이 설명되지 않는 학문의 한계를 지적하고 비판했다. 그는 『아들러에 관한 책』에서 윤리적 고결함을 객관적으로 지니지 못하는 종교적 체험을 일방적 주장이라면서 비판한다.[56] 그는 자신들의 윤리적 성품과 관계없이 특정한 역사적 사실에서 확실성을 찾으려는 헤겔주의자들의 태도를 비판한다.[57]

키에르케고어는 이성(理性)을 통해 신의 존재를 증명하려는 시도를 비판한다. 하느님은 인간에게 믿음을 원하지 단지 이성적 관계의 대상이 아니다. 칸트는 이성의 한계를 주장하며 신의 존재에 대한 합리적 증명을 비판한다. 키에르케고어는 『철학적 부스러기』에서 신에 대한 존재론적 증명뿐만 아니라 신을 증명하기 위한 노력 자체를 실존적 믿음에 반하는 행위라면서 비판한다.[58]

---

56) Kierkegaard, *The Book on Adler*, trans, H. Hong and E. Hong. Princeton University Press, 1998.
57) Kierkegaard, *Concluding Unscientific Postscript*, 1944. p. 120.
58) Kierkegaard, *Philosophical Fragments*, 1985. p. 40.

신은 이미 존재하기에 인간의 실존적 믿음을 통해 드러날 뿐이지 인간이 증명해서 존재하는 분이 아니다. 사람들이 하느님의 존재를 증명하려는 노력은 이미 존재하는 분에 대해 단지 덧붙이는(accessorium, accessary) 시도일 뿐이다. 키에르케고어는 단지 사유의 세계와 실제적 현실을 분명히 구분한다.59) 그에 의하면 뛰어난 천재도 새로운 주장을 펼치는 것이 아니라 사실 이미 주어진 현실에 대하여 정직해질 뿐이다.60)

키에르케고어는 관념(觀念)에 의해 삶의 문제를 해결하려고 하지 않았다. 그는 『죽음에 이르는 병』, 『불안의 개념』 등에서 보듯이 자아를 찾아가는 실존심리학자다. 그는 영원한 존재와 관계를 가능하게 하는 신앙의 도약을 통해 사람의 생각을 넘어서는 종교윤리적 체험을 지속적으로 추구했다. 그는 하느님신앙에 근거하는 도덕적 체험 즉 자아가 고결해지는 삶을 추구했다는 점에서 독특하다.

아리스토텔레스에서 건강하고 행복한 삶은 윤리적 사회생활로서 표현된다. 그가 사회생활 속에서 찾았던 자아를 데카르트는 내면에서 찾았고 키에르케고어는 이 내면을 영원한 존재와 관계하며 더욱 정치(精緻)하게 했다. 그에게서 신앙의 행위로서 건강한 자아를 표현하지 못하면 절망하게 된다. 그는 이런 절망을 영원한 존재와 관계의 단절 즉 죄(罪)로 받아들인다.

키에르케고어는 생활에서 제기되는 문제들의 해결보다는 자기 자신이 되어가는 과정을 우선하는 삶을 바람직하게 본다. 인간의 본성에 걸맞은 자아의 추구는 행복을 성취하게 한다. 현대사회에서 자아에 대한 의식이 희미해지면서 개인적 책임의식도 약해지고 있다. 이런 현실에서 존경하고 신뢰할 수 있는 인성(人性)이 드물

---

59) Kierkegaard, *Concluding Unscientific Postscript*, 1944. p. 298.
60) R. Green, *Kierkegaard and Kant*, 1992. p. 40.

어지고 있다.

키에르케고어는 인간의 본질을 영혼의 활동으로 보면서 자아의 형성은 영원한 존재와 실존적 관계 즉 신앙을 통해 가능하다고 본다. 그는 인간의 보편적 규범 즉 윤리적 생활을 결코 무시하지 않았다. 그에게 윤리적 행동으로 표현되는 자아의 형성은 평생에 걸쳐 추구되고 성취되어야 할 삶의 목적이다.

키에르케고어에서 객관적 의사소통은 인간들 사이의 관계만으로 이해되거나 성취될 수 없다. 그는 개념적 이해가 심화(深化)되어 윤리적 생활을 통해 표현하는 방법을 실존전달이라고 한다. 그에게 행복은 이 땅의 생활에 제한되지 않고 사후(死後)에 맞을 생활까지 기대하는 영원한 축복이었다. 인간 사이의 의사소통은 개념적 차원을 넘어 각자가 자기의 독특한 개성을 받아들이고 자아를 형성하는 가운데 가능하다.

키에르케고어에서 자아를 선택하는 과정과 타인에 대한 도덕적 행위의 완성으로서 이웃사랑은 분리될 수 없다. 그는 윤리적 생활이 인간이 신과 단독자적 단계에 있을 때에만 가능하여 실천할 수 있다고 믿었다. 종교적 신앙에 근거한 고결한 생활은 감각적 욕망, 경제적 관심, 권력의지, 만인에 대한 만인의 투쟁과 경쟁의 세상에서 '거리끼게' 하는 모습이 된다.

키에르케고어는 극단의 이기주의를 추구하는 현대사회의 도덕적 병폐를 자아의식의 상실에서 찾았다. 영원한 존재와 관계하는 자아는 마음의 평화를 스스로 만들 수 없다. 유한과 무한, 필연과 자유, 순간과 영원의 종합으로서 자아는 현실적으로 이런 종합을 가능하게 하는 영혼의 활동이 전제된다. 영원한 존재와 영혼의 활동으로 관계하는 자아는 개인의 이성(理性), 감정, 의지를 상대화한다.

키에르케고어에서 자아와 타자의 관계는 영원한 존재의 중재를 통해서만 가능하게 된다. 그는 사회의식의 근거를 영원한 존재에게서 찾은 사상가다. 인간의 본성이 관계적이라면 자아를 실현하는 행복은 타자와 관계에서 성취된다. 키에르케고어 자신이 글쓰기를 통해 자기 사상을 표현했을 뿐만 아니라 저술의 내용대로 살고자 평생 애썼다.

6. 윤리의 목적론적 정지

『두려움과 떨림』의 '윤리적인 것의 목적론적 정지'에서 보듯이 외톨이는 하느님 앞에 홀로 섬으로써 진리에로 나아가게 된다. 외톨이는 단지 수(數)의 하나로 자신을 간주하는 군중들의 일반적 규범 위에 서서 살아가게 된다.[61] 이렇게 영혼의 활동으로써 개인은 하느님과 그의 말씀 안에서 자신의 내면을 심화시키면서 혼자 있는 삶을 감내(堪耐)하려고 한다.

인간은 주체적 내면적 방법으로 영원한 하느님을 알아갈 수 있다. 절대적 존재인 하느님은 존엄한 존재로서 각 개인에게 청결한 마음으로 절대적 관계를 요청한다. 단지 사회의 일반적 풍습만 좇아가는 생활에는 자아를 찾아가는 실존이 없다. 실존적 참여만이 사회적 관습을 넘어서는 자아의 형성을 깊이 생각할 수 있다.

키에르케고어에서 영원한 존재와 사귀며 성숙해 가는 과정은 실존적 매력으로 드러나게 된다. 그에게 성육신의 그리스도신앙은 실존적 매력의 완성이다. 『철학의 부스러기』에서 영원한 존재와 관계로서 진리는 이성(理性)에게 분노(忿怒)를 일으킨다.[62] 이성(理性)

---

61) Kierkegaard, *Fear and Trembling, and the Sickness Unto Death,* translated with Introductions and Notes by Walter Lowrie, Princeton University Press, 1954.

62) 쇠얀 키에르케고어 지음, 표재명 옮김, 『철학의 부스러기』(*Philosophiske Smuler*), 프리칭 아카데미, 2007. p. 73.

이 목적을 달성하지 못해서 생긴 분노는 신앙으로 극복된다. 『두려움과 떨림』의 '윤리적인 것의 목적론적 정지'에서 보듯이 인간은 자신의 능력만으론 윤리적 요구를 충족시킬 수 없다.

"나의 의도는 아브라함의 이야기 가운데 있는 변증법적인 것을 몇 개의 문제 형태로 끄집어내어서 신앙이 얼마나 터무니없는 역설인가를 알려고 하는 것이다. 즉 살인까지도 신이 기뻐하시는 거룩한 행위로 만들 수 있는 역설, 이삭을 아브라함에게 되돌려 줄 수 있는 역설을 말이다. 이 역설을 사고(思考)는 붙잡지 못한다. 왜냐하면 신앙이란 사고가 멈추는 그곳에서 시작하는 것이기 때문이다." 63)

키에르케고어에게 사람은 사회적 신분과 관계없이 하느님 앞에서 신앙의 외톨이로서 서기 때문에 종교적 영(靈)적으로 존엄하고 평등한 존재다.[64] 존엄한 존재로서 인간은 이웃사랑의 책임을 갖는다. 키에르케고어에서 보편적 윤리를 실현하는 근거는 신앙의 비약(飛躍)이다.[65] 즉 영원한 존재와 절대적으로 관계한다면 보편적 규범으로서 윤리는 상대적이다.

키에르케고어에서 하느님은 무한한 주체성(infinite subjectivity)이기에 단지 합리성이나 학문적 차원의 종교철학만으로 그의 존재를 증명할 수 없다.[66] 그리스도와 교제는 그와 동시대에 살았고 직접 눈으

---

63) Kierkegaard, Furcht und Zittern, (u.) E. Hirsch, Düsseldorf: Eugen Diederichs, 1950. p. 56.
표재명, 『키에르케고어 연구』, 지성의 샘, 1998. p. 77.

64) Kierkegaard, *Works of Love*, trans. H. Hong and E. Hong, New York: Harper and Row, 1962. pp. 73-98.

65) Kierkegaard, *Concluding Unscientific Postscript*, 1944. p. 125.

66) Kierkegaard, *Concluding Unscientific Postscript*, 1944. p. 178.

로 보았다고 주님으로 더 잘 고백할 수 있지 않고 신앙을 통해서 가능하다.[67] 『두려움과 떨림』에서 영원한 존재와 믿음으로 관계하는 개별자는 보편자보다 높은 지위에 있게 된다.[68]

한 사람의 외톨이로서 살아가려는 시도는 현실적으로 오로지 하느님의 도움을 받고자하는 믿음의 삶이다.[69] 하느님의 부르심은 언제나 단독자로서 홀로 서는 사람을 향한다. 그러므로 부르심을 받은 자는 오직 홀로 서서 자신의 길을 가며 하느님과 있고자 한다. 『두려움과 떨림』에서 아브라함이 한 일은 윤리적으로 표현하면 그가 이삭을 죽이려고 했으며 종교적으로 표현하면 그가 이삭을 바치려고 했다.[70] 바로 이 모순 속에 사람을 불면(不眠)에 빠뜨릴 수 있는 불안이 있다.

키에르케고어는 무한한 체념을 요구하는 종교와 신앙의 기사(騎士)(the knight of faith)를 요구하는 종교를 구분한다. 소위 비극의 주인공들은 다른 사람들이 그들의 자발적 죽음을 이해할 수 있다. 그러나 아브라함은 누구와도 공유할 수 없는 신앙의 관계에서 하느님과 관계하며 순종하려고 한다. 이런 아브라함을 존경할 수는 있지만 이해할 수는 없다.

『두려움과 떨림』의 필명의 저자 요한네스(Johannes)는 '윤리적인 것의 목적론적 정지' 를 세 차원에서 언급한다. 1) 윤리적인 것의 목적론적 정지(teleological suspension of the ethical)가 있는가? 2) 하느님에 대한 절대적 의무가 있는가? 3) 자신의 행위를 다른 사람들에게 숨긴 아브라함은 윤리적으로 변호될 수 있는가?

---

67) Kierkegaard, *Philosophical Fragments*, 1985, p. 63.
68) 키에르케고르 저, 강학철 옮김, 『두려움과 떨림』, 민음사, 1991.
키에르케고어 지음, 임춘갑 역, 『공포와 전율/반복』, 다산글방. 2007.
69) 쇠얀 키에르케고어 저, 표재명 역, 『들의 백합 공중의 새』, 1999. p. 217.
70) Kierkegaard, *Fear and Trembling*, 1983. p. 68.

1) 윤리적인 것의 목적론적 정지와 관련하여 칸트는 아브라함이 종교적 이유로 아들을 희생시키려는 즉 도덕성을 깨려는 의도를 받아들일 수 없다고 한다.71) 즉 보편적 규범인 윤리를 재가(裁可)하는 새로운 규범을 도입할 수 없다는 뜻이다. 이런 입장을 키에르케고어는 윤리적 차원을 넘어서는 초월적 요구를 인정하지 않는다면서 받아들이지 않는다. 『이것이냐 저것이냐 2』에서 윌리엄 판사의 경우 개인에게 생애 최고의 목적은 윤리적 단계인 결혼생활이다.72)

2) 하나님에 대해 절대적 의무가 있는가? "네 마음을 다하고 목숨을 다하고 뜻을 다하여 주 너의 하나님을 사랑하라" (마태복음 22:37). 이 명령이 하나님에 대한 절대적 명령이라면 윤리적 규범은 상대화될 수밖에 없다. 키에르케고어는 윌리엄 판사와 달리 종교적 명령을 윤리적 규범 내에서 받아들이지 않는다. 그는 무한한 체념(infinite resignation)을 통해 세상의 모든 것을 희생하며 하느님의 명령을 수행하려고 한다. 비(非)진리는 진리에 대해 습관적으로 논쟁하려고 한다.73)

3) 아브라함의 경우 사람들 사이 갈등의 해결을 위해선 윤리적 의무들 사이의 갈등이 아니라 하느님 앞에 홀로 서는 순종의 결단을 촉구한다. 아브라함이 이삭을 희생하려는 의도는 보편적 이해를 넘어선 하느님의 명령과 인격적 관계에서 말미암는다. 아브라함의 순종은 사회적 역할이나 국가를 위하는 행위를 넘어선다. 아브라함이 이삭을 희생시키려는 하느님과 관계는 죽은 자도 살릴

---

71) I. Kant, *Religion Within the Limits of Reason Alone*, trans. T. M. Greene and H. H. Hudson, New York: Harper & Row, 1960. pp. 81-82.

72) Kierkegaard, *Stages on Life's Way*, trans. W. Lowrie, Princeton University Press, 1945. p. 101.

73) Kierkegaard, *Philosophical Fragments*, 1985. p. 15.

수 있다는 믿음의 행위다. 아브라함의 믿음은 윤리적 생활을 현실적으로 가능하게 하는 '윤리적인 것의 목적론적 정지' 다.

아브라함에게 하느님에 대한 믿음은 윤리적 행동을 실제로 가능하게 했다. 『두려움과 떨림』에서 아브라함은 '살인하지 말라' 라는 윤리적 규범보다는 하느님의 명령에 순종하는 생활을 더 높은 요구로 받아들였다. 신앙은 인간의 생각으로 납득할 수 없는 요구 즉 '윤리적인 것의 목적론적 정지' 를 받아들인다. 즉 초월자와 믿음의 목적론적 관계는 윤리적 생활을 현실적으로 가능하게 한다.

키에르케고어의 자아의 형성으로서 도덕발달을 '윤리적인 것의 목적론적 정지' 에서 본다.[74] 그에게 실존적 성숙은 신과 관계에서 연원한다. 성육신의 신(God incarnate) 즉 그리스도를 믿음으로 윤리적 삶이 역설적으로 드러난다. 하느님과 신앙의 만남에서 외톨이로서 한 개인은 보편적 규범 위에 있게 된다.

보편적 규범을 넘어서 인간이 마땅히 따라야 할 명령이 없다면 윤리학자의 주장이 인간에게 최고의 요구가 될 것이다. 보편적 규범 위에서 절대자와 절대적으로 관계하는 신앙은 삶에서 역설(逆說)이다. 『두려움과 떨림』에서 하느님 앞에 홀로 선 아브라함이 보편적 설명을 구하였다면 그 자체가 이미 유혹이 된다.[75]

아브라함은 나라를 구하거나 다른 일정한 목적을 위해 이삭을 바치려하지 않고 하느님의 명령이기 때문에 순종하려고 했다. 하느님 앞에서 아브라함의 신앙은 하느님의 명령과 '살인하지 말라' 는 보편적 윤리 사이의 결단이다. 인간으로서 하느님 앞에 홀로 서는 길이 키에르케고어에서 최고의 윤리적 삶이며 도덕교육이다. 이렇게 하느님 앞에 홀로 섬으로써 성화(聖化)되고 윤리적 생

---

74) Kierkegaard, *Furcht und Zittern*, (u.) Hirsch, Düsseldorf/Köln: Eugen Diederichs Verlag, 1950. p. 56.

75) 표재명, 『사랑과 영혼의 철학자 키에르케고어를 만나다』, 2012. p. 181.

활을 할 수 있게 된다.

키에르케고어는 인간본성으로서 영원을 사모하는 마음의 충족을 하느님신앙에서 찾는다.[76] 그에게 올바른 신앙은 구체적 생활에서 타인에게 도덕적 감동과 영향력을 미친다. 윤리적 행동은 영원한 하느님과 관계하는 목적을 위해 정지됨으로써 오히려 가능해진다. 자기 자신을 찾는 종교적 신앙의 삶은 타인들에게 도덕적 매력을 직관적으로 드러낸다.

7. 신앙의 이중운동(double movement)

키에르케고어는 절대적 하느님과 관계하기 위해 보편적 윤리를 정지하는 신앙과 윤리의 이중운동을 했다. 이중운동 즉 윤리는 신앙에 근원하지만 신앙은 윤리로서 검증됨을 알려준다. 유한하고 일시적인 것들을 무한하고 영원한 것으로 받아들일 때는 반드시 왜곡과 환상이 개입된다. 요한네스 실렌티오(Johannes de Silentio)의 『두려움과 떨림』은 신과 인간의 실존적 관계를 전한다. 저자는 『두려움과 떨림』에서 하느님을 신앙하면서 세상의 모든 것을 포기하려는 무한체념(infinite resignation)의 삶을 살고자 한다.

키에르케고어에서 윤리적 생활은 하느님과 실존적 관계에서 가능하다. 그에게서 하느님에 대한 신앙의 비약(leap of faith)과 도덕적 행위는 변증법적으로 긴밀히 연관된다.[77] 즉 신앙은 윤리적 행동을 통해 나타나며 윤리적 행동은 신앙에 근거한다. 자아를 찾

---

76) 쇠얀 키아케고어 지음, 강학철 옮김, 『두려움과 떨림』, 민음사, 1991.
황종환, 「'윤리적인 것의 목적론적 정지'의 도덕교육적 함의 -환경의식을 중심으로」, 『도덕윤리과교육』, 한국도덕윤리과 교육학회, 28호, 2008. p. 125.
Kierkegaard, *Fear and Trembling*. 1983. p. 35.

77) Kierkegaard, *Fear and Trembling*, trans. W. Lowrie, Princeton University Press. 1970. p. 28.

아가는 종교적 생활은 도덕적 생활을 통하여 표현되며 이웃사랑으로 완성된다.

아브라함이 신앙으로 이삭을 바치려고 하듯이 믿음은 무한한 체념으로 세상의 것들을 포기하고 하느님 앞에서 얻게 된다. 키에르케고어는 인간자율성을 신뢰하는 윤리적 주장을 넘어서서 윤리적인 것의 목적론적 정지를 통해 윤리를 세우고 이웃사랑을 실천하고자 하였다.[78] 『두려움과 떨림』에서 하느님에 대한 믿음은 보편적 윤리보다 우선하기 때문에 아브라함은 믿음의 조상이 될 수 있었다.[79]

영원한 존재에 대한 신앙으로 유한한 것들을 무한히 체념하는 신앙의 기사(騎士, knight of faith)는 유한한 것들을 무시하지 않고 무한의 시각에서 보고자 한다. 윤리적 행동은 신앙으로 가능하고 신앙은 윤리적으로 표현되는 이중운동을 신앙의 기사는 추구한다. 이 기사는 영원한 하느님과 관계를 통해 일시적인 것들을 무한히 반복적으로 체념하면서 살아간다. 이 기사는 유한한 것들의 의미를 영원에 잇대어 받아들인다.

우리는 영원한 존재와 유한한 것을 동시(同時)에 선택할 수는 없다. 자아의식을 영혼의 활동으로써 받아들이지 않는 까닭은 영원한 존재와 관계로서 자아를 믿지 않기 때문이다. 이런 생활은 초월적 존재와 관계보다는 타자와 관계를 통해 삶을 영위하고자 한다.[80] 자아에 대하여서도 자신을 신(神)적 존재로만 보거나 단지 동물적 존재로 볼 때 모두 같은 잘못을 범하게 된다. 초월적 존재와 믿음의 관계는 실제 삶에서 몸을 통해 표현된다.

인간은 내재적이면서 동시에 초월적 존재다. 키에르케고어에서

---

78) R. Green, *Kierkegaard and Kant,* 1992. p. 222.
79) Kierkegaard, *Fear and Trembling,* 1954. p. 56, 81, 120.
80) Kierkegaard, *Concluding Unscientific Postscript*. 1941. p. 506.

신 앞의 단독자적 실존은 인간의 자연스러운 본성이다. 이런 삶은 의지(意志)적 분투만으로 마음의 평정을 지키려는 스토아학파의 주장을 받아들일 수 없다. 키에르케고어에서 인간은 신과 인격적 관계를 가질 때 가장 자기다워진다. 그에게 그리스도신앙은 도덕발달을 통해 타인에게 검증되며 전달된다.[81)]

키에르케고어에서 외톨이 혹은 단 한 사람으로서 자아는 오로지 하느님의 도움을 받고자 한다.[82)] 그는 관계가 주체적으로 되면 비록 비(非)진리에 관계하고 있더라도 결국 진리 안에 있게 된다고 한다.[83)] 그가 진리의 주체성을 강조했다고 해서 사고자(思考者)를 떠나 객관적으로 존재하는 진리를 결코 부정하지 않았다. 『두려움과 떨림』에서 하느님의 부르심은 언제나 단 한 사람으로서 '나'를 향한다.[84)]

그리스도신앙에서 영원한 진리가 시간 안에서 생성되었다. 즉 결코 역사적일 수 없는 존재가 역사적으로 되었다. 키에르케고어는 이러한 역설(逆說, paradox)을 가장 엄밀한 의미의 역설 곧 절대적 역설이라고 한다. 예수 그리스도의 인격을 믿음이 곧 그리스도교이다. 영원하고 본질적 진리가 상대적 인간과 관계할 때는 역설이 된다. 진리가 역설로 보이는 까닭은 주체적으로 관계하기 때문이다.

인간은 그리스도신앙의 절대적 역설 앞에 걸려 넘어진다. 이 신앙은 인간의 이성(理性)에게 부조리요 거리낌이 될 수밖에 없다.[85)] 절대적 상이성 즉 하느님과 인간의 질적 차이의 원인은 하

81) 임병덕, 『教育方法으로서의 間接傳達』, 교육과학사, 1995.
82) 쇠얀 키에르케고어 저, 표재명 역, 『들의 백합 공중의 새』, 1999, p. 217.
83) Kierkegaard, *Concluding Unscientific Postscript to Philosophical Fragments*, 1992. pp. 184-85.
84) Kierkegaard, *Fear and Trembling*, 1983. p. 68.
85) Kierkegaard, *Philosophical Fragments*, 1985. p. 242.

느님과 관계하지 않으려는 죄(罪)로 말미암는다.[86] 키에르케고어에서 신앙은 단지 인식이 아니라 자유행위이며 의지의 표현이다.[87] 모험 없이는 신앙도 없다.[88]

키에르케고어에게 인간은 영원을 사모하는 존재이기에 개인은 지금까지 성취한 업적이나 과오(過誤)보다는 영원한 존재와 관계에서 자아를 찾게 한다. 소크라테스와 그리스도를 비교한 『철학의 부스러기』에서 키에르케고어는 자기 자신을 찾아가며 자신이 되어 가는 현실적 과정을 밝힌다.[89] 그에게 인간은 자기 자신을 찾을 때 이웃 및 주위환경과 관계하는 윤리적 책임을 수행할 수 있다.

오늘날 미래에 대한 책임의식으로서 사회적 관계는 자연에까지 확장된다. 인간과 자연 사이의 바람직한 관계 즉 생태(生態)적 정의(ecological justice)의 시각은 세상에 있는 모든 것들을 그 자체로서 받아들인다. 슈페만(Spaemann)에서 도덕적 행위의 궁극적 근거는 증명이 아니라 자발적 동의를 전제한다. 소위 당위(當爲)적 요구는 실제로 가능성을 함의(含意)한다는 뜻이다.

소크라테스에서 '너 자신을 알라' 는 자신을 타자로부터 독립해 가는 과정이다. 물론 타자와 관계를 전혀 절연(絶緣)하는 독립은 윤리의식이라는 의미 자체를 잃게 한다. 소크라테스에 대한 해석에서 헤겔과 키에르케고어는 분명히 다르다. 키에르케고어는 개인이 타자로부터 독립하여 자아의식을 갖는 정도에서는 도덕행위의 근거를 가질 수 없다고 한다. 소크라테스는 영원한 것이 있다고 생각했으나 모른다고 했다.[90]

---

86) 키에르케고어 저, 표재명 역, 『들의 백합 공중의 새』, 1999. p. 227.
87) 쇠얀 키에르케고어 저, 표재명 역, 『철학의 부스러기』, 프리칭 아카데미, 2007. p. 117.
88) Kierkegaard, *Philosophical Fragment*. 1985. p. 195.
89) 쇠얀 키에르케고어 저, 표재명 역, 『철학의 부스러기』, 2007. p. 18.
90) Kierkegaard, *The Concept of Irony*, 1989. p. 169.

키에르케고어는 그리스도와 깊이 관계하면서 영원한 축복을 추구했다.[91] 영원한 축복을 위한 실존적 결단은 일상적 생활에서 도덕적으로 표현되는 이중운동으로 나타난다. 이런 운동을 하는 개인은 유한한 세상에서 살고 있지만 영원한 축복을 불확실성에도 불구하고 절대적 목적으로 추구하며 살게 된다. 이런 삶은 자기 자신 및 자신에게 주어진 것들을 영원한 하느님으로부터 선물로 받아들인다.

8. 영원의 사모(思慕)와 미래의식(意識)

영원을 사모하는 본성과 실존적 불안으로 살아가는 사람은 바람직한 미래를 기대한다. 도덕교육은 앞으로 다가올 바람직한 미래의 현실에 대한 준비라고 할 수 있다. 최근의 미래윤리학이 윤리학의 새로운 분야로 주장되지만 윤리적 행동은 본래 미래의 결과를 고려한다. 윤리학이 현재 세대뿐만 아니라 미래 세대에 대한 책임을 깊이 생각하는 까닭은 인간의 존엄을 전제하기 때문이다. 인간의 존엄을 심려(深慮)하는 삶은 보편적 도덕생활로 나타난다.

미래윤리학자 비른바허(D. Birnbacher)는 개인의 정체성을 미래의식과 관련지어 분석한다.[92] 인간의 존엄은 증명의 대상이 아니라 전제된다는 점에서 다음 세대를 위한 책임으로서 미래윤리학은 의미를 갖는다. 모든 존재자는 그 나름대로 존재의 의미가 있다는 전제에서 미래 세대를 포함한 타자와 관계를 생각할 수 있다.

인간의 존엄은 그리스도신앙에서 하느님의 형상(image of God)

---

91) N. Thulstrup, *Commentary on Kierkegaard's Concluding Unscientific Postscript*, 1984. p. 343.

92) Birnbacher, *Verantwortung für zukunftige Generationen*, Ditzingen: Reclam. 1988. p. 180.

에서 연원한다. 인간존엄은 개인의 공력(功力)에 의존하지 않고 하느님의 은혜에 근거한다. 키에르케고어에서 사회적 관계는 하느님과 교제에서 연유한다. 그에게 다음 세대를 위한 책임으로서 사회적 관계는 자기선택을 통한 자기변화에서 출발한다. 자기중심의 주관적 판단은 실제적으로 가능한 미래와 단순히 추상적 미래를 분별하지 못하게 한다.

우리들이 구체적 생활에서 부딪히는 생활의 자기 모순적 현실은 어떻게 이해되어야 하는가? 니체는 삶의 구체적 모순을 근원적으로 디오니소스적인 것과 아폴론적인 것의 구분을 통해 고찰했다.93) 하이데거도 구체적 삶과 단지 정신의 활동을 구분했다. 그는 현대의 숨겨진 기분을 깊은 무료(無聊, die tiefe Langeweile)로 이해한다. 그는 이 세계 역사에 대한 인간의 참여를 생각하며 현존 깊은 곳에 머무르고 있는 무료에 주목했다.

키에르케고어에 의하면 인간은 무료와 권태를 자부심이 아니라 우울(憂鬱) 속에서 경험한다. 그에 의하면 우울의 근저에는 불안이 있고 불안은 자아의 활동이 억압된 상태에서 나타난다.94) 그러므로 우울은 영혼이 자유롭게 표현되지 못한 쾌락주의적 생활의 현실적 결과다. 정확히 말하면 그 결과라기보다는 쾌락주의 생활의 근저에 자리 잡고 있다. 오늘날 환경윤리학자들이 생태적 위기의 종교적 배경으로 지적하고 있는 소위 진보신앙(進步信仰)도 자기신뢰의 표현이 아니라 오히려 깊은 우수(憂愁)가 드러난 현상이다.

감각적 향락추구는 타인과 관계에서 그 힘을 얻고자 한다. 그러므로 타인의 사라짐과 더불어 자기 자신도 잃을 수밖에 없다. 자기 자신을 잃으면 사회적 관계에서 자아가 반복적으로 단지 수

---

93) Heidegger, *Die Grundbegriffe der Metaphysik*, Frankfurt: Klostermann. 1983. p. 103-.

94) Kierkegaard, *Entweder - Oder*, München : dtv, 1988. p. 40.

(數)의 하나로 전락(轉落)하게 된다.[95] 감각적 향락추구와 불안에 억눌린 자아는 더 이상 스스로 자신을 자유롭게 할 수 있는 능력을 갖지 못하게 된다.[96]

키에르케고어는 진리가 서로 대화를 통해 점진적으로 진보한다는 입장을 인간자율성에 대한 묵계(默契)적 신뢰라며 비판한다. 그에 의하면 인간은 자기 자신의 힘만으로는 평안과 안식에 도달할 수 없다.[97] 개인이 직접적 향락에 얽매이면 자신이 되고자 하지 않거나 스스로 자기 자신이 되려는 시도를 하지만 어느 경우에도 자기 자신이 될 수 없다. 직접적 향락추구는 내면의 자아를 형성하지 못하게 된다.

키에르케고어는 자율(自律)적 혹은 자기의지에 근거한 도덕교육은 자기 모순적 실존을 낳게 됨을 지적한다. 그는 미적 생활과 윤리적 생활을 실존적으로 가능케 하는 방법으로서 종교적 실존을 알린다. 그에게 인간답게 살 수 있는 길은 영원한 존재와 관계에서 가능하다. 영원을 사모하며 영원한 존재와 관계하는 삶은 자신의 미래를 깊이 생각하게 된다.

인간은 구체적 상황에서 일정한 행동의 선택을 요구받는다. 인간의 내재적 종교성에서 출발하는 일반종교와 달리 그리스도신앙에서 영원한 진리가 인간에게 찾아왔다. 키에르케고어에게 영원한 존재와 관계인 그리스도신앙은 인간들 사이의 윤리적 관계보다 우선한다. 키에르케고어는 영원한 존재에 대한 사모(思慕)와 신앙에 근거하여 자기 자신과 관계한다.

인간은 생물학적 시간의 한계를 넘어서서 그리스도와 같은 시대

---

95) Fink-Eitel, *Die Philosophie und die Wilden*, Hamburg: Junius, 1994. p. 312.
96) Fink-Eitel, *Die Philosophie und die Wilden*, 1994. p. 9.
97) Fink-Eitel, *Die Philosophie und die Wilden*, 1994. p. 307.

에 살아가도록 실존적 결단을 촉구한다. 신 앞의 실존적 결단은 보편적 책임인 윤리적 생활을 가능하게 한다. 영원한 존재와 신앙의 관계는 윤리적 요구를 자신의 힘만으로 해결하려는 시도에서 발생되는 실존적 분노를 극복한다.98)

영원한 존재와 관계의 단절인 죄(罪)와 허물 속의 인간이 자신이나 타인을 의지하여 자아가 될 수 없다. 역사 속에 들어온 영원한 존재인 그리스도와 실존적 만남을 통해서 자아를 형성할 수 있게 된다. 이런 만남은 이성(理性)의 차원을 넘어서서 실존적 믿음을 통해서 가능하다. 이런 믿음은 고결한 성품으로 표현되어 타인에게 전달되며 윤리적 영향력을 미친다.

사람의 본성인 영원한 존재와 관계하는 영원에 대한 의식(意識)이 있은 후에 미래에 대한 책임을 갖게 된다. 키에르케고어에게 하느님과 관계에서 근원하는 영원에 대한 의식은 현실과 구체적 관계를 가능하게 한다.99) 영원에 대한 의식은 현재와 미래 세대뿐만 아니라 자연에 대한 책임의식을 가능하게 한다. 도덕교육을 자아의 형성에서 이해하는 만하이머(Manheimer)를 따른다면 미래 윤리학도 다음 세대를 위한 선(善)한 행위에 앞서 인간다움의 책임이다.100)

만하이머는 키에르케고어를 교육철학적 시각에서 해석한다.101) 즉 자아의 형성은 단순한 지(知)적 전수(傳授)가 아니라 도덕적 행위를 수행할 수 있는 능력의 함양이다. 자신의 주체성을 신(神)

---

98) 월터 라우리 지음, 임춘갑 옮김, 『키르케고르의 생애와 사상』, 다산글방, 2007.

99) J. Elrod, *Being and Existence in Kierkegaard's Pseudonymous Works*, Princeton University Press. 1975. p. 118.

100) 만하이머(Manheimer)/이홍우·임병덕 역, 『키에르케고르의 교육이론』, 교육과학사, 2003. p. 9.

101) R. Manheimer, *Kierkegaard as Educator*, University of California Press. 1978.

앞에서 자각하고 신앙의 관계에 들어갈 때에만 미래윤리학을 포함한 윤리의 보편적 요구를 성취할 수 있게 된다.

인간본성에 걸맞은 즐거움은 영원을 사모하는 주체적 의식과 함께 한다. 자아의식은 삶의 현실에서 형식을 주요하게 고려한다. 카시러도 인간문화의 상징적 활동으로써 예술에서 자발성(自發性)과 형식을 중요시한다. 보편적 이해를 추구하는 형식에 대한 즐거움은 사물에 대한 직접적 즐거움을 넘어선다.

근대 이후 세속주의와 일방적 낙관주의는 인간자율성만 의존하여 인간과 자연의 상호관계의 형식을 생각하지 않게 되었다. 한없이 발전할 수 있다는 진보신앙(Fortschrittsglaube)에서 자율성만 의지한 자연의 정복은 이상적 세계를 미래에 세울 수 있다는 신념 속에 추진되었다. 이런 낙관주의는 현대 인류가 직면한 생태적 위기에서 그 문제점이 분명히 드러났다. 진정한 자율성은 영원을 사모하는 인간의 본성과 함께 한다.

신과 관계에서 자신의 본성을 받아들이는 인간은 하느님의 문화명령으로서 자연을 돌볼 책임을 위탁받았다. 전통적 기독교의 창조론에 의하면 자연의 파괴는 하나님에 대한 인간의 불순종과 연관된다. 타자와 자연을 단지 인식의 대상으로만 삼는다면 미래에 대한 의식보다는 기술적 발전만을 우선시하게 된다. 이런 입장에서는 타자와 자연은 단지 개인의 의식 안에서만 의미가 있을 뿐이다.[102)]

인간의 자율성에 근거하여 자연을 지배하려는 시도는 오늘날 환경의 위기를 가져 왔고 인간의 생존근거마저 위협하게 되었다. 이제 인류는 자연을 포함한 타자와 공동의 삶을 영위할 수 있는 방안을 찾아야 할 책무를 맡게 되었다. 근대 이후 진보신앙과 형이상학적 낙관주의 등을 통해 이 땅 위에 이상적 세계를 세우려는

---

102) D. Hume, *A Treatise of Human Nature*, Oxford University Press. 2000. p. 13.

인간중심의 시도는 생태계의 위기를 가져왔다.103)

인간은 근대 이후 자신의 삶과 운명에서 스스로 주인이 되려는 시도를 하게 되었다. 형이상학적 낙관주의는 근대인간의 단순한 실수가 아니라 종교적 근원의 문제에서 시작한다. 이런 진보 일변도의 신앙은 도덕 윤리적 규범인 인간과 인간 혹은 인간과 자연 사이의 교제를 어렵게 했다. 스토아학파가 타자와 관계보다는 인간의 자율적 자기독립을 주장한 반면 그리스도신앙은 영원한 신과 관계 안에서 인간의 본질을 이해한다.

인간의 미래의식은 자기 자신의 본성에 대한 이해와 긴밀히 연관된다. 인간은 사회적 관계에서 즉각적으로 반응하지 않고 자신의 미래를 의식하며 살아간다. 인간의 자기관계는 플라톤에서 직접적으로 이해되지 않고 도시국가에서 즉 타자와 관계를 통하여 객관화된다.104) 즉 인간의 자아의식은 대화나 변증법적 과정을 통해서 드러난다. 키에르케고어에 의하면 자기관계에 근거는 자기를 세운 영원한 존재와 관계다.

9. 인간의 존엄과 미래윤리학

매킨타이어(MacIntyre)에서 인간의 행동규범은 고대에서 중세까지 자연을 따르는 삶 즉 자연스러운 본성에 근거하였다.105) 슈페만에서 바람직한 미래를 형성하기 위해 자연스러운 본성을 따르는 삶은 더 이상 그 배후를 물을 수 없는 물음이다. 플라톤, 아리

---

103) R. Groh u. D. Groh, *Weltbild and Naturaneignung. Zur Kulturgeschichte der Natur*, Frankfurt: Suhrkamp, 1991. p. 7.

104) Cassirer, *Versuch* über *den Menschen*, Frankfurt: S. Fischer. 1990. p. 21.

105) MacIntyre, *Verlust der Tugend*, Frankfurt: Suhrkamp. 1997. p. 181.

스토텔레스, 토마스 아퀴나스 등은 모두 자연의 질서를 따르는 삶을 인간행동의 규범으로 삼았다.106)

키에르케고어에서 인간의 본성인 영원을 사모하는 마음은 현실생활에서 미래를 예측하며 삶의 흔적을 남기려고 한다. 비른바허에서 지성적, 정서적, 의지적 면모를 포함한 인격의 성숙으로서 개인의 정체성은 미래의식과 긴밀히 연관된다.107) 비른바허는 미래윤리학을 목적론적 입장에서 보며 당위적 요구는 실제로 가능성을 함의(含意)한다고 생각한다.108) 도덕생활은 인격의 성숙을 가져 오는 행복한 삶을 성취하기 위한 시각에서 이해된다.

인간존엄의 성취로서 행복한 삶은 질(質)과 양(量)을 모두 포함한다. 인간존엄의 시각에서 현재 세대가 살아가는 윤리적 행동은 다음 세대의 행복과 긴밀히 연관된다. 비른바허는 합리적 개인주의자(rational egoist)와 합리적 집단주의자(rational collectivist)의 문제를 합리적 보편주의자(rational universalist)의 입장에서 해결하려고 한다. 그의 시도는 키에르케고어와 달리 인간의 고유한 능력에 대한 잠재적 신뢰가 함축되어 있는 듯하다.109)

현대윤리학은 자연의 내재(內在)적 가치(intrinsic value) 즉 자연도 그 자체의 가치를 인정하여 미래 세대의 윤리적 권한을 생각하게 되었다. 우리가 윤리적 주장에 대하여 옳고 그름을 말하는 까닭은 윤리의 보편타당성을 전제하기 때문이다.110) 오늘날 윤리적 행위는 자연에까지 확장된다. 자연은 배려 받을만한 가치 여부

---

106) MacIntyre, *Verlust der Tugend*, 1997. p. 191.

107) E. Lessing, "Demographic, Developmental, and Personality Correlates of Length of Future Time Perspective", *Journal of Personality 16*. 1968. pp. 183-201.

108) Birnbacher, *Verantwortung für zukunftige Generationen*, 1988. pp. 52-53.

109) Hwang, Jong Hwan, *Ökologische Gerechtigkeit*, 2004. p. 113.

110) N. Hartmann, *Ethik*, Berlin: de Gruyter. 1926.

(與否)를 증명받기 전에 이미 전제되어야 인간은 살아갈 수 있다. 즉 자연을 전제해야만 인간은 생존할 수 있다.

롤스(Rawls)는 바람직한 사회를 언급하면서 공리주의의 한계를 지적하고 다수의 유익이라도 침해받을 수 없는 고유한 인간존엄을 전제한다.[111] 롤스에서는 논증의 행위를 출발하기 전에 이미 인간 존엄이 전제된다. 인간존엄은 윤리적 행동의 직관(直觀)적 매력이 타당성을 가질 수 있는 근거를 제시한다. 존엄한 인간은 윤리적 행동을 본성적으로 추구하고 성취하려고 한다.[112]

슈페만에 의하면 인간의 행복은 호의(Wohlwollen, benevolence)에서 이루어진다.[113] 행복은 인간 상호 간의 교제(koinonia) 안에서 이루진다고 할 때 현재 세대의 미래 세대에 대한 과제는 희생이 아니라 서로 간의 사귐으로 이해되어야 한다. 여기에서도 인간의 존엄과 자연의 내재적 가치는 효용성을 논의하기 전에 그 자체로 전제된다. 인간의 지성, 정서, 동감(同感)의 의지 등은 한계를 갖기 때문에 미래에 대한 책임도 제한될 수밖에 없다.

인간의 존엄과 자아의식은 미래 세대의 행복을 깊이 생각하는 동기가 된다. 인간존엄에 근거하는 실존에서만 자연을 비롯하여 모든 존재자는 그 자체로서 존재의 의미가 있다는 생태적 정의를 논의할 수 있다. 모든 세대는 그들의 자녀가 다음 세대에 대한 책임을 의식하게 하는 도덕교육을 실시하게 된다.[114] 그렇지만 현재 의식이 없이 단지 이상적 미래만 꿈꾸면 환상이 될 뿐이다.

키에르케고어는 인간의 자연스러운 본성을 신 앞의 단독자로서

---

111) J. Rawls, *A Theory of Justice*, Harvard University Press, 2005.

112) Narveson, J., "Utilitarianism and New Generation", *Mind 76,* Oxford University Press. 1967. p. 46.

113) Spaemann, *Glück und Wohlwollen*. 1989.

114) C. Horn, [u. a] (Hrsg.), *Umweltpolitik in Europa*. München [u. a], BLV Verlagsgesellschaft. 1973. p. 37.

살아가는 실존으로 받아들였다. 인간존엄은 수행한 업적 이전에 자연스러운 본성을 통해 드러난다. 인간의 존엄은 스스로 자기 자신과 함께 자기다움으로 편히 있을 수 있어야 한다. 복음서에서 인간존엄은 행위 이전에 존재의 능력(Seinsmächtigkeit) 즉 인간의 본성대로 영원한 신(神)과 인격적 관계를 가질 때 가장 자연스러운 존재가 된다.

인간의 존엄은 다른 사람에 의해 상처를 받을 수 있으나 오직 자기 자신에 의해서만 상실될 수 있다. 그래서 우리는 스스로 인간존엄을 의식하며 평화를 누릴 수 있다. 물론 키에르케고어는 이 평안을 신과 단독자적 관계에서 받아들였다.

자신의 존엄을 의식하는 자만이 미래의식을 갖고 타자와 관계할 수 있으며 역설적으로 자신의 이익을 상대화할 수 있다. 예수는 복음서에서 세속적 힘을 포기함으로써 오히려 자신의 존엄을 강조했다. 인간의 존엄은 그 자체로 목적을 갖는다는 점에서 그 무엇을 위한 수단이 될 수 없다.

다음 세대의 사람들도 존엄을 지닌다는 시각에서 미래의식을 고려할 수 있다. 종교보다는 형이상학에서 자신의 철학을 전개한 요나스(H. Jonas)에 의하면 기술문명시대에 직면하여 인류의 미래는 책임적 행동에 달려 있다.[115] 현대 환경윤리학자들은 생태적 위기의 사상적 배경을 데카르트에서 연원하는 인간과 자연의 이분법적 사유방식에서 찾는다. 요나스는 이분법적 사유를 고대의 영지주의(靈智主義, gnosticism)까지 소급한다.

키에르케고어는 윤리를 희생하여 영(靈)적 직관(直觀)을 통한 지(知)적 추구를 하는 영지주의를 비판한다.[116] 요나스는 인간이

---

115) 한스 요나스 저, 이진우 역,『책임의 원칙: 기술 시대의 생태학적 윤리』, 서광사. 1994.

116) Kierkegaard, *Concluding Unscientific Postscript*, 1944. p. 347.

자연을 돌보는 역사적 책임을 하지 않으면 그 대가를 받게 될 것이라고 한다. 그는 키에르케고어와 마찬가지로 역사적 책임을 강조한다. 그러나 종교적 관계에서 책임의 근거를 찾는 키에르케고어와 달리 요나스는 인류의 공동체적 책임을 강조한다.

키에르케고어에서 윤리적 삶은 영원한 존재와 관계에서 현실적으로 가능하다. 보편적 윤리를 넘어서는 신과 절대적으로 관계하는 자아는 자율적 분투로 불가능했던 윤리적 삶을 가능하게 한다. 이런 역설적 관계를 통하여 키에르케고어는 당시 덴마크 교회와 사회에 대한 비판에서 보여주었듯이 자아의 형성을 윤리적으로 본다. 그는 윤리적 생활의 근거를 신에게서 찾아 결단할 뿐만 아니라 다른 이들에게도 신(神)적 성품의 고결한 삶을 촉구한다.

개성과 주체성이 존중되어야 보편적 규범을 지키려는 인간이 이해된다. 『두려움과 떨림』에서 아브라함이 그 어느 교사나 모델이 없이 신앙의 운동을 했듯이 윤리적 행동은 보편적 규범 이전에 신 앞의 실존적 결단을 요구받는다. 그러므로 종교적 이유로 자아의식이나 윤리의식을 부인하는 생활은 자기기만(欺瞞)이 될 뿐이다.

인간은 신 앞에서 홀로 설 수 있을 때에만 오히려 미래 세대를 포함한 타자와 대화와 관계가 가능하게 된다. 인간의 바람직한 행동을 추구하는 윤리학은 타자와 관계에서 정당성을 갖게 된다. 미래윤리학은 단지 윤리적 규범을 학문적으로 배우는 과정이 아니고 인간의 실존적 상황을 받아들일 수 있게 된다. 하르트(Hart)에 의하면 현재 세대나 미래 세대나 인간의 존엄한 본성에 있어서는 동일하다.117)

---

117) H. L. Hart, *Der Begriff des Rechts*, Frankfurt: Suhrkamp. 1973. p. 266.
S. Norman, "Future Generation, Public Policy, and the Motivation Problem", *Environmental Ethics*. 4. 1982. p. 204.
하르트(Hart)는 미래 세대의 생물학적 심리적 사회적 특성의 불변적 특성을 전인격(全人格)적 측면에서 인간이 고찰될 때에만 도덕발달은 의미를 갖는다. 키에르케고어를 따르면 그리스도 안에서 영원한 축복을 추구할 때 '나'를 선택하게 된다. 그의 시각에서 인간이 육체적 향락을 탐닉하거나 자기능력만으로 윤리적 생활을 해보려는 시도는 자아의 선택이 아니다. 그에게 자기다움을 선택하지 않는 행위는 비도덕적으로 간주된다.

말한다. 즉 미래 세대도 생물학적으로 현재 세대와 마찬가지로 산소, 물, 토양 등을 필요로 한다.

심리적 측면에서도 미래 세대도 현재 세대와 설령 다른 문화적 표현을 빌려 충족되더라도 현재 세대와 마찬가지로 안정, 인정(認定), 배려를 필요로 한다.

사회적 측면에서 인간은 현실적으로 다음과 같은 인간조건에서 살 수밖에 없음이 지적된다.

1. 인간은 서로에 대해 폭력적 위해(危害)를 가할 수 있다.
2. 어떤 사람도 제 삼자의 도움이 없이 오랫동안 다른 사람을 지배할 수 없다.
3. 인간은 이타주의에서 어쩔 수 없이 한계를 가질 수밖에 없다.
4. 생존을 위한 자원은 제한되어 있다.
5. 모든 사람은 때때로 타당한 규칙을 자신을 위하여 깨뜨리려고 한다.

VI. 도덕발달의 완성으로서 이웃사랑

1. 영원을 사모하는 이웃사랑
2. 아카페, 에로스, 우정
3. 도덕발달로서 용서
4. 도덕발달론 비판적 이해

VI. 도덕발달의 완성으로서 이웃사랑

1. 영원을 사모하는 이웃사랑

키에르케고어에게 고결한 삶으로서 도덕발달은 인간의 본성인 영원을 사모하는 마음의 표현이다. 그에게 영원한 존재와 관계하는 진리는 도덕적 고결함을 통해 드러난다. 『사랑의 역사(役事)』에서 진리를 따르는 생활은 건덕의 행동으로 나타나며 그 완성은 사랑이다.[1] 고결한 덕성(德性)은 영원한 존재와 신앙의 관계를 통해 새롭게 반복되기 때문에 개념화될 수 없다. 인간이 실존적으로 자신의 내면에 도덕적 능력이 없음을 의식할 때 역설적으로 자신의 능력을 찾는 계기가 된다.

『사랑의 역사』는 키에르케고어가 평생 그토록 원했던 마음의 청결을 추구하는 내용이다. 그는 구체적 사랑의 행위를 통해 하느님 앞에 순수한 사람으로 살고자 했다. 하느님 앞에서 청결한 마음과 생각은 윤리적 생활의 완성인 사랑의 행위를 통하여 나타난다. 사랑은 그리스도신앙이 필연적으로 드러나는 행위다. 사랑의 실천이 구원의 길은 아니지만 하느님은 그리스도신앙으로서 생활을 이웃사랑에서 표현하길 원한다.

그리스도의 사랑이야말로 예수의 하느님 됨의 결정적 표지다.[2]

---

1) Kierkegaard, *Works of Love*, ed. and trans. Howard V. Hong and Edna V. Hong, Princeton University Press, 1995.

2) H. Gerdes, *Das Christusbild des S. Kierkegaards*, Düsseldorf: Diederichs, 1960. p. 78.

그리스도신앙에서 인간을 이해한 키에르케고어는 진리를 따라 살고자 했다.[3] 영원을 사모하는 마음이 드러나는 대화는 신의 은혜와 사랑에 근거한다. 영원한 축복의 삶은 호의(好意, Wohlwollen) 즉 선(善)한 의지와 함께 간다. 타자와 자연에 대한 호의(好誼)는 신으로부터 받은 은혜와 사랑이 반사(反射)된 표현이다.[4] 하느님으로부터 나온 이런 행위는 자신의 도덕발달을 지속적으로 표현한다.

키에르케고어의 외톨이 개념은 그의 시대 정치사회적 상황과 밀접한 관계를 가진다. 그는 새로운 공동체의 형성을 지향하는 구원의 방향에 있어서 미래지향적이다. 그는『사랑의 역사』에서 자신을 사랑하듯이 이웃을 사랑한다면 진정한 인간평등이 이루어질 것으로 보았다. 마르크스와 엥겔스가『공산당 선언』을 기초하고 있었던 1847년 9월 키에르케고어는『사랑의 역사』를 세상에 내놓았다.

마르크스가 노동의 가치를 인정하고 노동자의 혁명으로 공동의 사회를 이루고자 했으나 역사상 성취하지 못했다. 키에르케고어는『사랑의 역사』에서 각자 자아를 찾는 삶을 통해 새로운 사회를 성취하려고 한다. 그에게서 인간본성의 표현으로서 하느님신앙은 다른 사람과 자연에 대한 관계로 확장되며 완성되어 간다. 자기 자신을 찾는 축복의 삶은 고결한 생활을 통해 타인 및 자연을 포함한 공동체 안에서 영향력을 발휘한다.

사랑을 신(神)의 초월적 선물로 인식할 때에만 사랑의 역사(役事)가 이루어진다. 키에르케고어에서 사랑의 원천은 신 앞에서 자기를 선택하는 과정이다. 그는 그리스도신앙 안에서 사랑을 새롭게 회복했다. 도덕적 양육(養育)은 단순히 교수(敎授)함이 아니라 이미 사랑한다는 뜻이 들어있다. 그러므로 사랑의 실천으로서 도

3) Kierkegaard, *Concluding Unscientific Postscript to 'Philosophical Fragments'*, 1941. p. 173.
4) 이홍우·임병덕 역,『키에르케고르의 교육이론』, 2003. p. 6.

덕교육은 인격적 역량을 일깨워 함양시킨다는 뜻을 지니며 이러한 시도는 자기세대에 충분히 이해받지 못할 수 있다.

자아의 형성은 시간 속에 사는 외톨이가 영원한 하느님과 관계에서 가능하다. 인간실존의 완성은 신(神)으로부터 영원한 축복을 받아들이고 표현하는 삶이다. 그리스도신앙의 사랑은 먼저 사랑해 주신 하느님께 대한 사랑의 응답이며 의무가 된다. 하느님은 절대적 관계로 외톨이로서 각 개인을 이끌어 간다.

영원한 존재와 관계하는 종교성의 이념은 각자 책임을 지고 진정으로 평등한 사람다운 사람이 된다. 수평화(水平化)의 날카로운 날을 뛰어넘어 자기교육의 최고의 것을 배운 사람은 저마다 영원한 하느님 앞에서 선별된 개인이다. 키에르케고어에게 이러한 단독자의 출현은 윤리적 공동체 형성을 위한 출발이다.

키에르케고어에서 사랑은 하느님의 명령이고 인간의 의무이며 실패가 있을 수 없는 인생의 길이다.[5] 하느님과 실존적 관계로서 사랑은 몇몇 사람에게만 요구되는 일이 아니고 인간의 본성적 책임이다. 순간과 영원의 결합으로서 자아가 영원한 하느님을 사랑함이 도덕적 고결함의 근거와 완성이 된다. 『사랑의 역사』에서 보듯이 고결한 성품은 하느님에게서 오는 선물이지 인간의 자기 의지만으론 불가능하다.

키에르케고어에서 자기 자신을 찾아가는 과정으로서 행복한 삶은 도덕발달을 통하여 타인들에게 직관적 매력의 즐거움을 주게 된다. 그에게 사랑은 단지 내면(內面)의 감정일 수 없다. 『사랑의 역사』에서 하느님의 중재(仲裁)가 전제되지 않는 사랑은 서로가 최선을 다한다고 해도 그 목적을 달성할 수 없다. 하느님 관계에서 근원하는 도덕적 행위로서 이웃사랑은 실제로 사회변화를 가능하게 된다.

---

5) 쇠얀 키에르케고어 지음, 임춘갑 옮김, 『사랑의 역사』, 도서출판 치우, 2011. p. 64.

『사랑의 역사』에서 보듯이 사랑은 단지 생각이 아니라 행위를 통해 표현된다. 사랑에서 행위가 없다면 영혼이 활동하지 못하기 때문이다. 키에르케고어는 '네 이웃을 네 몸과 같이 사랑하라'는 말씀을 단지 생각을 통해 이해하고자 할 때 스스로 속게 된다고 한다. 영원한 존재와 사랑의 관계에서 근원하는 이웃사랑은 개념화하기 즉 언어로 충분히 드러내기 어렵다.

영원한 존재인 하느님의 사랑은 본질적으로 끝이 없고 말로 표현하기 어렵고 헤아릴 수 없다. 이런 사랑에 연유(緣由)하는 이웃사랑은 미행자(微行者, incognito) 즉 생각이나 개념을 넘어서 실제생활을 통해 자기를 표현한다. 이런 시각에서 『사랑의 역사』는 독자들에게 사랑에 대한 정보를 주기 위함이 아니라 실제로 고결한 행위로서 사랑의 실천을 위함이다.

사랑은 아이러니(irony)하게도 자기 자신을 진지하게 부인(否認)한다. 그러므로 사랑은 단지 생각이 아니라 도덕적 행위를 통해 표현될 수 있는 비밀스러운 과정이다. 키에르케고어에 의하면 그리스도신앙에 근거한 영원한 사랑은 믿음으로 받아들이고 이론의 차원을 넘어 실제적 삶을 통해 변증되어야 한다. 그는 이런 사랑을 영원한 하느님이 인간의 가슴 속에 심어놓은 것으로 본다(전도서 3:11).

키에르케고어는 자신의 행동이 영원한 존재와 관계에서 연유하기에 하느님을 신앙하며 주체적으로 살아야 된다고 믿었다. 그래서 그는 자신의 행동이 하느님과 관계에서 고결한 열매를 맺고자 했다.[6] '사랑은 덕(德)을 세우나니'에서 보듯이 하느님의 사랑에 근거한 행동은 도덕적 성품을 드러내게 된다.[7] 영원한 존재의 사랑에 근

6) Kierkegaard, *Works of Love*, trans. David F. Swenson and Lillian Marvin Swenson, London: Oxford University Press, 1946. p. 12.
7) M. Strawser, *Both/And*. 1997. p. 213.

거하여야 가능한 사랑은 인간들 사이의 관계만으로 환원될 수 없다.

키에르케고어는 타인에게 얽매이거나 재물(財物)이나 내일에 대한 염려가 아니라 영원한 하느님에 대한 믿음 안에서 살아가고자 했다.[8] 그의 시각에서 영원한 존재와 더불어 사는 사람은 자아를 찾아가며 자기 자신으로서 살아가게 된다. 그는 하느님과 믿음의 관계에서 자기 자신을 찾고 하느님의 사랑이 같이하면 모든 일이 합력(合力)하여 선(善)을 이룬다고 믿었다(로마서 8:28).[9]

키에르케고어에서 삶이 영원한 존재와 관계를 맺지 못하면 영원을 사모하는 마음으로서 평안을 누릴 수 없게 된다. 그는 삶에서 주체적 신앙을 객관적 증명보다 우선했다.[10] 그에게 주체적 신앙을 지닌 외톨이가 되는 길은 자신의 능력을 넘어선다.[11] 영원한 존재와 관계가 없는 상태를 기독교에서는 죄(罪)라고 한다. 영원한 존재와 신앙의 관계는 두려움을 극복하며 고결한 삶을 가능하게 한다(잠언 1:7).

『사랑의 역사』에서 도덕발달의 완성으로서 이웃사랑은 하느님의 사랑에서 연원한다. 키에르케고어는 윤리적 생활의 높은 표현으로서 이웃사랑을 하느님의 사랑에 대한 감사의 표현으로 받아들인다. 그는 그리스도신앙에서 각 개인이 자기중심적 사랑을 넘어서는 길을 찾는다.[12] 그리스도신앙에서 자기중심을 벗어나기 위해 사랑의 상호성이나 보상을 기대하지 않고 이웃 즉 자기에게서 가장 가까운 사람에게로 사랑을 향한다.

---

8) Kierkegaard, *Christian Discourses*. trans. W. Lowrie, London: Oxford University Press, 1940. p. 76.

9) M. Strawer, *Both/And*. 1997. p. 220.

10) Kierkegaard, *Christian Discourses*, 1940. p. 37.

11) Kierkegaard, *The Point of View for My Work as an Author*, trans. W. Lowrie, New York: Harper & Row. 1962. p. 128.

12) Kierkegaard, *Works of Love*, 1995. p. 17.

『사랑의 역사』에서 이웃사랑은 인간 사이의 관계만으로 가능할 수 없고 하느님의 중재(仲裁)를 통해서만 가능하다. 하느님의 사랑이 모든 사람에게 공평하다면 특정의 사람에 대한 특정의 사랑은 사실상 자기사랑의 표현이다. 『유혹자의 일기』에서 인간관계와 이웃사랑에서 숙고된 감각적 향락은 영원한 존재와 관계에서 가능하다.[13] 즉 감각적 향락은 종교 윤리적 차원에서 상대적 의미를 갖는다.

감각적 향락추구에서 이성(異性)에 대한 의존이 실존적 변형을 통해 초월자에 대한 절대적 믿음으로 승화(昇華)된다. 타자와 둘만의 관계에 얽매이는 에로스사랑은 서로 더욱 자기중심적으로 된다.[14] 단순한 연합이 서로를 더 강하게 할 수 없다. 이는 어린아이가 결혼함으로써 행복하고 더 강해질 수 있다고 생각하는 우스운 일이다.[15]

상이성과 비교를 넘어서서 이웃을 사랑하는 방법으로 키에르케고어는 침묵(silence)을 권한다.[16] 우리는 홀로 있을 때 자아를 찾게 되고 영혼의 활동이 평등하게 된다. 홀로 있을 때 고요히 백합이 피고 새들이 자유롭게 날아감을 의식하게 된다.[17] 다른 사람 옆에서 침묵을 지킴으로써 우리는 서로 간의 비교를 넘어설 수 있다. 타인에 대한 존경의 침묵에서 자아를 드러내지 않게 된다.

침묵 가운데 타인과 비교를 넘어설 때 이웃의 허물을 덮고 이웃

---

13) Kierkegaard, *The Seducer's Diary*, trans., H. Hong, Princeton University Press. p. 406.
14) Kierkegaard, *Works of Love*, 1995. p. 56.
15) Kierkegaard, *Two Ages*, ed. and trans. H. Hong and E. Hong, Princeton University Press, 1978. p. 106.
16) Kierkegaard, *Upbuilding Discourses in Various Spirit*, ed. and trans. H. Hong and E. Hong, Princeton University Press, 1993. pp. 160-161.
17) Kierkegaard, *Upbuilding Discourses in Various Spirit*, p. 161.

을 사랑하게 된다.[18] 침묵에서 나아가 잘못의 용서는 이웃을 사랑하는 방법이다.[19] 침묵은 죄와 허물의 엄중(嚴重)함을 의식하여 확대시키지 않게 한다. 타인과 단순히 연합한다고 우리가 이웃을 더 사랑하거나 더 강해질 수 없고 오히려 자기사랑의 다른 행태가 될 수 있다. 영원한 존재인 하느님과 이웃은 서로 관계 속에 있기에 진정한 자기사랑은 상호관계에서 가능해진다.

키에르케고어는 자신을 영원한 존재와 관계하는 존재로 생각하기에 자기중심적 자기사랑을 받아들이지 않는다. 그는 인간이 영원한 존재 앞에 홀로 서서 도덕적 성숙을 이룩할 때에만 세상을 변혁시킬 수 있다고 믿는다.[20] 실존적 성숙은 윤리적 행동을 통해 상호 사귀임으로 표현된다. 『사랑의 역사』에서 보듯이 사랑은 단지 생각이 아니라 행위를 통해 표현되며 행위가 없으면 실존적으로 죽은 모습이다.

사랑의 원천이신 하느님 앞에 홀로 설 때만 우리의 이웃사랑이 가능하다. 이런 뜻에서 이웃에게서 받을 수 있는 최고의 사랑은 상대방도 하느님 앞에 단독자로서 홀로 서는 삶이다. 하느님의 이웃사랑 명령은 인간으로서 실패하지 않는 길이라는 뜻을 함축한다. 하느님과 이웃사랑은 우리 자신을 만들어가는 과정이다. 이런 사랑의 과정에서 부딪히는 소위 불행한 사건들은 인간을 절망시킬 수 없다.

키에르케고어에서 하느님의 중재 없는 인간 사이의 사랑은 서로가 최선을 다하더라도 영원한 축복을 성취할 수 없다. 그는 새로운 사회를 추구하면서 도덕적 행위의 완성인 이웃사랑을 실천했다. 하느님과 관계에서 근원하는 이웃사랑은 사회변화의 첫 출발이다. 육체적 욕망을 따르는 생활은 반드시 감각적 향락을 추구하지는

---

18) 『신약성경』, 서울: 대한성서공회, 1956. (베드로전서 4:8).
19) Kierkegaard, *Works of Love*, 1995. p. 291.
20) Kierkegaard, *The Point of View*. 1962. p. 114.

않더라도 자기중심적으로 작용한다.

사랑은 직접적이거나 방법을 넘어 그 열매를 통해서 기다리며 드러난다는 점에서 표현의 어려움이 있다. 키에르케고어의 '하느님 앞에서 주체성이 진리' 라는 데에서 볼 수 있듯이 사랑의 역사(役事)는 인간 사이의 관계로 환원될 수 없고 그 원천인 하느님과 인간의 관계를 심화(深化)시키는 일이다. 이렇게 도덕발달의 완성으로서 사랑은 인간이 하느님 앞에 정직하게 홀로 섬으로써 가능하다.

2. 아카페, 에로스, 우정

『사랑의 역사』에서 키에르케고어는 하느님의 아가페사랑과 제한적 의미의 에로스사랑 및 우정의 사랑을 구별한다. 그는 그리스도의 사랑만이 일시적인 에로스와 제한된 대상의 우정과 달리 유일하게 진정한 사랑임을 강조한다. 나무는 열매를 통해 알 수 있듯이 그리스도신앙으로 말미암은 사랑은 일시적이지 않고 도덕발달을 통해 나타난다.

키에르케고어에 의하면 인간은 불안을 실존적 현상으로 드러내는 죄(罪) 때문에 스스로 윤리적으로 살 수 없다. 그에게 윤리적 행위의 완성인 사랑을 가능하게 하는 분은 하느님이다. 사랑은 지식의 점진적 접근을 통한 인식의 대상이 아니라 신앙에 근거하는 고결한 체험을 갖게 한다. 이런 영혼의 활동은 구체적 생활에서 윤리적으로 표현된다.

키에르케고어에서 인간은 하느님 앞에 외톨이로서 관계하기에 사랑 때문에 자기 자신을 속인다는 것은 가장 무서운 속임수다.[21] 자

---

21) 쇠얀 키에르케고어 지음, 임춘갑 옮김, 『사랑의 역사』, 2011. p. 14.

기 자신에게 정직할 때만 사랑이 가능하기에 자기 자신을 속이는 사랑은 원천적으로 불가능하다. 유한한 인간이 영원한 하느님 앞에 홀로 서는 길이 『신앙의 기대』에서는 희망으로 『두려움과 떨림』에서는 신앙으로 『사랑의 역사』에서는 사랑으로 나타난다.[22]

그리스도신앙에서 하느님은 사랑이라고 한다. 사랑의 근원이 하느님임을 믿지만 하느님의 사랑은 신비하여 충분히 헤아릴 수는 없다. 인간존재로서 이웃사랑은 영원하고 깊은 하느님의 사랑에 그 근거를 두고 있다.[23] 사랑의 원천인 하느님은 우리 각자에게 신(神)적 권위로서 외톨이의 사랑을 요구한다. 하느님은 당신의 사랑에 근거하며 확고부동하고 영원한 사랑에 근거하여 이웃을 사랑하라고 가르친다.

키에르케고어는 '네 이웃을 네 몸과 같이 사랑하라' 는 말씀을 인간이 단지 생각을 통해 이해하고자 할 때 스스로 속게 된다고 한다. 영원한 축복 안에서 자기 자신을 사랑하라는 명령은 인간이 자신보다 강한 하느님과 관계할 때 진정으로 자기를 사랑할 수 있다는 뜻이다. 오직 하느님만이 영원한 진리로서 사랑을 베풀며 그 지혜를 사람이 모두 헤아릴 수 없기에 순종하고 노래하며 사랑하게 된다.

키에르케고어에서 사람들 사이의 사랑은 영원한 존재인 하느님의 중재(仲裁)가 있어야만 가능하다. 이런 의미에서 사람들 사이의 사랑은 각자가 상대방으로 하여금 영원한 축복에 잇대어 하느님 앞에 홀로 설 수 있도록 한다. 영원한 존재인 하느님은 자신을 신뢰하는 이들에게 영원한 축복을 약속하며 '사랑하라' 고 명령한다. 이웃사랑에서 이웃은 편애(偏愛)의 뜻이 아니라 자신에게 가

22) 쇠얀 키에르케고어 지음, 표재명 옮김, 『신앙의 기대』, 서울: 프리칭 아카데미, 2009.
23) 임춘갑 옮김, 『사랑의 역사』, 2011. pp. 21-22.

까이 있는 사람을 의미한다.

하느님과 영원한 관계에서 살아가는 사람에게 『죽음에 이르는 병』의 실존적 죽음으로서 절망을 극복한다. 이렇게 인간에게 다가오는 불행은 인간을 절망하게 할 수 없고 하느님과 영원한 관계에 있지 않음이 이미 절망이고 불행이다. 자기본위(本位)적 자기애(自己愛)는 자기 자신을 신격화(神格化)하기에 하느님과 관계를 맺지 않는 우정과 연애는 본질적으로 우상숭배다.

하느님 앞에서 홀로 서는 사람만이 자기 자신과 이웃을 사랑할 수 있다. 그러므로 자기 자신을 사랑하는 길과 이웃을 사랑하는 길은 근본적으로 하나이고 현실적으로 변증법적 관계다. 이런 시각에서 잠시의 향락에 자신을 내던짐은 하느님 앞에서 자기 자신을 사랑하는 법을 배우지 못했기 때문이다. 하느님 안에서 자기사랑은 이웃사랑을 통해서만 가능하기에 이웃을 사랑하라는 신(神)적 권위의 명령은 각자에게 주어진 최고의 책임이 된다.

반복적으로 키에르케고어는 이웃사랑의 근거를 하느님의 사랑에서, 실천의 능력을 하느님과 믿음의 관계에서 찾는다.24) 순서상으로도 하느님의 사랑은 이웃사랑보다 우선한다. 여기서 이웃은 하느님 앞에 본성적으로 평등하기에 소위 사회적 신분이 높은 사람에 대한 이웃사랑은 용기가, 낮은 사람과 사랑에는 겸손이 요구된다. 연애와 우정이 그 대상에 매달려 있다면, 이웃사랑은 하느님신앙에서 근원한다.

하느님 안에는 어떤 비범(非凡)도 없기에 하느님사랑은 어떤 특별한 대상으로서 이웃에 따라 달라지지 않는다. 그러므로 이웃의 차별성이나 환경보다 하느님 안에 영원한 축복의 근거기 있다. 애정과 우정이 특정의 사람을 구하는 데 관심이 있다면 하느님의 사

24) 임춘갑 옮김, 『사랑의 역사』, 2011. p. 100.

랑에 근원하는 이웃사랑은 거룩하고 고귀한 사랑에서 나오는 사랑 그 자체에 '눈 멀게' 한다.

그리스도신앙에서 하느님 앞에서 인간은 군중이 아니라 한 사람의 단독자로서 실존한다는 의미에서 평등한 존재가 된다. 인간은 자충족(自充足)적(self-sufficient)으로 윤리적 생활을 할 수 없으니 하느님 관계가 없는 이웃사랑은 불가능해진다. 하느님사랑에 대한 감사의 표현으로서 이웃사랑은 자유선택에 의한 인격적 관계이지 강요된 행위가 아니다. 하느님의 영원한 사랑은 인간의 성품과 질(質)적으로 무한히 다르다.[25)]

하느님의 사랑은 단지 지성이 아니라 사랑의 관계에 들어감으로써 체험할 수 있다. '네 이웃을 네 몸같이 사랑하라' 는 명령에서 자기 자신을 찾는 과정과 이웃사랑이 불가분리의 관계에 있음을 알게 된다.[26)] 이런 시각에서 단지 말이나 이론이 아니라 개인의 주체적 삶을 통해 고결한 진리를 윤리적으로 변증하려는 키에르케고어를 이해할 수 있다.

이웃사랑은 자아를 찾아가는 과정이이기에 이웃을 사랑하지 않으면 자신을 잃어가게 된다. 갈등관계 속에서 이웃사랑도 타자에 대한 화해와 용서를 추구하는 중에 그 사랑이 표현되어야 하며 이는 곧 자기 자신을 강하게 한다.[27)] 영원한 하느님사랑에 근거한 이웃사랑은 인간이 속지 않고 희망 속에서 살아갈 수 있는 방법이다. 이렇게 잠시의 감각적 향락을 극복하는 이웃사랑은 현실세계에서 각 개인에게 주어지는 최고의 과제가 된다.

사람은 사회적 신분과 무관하게 하느님사랑에 근거하여 이웃사랑을 나누어야 될 존재라는 점에서 차등이 없다.[28)] 이런 키에르케

---

25) Kierkegaard, *Works of Love*, 1962. p. 280.
26) Kierkegaard, *Works of Love*, 1962. p. 21.
27) Kierkegaard, *Works of Love*, 1962. p. 366.

고어의 시각에서 결혼관계도 윤리적 차원을 넘어 종교 윤리적 차원으로 이해된다. 이웃사랑은 주는 자나 받는 자나 서로의 완벽성을 골똘히 생각하지 않고 주고받는 상호관계라는 데에 초점이 맞추어진다. 영원에 잇댄 이웃사랑은 속임이나 실망이 깃들 영역이 없고 사랑으로 자아가 오히려 강해진다.

키에르케고어의 시각에서 하느님사랑에 근거한 이웃사랑만이 에로스사랑과 우정을 역설적으로 존속하게 한다. 하느님이 각 개인을 사랑하는 만큼 우리는 이웃과 사랑을 주고받을 수는 없으며 만약 같은 정도로 추구한다면 이는 자기 자신을 속이려는 시도다.[29] 이렇게 이웃사랑은 실제생활에서 실행 여부(與否)보다 하느님 앞에 신앙으로 홀로 서서 영원한 행복을 바라보고 살아가는 과정이 더 우선이다.

키에르케고어의 시각에서 하느님의 현존이 전제되지 않으면 사랑의 양쪽 파트너가 최선을 다해도 사랑의 지속은 불가능해진다. 키에르케고어는 그리스도를 신앙의 주님이며 율법의 완성인 사랑의 완전한 실천자로 고백한다. 그는 반복해서 이웃사랑은 단지 인간과 인간의 관계가 아니라 하느님이 중재하는 인간과 인간의 관계로 본다. 이렇게 하느님을 중재자로 신앙하는 길이 자아를 찾아 만들어 가는 과정이 된다.[30]

키에르케고어에서 하느님을 사랑함이 진리를 사랑하는 길이며 자신을 찾고 강하게 한다. 그는 인류를 대중으로 여기지 않고 하느님 앞에 홀로 서는 외톨이들로 보기에 인간관계는 본질적으로 이웃사랑의 표현이다. 하느님과 관계하는 외톨이는 '사랑의 무한한 빚'에 근거하여 살아간다. 영원한 하느님의 사랑에 근거할 때

---

28) Kierkegaard, *Works of Love*, 1962. p. 89.
29) Kierkegaard, *Works of Love*, 1962. p. 108.
30) 임춘갑 옮김, 『사랑의 역사』, 2011. p. 198.

이웃사랑이 가능하며 인간들만의 사랑은 이에 비교할 수 없다.

데카르트가 『방법서설』과 『성찰』에서 속지 않는 길을 찾고자 했는데 키에르케고어는 『사랑의 역사』에서 '사랑 안에서 모든 것을 믿는 것'이 바로 자신을 속이지 않고 타인으로부터 속지 않는 길이라고 한다.[31] 키에르케고어에 의하면 숙고가 실존과 분리되지 않을 때에만 즉 진리는 자기 자신을 도덕적으로 만들어 갈 때에만 타인에게 전달될 수 있다. 이웃사랑은 타인으로 하여금 하느님을 사랑하도록 한다.

사랑은 영원하기에 속고 속인다는 것은 영원한 축복에 비추어 보면 아무 것도 아니다. 영원한 축복에서 볼 때 속는 것은 단지 하나 즉 하느님과 실존적으로 외톨이의 관계에 들어가지 않는 것이다. 이렇게 자신을 찾지 않는 삶은 자신을 속이며 그 자체가 이미 자신이 받는 처벌이고 나아가 파멸에 이르게 된다.

하느님과 관계에서만 자신을 찾고 이웃사랑이 가능하다면 영원한 존재의 탁월성은 그분 안에서 한 사람으로서 존엄을 얻고 축제(祝祭)하게 된다. 이러한 이웃사랑은 최고의 선(善)이고 축복이다.[32] 사람은 오직 사랑함으로써 역설적으로 속지 않는다면 이웃사랑의 표현이 한 사람에게만 몰입될 수 없다. 한 사람에게만 몰입은 사랑이 아니라 그 사람에게 홀린 것이다. 또한 자기 자신만 사랑하는 사람은 자기 자신에게 홀린 모습이다.

이웃사랑의 시각에서 볼 때 다른 사람에게 속았다고 분(忿)해할 수도 타인에게 속지 않았다고 자랑할 수도 없다. 사랑의 관계에서 다른 사람에 대한 실망은 사실 자기 자신에 대해 절망하는 것이다.[33] 오히려 상대방이 자신의 사랑을 알아채지 못하게 하는

31) 임춘갑 옮김, 『사랑의 역사』, 2011. p. 423.
32) 임춘갑 옮김, 『사랑의 역사』, 2011. p. 424.
33) 임춘갑 옮김, 『사랑의 역사』, 2011. p. 459.

방법으로 사랑함이 바로 키에르케고어가 전하는 사랑이다. 이런 사랑의 관계는 오늘날 물론 자연에까지 확장된다.

『철학의 부스러기』에서 소크라테스는 타인이 홀로 설 수 있도록 일했지만 그리스도는 하느님의 사랑 안에서 홀로 설 수 있도록 사람들을 사랑했다.[34] 키에르케고어에게 하느님 앞에서 외톨이로서 홀로 서는 과정에서 하느님에 대한 사랑과 자기 자신에 대한 사랑과 타인에 대한 사랑은 더불어 간다. 하느님과 이런 사랑의 관계에 들어가지 못하는 까닭은 하느님에 대한 믿음보다는 세상의 판단과 이목(耳目)을 더 두려워하기 때문이다.

하느님에 대한 사랑은 타인의 잘못에 대해 혹은 악(惡)에 대한 궁극적 뜻을 알려고 하기 보다는 하느님 경외를 우선시하는 사랑으로 허다한 죄를 덮게 된다. 키에르케고어에 의하면 이웃사랑은 본능을 무시하거나 없애지 않고 내면적으로 즉 하느님과 관계 속에서 끊임없이 새롭게 변화시켜 승화한다.[35] 타인의 변화나 반응이 사랑 표현의 결정적 이유가 될 수 없다.

자신이 하느님 앞에서 무한히 빚진 자로서 자기 부인(否認)을 통한 종교 윤리적 사랑을 함으로써 이웃의 변화를 가져오게 된다. 이런 의미에서 키에르케고어에서 사랑은 궁극적으로 하느님 관계를 우선시하는 영혼의 활동에서 연원한다. 이웃사랑은 공동체 안에서 윤리적으로 검증된다. 키에르케고어는 일부 비판자들의 오해와 달리 사회를 떠나는 분리주의자나 반(反)지성주의자가 아니라 사회변혁을 윤리적 이웃사랑으로 실천했다.

키에르케고어는 종교 윤리적 시각에서 인간의 구원의 질서(ordo salutis, order of salvation)는 사랑의 실천과 긴밀히 연결되어 있다고 본다.[36] 그는 『사랑의 역사』에서 사랑에 대해 단지 논

34) 표재명 옮김, 『철학의 부스러기』, 2007. p. 21.
35) 임춘갑 옮김, 『사랑의 역사』, 2011. p. 143.

(論)하지 않고 사랑을 실천하는 방법을 찾았다. 그는 '인간이 얼마나 성취할 수 있느냐?' 보다는 그리스도 안에서 한 개인의 새로운 탄생을 원(願)하고 감사한다.

하느님의 사랑은 영원히 지속됨이 우리가 사랑을 노래하게 되는 근거다. 사랑의 중단은 처음부터 사랑이 없었다는 뜻이니 사랑은 사랑의 지속으로 보일 뿐이다. 하느님의 사랑이 영원히 지속되니 이 세상은 완전히 혼란하게 될 수는 없다. 윤리적 삶의 완성으로서 이웃사랑은 단지 인간들 사이의 관계가 아니라 하느님사랑에 근거하는 삼(三)자 사이의 관계다.

이웃사랑은 하느님의 중재 안에서만 가능하기에 하느님 앞에 우리가 신앙의 역설(逆說)로써 홀로 설 때만 가능하다. 키에르케고어에서 하느님 안에 홀로 서기 전에 인간끼리 하나가 된다는 것은 불가능하다. 하느님의 중재 안에서만 이웃사랑이 가능하다고 믿기에 '원수사랑' 이나 '부모나 자매나 애인을 미워하라' 는 뜻을 이해하고 실천할 수 있게 된다.

키에르케고어에서 구원받은 인간은 고결한 성품을 마땅히 표현해야 한다. 그에게 윤리적 행위는 도덕 자율주의자들의 주장과 달리 단지 의지적 행동의 결과가 아니다. 인간의 구원이 자신의 능력만으론 불가능하기에 윤리적 행위로서 이웃사랑은 그리스도와 관계에서 가능하다. 율법의 완성이라는 이웃사랑은 영원한 축복의 추구에서 이루어지고 이런 사랑은 우리 자신을 강하게 한다.

사랑은 하느님으로부터 주어진 명령이라는 점에서 절망하거나 중단될 수 없고 사랑받는 상대의 태도와 무관하게 영원하다. 사랑은 그 본질적 속성상 영원히 지속하기에 사랑에는 결렬이 있을 수 없다. 사랑관계에서 한편이 다른 편을 포기한다는 것은 단지 사랑

---

36) Hendrikus Berkhof, *Christian Faith: An Introduction to the Study of the Faith*, Grand Rapids, Michigan: Eerdmans, 1979. p. 478.

이 완성되지 않았다는 뜻일 뿐이다. 하느님의 영원하고 불가항력(不可抗力)적 사랑은 지속되니 상대방의 반응과 관계없이 이웃사랑은 지속된다.

키에르케고어는 하느님 앞에서 외톨이로서 '진리는 주체성'이라는 실존을 반복하여 강조한다. 그는 열매를 통해서만 알려지는 이웃사랑의 삶을 살았다. 에로스사랑이 몸-마음-영혼의 관계라면 우정은 마음-영혼의 관계로 구분된다. 에로스사랑과 우정에서는 대상이 문제시되지만 이웃사랑은 하느님사랑에 근거하기에 사랑의 성격과 본질이 새롭게 되면서 가능하다.

이웃사랑은 하느님의 사랑에 대한 영혼의 활동에서 근원한다. 이웃사랑이 가능하게 되는 하느님신앙은 한 개인으로서 자기답게 사는 길이며 인간으로서 최고의 축복이고 자부심이다. 『사랑의 역사』 뿐만 아니라 키에르케고어의 사상 전반을 볼 때 주체적 진리는 타자도 하느님 앞에서 주체적으로 살아갈 때 전달되고 공유된다. 이런 시각에서 다른 사람도 하느님 앞에서 각자의 고유한 개성과 성품이 있음을 믿게 된다.

하느님의 각 개인에 대한 사랑은 유한한 인간이 하느님과 관계하는 신앙이 약해질 때에도 지속된다. 이런 하느님사랑이 각 개인에게 주는 선물은 각자를 독특한 존재로 만든다. 개인의 독특성은 타자와 관계에서 의미를 지닌다. 영원하고 존엄한 존재와 나의 존재가 사랑으로 맺어지는 놀라운 관계는 자연을 포함한 이웃사랑으로 표현될 수밖에 없다. 이런 관계 속에 있는 '나'는 나다움의 원천인 하느님을 매개로 이웃을 사랑하게 된다.

하느님사랑에 대한 나의 감사는 감각적 윤리적 단계를 넘어 종교적 영(靈)적 존재로서 나다움을 끊임없이 표현함으로 드러난다. 하느님 관계를 인간관계보다 우선하는 『두려움과 떨림』은 키에르케고어의 약혼녀 레기네(Regine)에 대한 신앙의 관계로도 해석된다. 그는 신앙 안에서 레기네 사랑을 승화했다.

키에르케고어에서 하느님신앙은 모든 관계에 우선한다. 그는 하느님과 인간의 관계에서 각자가 자기 자신의 구원을 깊이 생각할 것을 요구한다. 그는 그리스도와 개인의 관계는 타자와 관계보다 우선한다고 믿었다. 상대방이 하느님을 믿고 사랑하게 된다면 나는 그 사람의 사랑을 받는 것이다.

3. 도덕발달로서 용서

키에르케고어는 신과 최고의 관계를 용서에 대한 확신에서 찾았다. 그는 용서에 대한 확신에서 하느님으로부터 받은 은혜의 기쁨을 고백하게 되었다. 인간의 궁극적 물음을 신과 실존적 관계에서 찾은 키에르케고어의 확신이 신앙적 독단이 아님은 도덕발달을 통해 전달되기 때문이다. 우리는 자신의 실존이 고양(高揚)된 현실에서만 타인의 실존을 이해할 수 있다.

키에르케고어는 하느님과 교제하고 싶은 소명(召命) 즉 영혼의 활동에서 자기 자신을 찾았다. 그에게서 사람이 자기를 아는 길은 신으로부터 받은 자신만의 소명 즉 고유한 책임이다. 하느님의 소명을 수행하는 길은 인간의 실존적 성숙 혹은 변형을 통해서 이루어진다. 우리는 하느님의 소명을 충분히 이해하지 못하지만 책임을 의식하고 실존적 결단을 반복하며 자아를 형성해 간다.

현대인은 결정적 순간에 개인의 실존적 주체성보다는 타인들이 살아가는 방식이나 수적(數的) 다수를 행동의 지침으로 따르고 있다. 정신적 활동을 해야 하는 사회적 지도층도 상당수 예외가 아니다. 현대인의 진리에 대한 배치(背馳)는 끊임없이 알려고 할 뿐 주체적 행동의 포기를 통해 나타난다. 키에르케고어에서 진리는 단독자의 도덕적 행위를 통하여 증언된다.

우리의 긴급한 요구는 더 많은 지식이나 정보의 축적보다는 자기 자신의 변화다. 단지 생각에만 얽매인 세대에서 키에르케고어가 실존의 변형으로 요청한 주체적 정열과 신앙의 도약을 보기 어렵게 되었다.37) 그는 실존의 최고 단계에서 종교 윤리적 변형을 통해 예수 그리스도와 교제를 원망(願望)하며 이 원망을 하늘의 선물로 받아들였다.

키에르케고어는 자기시대에 숙고만 있고 정열이 없음을 비판했는데 현대의 우리는 숙고와 정열이 모두 없이 즉 단독자로서 실존을 포기하고 살아가는 듯하다. 키에르케고어는 자신을 괴롭힌 우울과 죄의식을 극복하고 용서에 대한 확신에서 하느님을 노래하였다. 이렇게 은혜와 사랑을 노래하고 싶은 특별한 소원이 자신을 압도할 때 이 소원은 하늘 아버지로부터 온 선물로 키에르케고어는 고백했다.38)

키에르케고어는 실존적 불안으로 드러내는 죄에서 인간의 조건(human condition)을 보았다. 그는 자신의 우울과 죄책에서 벗어난 후 즉 자신의 실존적 변형을 체험한 후 감사의 삶을 살길 원했다. 신이 자신에게 끊임없이 최고로 베풀어주는 새로운 삶에 대해 키에르케고어는 경건한 결단을 하게 되었다. 그는 용서의 은혜를 감사하며 더 이상 삶의 궁극적 의미 즉 형이상학적 질문을 제기하지 않았다.

키에르케고어는 속죄(贖罪)에 대한 확신을 인간에게 가장 본질적 문제로 보았다. 인간이 스스로 의식하는 죄의식은 현실세계에서 타인을 용서하지 못하는 모습으로 드러난다. 이렇게 용서하지

---

37) Kierkegaard, *The Present Age: on the Death of Rebellion*, trans, by Alexander Dru, Harper Collins Publisher, 1962. p. 12.
38) Kierkegaard, *The Present Age*, 1962. p. 259.

못하는 모습은 현대인에게도 적용된다. 인간은 객관적으로 탐구되기 이전에 그 자체로서 존엄한 존재인데 견디기 어려운 상처를 용서함으로써 자기의 고결한 존엄을 지킬 수 있다.

워팅톤(Worthington, Jr.)은 용서를 현대인이 상실한 보화(寶貨)로 본다.[39] 우리는 잘못된 일을 보거나 겪으면 우선 바로잡고자 한다. 사실 용서에 대한 의지는 힘겨운 일이다. 워팅톤은 하느님과 자신과 타인에 대한 용서를 구분하고, 용서를 통해서만 우리가 새로운 관계를 회복할 수 있다고 한다. 그는 용서의 정신적 육체적 영(靈)적 유익함을 논한다.

워팅톤에서 용서는 어느 순간에 이루어지지 않고 지속적 여정(旅程)이다. 용서하지 못하는 실존적 위험은 자기침잠(沈潛, self-absorption)이다. 우리는 자기 자신에게 빠짐으로써 자기가 가질 수 있는 자기만의 시각을 오히려 잃게 된다. 특히 자기 자신이 피해자라는 의식은 자기침잠에 빠지게 한다.[40] 화해와 용서에 솔선(率先)적으로 나서면 다른 사람이 앞으로 자신을 쉽게 대할 수 있다는 위험에 빠지게 될 것 같다. 즉 모든 사람들이 용서를 귀한 덕(德)으로 생각하지는 않는다.

워팅톤에게 용서는 용기가 있는 자에게만 가능하며 자신을 강하게 만드는 덕이다. 용서의 훈련은 육체적 건강에도 긍정적 영향을 미친다.[41] 용서하지 않는 부정적 영향은 신경호르몬 분비를 높이고 심장혈관에 스트레스를 주어 심장마비의 위험성을 높인다. 이런 신체적 영향은 결국 사고(思考)와 기억에 부정적 결과를 가져오게 된다. 용서는 장기적 분노와 우울 등에서 벗어나게 하며 인

39) E. Worthington Jr., *The Power of Forgiving*, Templeton Foundation Press, 2005, p. 15.
40) Worthington, *The Power of Forgiving*, 2005. p. 21.
41) Worthington, *The Power of Forgiving*, 2005. p. 37.

간관계에서 행복을 증진시키는 긍정적 결과를 가져 온다.42)

덕(德)으로서 용서는 개인의 반복과 훈련을 통하여 몸에 배게 된다. 구체적 실행에서 타자를 용서하기 위해서는 자기 자신을 더 이상 저주나 자기비하(卑下)의 대상으로 여기지 않아야 한다. 무조건적 존엄을 받아들이는 자기용서가 우선적으로 요청된다. 이런 용서의 실천을 실존적 변형은 요구한다.43) 용서의 연습과 훈련은 자신에게 유익을 가져 올 뿐만 아니라 타인의 축복을 원망(願望)하게 된다. 이렇게 관계의 회복이 주는 기쁨은 용서의 훈련과 더불어 선(善)순환을 이루게 한다. 용서가 동반된 기억은 단지 과거의 아픈 추억이 아니라 화해로서 관계가 회복된 변화의 추억이 된다. 즉 과거의 추억에 대한 선택과 그 대응은 각자 자신의 몫이다.

인간은 종국적으로 하느님 앞에서 살아간다. 아픈 추억에 대한 용서를 통해 우리는 자신과 타인을 새로운 시각에서 보게 된다. 우리는 타인에 대한 동정과 감정이입을 통하여 부정적 감정을 긍정적으로 바꾸는 용서의 훈련을 하게 된다. 그러므로 사랑할 수 있는 능력은 용서할 수 있는 능력이라고 할 수 있다.

키에르케고어는 용서의 은혜를 갚으려는 경건한 소원을 하늘의 선물로 확신하고 자신의 모든 것을 팔아 이를 사고자 하였다.44) 그는 최후의 만찬을 근거로 자신의 마음 깊은 곳에서 그리스도와 교제하려는 소원을 고백한다. 그리스도가 제자들과 최후의 만찬을 하려는 마음을 키에르케고어는 모든 사람에 대한 초청으로 해석했다.45)

기독교 진리를 바울이 '거리끼게' 하는 것(stumbling block)이라고 했다면 키에르케고어는 인간의 무조건적 용서를 증언하는 종

42) Worthington, *The Power of Forgiving*, 2005. p. 43.
43) Worthington, *The Power of Forgiving*, 2005. p. 57.
44) 마태복음 13:44.
45) Kierkegaard, *The Present Age*, 1962. p. 260.

교적 실존을 인간의 이해를 넘어서기에 부조리(不條理, absurdity)에서 찾았다.[46] 그는 자신에게 영원한 생명을 주는 예수 그리스도만을 유일한 친구로 찾았다. 인간들 사이에서는 호의(好誼)의 요청이 반복되면 관계가 지속되기 어렵지만 키에르케고어는 신 앞에 홀로 서면서 진리를 삶으로 변증했다.

현대에서 진리에 대한 배신은 구체적 실천이 없는 생활에서 나타난다. 인간의 부패성이 잘 의식(意識)되지 못하더라도 개인도 국가도 죄 때문에 멸망하고 죽어간다. 그리스도교는 온 세상이 죄 아래 있다고 가르친다. 키에르케고어에 의하면 사람은 타자를 사랑하고 관심을 보일 수 있지만 하느님같이 자신의 생명을 내어주면서까지 타인을 돌볼 권리는 없다. 사람은 아름다운 삶이라는 명목으로 자신과 타자를 위해 죽기까지 할 권한은 없다.

키에르케고어는 세상의 죄로 그리스도의 생애가 고난의 연속이었다고 한다.[47] 그는 그리스도의 부르심에 응답하여 그리스도와 교제하기를 원했다.[48] 그는 이 땅에서 살아가지만 그리스도 안에서 영원한 축복을 발견하고자 했다. 최후의 만찬에서 보듯이 그리스도는 자신을 따르는 제자들과 교제를 간절히 원했다.

키에르케고어에서 죄와 죄의식은 세월이 지난다고 완화될 수 있는 것이 아니고 사람은 그리스도에게서만 쉼을 얻을 수 있다. 그는 '수고하고 무거운 짐을 진 자들아 다 내게로 오라' 는 그리스도의 초대에서 사유(赦宥)를 의식했다.[49] 죄는 인간으로 하여금 그리스도와 교제를 희미하게 만든다. 인간의 무거운 짐은 죄이고 그리스도는 인간들이 이 짐에서부터 편히 쉬도록 초청한다.

---

46) 로마서 9:33.
47) Kierkegaard, *The Present Age*, 1962. p. 266.
48) Kierkegaard, *The Present Age*, 1962. p. 267.
49) 마태복음 11:28-30.

키에르케고어에 의하면 사람은 가까운 사람에게 자신의 비밀을 알린다고 쉼을 얻을 수 없다. 오히려 인간의 온갖 유혹을 알지만 죄는 없으신 동정(同情, sympathy)의 초청자 그리스도 안에서만 쉼을 얻을 수 있다. 키에르케고어에게 그리스도만이 수고하고 무거운 짐을 진 사람들을 '나에게 오라' 고 부르고 가슴에 품을 수 있는 분이다. 그리스도는 이 땅에서 필요한 것들을 아는 분이다. 그분은 광야에서 주리고 십자가에서 목마르다고 했다.

그리스도는 가난을 알았고 머리 둘 곳도 없었다. 그분도 죽음 앞에서 힘들어 했고 마침내 하느님으로부터 버림을 받으면서까지 세상 죄를 짊어지셨다. 그리스도는 영혼의 목자이며 바로 구원자이다. 그렇기에 그는 인간의 고뇌와 슬픔을 우리 자신보다 더 잘 알고 우리의 고뇌와 슬픔을 대신 짊어지신다. 우리의 슬픔과 고뇌를 모두 안다고 해도 그 짐을 대신 져주지 못한다면 무슨 소용이 있겠는가?

키에르케고어에 의하면 그리스도는 군중의 하나로서 인간과 관계하지 않고 개인적으로 영원한 축복을 주며 인격적으로 교제한다. 이렇게 그리스도와 개인의 관계는 다른 사람이 알 수 없는 인격적 교제다. 그리스도가 있는 곳이 바로 성소(聖所)라고 할 때 속죄(贖罪)의 확신을 통한 나날의 삶이 바로 예배가 된다. 키에르케고어는 용서의 영원한 축복을 약속하는 진리를 확신했다. 그는 이 확신을 구체적 실천의 삶으로 타인에게 전하려고 했다.

사람은 타자와 관계하기 전에 자기 자신과 관계한다. 『두려움과 떨림』에서 윤리적 행동은 종교적 신앙에 근거한다.[50] 키에르케고어에게 도덕발달은 자아의 형성에 근거한다. 그는 영원한 존재와 관계를 신앙이라고 한다.[51] 그는 자신을 고상(高尙)하게 만드는

---

50) Kierkegaard, *Fear and Trembling*, 1983, p. 35.

51) Kierkegaard, *The Sickness unto Death*, trans. W. Lowrie, Princeton: Princeton

도덕적 진리에 관심을 가졌다. 윤리적 생활은 욕망의 금제(禁制)를 넘어서 영원한 존재인 하나님과 관계에서 얻는 축복된 생활의 체험이며 표현이다.

영원한 존재와 신앙의 관계가 도덕발달을 가능하게 한다. 보편적 사유가 정신(mind)의 활동이라면 인간 내면의 영혼(spirit)의 활동은 영원한 존재를 사모한다.[52] 영원한 존재와 관계하지 않고 단지 사회적 관습에 의존하며 이상(理想)적 관계를 추구할 때 실존적으로 절망할 수밖에 없다.[53] 도덕적 생활은 도덕이론의 습득에서 나아가 실제로 그에 걸맞은 행동을 함으로써 가능해진다.

키에르케고어에서 개인이 현실적 변화를 가져오기 위해서는 '무엇을 믿느냐' 뿐만 아니라 '어떻게 믿느냐' 가 아주 중요하다.[54] '무엇을 믿느냐' 가 객관적 내용이라면 '어떻게 믿느냐' 는 주체적 삶에 관계한다. 즉 삶의 변화를 위해서는 참된 믿음 즉 믿음에 따른 행동을 해야 한다. 키에르케고어는 『강화집』에서 영원한 존재와 관계에서 고결한 성품으로 표현되는 자아의 형성을 지속적으로 찾았다.[55]

4. 도덕발달론 비판적 이해

영원을 사모하는 마음으로서 인간이해는 도덕발달을 인간들 사이의 관계로 환원시키는 인본주의를 전(全)적으로 수용할 수는 없다. 인간역사의 어두운 현실을 생각할 때 휴머니즘을 일방적으로 받을

University Press, 1968. p. 262.

52) Kierkegaard, *Christian Discourses,* trans. W. Lowrie, London: Oxford University Press, 1940. p. 37.

53) Kierkegaard, *The Sickness unto Death*, 1980. p. 33.

54) Kierkegaard, *Concluding Unscientific Postscript*, 1944. p. 181.

55) 키에르케고어 저, 표재명 역, 『들의 백합 공중의 새』, 1999, p. 146.

수 없다. 키에르케고어는 이 세상을 자아를 실현하는 종국적 세계라고 여기지 않고 하느님과 함께 누리는 영원한 축복을 추구했다.[56]

그리스도신앙에서 하느님의 창조는 태초뿐만 우리의 실존과 선택을 통해 당연히 지속된다. 인간은 땅을 다스릴 문화명령을 받았을 뿐만 아니라 하느님의 거룩하고 고결한 성품을 닮을 수 있는 가능성을 갖고 있다. 하느님은 무한히 주체적 존재이기에 실존적 절망은 이런 주체적 존재에 주체적으로 관계하지 못하는 부정적 모습이다. 신앙은 인간의 적극적 창조활동이다.[57]

키에르케고어에서 자아의 실현은 일방적 자기긍정이 아니라 그리스도와 신앙으로 관계할 때 오히려 가능해진다. 그에게 인간의 실존과 도덕적 덕성은 하느님의 창조적 의지와 그리스도의 구속(救贖)의 능력에 의해 가능하다. 도덕발달이 인본주의에서는 인간관계로 환원되지만 그리스도신앙에선 인간의 하느님 관계에서 연원(淵源)한다.

도덕적 추론의 선구자 피아제(Piaget)에서 도덕발달은 타율(他律) 통제에서 자율적 자기규제로 변환이다.[58] 그는 주로 4세부터 12세까지 어린 아이의 도덕발달을 연구했다. 콜버그(Kohlberg)는 청소년과 성인 시기의 도덕발달을 연구했다. 그는 관습(慣習, convention)을 보는 태도에 따라 도덕발달을 6단계로 구분한다. 그에게서 도덕발달은 자기중심적 생활로부터 인류에 대한 보편적 책임과 거룩한 봉사에 대한 의식으로 발전한다.[59]

---

56) John A. Hammes, *Humanistic Psychology: A Christian Interpretation*, New York: Grune & Stratton. 1971. p. 184.

57) Kierkegaard, *Either/Or, II*, trans, D. Swenson, Princeton University Press, 1971. p. 178.

58) Jean Piaget, *The Moral Judgment of the Child*, trans. M. Gabain, Free Press. 1997.

콜버그는 도덕발달의 여섯째 마지막 단계에서 사회적 관습과 규칙을 뛰어넘는 진리와 정의(正義) 등 보편적 가치를 추구한다. 도덕발달이 높아질수록 자기중심적 요구로부터 직접적 대가(代價)를 바라지 않고 그 자체가 목적이 되는 자유, 평등, 인간 존엄에 대한 의식을 솔선(率先)해서 지속적으로 추구하게 된다.[60] 그런데 사회의 통속적 관습은 도덕적 미숙을 좋아하지 않지만 높은 도덕성 역시 거리끼며 좋아하지 않는다.

도덕발달의 인지(認知) 심리학적(cognitive psychological) 접근은 타인이나 주위환경의 영향보다는 개인의 인지(認知)와 추론(推論)할 수 있는 능력에 초점을 맞춘다. 즉 도덕적 행위에서 주위환경보다는 개인에게 강조를 둔다. 인지적 접근은 도덕적 추론과 도덕발달을 동일시한다. 그렇지만 높은 지성의 사람이 도덕적으로 발달하지 못한 경우를 본다.

인지(認知)이론적 도덕발달에 대해 인간본성에서 추론이 감정이나 의지보다 도덕발달에 더 우선적 요인이 아니라는 비판이 있다.[61] 인지이론가들은 더 높이 추구하는 도덕적 가치를 위해 도덕적 추론을 한다고 생각한다. 하느님의 형상(image of God)으로서 인간을 보는 그리스도신앙에서 영혼의 활동과 인지적 발달은 상관관계가 있지만 동일하지는 않다.

추론이나 합리성은 인간이 하느님으로부터 받은 속성(屬性)이지만 인간속성의 전부는 아니다. 하느님의 모습에 의한 인간에게 추론능력도 주어졌다는 뜻이다. 추론은 현실에서 도덕적 행위에 적용될 때 의미를 갖는다.[62] 그렇지만 도덕발달에서 감정의 중요성을

---

59) L. Kohlberg, *Essays on Moral Development: The Philosophy of Moral development*, Vol. 2, New York: Harper & Row. 1984.

60) 유병열, "학교 인권교육 강화를 위한 실천방안 연구", 『道德倫理科敎育)』, 제39호, 2013. pp. 239-264.

61) C. Bonnidell, *Moral Development*. 1985. p. 119.

인정하는 사람들은 추론만 우선하는 도덕행위를 비판한다. 실존사상가들은 추론이 행동보다 우선한다는 주장에 대체로 비판적이다.

도덕발달의 인본주의적 접근은 인간의 잠재적 가능성을 신뢰한다. 이런 잠재적 가능성에 대한 신뢰는 외부환경에 의해 행동이 통제될 수 있다는 행동주의적 접근과 다르다. 또한 인간문화의 내면적 부패와 변형을 고찰하는 정신분석적 접근과도 다르다. 인본주의자들은 스스로 도덕발달의 가능성을 지녔다고 생각하면서 인간조건의 적극적 면을 주로 본다.

인본주의 심리학자들은 자아실현의 가능성에 주로 관심을 갖는다. 인본주의 심리학자 중에는 매슬로우(A. Maslow), 로저스(C. Rogers) 등이 있다. 한편 비츠(P. Vitz)는 휴머니즘을 과학이 아니라 세속(世俗)종교로 본다.[63] 휴머니즘의 도덕발달에 의하면 사람은 선(善)하게 태어나고 자신의 가능성을 실현하기 위해선 격려와 칭찬이 중요하다고 생각된다.

세속적 휴머니즘은 자기 신격화(神格化, self-deification)를 암묵적으로 주장한다. 파커(Packer)는 휴머니즘의 이상(理想)은 오히려 그리스도신앙을 통해서만 가능하다고 한다.[64] 그리스도신앙에서 인간은 하느님의 모습대로 창조되었기에 더불어 교제할 수 있고 땅을 다스릴 문화명령을 받았다. 하느님의 성품을 닮아가는 사람은 도덕발달의 가능성을 갖고 있다.

정신분석적 접근의 도덕발달에서 인간은 쾌락의 추구와 사회적 규제 사이에서 갈등을 겪으며 자신의 어두운 면을 직시하게 된다.

---

62) C. Henry, *God, Revelation, and Authority*, V. 5, TX: Word Books. 1982. p. 383.

63) Paul C. Vitz, *Psychology as Religion: The Cult of Self Worship*, Grand Rapids, Michigan: Eerdmans Publishing Company, 1995.

64) J. I. Packer, *Knowing Man*, Westchester, IL: Cornerstone Books, 1979. p. 11.

이런 입장은 사회의 규범을 내면화하며 욕망의 금지가 사회적 기대대로 승화될 때 문화가 된다고 한다. 억압(repression)과 달리 본능의 에너지가 문화의 형성에 기여하며 자아가 창조적으로 바뀔 때 승화된다고 주장한다.

키에르케고어와 정신분석적 접근은 공통적으로 인간의 부패를 전제한다. 그는 그리스도와 관계에서 자아를 찾는데 프로이드의 정신분석은 어린아이가 성장하면서 사회적 규제와 타인의 욕구에 잘 적응하면서 더 나은 사람이 된다고 한다. 프로이드는 영원한 존재를 전제하지 않고 인간 사이의 관계로 소외(疏外)의 해결을 추구한다.

키에르케고어는 하느님과 믿음의 관계로 실존적 절망과 불안을 극복하고 자아를 형성하고자 한다. 그에게 하느님과 인간의 관계는 정신분석의 승화와 같이 단지 긍정적 방어기제가 아니라 '새로운 생명' 의 탄생이다. 그에게 도덕발달은 정신분석적 접근에서 주장하듯이 인간 사이의 관계로 환원되지 않고 하느님과 영혼의 활동이 나타나는 믿음의 반복적 과정이다.65)

서양철학이 오랫동안 이성(理性)적 사유를 통해 현실을 설명해왔다면 정신분석은 본능, 비합리성, 쾌락추구 등 성(性)과 공격성의 무의식을 발견하려고 한다. 도덕발달에서 정신분석적 접근은 본능과 초자아 사이의 갈등해소가 관심이다. 그리스도신앙은 하느님과 관계를 맺는 새사람과 그렇지 않은 옛사람 사이의 갈등을 극복하여 영원한 축복을 추구한다. 키에르케고어에서 도덕발달은 하느님과 자아의 진지하고 열정적 믿음의 관계에서 지속적으로 나타난다.66)

키에르케고어의 실존적 이해에서 기존의 도덕발달의 여러 이론

---

65) Bernard L. Ramm, *The Right, the Good and the Happy*. Waco, TX: Word Books. 1971. pp. 42-43.
66) Kierkegaard, *Postscript*, trans, D. Swenson, 1941. p. 171.

들은 비판적으로 고찰된다. 그에게 거룩함이란 창조주가 피조물로부터 구별되고 초월해 있음을 의미한다.[67] 타락한 인간의 모습은 전능하고 사랑하는 하느님의 고양(高揚)을 필요로 한다. 즉 신적 도움을 통해서만 인간은 거룩함으로서 도덕발달에 나아갈 수 있다.

그리스도와 죄 아래 인간은 상대적으로 다르지 않고 전(全)적으로 다른 존재다. 그러므로 단지 생각, 감정, 의지만이 아니라 영원한 존재와 신앙으로 관계를 맺을 수 있다.[68] 특정의 대상에 의존하는 심리적 분노와 달리 키에르케고어에서 실존적 분노는 인간이 전적으로 다른 하느님을 오성(悟性)의 차원에서 이해하려는 시도에서 나타나는 불행한 현상이다.[69]

분노는 인간에게 정상적 감정이고 삶의 한 부분으로서 자기 자신을 표현하는 방법이다. 승화된 표현으로 분노는 자신의 감정을 단지 폭발시키지 않고 문제를 해결할 수 있도록 다른 사람이 이해할 수 있는 방법으로 표현한다.[70] 키에르케고어에서 분노의 승화된 표현은 하느님의 용서에 대한 확신에서 오는 축복의 길이다.

키에르케고어가 하느님 관계에서 자신을 찾았다면 사람의 분노는 종국적으로 하느님에 대한 분노가 된다. 인간은 터무니없이 부족한 자신과 사회현실을 바라보면서 분노하게 된다. 이런 현실의 궁극적 제공자가 하느님이라고 간주하면서 하느님에 대한 기대와 함께 분노하게 된다. 이렇게 실존적 분노는 하느님에 대한 신뢰의 표현으로 해석이 가능하다.

그리스도교에서 인간은 하느님의 모습대로 창조되었고 더불어 교제할 수 있다. 하느님에 대한 순종 대신 스스로 하느님 같이 되

67) J. I. Packer, *God's Words: Studies of Key Bible Themes*, Downers Grove, IL: Inter-Varsity, 1981. p. 171.
68) Thulstrup, *Kierkegaard's Relation to Hegel*, trans. 1980. p. 169.
69) 표재명, 『사랑과 영혼의 철학자 키에르케고어를 만나다』, 2012. p. 193.
70) R. & P. Potter-Efron, *Letting Go of Anger*, 2006. p. 184.

려는 유혹에 의해 타락한 영향은 인간의 모든 면에 나타났다. 이런 현실에도 불구하고 사람으로서 존엄은 아직 있어 어느 피조물보다 우위에 있다. 이렇게 인간의 도덕적 가능성은 그리스도와 연합에서 가능하지 세속적 휴머니즘이 암묵(暗默)적으로 주장하는 자기 신격화(神格化)로는 되지 않는다.

키에르케고어에게 도덕적 생활은 인간 사이의 관계만으로는 충분하지 않다. 그에 의하면 하느님과 신앙으로 관계하는 사람은 도덕적으로 실존한다. 인간은 신(神)적 성품과 죄(罪)된 성품 사이에서 갈등하며 산다. 아담에서 상속된 죄의 성품과 비교할 수 없는 그리스도의 영광된 성품이 영혼의 활동에 주어진다(로마서 5:17). 영원한 존재와 관계의 단절인 죄(罪)는 현실생활에서 절망과 불안으로 나타난다.

실존적 불안을 극복하는 영혼의 활동으로써 믿음은 자신을 깊이 이해하며 도덕적으로 형성한다.[71] 기존 도덕발달이론과 달리 인간이 죄 안에 있다는 말이 즐겁게 들리지 않지만 믿음의 생활은 영광된 도덕적 성품을 약속한다. 키에르케고어에 의하면 하느님과 신앙으로 관계하는 사람은 현실적으로 고결한 성품의 도덕발달을 성취한다.

키에르케고어 인간이해는 기존 도덕발달론 연구의 면모들을 모두 갖고 있기에 신(神)적 성품은 도덕발달의 완성으로 해석된다.[72] 그런데 전통적 기독교의 입장에 서더라도 신학이나 성경이 우리가 직면하는 실존적 문제에 답을 모두 제시하지는 않는다.[73] 그리스도신앙은 현실적으로 가능한 도덕발달에 관심을 갖고 해결

---

71) B. Ramm, *The Right, the Good and the Happy*. 1971. pp. 42-43.
72) J. Anderson, *Morality, Law and Grace*, Inter Varsity Press. 1972. p. 59.
73) G. Collins, *The Rebuilding of Psychology*, Wheaton: Tyndale House. 1977. p. 160.

방법을 모색한다.

키에르케고어에서 종교적 영역에 근거하는 윤리적 생활은 다른 사람도 동일한 수준에 다다랐을 때에만 충분히 이해된다. 그에게 아담의 타락 후 온 인류는 그 영향 아래에 있게 되었다. 그리스도 신앙에서 사람은 하느님의 모습대로 창조되었기에 예수 그리스도의 구속(救贖)사역에 따라 그 형상을 회복하고 거룩하고 존귀한 생활을 할 수 있게 된다. 성경에는 인간의 영광된 모습과 비참한 모습이 모두 기록되어 있다.[74] 우리는 신(神)으로부터 분리될 수 없는 성결(聖潔)의 과정을 충분히 이해할 수는 없다.

『철학의 부스러기』에서 그리스도 신앙은 도덕발달을 실제로 가능하게 한다. 키에르케고어에게 도덕발달은 정신분석적 접근에서 주장하듯이 인간 사이의 관계로 환원되지 않고 하느님과 영혼의 활동이 나타나는 과정이다.[75] 영혼의 활동으로써 축복의 삶은 인지(認知)이론과 주의주의(主意主義)적 도덕교육의 지평을 비판적으로 확장한다.

고결한 성품으로서 도덕발달은 욕망의 억제나 보편적 규범의 일방적 수용이 아니라 영원한 존재와 관계에서 각자에게 주어지는 축복된 삶이다. 특정의 사람만 고결한 도덕성을 드러내는 이유를 그리스도신앙은 하느님의 은혜로 대답한다. 영원한 존재와 관계하는 거룩한 도덕발달은 인간들 사이의 관계만으론 충분히 설명할 수 없다. 인간은 의지만으론 거룩한 도덕성에 다다르지 못하고 신(神)의 우선적 활동에서 가능하다는 확신에서 평안을 찾는다.

---

74) D. G. Bloesch, *Essentials of Evangelical Theology* Vol. I. *God, Authority, & Salvation*, San Francisco: Harper & Row, 1978. pp. 88-90.

75) B. Ramm, *The Right, the Good and the Happy*. 1971. pp. 42-43.

VII. 건덕(建德, edifying)의 삶과 『아이러니의 개념』

1. 영원한 존재를 찾는 아이러니
2. 윤리적 행동의 형이상학적 근거
3. 자아의식과 실존의 변형
4. 도덕발달의 실존적 전달
5. 실존적 아이러니와 도덕발달
6. 낭만적 아이러니 비판
7. 자아형성의 도덕적 검증

VII. 건덕(建德, edifying)의 삶과 『아이러니의 개념』

1. 영원한 존재를 찾는 아이러니

아이러니는 겉으로 드러난 표현과 반대되는 뜻을 전달하려고 한다. 즉 아이러니는 자신이 목적하는 바를 반대되는 방법으로 표현한다. 키에르케고어는 주체(主體)가 부정적으로 자유스러운(the subject is negatively free) 즉 자신을 비움으로써 자아를 형성해 가고자 하였다.[1] 인간은 본성적으로 자기만의 독특성을 아이러니를 통해 표현하고자 한다.

키에르케고어에 의하면 인간은 영원한 존재와 관계에서 현실적으로 도덕적 행위가 가능하다. 그는 이 세상에서 보는 현상을 삶의 전부로 여기지 않고 영원한 축복을 바라보았다. 그는 영원한 존재와 신앙의 관계에서 자아를 비우는 아이러니의 주체성을 갖고 살아갔다. 이런 삶은 새로운 존재로서 삶의 자취를 역사적으로 남기게 된다.[2] 이렇게 자기를 비우면서 자기다워지는 아이러니의 삶은 인간본성에 걸맞은 성취를 이룩한다.

주체성을 찾은 소크라테스는 자기 자신을 찾아가며 자신과 타자

---

1) A. Burgess, "The Upbuilding in the Irony of Kierkegaard's The Concept of Irony", in *International Kierkegaard Commentary* v. 2, *The Concept of Irony*. 2001. p. 142.
2) Kierkegaard, *The Concept of Irony*, 1989. p. 211.

에게 윤리적으로 관계한다. 그는 신(神)적 존재를 의식했지만 알 수는 없다고 고백한다. 그의 무지의 고백은 단지 부정적 의미가 아니라 끊임없이 자기 자신을 찾아가는 과정으로서 긍정적 의미다. 자아의 형성은 윤리적 매력으로 인간들 관계에서 나타난다. 그런데 키에르케고어에서 인간관계가 절대적 의미를 갖지는 않는다.

키에르케고어는 아이러니의 태도 즉 자신을 비우는 그 자체가 윤리적 삶을 가져오지 않는다고 보았다. 그는 영원한 하느님과 관계를 맺는 종교적 헌신을 통해 천박한 현실을 극복하고자 한다.3) 그는 소크라테스의 아이러니와 자신의 고결한 삶을 위한 강화(講話, discourse)의 글을 구분한다. 이런 구분에도 불구하고 키에르케고어와 소크라테스는 이 세상과 관계에서 영원한 축복을 찾지는 않는다.

키에르케고어는 헤겔과 마찬가지로 분명치 못한 현실을 밝히고자 했고 철학에서 설교조의 훈계를 배척했다.4) 키에르케고어는 아이러니를 헤겔을 통해 부정적 의미로 받아들였지만 자신의 삶과 연관하여 새롭게 해석하였다. 즉 헤겔의 개념적 아이러니가 키에르케고어에서 내면화된 변증법이 되었다. 영원한 하느님과 관계할 때 키에르케고어는 늘 잘못할 수밖에 없음을 알고 변하지 않는 은혜와 사랑을 감사하였다.5)

『아이러니의 개념』을 통해 키에르케고어는 소크라테스에 의해 전개된 아이러니의 이해를 실존적으로 발전시켰다. 키에르케고어는 통제된 아이러니(controlled irony)를 받아들이며 영원한 존재와

3) Kierkegaard, *The Concept of Irony*, 1989. pp. 257-258.
4) J. Ringleben, *Aneigung: Die Spekulative Theologie Søren Kierkegaards*, Berlin: Walter de Gruter. 1985. pp. 467-468.
5) M. Theunissen, "Kierkegaard's Negativistic Method", in Kierkegaard's Truth: The Disclosure the Self, ed. Joseph H. Smith, New Haven, CT: Yale University Press. 1981. p. 399.

관계에서 자아를 찾아간다. 사회적 규범으로서 전승(傳承)되는 헤겔의 인륜성(人倫性, Sittlichkeit)은 변할 수 있지만 영원한 존재와 관계하는 윤리적 삶은 인간의 본성에서 볼 때 변할 수 없다.

키에르케고어에서 영원을 사모하는 존재로서 자아는 단지 생각에 생각을 더하는 자기 혼자가 아니라 타자와 관계를 통해서 즉 윤리적으로 표현된다. 헤겔에서 개인이 지켜야 하는 사회적 규범이 인륜성이라면 키에르케고어의 시각에서 인륜성은 개인윤리의 사회적 규범일 뿐이다. 헤겔식의 사변(思辨)적 아이러니는 실제적 삶의 변화를 가져오는 종교 윤리적 아이러니로 나아가는 통과과정이다.

버저스(Burgess)는 『아이러니의 개념』을 건덕 즉 도덕발달의 작품으로 본다.[6] 키에르케고어에 의하면 각 개인의 독특성의 매력은 고결한 성품 즉 도덕발달을 통해 드러난다. 그는 자기 자신을 다른 이들로부터 독립시켜 자신을 찾을 수 있다는 점에서 아이러니에 매력을 느꼈다. 아이러니의 전달자는 다른 사람들로부터 독립을 원한다. 아이러니를 통한 전달자는 묵계(默契)적으로 다른 이들보다 현실을 잘 파악하고 있다는 함축을 지니고 있다.

키에르케고어는 등장인물이 표현하는 문학적 아이러니가 아니라 삶을 통해 자신을 전달하려는 소크라테스의 아이러니에 관심을 가졌다. 문학적 아이러니가 특정 성격을 특정한 시간에 다룬다면 삶을 통해 전달하려는 소크라테스의 아이러니는 소피스트와 달리 윤리적으로 변증(辨證)한다. 소피스트의 변론을 위한 변론과 달리 아이러니의 변증은 단지 말이 아니라 삶에서 윤리적 행위를 통한 자기주장이다. 소크라테스의 아이러니는 인간 상호관계에서 다이몬(daimon) 혹은 내면의 존재와 관계에서 자기 자신을 찾고자 한다.

---

6) A. Burgess, "The Upbuilding in the Irony of Kierkegaard's The Concept of Irony", 2001. p. 141, 144 .

소크라테스는 당시 아테네 사람들의 외면적 모습과 내면의 추구 사이의 차이를 의식했다. 그에게 소피스트들은 자신들의 말과 달리 윤리적 삶이 동반되지 않았다. 그는 아테네의 사람들의 영원(永遠)한 존재에 대한 내면의 무지(無知)를 의식했다.

말하는 사람은 아이러니를 통해 말하여지는 이면(裏面)을 드러내고자 하며 듣는 이는 그 내면을 찾고자 한다. 키에르케고어는 '너 자신을 알라'를 통해 윤리적 행위가 동반되지 않는 삶을 비판했다. 그는 소크라테스의 아이러니를 통하여 인간들 사이의 의사소통에서 윤리적 삶의 중요성을 지적했다. 즉 사람은 자신의 주장과 삶이 일치되어야 설득력을 갖고 타인에게 영향력을 미칠 수 있다.

키에르케고어는 영원한 존재에 대한 의식을 내재적 선천성(先天性, intrinsic apriority)이라고 한다. 즉 영원한 존재를 사모하는 윤리적 삶은 그 배후를 물을 수 없는 사람의 본성이다. 윤리적 생활은 삶의 본질적 목적이지만 그 누구도 타인에게 이를 강요할 수는 없기에 아이러니를 이해할 수 있다. 소크라테스의 삶 자체가 아이러니였다. 아테네 사람들이 안다고 말하지만 소크라테스는 자신의 무지(無知)를 안다고 했다.

키에르케고어는『아이러니의 개념』 등 저술 작품을 통해 타인을 가르치기보다 자신의 자아를 형성하길 원했고 독자가 자기 자신을 찾아 나서길 원했다. 그는『아이러니의 개념』을 통해 평생 동안 고결한 성품으로 드러나는 자신을 찾았다. 그는 소크라테스의 아이러니에서 나아가 그리스도신앙에 근거한 도덕적 강화에서 끊임없이 영원한 존재와 관계하는 자신을 찾았다.

2. 윤리적 행동의 형이상학적 근거

인간은 인류 사상의 시원(始原)부터 자신의 이해를 탐구해왔다. 형이상학 혹은 궁극(窮極)적 실재(實在)(ultimate reality)에 대한 탐구와 윤리적 행위 사이의 관계는 밀접히 연관된다. 우리는 궁극적 관심에 따라 살아간다. 희랍철학의 기원에서 이미 개인적 감정과 욕망을 따르는 신화(神話)적 의식을 극복하고 우주의 궁극적 존재가 탐구되었다. 소크라테스에서 우주의 신비와 자기 자신에 대한 이해는 분리될 수 없었다.

형이상학(metaphysics)은 아리스토텔레스의 저작을 후대 학자들이 편집하는 데에서 그 어원(語源)이 연유한다. 지난 세기 과학의 발전과 더불어 실험과 경험을 통하여 궁극적 물음과 대답을 찾는 방법이 상당한 업적을 이루어왔다. 이런 업적을 보며 형이상학자들은 사람의 생각에 호소하는 전통적 형이상학 탐구의 방법 자체에 대하여 질문을 제기했다.

궁극적 실재를 탐구하는 과정으로서 형이상학 연구가 과학적 방법에 의해 지속적으로 연구되고 있다. 즉 전통적 철학의 주제였던 자아(self), 의식(consciousness), 자유의지(free will) 등을 신경과학이나 인지과학 등을 통해 해명하려는 시도다. 실재(實在)와 현상(現象)의 전통적 이원론(二元論)을 경험적으로 해결하려고 한다. 또한 뇌(腦)에 대한 경험적 형이상학 연구방법이 신경(神經)철학(neurophilosophy)이 되었다.

데카르트는 의식(意識)하는 정신과 연장(延長)된 물질을 구분했다. 자체의 한계를 갖고 있지만 과학적 방법으로 형이상학을 탐구하려는 시도가 계속되었다. 또한 인간에게는 결정적 순간에 스스로 의식하지 못하는 판단이 인간행위에 중요한 역할을 미친다는 연구가 상당히 나오고 있다.[7] 자기 자신이 의식하지 못하는 지각(知覺)에 대한 연구의 중요성을 인정할 수밖에 없다.

많은 작가들의 고백에서도 볼 수 있듯이 우리는 자신의 말하고 쓰는 과정을 충분히 의식하지 못한다. 특정의 단어를 말하고 쓰는 데에서 나아가 타인을 판단하는 과정 등에서 스스로 의식하지 못하는 방식으로 인간의 뇌는 활동을 한다. 즉 인간의 가치판단은 무의식적 반응에 의해서도 이루어진다.[8] 사람에게 눈동자가 작아지면 접근의 어려움을, 커지면 호의적임을 드러낸다고 한다.

경험적 경향은 철학자들로 하여금 전통적 형이상학 일변도의 철학에서 벗어나게 했다. 퍼어스(C. S. Peirce, 1839-1914)는 모든 과학의 근거를 묻는 물음에 대해 의문을 제기했다.[9] 그는 과학적 방법인 관찰, 실험, 가설설정, 비판적 분석 등을 궁극적 실재를 찾아가는 인간조건의 현실적 대안으로 제시했다. 글래이모어(Glymour)에 의하면 우리는 이미 알려진 것에 의해 생각하고 발전시킨다.[10]

콰인(W. Quine)도 소위 순수한 형이상학적 방법에 대해 의문을 제기했다. 그는 퍼어스(Peirce) 같이 궁극적 실재에 대한 전통적 방법으로서 형이상학이 아니라 과학적 방법으로 접근했다.[11] 즉 엄격한 과학을 문화발전의 방법으로 받아들였다. 콰인(Quine)의 『언어와 대상』(Word and Object)과 셀라스(Sellars)의 『과학,

---

7) P. Churchland, *Brain-Wise Studies in Neurophilosophy*, MIT Press, 2002. p. 48.

8) R. Zajonc, "Feeling and Thinking: Preferences need no inferences." *American Psychologist* 35: 1980. pp. 151-175.

9) Churchland, *Brain-Wise Studies in Neurophilosophy*, 2002. p.39.

10) C. Glymour, *Thinking Things Through*. Cambridge: MIT Press. 1997.

11) W. Quine, *Epistemology naturalized. In his Ontological Relativity and Other Essays*. Columbia University Press. 1969. pp. 69-90.

지각, 실재』(Science, Perception, and Reality) 등 이후로 철학은 점점 더 경험적 사실에 근거하게 되었다.12)

인간이 궁극적 실재에 대한 탐구에서 경험적 접근의 공헌을 인정하더라도 현실적 인식의 한계로서 인간조건(human condition)에 대한 정직한 태도가 요청된다. 『불안의 개념』에서 인간의 조건은 무지(無知)나 결핍이 아니라 불안을 그 현상으로 드러내는 죄(罪)다. 키에르케고어는 실존적 불안을 심리학적 체험에서도 심각하게 다루지만 그 한계를 지적한다. 죄는 영원한 존재와 관계의 단절이다.

전통적 형이상학을 옹호하는 시각에서 인간의 정신활동을 종국적으로 뇌의 생리적 현상으로 환원하려는 입장은 비판된다. 복잡한 현상을 단순하게 설명하려는 환원은 단지 여러 이론과 방법론의 하나일 뿐이다. 소위 인간의 순수한 이성(理性)도 다양한 경험적 사실에서 전혀 독립하여 있을 수는 없다.

인과율과 상호관계를 엄격히 분리해서 설명하기도 쉽지 않다.13) 인과관계에 대한 신경과학의 기여는 종래의 형이상학에 대한 새로운 접근으로 볼 수 있다. 예를 들면, 불안과 스트레스가 위궤양을 만든다는 설명보다는 위궤양(胃潰瘍)같이 위의 부정적 상태가 스트레스를 가져온다고 설명한다. 귀의 전염이 자주 되는 환자는 위궤양이 잘 안 일어난다고 했을 때 이는 귀의 감염(感染)으로 인한 항생제의 복용이 위궤양을 일어나지 않게 했을 뿐이라고 설명한다.

철학사에서 흄(Hume)은 인과율에 대하여 형이상학적 설명보다는 일정한 현상 혹은 힘에 의하여 다른 현상이 나타난다고 설명할 수 있을 뿐이라고 하였다. 이런 입장에서는 이 세상의 현상계를 넘어서서 어떤 형이상학적 가정을 내세우는 입장을 쉽게 받아들일

---

12) Churchland, *Neurophilosophy*, MIT Press, 1986. pp. 2-3.
13) Churchland, *Neurophilosophy*, MIT Press, 1986. p.54.

수 없게 되었다. 결정론과 비결정론 문제는 형이상학적 과제 중 하나다. 카시러는 결정론과 비결정론을 모순적으로 받아들이지 않고 각각 다른 설명 형식으로 본다.[14]

키에르케고어에게 인간의 실존은 용서의 확신에 따른 신(神)의 부름(calling)을 뜻한다. 그에게 삶의 현실은 단순히 객관적으로 기술(記述)될 수 없다. 그는 구체적 생활을 단지 철학적 생각으로 설명하려는 위험을 깊이 의식했다.[15] 그는 각자가 받은 부름을 자각하고 전달하기 위해 실제생활로 표현하는 소위 간접전달을 호소했다. 실천을 통해 드러나는 윤리적 생활은 타인들에게 고결한 성품의 직관적 매력을 준다.

키에르케고어는 시간 속에 살 수밖에 없는 인간실존과 일정한 거리를 두고 사태를 미(美)적으로 보는 예술작품을 구분한다.[16] 그에 의하면 삶은 '미(美)적' (aesthetic)의 어원적 의미같이 일정한 거리를 둘 수 없고 그 자체로 실존이 될 수밖에 없다. 그에게 종교 윤리적 실존은 미적 숙고의 방법으로는 이해될 수 없다. 영원을 사모하는 종교 윤리적 생활은 일시(一時)적이지 않고 미래의 성취를 바라본다는 뜻이다.

키에르케고어에 의하면 종교 윤리적 단계로서 하느님의 구원을 단지 미(美)적으로 이해하려는 시도는 진리를 관람자의 입장에서 보려고 한다. 이런 관람자의 입장은 설사 교훈적 측면이 있더라도 단독자로서 실존적 선택을 도울 수 없다. 종교는 실존적 비약을 요구한다는 시각에서 키에르케고어는 윤리와 종교를 객관적으로 체계화하려는 헤겔을 비판한다.

---

14) E. Cassirer, *An Essay on Man*, Yale University Press, 1951, p. 219.
15) Kierkegaard, *The Crisis in the life of an Actress and Other essays on Drama*. 1997. p. 27.
16) Kierkegaard, *The Crisis in the life of an Actress*, 1997. p. 23.

그리스도교에서는 인간이 하느님 앞에 범죄(犯罪)하였기에 자신의 죄를 스스로 속(贖)할 수는 없다. 이런 종교적 믿음은 미적 단계는 물론이고 윤리적 생활의 추구에서는 받아들여지지 않는다. 즉 미적 혹은 윤리적 생활을 추구하는 이들에게 하느님의 아들로서 인간을 구원하는 예수 그리스도가 받아들여지지 않는다. 키에르케고어에 의하면 이런 역설은 하느님의 은혜이기에 인간의 이성(理性)만으로는 납득할 수 없다.[17]

키에르케고어는 종교 윤리적 실존을 단지 미적으로 취급하면 실제생활이 왜곡될 수밖에 없음을 지적한다.[18] 감각적이고 관능적(erotic) 표현은 직접적 수단을 통하기 때문에 언어와 같이 숙고의 방법으로 전달되지 않는다.[19] 절대정신의 일부를 표현하는 개인정신이 미적 작품을 통해 이루어진다는 헤겔의 주장에 맞서서 키에르케고어는 작품의 표현수단은 그 자체로 인간의 실존을 담기에는 부족하다고 생각했다.

심미적 단계와 달리 실존하는 하느님 앞의 외톨이는 키에르케고어 사상에서 가장 핵심 사상이다.[20] 그는 스스로 속이는 감각적 향락추구에 머물지 않고 하느님 관계에서 영원한 자아로서 본래 자신을 찾고자 했다. 그에 의하면 심미적 단계는 본질적으로 판단 자체를 중요시하지 않으므로 개인의 주체적 판단과 행동을 중시하는 외톨이를 인정하지 않는다.

감각적 향락추구의 심미(審美)적 단계에서는 고유한 개성이나

---

17) Kierkegaard, *The Crisis in the Life of an Actress*, 1997. p. 26.
18) Kierkegaard, *The Crisis in the Life of an Actress*, 1997, p. 28.
19) Kierkegaard, *Either/Or*, I, Princeton University Press, trans. D. Swenson and L. Swenson, with revisions by Howard Johnson, 1971, p. 63.
20) Kierkegaard, *The Point of View, for My Works as an Author*. trans. by Walter Lowrie. ed. by Benjamin Nelson, New York: Harper and Row, 1962. p. 130.

구별이 존중을 받지 못한다. 키에르케고어는 『이것이냐 저것이냐 1』에서 모차르트의 오페라 <돈 죠바니>의 감각적 직접성과 숙고 사이의 대립을 분명하게 다룬다. 『이것이냐 저것이냐 1』에서 돈 죠바니는 숙고의 생활이 아니라 직접적 관능의 쾌락에 만족하고자 한다.

『여배우 생활의 위기』에서 감각적 향락의 추구는 젊은 여성의 육체에 대해 감탄할 수는 있지만 그녀의 실존을 이해하기 위한 숙고의 단계로 나아가지는 못한다. 그렇지만 여배우는 자기 자신에 대한 직접적 관계에서 숙고의 관계로 바뀌어 나간다. 감각적 향락에서 숙고로 나아감에 따라 감각적 대상이 의식(意識)적 사유의 관계가 될 수 있다.

『여배우의 삶에서 위기』에서 사람들의 박수갈채를 받던 여배우가 늙어가면서 자기 자신을 찾아가게 되는 과정에서 실존적 위기를 맞는다. 대중의 반응이 감각적 향락이나 그녀의 젊음의 매력이기에 여배우가 겪는 실존적 위기는 더 심각하게 된다. 일반대중의 변덕스러운 반응과 자신들의 감각적 향락을 충족시켜주지 않는다는 분노에서 여배우는 더욱 고뇌(苦惱)할 수밖에 없게 된다.

일반대중에게서 받은 찬사는 덧없는 박수임을 깨달을 때 여배우는 자기 자신에 대한 실존적 변형을 심각하게 생각한다. 여배우가 일반대중의 기대인 감각적 향락이나 젊은 청춘으로서 여성만을 따라 살면 자신의 비현실적 모습만 보고 참된 실상을 파악하지 못하게 된다. 여배우는 시간이 지남에 따라 더 이상 직접적 감각에 호소하지 않고 승화된 삶을 고결하게 표현해야만 했다.

여배우의 삶에서 다른 사람들의 사회적 인정(認定)과 박수갈채가 결코 나를 찾아가는 과정을 대신할 수 없다. 『여배우 삶에서 위기』는 인간의 의식(意識)이 예술 작품을 통해 변형되고 완성되어 가는 과정을 보인다.[21] 인간 내면(內面)의 실존적 불안이 감각적 향락과 삶의 궁극적 의미의 변증법으로 변형되어 설명된다. 실존의 가장 낮은 단계로 여겼던 감각적 즐거움이 실존적 변형을 통하여 마침내 종교적 의미를 갖게 된다.

키에르케고어는 종교 윤리적 단계에서 단지 생각의 차원을 비판하지만 심미적 단계에서는 생각의 중요성을 강조하는 상이한 주장을 한다. 이런 상이한 주장은 실존적 변화에서 이해되어야 한다.[22] 키에르케고어가 종교적 단계에서 생각의 차원을 비판했지만 생각의 중요성을 일방적으로 매도하지는 않는다.

키에르케고어는 인간이 합리적 신중(愼重)함만으로 살아가는 단계를 비판했지만 인간 사유의 엄격함을 결코 낮게 평가하지 않았다. 그는 자기 세대가 열정이 없이 삶을 생각만으로 지탱하려는 모습을 비판했지만 사유(思惟)의 가치를 일방적으로 부인하지 않았다. 그는 심미적 단계와 관련하여 직접적 열정보다는 깊은 생각을 더 중요하게 본다. 실존적 개인만이 구체적으로 행동할 수 있기에 윤리적 실천의 중요성이 강조된다.

키에르케고어가 심미적 단계를 직접적 감각의 수준으로 이해하여 비판했지만 우리는 종교적 도덕적으로 훌륭한 사람이 예술가임을 발견한다. 철저히 윤리적 생활에서 결혼은 미적 향락을 누릴 수 있다. 즉 심미적 생활이 일방적으로 부인되지 않았고 종교적 변형을 겪으면서 현실적으로 승화(昇華)된다.[23]

인간들 사이의 최고의 관계는 소크라테스의 산파술(産婆術)을 따라 각자 스스로 자기의 삶을 찾는다. 그런데 키에르케고어에서 진리

---

21) Kierkegaard, *The Crisis in the Life of an Actress and Other Essays on Drama*, trans. Stephen D. Crites, New York and Evanston: Harper Torchbooks, 1967, p. 34.

22) Kierkegaard, *The Crisis in the Life of an Actress*, 1997. p. 37.

23) Kierkegaard, *Either/Or, II*, trans. W. Lowrie, Princeton University Press, 1959. p. 230.

를 낳는 일은 신(神)에게 근원한다.[24] 저작자로서 키에르케고어는 이 세상이 우습게 여기는 종교적 실존에서 영원한 존재를 사모(思慕)하며 영원한 축복을 자신의 소명으로 받아들였다.

펙(Peck)에 의하면 키에르케고어는 도덕적 현상보다는 도덕적 행위의 근거와 그 한계에 대해 말한다.[25] 키에르케고어는 구체적 생활의 변화에 관계하는 인격적 활동에 주목하며 심리학적 통찰에 깊은 관심을 갖는다. 그는 자아의 변형을 신(神)적 은혜의 초월적 간섭을 통하여 끊임없이 새로운 존재가 되는 과정으로 본다.

3. 자아의식과 실존의 변형

키에르케고어는 자신이 다 헤아릴 수는 없는 방법으로 하느님이 자신을 깊은 종교적 관계로 이끌어 간다는 확신을 갖게 되었다. 이런 내면의 확신은 신과 종교적 관계에서 윤리적 행위의 근거를 찾았던 그에게 도덕교육을 가능하게 한다. 그는 인간의 이성과 도덕성을 결코 폄하하지 않았고 신과 인간의 거룩한 관계에서만 윤리적 이성(理性)적 능력이 발휘되어 살 수 있음을 보여준다.

키에르케고어는 자신의 삶과 사상을 저술로 표현했는데 종교 윤리적 생활과 분리된 대중영합(迎合)이나 실제 삶과 괴리된 글쓰기를 배척했다.[26] 각자가 하느님 앞에서 자신을 찾아가듯이 그는 글

---

24) Kierkegaard, *Philosophical Fragments*, trans. David F. Swenson, second ed. revised by Howard V. Hong with Introduction and Commentary by Niels Thulstrup, Princeton University Press, 1962. Oxford University Press edition, 1962, p. 38.

25) William Peck, "*On Autonomy, The Primacy of the Subject in Kant and Kierkegaard*". Ph. D. Dissertation, Yale University, 1974. pp. 240-241.

26) R. Green, *Kierkegaard and Kant*, 1992. p. 209.

쓰기의 주제를 분명히 하고 자기 자신에 대한 탐구를 통해 진리를 찾았다.

종교적 변형에서 볼 때 글쓰기도 단지 심미적 단계가 아니라 신과 단독자적 관계를 고백하는 종교적 표현이 될 수 있다. 키에르케고어는 『관점(觀點)』에서 글쓰기의 삶이 그리스도를 위한 헌신임을 고백하고 있다.27) 믿음의 사람들은 유한한 대상들은 상대적으로 관계하거나 포기함으로써 진정으로 자기 자신을 찾은 축복의 사람들이다.

키에르케고어의 『두려움과 떨림』에서 보편적 이성이나 윤리를 현실적으로 가능하게 하는 신앙을 본다. 아브라함이 신과 단독자적 관계에서 아들을 죽이려는 신앙에서 '윤리적 삶의 목적론적 정지' (suspension)를 본다. 보편적 규범보다 우선하는 믿음으로 아브라함은 이삭을 다시 얻었다. 믿음의 조상 아브라함은 영원한 하느님을 신앙하며 절대적으로 관계한다.

키에르케고어에서 절망한 인간이 자신을 찾아 성취해 가는 생활은 아리스토텔레스의 경우 같이 훈련과 반복을 통해 가능하지 않다. 키에르케고어는 인간본성의 원죄(原罪)를 끊임없이 고뇌하며 이해하려고 했다. 그가 활동하던 시기에 독일, 덴마크 등 유럽에는 헤겔주의가 큰 영향력을 미치고 있었다. 헤겔은 기독교의 진리를 인간의 이성(理性)과 일치시키고 결합하려고 했다.

헤겔은 사려(思慮)하는 생활을 인간의 최고 모습으로 본 아리스토텔레스를 높이 평가했다. '현실적인 것은 이성(理性)적' 이라는 헤겔의 입장에서 성경의 기적사건은 인간의 이성이 이해하는 한에서만 받아들여진다. 이렇게 헤겔은 종교와 이성의 '화해' 를 철학의 임무라고 생각했다. 헤겔철학에서 신앙은 철학적 지식에 이르

---

27) Kierkegaard, *The Point of View for my Work as an Author*, trans. H. Hong and E. Hong, Princeton University Press, 2000.

지 못한 불완전한 상태일 뿐이며 창조자나 창조된 자나 오히려 필연적이고 영원한 법칙을 따라야 된다.

키에르케고어에서 헤겔 방식의 생각이 아니라 하느님은 모든 것을 가능하게 한다. 신앙은 이성으로부터 정당화를 얻고자 해서는 안 된다. 바른 신앙은 인간이 자기 자신을 찾아가는 길이기에 자존(自存)적으로 불가능했던 보편적 이성과 윤리를 오히려 가능하게 한다. 사변(思辨)철학은 신앙과 이성을 일치시키며 필연성을 추구하기에 신앙을 오히려 말살시킨다. 이런 입장에서 필연성을 충족시키지 않는 구체적 상황의 경험은 자신을 분노하게 한다.

키에르케고어 당시 철학자들은 이성(理性)을 통해 현실의 법칙을 찾아 정립하고자 해왔다. 그렇지만 그는 생각을 통해 정립한 소위 법칙에 굴복하지 않고 창조자 하느님과 신앙으로 교제하고자 했다. 그는 자존(自存)적 생각에서 나아가 하느님에 대한 주체적 신앙으로 진리에 이르고 자기 자신을 알 수 있다고 보았다. 그는 젊었을 때 큰 관심을 가졌던 헤겔의 관념철학이 신앙의 진리에 이르지 못함을 의식하게 되었다.

키에르케고어에서 현실적 삶은 철학이나 윤리로 위로받거나 해결될 수 없다. 그에게 인간이 스스로 자신의 논리적 추론이나 자기의지만으로 진리를 찾고자 하는 노력은 불안 속에 있는 인간의 절망적 모습일 뿐이다. 그에게서 의인(義人)은 믿음으로 말미암아 살고 믿음으로 말미암지 않으면 죄(罪)다. 영원한 축복을 그리스도를 무한한 정열을 갖고 주체적으로 신앙함으로써 얻고 누리게 된다.

인간은 자신에 대해 절망하기에 영원한 존재에 대한 사모(思慕)를 회복하여 윤리적 생활을 할 수 있게 된다. 이런 삶을 키에르케고어는 그리스도인의 생활이라고 한다. 키에르케고어를 따르면 인간은 자신의 사유나 의지만으로 궁극적 물음을 해명할 수 없고 스스로 평안(平安)에 도달할 수 없다. 인간은 오로지 영원한 존재와 관계하는 방식으로 자기 자신 및 타자와 관계한다.

인간은 성장하고 독립하는 과정에서 심리적 위기를 겪게 된다. 『두려움과 떨림』에서 아브라함은 모든 사람으로부터 떨어져 하느님 앞에 홀로 서게 된다. 아브라함은 하느님께 순종하며 이삭을 제물로 바치려 하면서 '살인하지 말라' 는 보편적 규범 위에 서게 된다. 키에르케고어에서 하느님께 순종하며 살아갈 때 공중의 새와 들의 백합을 노래하며 감사하는 윤리적 그리스도인이 된다.

『두려움과 떨림』, 『철학의 부스러기』, 『후서』 등에서 볼 수 있듯이 키에르케고어는 영원한 존재와 믿음의 관계에서 자신을 찾아간다. 그는 자아를 찾는 하느님과 신앙의 관계에서 보편적 이성(理性)과 자기의지(意志)적 윤리를 극복하며 실존적 성숙을 지속해 갔다. 그에게 그리스도를 믿음으로 자기 자신을 찾는 생활은 윤리적 행위를 통하여 다른 사람에게 전달되며 호소력을 지닌다.

키에르케고어는 삶의 궁극적 안정을 하느님에게서 찾았다. 인간 영혼의 활동은 타인 혹은 다른 대상과 관계하기 이전에 영원한 존재를 사모하는 방식으로 자기 자신과 먼저 관계한다. 영원을 사모하는 영혼의 활동은 주위환경에 윤리적으로 반응하며 자아감(自我感)이 형성되고 도덕적으로 발달한다.

키에르케고어에 의하면 하느님은 인간실존의 단독적 관계에서 우선적 행동을 취한다. 그는 하느님이 특정인에게 더 많은 기대를 하게 됨을 스스로 의식하게 되었다. 그는 하느님의 기대를 따르며 세상의 고난을 '웃을 수 있는' 능력을 자기교육의 핵심으로 받아들였다. 그는 영원한 축복을 찾아 기뻐할 수 있게 되었고 고난의 삶에서 당연히 수반되는 타인의 비웃음도 웃음으로 받아들일 수 있었다.

『유혹자의 일기』에서 코델리아(Cordelia)의 인간적 연합에 대한 의식과 자기발전이 요한네스(Johannes)의 과제다.[28] 키에르케고어는 인간관계만으로는 성취할 수 없는 영원한 세계를 간접적으로 전달한다. 그가 실제생활에서 올센과 파혼하고 영원한 하느님 앞에 홀로 서는 사랑의 추구로 해석된다. 키에르케고어 자신뿐만 아니라 레기네로 하여금 감각적 향락의 아이러니를 알아 영원한 축복을 바라보는 종교 윤리적 생활의 전달로서 이해된다.

키에르케고어 사상에서 원죄(原罪) 아래의 개인에게는 하느님과 관계하지 않고 오히려 인간적 연합에 대한 열망이 깃들여 있다.[29] 이런 모순적 의식과 자기발전이 『유혹자의 일기』에서는 코델리아에 대한 요한네스의 책임이 된다.[30] 이런 출발은 코델리아가 자기자신 안에 갇힌 상태에서 벗어나 주위환경을 의식하게 하는 삶이다. 요한네스는 그녀가 자신 밖에서 대단한 것을 찾지 않고 무한과 영원에 대한 의식으로 자신에 대한 존엄을 찾고 솔선(率先)하는 윤리적 생활을 원한다.

사려(思慮)를 동반하는 심미(審美)적 향유(享有)는 자아를 찾아가는 윤리적 의미를 지닌다. 요한네스는 코델리아의 기호(嗜好)와 가족사(家族史)의 정보를 통해 그녀의 감각적 향락을 느끼게 한다.[31] 이런 의도는 키에르케고어가 인간실존의 가장 낮은 단계로 본 향락생활의 직접적 즉흥적 충족의 돈 후안(Don Juan)의 생활과 분명히 다르다.

---

28) Kierkegaard, *The Seducer's Diary*, trans, H. Hong and E. Hong, Princeton University Press, 1997. p. 386.
29) Kierkegaard, *Either/Or I*, trans. H. Hong and E. Hong, Princeton University Press, 1987. p. 328.
30) Kierkegaard, *Either/Or, I*, 1987. p. 386.
31) Kierkegaard, *Either/Or*. 1. 1987. p. 406.

요한네스는 냉철한 이성과 자기통제를 통해 코델리아와 육체적 향락을 즐기기보다 그녀에게 에로틱한 성품이 있음을 자각하게 하고 자부심을 통해 자기 자신에 대한 정체성을 이끌어낸다. 이렇게 요한네스는 저급한 유혹자는 아니고 코델리아가 자신의 독특한 기질을 자각하고 자신을 '바치고' 싶도록 유혹한다. 코델리아가 요한네스에게 자신을 바치고 싶은 마음이 들도록 하는 것까지가 그의 목적이다.

요한네스는 코델리아로 하여금 인간의 실존적 책임인 자기 자신에 대한 자부심을 갖게 하려고 한다. 단지 육체적 만족을 추구하려는 사랑은 그 목적성취와 함께 끝나게 된다. 키에르케고어에서 감각적 충동의 직접적 충족과 숙고를 통한 심미적 향유는 실존적으로 구분된다. 돈 후안은 전자, 요한네스는 후자의 대표적 인물이다.

키에르케고어는 요한네스를 통하여 감각적 향락의 직접적 추구뿐만 아니라 지(知)적 향락의 추구의 끝에 찾아오는 권태와 허무를 지적하며 자기 자신을 찾자고 한다. 물론 감각적 향락에 대한 관심은 종교 윤리적 단계로 성숙하더라도 실존적으로 깃들여 있다. 『이것이냐 저것이냐 2』는 스스로 윤리적 생활을 하는 분투의 한계를 보인다.

인생의 고통을 단지 감각적 즐거움을 통하여 해결하려는 돈 주앙과 미적 감각적 향락추구를 더 세련되게 발전시킨 요한네스가 구분된다. 요한네스가 코델리아를 유혹하는 과정에서 인간의 실존적 불안이 깃들여 있다. 자신의 힘만으로 이상적 도덕생활을 꿈꾸며 자기를 상실해 가는 과정을 밝혔는데 요한네스도 그렇다.

요한네스는 코델리아의 관계에서 세상의 욕망을 포기하고 한 사람의 외톨이로서 실존적 불안을 극복하고 자기 자신을 찾는 그리스도인이 되고자 한다. 감각적 향락추구에서 이성(異性)에 대한 의존이 종교 윤리적 변형을 통해 초월자에 대한 신앙으로 승화된다. 코델리아로 하여금 그녀 자신에 대한 자부심을 알게 하려는 요한네스의 노력에서 자신을 찾아 변형되려는 인간실존의 내면화 과정을 본다.

코델리아에게 감각적 향락에서 일시적 쾌락을 추구하는 생활과 영원을 사모하는 마음 사이에 심리적 갈등이 일어난다. 스스로 윤리적 생활을 하고자 하는 단계에서는 일시적 향락과 영원한 존재에 대한 사모(思慕) 사이의 갈등이 전혀 없길 바라지만 실제생활에서는 불가능하다. 감각적 향락만을 추구하는 생활에서는 자기 자신을 찾아가는 과정이 없다. 그런데 현실적 삶에서 감각적 향락에 대한 관심은 인간실존의 최종단계인 종교 윤리적 단계에도 같이 깃들어 있다.

『유혹자의 일기』의 요한네스에서 인간의 자기인식의 낮은 단계인 감각적 향락의 추구를 넘어서 우리 자신의 내면을 이해할 수 있다. 요한네스의 코델리아에 대한 '숙고된' 유혹은 사회적 규범보다는 자신을 우선 찾고자 하는 실존적 과정으로 해석된다. 『유혹자의 일기』는 단지 감각적 향락이 아니라 키에르케고어가 평생 추구했던 '나' 자신을 찾아가는 과정으로 해석된다.

인간의 실존은 다른 단계를 완전히 배제할 수는 없다. 키에르케고어에게 핵심인 영혼의 활동은 육체나 현실을 떠나 영(靈)적인 영역에만 관심을 갖는다는 뜻이 결코 아니다. 몸을 지닌 생물학적 존재로서 아주 구체적 현실에서 윤리적으로 살아간다는 뜻이다. 인간은 인격체이기에 영혼의 활동은 육체적 건강과 질병에 긴밀히 연관되어 나타난다.

도덕적 행위의 완성으로서 사랑은 단지 인간관계로 환원될 수 없고 하느님과 신앙으로 교제하는 종교 윤리적 생활의 표현이다. 감각적 향락추구는 영원한 존재를 사모하는 마음에 역행하는 공허에 직면하면서 자기상실을 경험한다. 이런 생활은 열정적 에너지의 표현이 아니라 실존적 불안과 절망의 표현이다. 이런 생활은 본래의 자기에 대해 눈이 멀고 스스로 가상(假想)적 자신을 만들어보려는 시도다.

직접적 향락에 대한 숙고는 인간의 실존적 불안을 공허하게 극복하려는 헛된 시도다. 『죽음에 이르는 병』에서 보듯이 영원한 존재를 동경하지 않고 감각적 향락 속에서 실존적 불안을 극복하려는 시도는 절망의 또 다른 표현이다. 실존적 불안은 감각적 향락의 추구 다음에 찾아오지 않고 감각적 향락추구가 이미 실존적 불안의 표현이다.

키에르케고어에서 인간은 욕망의 충족이나 경제적 평등의 추구를 통해 영원한 축복을 얻을 수 없다. 영원한 존재인 하느님과 주체적 신앙에 근거하는 행위만이 감각적 향락을 승화하며 윤리적 실천을 가능하게 한다. 하느님의 중재가 전제되지 않는 사랑은 서로 최선을 다해도 목적을 성취할 수 없다.

키에르케고어는 하느님의 은혜와 사랑에 대한 체험으로 '들의 백합과 공중의 새' 를 바라보면서 하느님 섭리의 확신 속에서 노래하게 되었다. 『유혹자의 일기』 에서 요한네스가 코델리아의 에로스의 매력을 단서로 그녀가 스스로 설 수 있도록 하듯이 독자에게 키에르케고어는 자신을 따르지 말고 각자가 자기 자신을 찾으라고 한다.[32] 자아를 찾는 실존적 추구는 영원한 존재와는 절대적으로 세상의 조건들과는 상대적으로 관계하게 된다.

---

32) Kierkegaard, *The Seducer's Diary*, 1997. p. 406.

4. 도덕발달의 실존적 전달

키에르케고어는 파혼한 올센에 대한 끊임없는 사랑의 간접전달로 여러 권의 책을 썼다. 키에르케고어는 올센을 사랑하는 마음으로 영원한 축복을 간접적으로 전달하기 위해 자신의 위악(僞惡)적 모습을 의도적으로 보인 것으로 이해된다. 키에르케고어에서 인간들 사이의 전달 혹은 의사소통은 불안을 실존적 현상으로서 드러내는 인간의 원죄와 타락을 전제한다.

자아를 찾아가는 과정에서 무의식은 언어와 함께 의식(意識)의 세계로 나오게 된다. 프로이드(S. Freud)의 구분을 따르면 이드(Id)와 자아(Ego) 사이에 언어가 있게 된다. 언어전달이 없는 감각적 향락은 모차르트의 돈 죠바니같이 진지함이 없이 욕망의 충족만을 추구한다. 이런 생활과 윤리적 성숙의 구분은 키에르케고어에 의하면 언어와 비(非)언어, 구체적 생활과 추상적 생활 등으로 구분된다.

구체적 생활을 못하는 감각적 향락은 시간 속에서 단지 흘러갈 뿐이기에 역사적 사건을 만들지 못한다. 단지 직접적 쾌락의 반복을 드러내는 감각적 자극은 끊임없이 표현하지만 실제적으론 아무런 표현도 없다. 모차르트의 <돈 죠바니>에서 감각적 쾌락만을 추구하는 자에게도 도덕적 요구와 함께 내면적 갈등도 있게 된다. 돈 죠바니에 대항하여 진지한 의식으로 대표되는 기사(騎士) 코멘다토레(Comendatore)의 판단에 대해 돈 죠바니의 무의식적 본능은 힘을 발휘하지 못한다.

돈 죠바니의 역할에서 보듯이 그는 누구 한 사람을 사랑하지 못하고 모든 사람에 홀려서 순간적으로 정복하듯이 향락을 추구하지만 현실적으로 삶의 성취가 없다. 즉 잠시 있다가 사라지는 사랑을 반복할 뿐이다. 돈 죠바니는 어느 여인도 사랑하지 못하고 모든 여성에게 있는 성적 욕망에 관심을 가질 뿐이다. 감각적 향락에 대한 관심은 실존적 변형의 종교 윤리적 단계에서도 완전히 배제되지 않고 승화되어 영원한 존재와 관계한다.

유혹자는 일정한 숙고와 의식(意識)이라도 필요한데 돈 죠바니에게는 단지 감각적 향락만 있고 영혼의 활동으로 표현되는 자기 자신에 대한 정체성이 없다. 종교적 삶은 윤리적 생활과 모순적 관계가 아니라 오히려 종교적 관계에서만 윤리적 생활이 가능하다. 하느님을 믿음으로 자기 자신을 찾아가는 과정과 윤리적 행동은 분리될 수 없는 변증법적 관계다.

영원한 존재를 사모하는 자유로운 영혼은 타자에게 속박되지 않고 오히려 서로의 매력을 발산하며 사랑하게 된다. 하느님에 대한 인간의 순종은 보편적 규범을 오히려 정지시킨다. 실존적 절망, 불안, 분노로 표현되는 원죄(原罪)는 인간이 자기의지만으로는 보편적 규범으로서 윤리적 사랑을 실천할 수 없다는 뜻이다. 하느님에 대한 신앙의 비약에 근거하여서만 이웃사랑이 가능하기에 진리와 사랑은 더불어 간다.

영원을 사모하는 마음은 '이것이냐? 저것이냐?' 의 선택 다음에 있지 않고 선택 이전에 본성적으로 있다. 즉 무엇을 선택하기 이전에 영원한 존재와 관계가 우선한다. 인간은 자기분투의 노력만으론 윤리적 생활을 할 수 없다. 그러므로 자신의 힘만으로 윤리적으로 완벽한 생활의 추구는 결국 자신을 절대화하게 된다. 이런 생활은 어떤 통제도 받지 않는 자의(恣意)적 자유를 추구하게 된다.[33]

영원한 존재와 관계에서 출발하여 자기 자신에 대하여 관계하며 이 관계는 다른 사람 및 자연에 대한 관계로 확장된다. 인간의 본

33) Kierkegaard, *Either/Or*. V. 2, trans. W. Lowrie, Princeton University Press, 1959. p. 218.

성은 영원한 존재인 하느님과 신앙의 관계에서 자아를 찾을 수 있다. 신앙의 표현으로서 윤리적 행동은 이론적 설득을 넘어서는 실제적 윤리교육이다. 영원한 존재와 관계하는 신앙의 타당성은 윤리적 생활을 통한 객관적 검증이다.

키에르케고어에서는 자기다움을 선택하는 행위가 바로 도덕적 행위로서 교육의 근거가 된다. 그는 자신의 본성을 찾아야 영원한 축복을 바라볼 수 있었고 이런 생활은 고결한 성품을 통해 타인에게 전달된다고 보았다. 이런 윤리적 변형과 전달은 교사가 학생에게 도덕적 지식을 전달하는 제도화된 교육활동의 범주를 넘어서는 평생의 과제다. 키에르케고어에게 선택은 영원한 마음을 사모하는 마음을 지닌 자신을 택하는 자유다.[34)]

사람이 윤리적 행위를 위해 분투하고 행복을 추구하지만 그 목적을 성취하지 못하는 까닭은 인간본성에 걸맞은 자기다움을 찾지 않기 때문이다. 자기다움을 찾는 생활은 단지 이론적 설명만으로는 전달될 수 없고 윤리적 생활의 동반을 요구한다. 그러므로 자기를 찾는 고결한 성품은 다른 목적의 수단이 아니라 그 자체가 목적이 된다.

5. 실존적 아이러니와 도덕발달

키에르케고어는 영원한 하느님과 관계하고자 한다. 그는 자기 자신을 찾는 방법을 『아이러니의 개념』에서 실존적 아이러니(irony)라고 한다.[35)] 즉 영원한 존재 앞에서 자신을 비울수록 오히려 자아를 형성하게 된다. 윤리의식의 단초가 되는 실존적 아이

---

34) Kierkegaard, *Either/Or*, V. 2, 1959. p. 218.
35) Kierkegaard, *The Concept of Irony*, 1989. p. 324.

러니는 전달하고자 하는 내용의 반대되는 표현을 통해 드러난다.[36] 영원한 존재와 관계하는 자아는 타자로부터 독립하며 자신을 의식한다.

키에르케고어의 학위논문 『아이러니의 개념』은 단지 철학적 저서가 아니라 실제로 추구될 수 있는 도덕발달의 저술로 해석된다.[37] 키에르케고어는 영원한 존재와 믿음의 관계에서만 자신을 표현할 수 있음을 보여준다. 위대한 예술가뿐만 아니라 누구나 자신을 제한함으로써 오히려 도덕적 생활을 드러내며 살아갈 수 있다. 자신을 제한하고 통제하는 생활은 도덕적 함축을 지닌다. 감각적 향락추구는 자기 자신을 실제로 찾지 않기에 결국 자기 자신에게 속게 된다.

키에르케고어에게 내면(內面)의 관심은 새로운 지식의 축적에서 나아가 현실적으로 윤리적 삶이다. 『아이러니의 개념』 1부는 헤겔의 패턴을 따라서 가능성, 현실성, 필연성 등이 기술된다. 『아이러니의 개념』 2부에서는 키에르케고어의 패턴을 따라 가능성과 현실성 사이의 관계를 논한다. 삶에서 모순인 필연성과 가능성의 현실적 결합은 키에르케고어 사상의 핵심이다.

자신을 창조적으로 표현하는 실존적 아이러니는 윤리적 성품으로 드러난다. 소크라테스는 아테네 도시국가의 비(非)도덕적 생활을 아이러니를 통해 비판했다. 소크라테스와 함께 그리스사상에서 궁극적 존재에 대한 물음은 자연에서 인간으로 바뀌었다. 그는 아테네의 관습을 그냥 받아들이지 않고 자기 자신을 찾고자 했다. 자아를 찾는 과정에서 표현되는 도덕적 매력은 보편적 호소력을 갖는다.[38]

---

36) Kierkegaard, *The Concept of Irony*, 1989. pp. 247-248.

37) A. Burgess, "The Upbuilding in the Irony of Kierkegaard's The Concept of Irony", 2001. p. 154.

38) G. Handwerk, *Irony and Ethics in Narrative: From Schlegel to Lacan*, New Haven and London: Yale University Press, 1985.

영원을 사모하는 자아는 단지 생각에 생각을 더하지 않고 타자와 관계를 통해서 표현된다. 키에르케고어에서 '당위는 능력을 함의(含意)한다' (ought implies can)는 윤리의식은 누구에게나 공통적으로 요구된다.[39] 그는 도덕적 능력의 근거를 인간의 본성인 영원을 사모하는 마음에서 찾는다. 사람은 사회적 지위에 우선하여 존엄하고 윤리적으로 살아야 되기에 영원한 존재 앞에 평등하다.

영원한 존재와 신앙에 관계는 그 자체로서 목적이며 선(善)한 생활을 가능하게 한다.[40] 자아는 하느님 앞에서 실존적으로 변형되면서 선(善)의 추구가 현실적으로 가능하게 되고 이런 생활은 이웃사랑으로 나타난다. 키에르케고어에서 사유와 실존이 일치하는 윤리적 요구를 스스로 충족할 수 없다.[41] 그에게 영원한 존재를 사모하는 종교 윤리적 삶은 주체적 열정과 자유를 통해 드러난다.

키에르케고어는 인간의 실존을 자아를 찾아가는 과정으로 본다. 그는 『두려움과 떨림』에서 보듯이 실존적 신앙의 도약(existential leap of faith)을 통해 그리스도 안에서 자아의 형성을 추구했다. 그는 영원한 존재와 교제하는 축복을 추구했다. 감각적 향락추구에서는 허무하고 따분한 아이러니한 결과를 경험한다. 자기의존의 윤리적 생활추구에서는 자아를 찾을 수 없는 자신의 한계에 스스로 웃게 된다.

키에르케고어는 『아이러니의 개념』을 통해 소크라테스가 자신을 찾으며 전개한 아이러니 이해를 실존적으로 발전시켰다.[42)]

---

39) Kierkegaard, *The Concept of Anxiety*. trans, R. Thomte, Princeton University Press, 1980. p. 106. (Begrebet Angest, by Vigilius Haufniensis, ed. S. Kierkegaard, 1844).

40) Kierkegaard, *Purity of the Heart*, trans. Douglas Steere, New York: Harper. 1948. p. 206. (Opbyggelige Taler i forskjellig Aand, by S. Kierkegaard, 1847, Part One, "En Leiligheds-tale".).

41) Kierkegaard, *Concluding Unscientific Postscript*, 1944, p. 261.

42) Kierkegaard, *The Concept of Irony*, 1989. p. xii.

'너 자신을 알라' 고 한 소크라테스에서 자기이해는 아테네의 관습에 대한 이해나 수용(受容)보다 우선된 책임이다. 툴스트룹(N. Thulstrup)은 『아이러니의 개념』를 아이러니에 대한 학문적 연구라고 주장한다. 이에 반대하여 스티워트(Stewart)는 키에르케고어가 앞으로 전개될 자신의 삶을 반어(反語)적으로 표현하고 독자들이 스스로 자신을 찾기를 원했다고 주장한다.[43]

툴스트룹은 키에르케고어 저술들을 독일어로 번역한 히르쉬(E. Hirsch)와 같은 입장으로 키에르케고어가 『아이러니의 개념』을 쓸 때까지 헤겔의 원전을 거의 읽지 않았다고 주장한다.[44] 아이러니를 논하는 『아이러니의 개념』은 그 자체가 하나의 아이러니다. 이 작품에서 키에르케고어가 헤겔을 과도히 칭찬함은 관념(觀念)과 실제 삶 사이의 불일치를 비판하려는 아이러니한 시도로 볼 수 있다.

『아이러니의 개념』은 그 작품의 저술과정 자체가 하나의 아이러니라고 많은 학자들이 해석한다. 이 작품은 헤겔을 많이 언급하는데 관념으로 실재를 설명하려는 헤겔의 시도를 비판하기 때문이다. 자기 자신을 찾는 행복한 삶은 윤리적 생활을 통해 타인과 자연의 공동체 안에서 검증된다.

키에르케고어는 『아이러니의 개념』을 쓰는 동안 그의 약혼녀였던 올센과 관계가 위기에 처했다.[45] 그의 『아이러니의 개념』이 아이러니의 설명인지 그의 삶을 통해 아이러니를 표현하는지 구분하기 어렵다. 처음에는 헤겔에 의해 주장된 '무한하고 절대적 부정성(否定性)'을 표현하는 아이러니에 대한 설명에서 시작한다. 차

---

43) J. Stewart, "Hegel und Ironiethese. Zu Kierkegaards über den Begriff der Ironie", *Jahrbuch für Hegelforschung 3*, 1997. pp. 171-75.

44) N. Thulstrup, *Kierkegaard's Relation to Hegel*. 1980. p. 245.

45) Kierkegaard, *Über den Begriff der Ironie*, (ü), E. Hirsch, Düsseldorf/Köln: Eugen Diederichs, 1961. pp. vii-viii.

츰 아이러니에 대한 학문적 설명보다는 독자들이 자신을 찾아 알게 하려는 의도가 드러난다. 그의 의도를 논문심사자 시번(F. Sibbern), 마르텐손(H. Martensen), 하이베어(J. Heiberg) 등은 알아차렸다.46)

키에르케고어 당시 헤겔주의에서 볼 수 있는 관념론적 합리주의가 철학과 신학에 지대한 영향을 미치고 있었다.47) 즉 인간의 생각을 통해 궁극적 물음에 대한 해답을 찾고자 했다. 초월적 역사(役事)를 부인하는 스트라우스(D. Strauss)나 바우어(B. Bauer)의 영향을 받은 당시 기독교는 생기(生氣)를 잃고 있었다. 인간의 궁극적 존재에 대한 관심을 관념론적 합리주의를 통해 해결하려는 시도는 당시에만 나타난 현상은 아니다.

키에르케고어가 수강한 1833-1834년 겨울학기 기독교철학 강의에서 시번(Sibbern)은 종교와 사변(思辨)을 종합하려고 했고 이 강의에서 개인의 진실한 생각은 기독교교의(教義, dogmatics)에 도달한다고 주장했다.48) 시번은 초월적 존재를 단지 전제만하면서 기독교에 대한 합리적 주장이 개인에게 스며들 수 있다고 생각했다. 키에르케고어에서 기독교적 실존은 신앙을 요구하며 사유(思惟)는 부차적이다. 그에게 영혼의 활동은 내(內)적 체험을 통해서 도덕발달의 근거가 된다.

키에르케고어의 잊을 수 없는 스승 묄러(P. Møller)는 1830년대에 사변(思辨)철학의 큰 영향(影響)를 받았지만 말년에 돌아섰다. 묄러는 사변의 중요성을 인정했지만 생각을 통한 문제해결을 믿지 않았고 개인의 중요성을 의식했다. 개인의 차이는 사변철학이 중요

---

46) A. Burgess, "The Upbuilding in the Irony of Kierkegaard's The Concept of Irony", 2001. p. 152.

47) Thulstrup. *Commentary on Kierkegaard's Postscript*, 1984. p. 77.

48) Thulstrup. *Commentary on Kierkegaard's Postscript*, 1984. p. 81.

시하지 않는 각자의 체험을 통해 오히려 드러난다.[49] 묄러는 개인의 실체와 영혼의 불사(不死)를 주장하며 기독교세계관에 접근한다.

묄러에게 헤겔은 대단한 철학적 체계를 세우려는 시도에서 물론 존경을 받을 수 있었다. 그러나 그런 체계는 인간의 실존을 현실적으로 설명하지 못하기에 키에르케고어 자신도 그랬듯이 웃음의 대상이 될 수밖에 없었다. 묄러는 실존을 설명하지 못하는 철학적 체계를 반대했다. 이런 반대를 넘어 키에르케고어는 윤리적 성품으로 드러나는 영원한 진리와 축복의 생활을 찾았다.

한편 하이베어(J. Heiberg)는 덴마크에 헤겔철학을 소개하고 따르며 자신의 생각을 전개했다.[50] 그는 헤겔의 체계를 통해 예술, 종교, 철학을 지성적으로 결합할 수 있다는 확신을 가졌다. 당시에 사상가들은 헤겔의 체계를 지지하든지 반대하든지 무한과 영원에 대한 관심을 갖고 있었다.

헤겔과 하이베어가 유한한 인간이 영원한 존재와 관계하는 길을 논리나 관념에서 찾았다면 키에르케고어는 신앙을 통해서만 가능하다고 믿었다. 이렇게 단리 논리나 관념이 아니라 인간실존에 관심을 가졌던 키에르케고어가 인간본성에 대한 관심을 갖는 것은 자연스럽다. 그가 독일관념론을 비판한 까닭은 하느님과 관계에서 자신의 인간이해가 논리와 사변을 넘어섰고 깊어졌기 때문이다.

인간은 자신의 힘만으로는 유한한 세계 너머로 나아갈 수 없다. 아이러니의 의미대로 인간은 자신을 제한함으로써 오히려 자신의 능력을 드러낸다. 아이러니의 이런 역설적 의미를 키에르케고어는 자신의 실존적 결단과 삶을 통해 표현했다. 그는 범신론적 입장이 아니라 영원한 하느님과 인격적 관계가 도덕적 책임으로 나타난다고 보았다.[51]

---

49) Thulstrup. *Commentary on Kierkegaard's Postscript*, 1984. p. 84.
50) Thulstrup. *Commentary on Kierkegaard's Postscript*, 1984. p. 226.

키에르케고어는『아이러니의 개념』을 통해 이미 자신을 비우고자(self-canceling) 했다. 그는 감각적 향락생활의 아이러니한 결과 즉 절망적 단계를 넘어서 영원히 타당성을 지닌 투명한 삶과 윤리의식을 드러내고자 했다. 그는 자신의 저술을 통해 새로운 주장을 하기 보다는 독자가 자신을 발견하길 원했다. 이런 키에르케고어의 의도를 이해했던 논문지도교수 시번(Sibbern)은 실제적 삶과 철학적 주장이 괴리된 철학자들의 약점을 감지(感知)했다.[52]

키에르케고어는 소크라테스의 함께 아이러니의 개념이 들어왔다고 본다.[53] 아이러니에 대한 이해대로 소크라테스는 자신의 내면과 겉으로 드러난 표현이 반대였다. 그렇기에 소크라테스의 동시대인들은 그의 내면을 즉각 이해하지 못했다.『아이러니의 개념』에서 플라톤, 제노폰(Xenophon), 아리스토파네스(Aristophanes)의 소크라테스 해석은 다르다. 우리는 이들의 상이한 해석을 종합할 수밖에 없다.

소크라테스는 여느 철학자들 같이 인간의 궁극적 관심에 대해 자신의 의견을 제시하지 않고 대화와 주어진 상황에서 끊임없이 자기 자신을 찾고자 했다.『아이러니의 개념』에서 자아는 평생에 걸쳐 형성된다는 사상의 맹아(萌芽)를 보게 된다. 키에르케고어에게 주체성은 긍정적 의미지만 아이러니는 부정적 의미를 지닌다. 부정적 의미란 잠재성이 충분히 현실화되지 않았다는 뜻이다.

키에르케고어에 의하면 소크라테스의 '너 자신을 알라'는 타자로부터 독립은 되었으나 충분히 주체성을 발휘하지 못했다. 소크라테스는 타자와 주위상황으로부터 독립하여 자아의 새로운 영역

---

51) Kierkegaard, *The Concept of Anxiety*, 1980. p. 314.
52) A. Burgess, "The Upbuilding in the Irony of Kierkegaard's The Concept of Irony", 2001. p. 151.
53) Kierkegaard, *The Concept of Irony*, 1989. p. 6.

에로 나아갔다. 평생 자기 자신을 찾고자 했던 키에르케고어에서 자기인식(認識)의 과정은 독단적이지 않고 실존적 아이러니를 통해 실제생활에서 도덕적으로 표현된다.

키에르케고어는 영원한 존재인 하느님과 깊은 관계에서 자신에게 주어진 사명과 이를 수행할 수 있는 현실을 보았다. 누구나 자신의 삶이 성취되고 번영하길 원한다는 점에서 도덕적으로 승화된 삶은 의미를 갖는다. 실존적 아이러니는 영원한 존재 앞에서 발견하려는 자아를 오히려 비운다. 자기다움을 찾는 생활은 주위에서 뛰어남에 대한 분노와 함께 본성적으로 동감(同感)을 같이 받게 된다.

자기 자신을 찾아가는 삶이 축복이다. 키에르케고어는 주위의 사람들을 그리스도신앙으로 이끌며 자아를 찾도록 권한다. 그에게 신앙은 어느 인간관계보다 더욱 단독자로서 살게 했다. 고결한 삶으로 드러나는 자아의식의 추구는 평생의 과제가 된다. 이론의 전달은 한계가 있기에 구체적 생활을 통한 윤리교육이 더 효과적이다.

키에르케고어는 영원한 존재 즉 하느님과 관계에서 인간을 이해한다.[54] 그는 인간의 본성인 영원한 존재에 대한 사모(思慕)만이 각 사람을 주체적으로 만든다고 본다.[55] 본성상 사모를 받는 영원한 존재는 각 개인이 내면적 주체성을 갖고 관계할 때에만 깊이 알려질 수 있다. 신앙은 단지 지식이 아니라 자유행위이며 의지의 표현이다.[56]

키에르케고어는 진리를 주체성과 내면성으로 받아들인다. 이 진리를 객관적으로 이해하려고 하면 역설(逆說)이 된다. 예수 그리스도의 인격에 대한 신앙이 곧 그리스도교이다. 최고의 역설은 영

---

54) Kierkegaard, *Concluding Unscientific Postscript*, trans. David Swenson and Walter Lowrie, Princeton, NJ: Princeton University Press, 1968, p. 179.

55) Kierkegaard, *Concluding Unscientific Postscript*, 1968. p. 179.

56) 쇠얀 키에르케고어 저, 표재명 역, 『철학의 부스러기』, 2007. p. 117.

원한 진리가 시간 안에서 생성되었다는 즉 성육신이다. 인간의 이성(理性)은 그리스도를 영원한 하느님으로 충분히 이해할 수 없다.[57] 그리스도와 인간의 절대적 상이성 곧 하느님과 인간의 질(質)적 차이의 원인은 관계의 단절인 죄(罪)다.

키에르케고어는 하느님과 절대적으로 관계하며 다른 생활조건은 상대적으로 대한다. 인간에게 가장 핵심적인 영혼의 활동은 육체와 함께 한다. 누구나 특정의 사회적 환경을 변화시키며 살아가는데 한 개인의 본질적 책임은 하느님과 관계다. 우리가 권위를 받아들이는 사회구조는 개인의 영원한 존재와 관계에 근거하여 끊임없이 개혁되어야 한다.

소크라테스에게 자신의 유익을 판단의 기준으로 삼는 소피스트는 생각에 생각을 더하는 행동을 할뿐 윤리적 기준이 될 수 없었다.[58] 이런 식의 행동은 보편적 타당성을 지니지 못하고 매사에 새로운 합리화를 찾는다.[59] 소피스트의 자기 유익을 위한 주장에 대하여 소크라테스는 기존의 비도덕적 관습들로부터 자신을 독립시키며 자기 자신을 찾았다.

인간은 끊임없이 영원하고 참된 삶을 탐구해 왔다. 기존의 관습이 타당성을 지니지 못하고 새로운 윤리와 문화가 형성되지 못한 역사적 상황에서 개인의 주체성이 더욱 요구된다. 우리는 자기 자신을 찾을 때 이웃 및 자연환경과 관계하는 윤리적 책임을 수행할 수 있다.[60] 각자 자신의 현실에서 윤리적 행위를 통해 상호 효과적 의사소통이 가능하다.

실존적 아이러니는 개인이 타자들로부터 독립해서 자기 자신을

57) Kierkegaard, *Philosophical Fragments*, 1985, p. 242.
58) Kierkegaard, *The Concept of Irony*, 1989. p. 204.
59) Kierkegaard, *The Concept of Irony*, 1989. p. 208.
60) Hwang, JongHwan, *Ökologische Gerechtigkeit*. 2004. p. 185.

의식하게 하는 도덕발달의 단초가 된다. 헤겔은 소크라테스를 도덕성의 근거를 세운 사람으로 여긴다. 즉 자기 자신을 의식하는 주체성을 세운 사람이다. 그런데 자기를 의식하는 주체성과 자신을 비움으로써 오히려 자신을 표현하는 실존적 아이러니가 반드시 일치하지는 않는다.

소크라테스는 자기 자신을 찾게 하는 산파(産婆)의 역할을 했지만 『철학의 부스러기』에서 보듯이 진리로서 그리스도는 아니다. 키에르케고어에게 인간은 영원을 사모하는 존재이기에 개인은 지금까지 성취한 업적이나 과오(過誤)보다는 영원한 존재와 관계에서 자기를 찾는다. 키에르케고어의 추구가 영원한 존재와 관계에서 자신을 찾는 도덕성이라면 헤겔은 개인의 주체성을 사회체계의 공동선(共同善)과 일치시키고자 했다.

키에르케고어에 의하면 소크라테스는 아이러니를 통해 자신을 다른 사람들로부터 독립시켜 아테네 사람들로 하여금 자아의식을 갖게 했다. 키에르케고어의 해석에서 소크라테스는 자기 자신을 독립시켰다는 점에서 부정적 의미의 자유를 지녔다. 즉 공동체 규범의 단순한 수용에서 나아가 자아를 찾았다.

키에르게고어는 아이러니를 개념적 차원을 넘어서 자아의 성취와 도덕발달로서 이해한다. 그에게 아이러니는 아테네의 전통과 풍습을 따르지 않고 자신을 찾고자 한 소크라테스의 삶을 통하여 의미를 갖게 되었다.[61] 소크라테스는 특정의 주제만 아니라 어느 상황에서도 자신의 감수성으로 주어진 문제들을 자기 자신을 찾는 계기로 보고 토론했다. 이에 반해 소피스트들은 자신의 유익만 추구했지 윤리적 삶이 동반되지 않았다.

---

61) Kierkegaard, *The Concept of Irony*. 1989. p. 9.

6. 낭만적 아이러니 비판

키에르케고어는 감정과 분위기에 흔들리며 삶의 윤리적 열매를 현실적으로 맺지 못하는 낭만주의를 비판한다. 그는 현실에서 도피하고 주위환경에 대한 책임의식을 결핍한 낭만적 아이러니를 비판한다. 그에게 선(善)한 행동으로서 윤리적 삶은 영원한 존재에 근거한다. 그에게 선한 행위의 근거는 국가나 공동선(共同善)보다 더 높은 영원한 하느님이다.

사변적 관습 즉 생각에 생각을 더하는 관념철학 이후 낭만주의에서 키에르케고어는 현실적 변화를 가져오지 못하는 또 다른 현상을 보았다. 그에게 낭만적 아이러니는 그릇된 관습에 대한 주체적 대응이 아니었다. 그는 창조적 활동을 위한 자아의 주체성을 타자와 환경으로부터 독립하여 강조한다. 그에게 인간은 하느님과 더불어 창조적 활동을 한다. 그는 낭만적 아이러니의 자의(恣意)적 행동을 비판하면서 영원한 존재와 관계에서 자아를 찾는다.62)

극단적 낭만주의에서 보듯이 자기감정에 의존하여 삶을 갈무리할 수 있다는 주장은 영혼의 활동을 현실생활에서 부인하게 된다. 이런 모습이 『죽음에 이르는 병』에서는 도전적 절망 혹은 무한성의 절망으로 묘사된다. 즉 놀라운 계획은 세우면서 구체적 실행이 없으면 삶에서 도덕적 행위가 드러날 수 없다.63) 이런 삶은 감각적 향락추구의 생활에서 보듯이 자기가 자신으로부터 소외되며 현실성을 잃게 된다.

---

62) R. L. Perkins, "Hegel and Kierkegaard: Two Critics of Romantic Irony," *Review of National Literatures*, 1, 1970. pp. 232-254.
63) Kierkegaard, *The Sickness unto Death*, 1980. p. 31.

낭만적 아이러니 주장자들은 종국에는 개인의 능력을 거의 전능한 수준으로 간주하려고 했다. 키에르케고어에게 낭만주의자의 실제생활은 그들이 비판한 통속적 모습이었다. 키에르케고어는 낭만적 아이러니에서 상대적 대상을 환상적으로 생각하는 현상을 비판한다. 감각적 향락의 단계에서는 상대방 이성(異性)에 대해 현실적 이해가 부족하다.

낭만적 주체성은 상대적 대상들과 지나친 감정의 유대를 추구한다. 이런 생활은 내용이 공허하게 되며 영원한 존재와 관계에서 가능한 자아를 형성하지 못한다. 영원한 존재와 관계하는 주체적 의식은 주위환경의 변화를 가능하게 한다. 무한, 영원, 자유가 유한, 순간, 필연을 통해 실현된다는 현실은 도덕성에 눈을 뜨게 한다.

인간은 윤리적으로 끊임없이 형성 중에 있다. 우리가 영원하고 무한한 것에만 착념하여 감각적이고 유한한 현실에 등한하면 즉 형이상학에만 관심을 가지면 현실적으로 윤리적 생활을 할 수 없게 된다. 이런 생활은 구체적 현실의 발전에 대한 생각을 갖지 못한다. 현실의 변화와 발전에 대한 의식이 소크라테스에게 주체성의 근거다.

자아를 중시하는 철학적 발전은 칸트와 피히테(Fichte)를 거치고 낭만주의적 아이러니를 통해 쉴레겔(Schlegel), 티크(Tieck), 솔거(Solger)에서 최고로 표현되었다. 피히테의 자아구성(構成)이론을 따라 현실에 대응하는 낭만주의적 아이러니를 키에르케고어는 비판적으로 받아들였다.[64]

---

64) R. L. Perkins, "Hegel and Kierkegaard: Two Critics of Romantic Irony," *Review of National Literatures* 1/2. 1970. pp. 232-254. Hegel, *Aesthetics: Lectures on Fine Art*, trans. T. M. Knox, Oxford Clarendon Press, 1975. 1; 64, and *History of Philosophy* 3: 507.

키에르케고어에 의하면 낭만적 아이러니는 자아를 무한에까지 확장하며 세상을 다시 구성하려고 한다. 그러나 이런 시도는 현실에서 자아를 윤리적으로 형성하지 못한다. 낭만주의적 아이러니에서 자아가 권한을 절대시하면 고유한 주체성이 발휘되지 않고 주체주의(subjectivism)에 이르게 된다.[65]

피히테 등에서 보듯이 낭만적 아이러니에서는 자기 자신이 늘 관심의 중심에 있게 된다.[66] 자의(恣意)적 상상(想像) 속에서 어떤 통제도 받지 않으려는 시도는 자아를 절대화하게 된다. 자신을 절대화하려는 개인에게 주위환경은 의미를 지니지 못하고 오히려 주위환경이 자신에게 맞추길 바란다.

헤겔은 객관적 사회체계를 통해 낭만적 아이러니를 대응하지만 키에르케고어는 영원한 존재와 주체적 관계로써 극복한다. 영원한 존재와 관계하며 자아를 비우는 실존적 아이러니는 타자와 의사소통을 가능하게 한다. 자아의 형성은 영원한 존재에 대한 주체적 신앙과 개인적 감정의 만족추구 사이의 실존적 선택이다.

예술가에서 그의 삶과 작품이 일치해야 매력을 주듯이 키에르케고어는 자신의 삶과 저술을 일치시키고자 한다. 즉 그의 작품의 창조가 바로 자신의 삶이었다.[67] 키에르케고어에서 성육신의 그리스도신앙은 실존적 아름다움의 완성이다. 그에게 실존적 미학은 자기충족의 낭만주의자들과 달리 영원한 존재와 사귀며 성숙해 가는 과정이다.

---

65) R. Perkins, ed. *International Kierkegaard Commentary, the Concept of Irony*, Georgia: Mercer University Press, 2001. p. 298.

66) R. Hall, "The Irony of Irony", in *International Kierkegaard Commentary* v. 2, *the Concept of Irony*, ed. R. Perkins, Princeton University Press, 2001. pp. 317-345.

67) S. Walsh, *Living Poetically: Kierkegaard's Existential Aesthetics*, University Park: Pennsylvania State University Press, 1994. p. 195.

키에르케고어에 의하면 자존(自存)적 낭만주의는 영원한 세계를 꿈꾸는 중에 자기 자신을 소진(消盡)하게 된다. 이런 낭만주의는 현실적 성취 없이 감정적 만족의 끊임없는 수집(收集)일 뿐이다. 키에르케고어는 시적(詩的) 상상을 윤리적으로 승화시키는 삶에 관심을 가졌다. 그에게서 시적 상상이 추구하는 미적(美的) 현실은 종교 윤리적 삶에서 가능하게 된다.[68]

영원한 존재와 관계를 전제하는 실존적 미학은 낭만주의와 달리 자신의 존엄을 고양(高揚)시켜 자기 자신 안에서 내면화시킨다.[69] 그리스도신앙에서 인간은 낭만주의자들이 흔히 생각하듯이 완전히 자유스러운 존재가 아니라 하느님의 동반자다.[70] 인간은 자기 충족적으로 창조하지 않고 자신에게 주어진 본성을 구현(具現)한다.

7. 자아형성의 도덕적 검증

종교적 신앙에 관해 키에르케고어에게 영향을 받은 비트겐슈타인(Wittgenstein)에 의하면 건전한 종교적 교리는 굳이 말하지 않더라도 고결한 삶을 통해 감동과 생활의 변화를 가져오게 된다.[71] 키에르케고어와 비트겐슈타인에게 영혼의 활동은 지적(知的) 분석보다 더 본질적이다. 키에르케고어는 당시 덴마크 기독교인들이 기독교교리를 받아들이지만 실제생활에서 윤리적으로 실천하지 않는 현실을 분명히 지적했다.[72]

---

68) S. Walsh, *Living Poetically*, 1994. p. 53.
69) 김현, 「헤겔의 낭만주의 비판」, 『철학논총』 제5집, 2008, 제1권. p. 89.
70) 황종환, 「키르케고어와 카시러의 종교성 비교연구」, 『철학논총』 제51집, 2008. 제1권,
71) L. Wittgenstein, *Culture and Value*, 1980. p. 53.
72) Kierkegaard, *Concluding Unscientific Postscript*, 1944. p. 181.

종교적 신념은 지성(知性)적 동의뿐만 아니라 실제 삶이 마땅히 동반되어야 한다. 도덕적 실제생활과 언어적 주장은 불가분리의 관계에 있다. 종교 윤리적 신앙에 상응하는 생활을 하지 않는 까닭은 실제로 그런 믿음을 갖고 있지 않기 때문이다. 혹은 단지 지성적 차원에서만 동의하는 종교적 신념이라고 할 수 있다.

고대(古代)에서 개인의 위치는 주로 그가 속한 사회적 역할에 의해 결정되었다. 즉 도덕성은 사회적 역할의 수행으로 받아들여졌다. 그런데 사람의 행동은 스스로 충분히 의식하지 못하는 절망, 불안, 분노가 자신의 의도, 감정, 신념 등을 드러낸다. 이런 의미에서 키에르케고어는 무의식(無意識) 심리학의 선구자다.

소크라테스는 아테네의 사회적 규범보다는 한 개인이 인간으로서 마땅히 살아야 할 길을 찾았다. 플라톤은 이성(理性)을 따르는 삶을, 아리스토텔레스는 지성적 숙고를, 그리스도신앙은 하느님과 관계를 인간의 본질로 본다. 키에르케고어는 사회적 지위보다는 하느님과 관계에서 자신을 받아들인다.

추상적 자아에서 구체적 자아로 나아가며 자아가 형성된다.73) 실존적 진리는 자신의 삶을 윤리적으로 변화시키기에 그 의미를 갖는다. 진리는 단지 객관적으로 혹은 명제(命題)적 차원이 아니라 실제생활을 윤리적으로 고양시킨다. 어거스틴에게 그리스도인은 이 땅에서 살아가지만 하나님의 나라에 속한 사람이다. 어거스틴은 그리스도를 통하여 죄로 오염된 세상의 변화를 믿었다.

칸트에 의하면 우리의 지성이 아무리 순수하더라도 대상 그 자체를 이해할 수는 없다. 물자체(物自體)에 대한 칸트의 견해는 자신의 철학이 단지 경험주의나 실증주의로 환원되는 차원을 넘어서려고 했다. 그렇지만 칸트의 물자체를 어떤 인격적 존재로 받아들

---

73) Kierkegaard, *Either/Or, II*, 1959. p. 245.

이기는 어렵다. 그의 윤리학은 이성(理性)과 인간의 선의지(善意志)의 영역에서 행동의 기준을 추구했지 인격적 하느님과 관계를 종국적으로 받아들이지는 않는다.

근대 이후 물질주의적 세계상이 진전됨에 따라 쾌락을 극대화하고 고통을 최소화하며 살아가게 되었다. 이런 세계상에서 주체적 참여보다는 이익의 극대화를 위한 계산과 쾌락의 소비가 추구된다. 경제적 능력은 사회적 역할이 변할 수 있음을 알려주게 되었다. 경제적 능력은 자아의식을 더욱 발전시켰다. 현대사회에서 주체적 인격으로서 개인의 정체성이 찾아지지 않고 사회적 지위와 경제적 수입이 우선적으로 영향을 미치기도 한다.

『이것이냐 저것이냐 2』에서 도덕은 사회적 규범을 따르려는 책임적 행동이다. 그런데 현대에서 자아의식의 발달은 사회규범과 개인주의 사이의 괴리를 본다. 사회적 지위가 그 지위를 맡은 개인의 인간적 됨됨이를 보장하지도 못한다.[74] 심지어 감각적 향락을 추구하는 사람이 자신의 생활을 목적으로 경제적 수입을 위하여 사회적 지위를 맡기도 한다.

자아의 성숙이 사회적 지위와 일치하지 않을 수 있다. 즉 바람직한 생활을 위해서는 사회적 지위보다는 인간의 본성에 걸맞은 도덕적 생활이 더 중요하다. 햄프셔(Hampshire)에 의하면 각 개인은 특정 시각을 지닐 때에만 윤리적 행동의 근거를 찾을 수 있다.[75] 자아의 형성은 윤리적으로 정당화되기에 개인의 주장은 도덕적 실천을 동반하여 추구될 때 호소력을 갖게 된다.

---

74) B. Williams, *Morality: An Introduction to Ethics*, Cambridge University Press, 1976. p. 66.

75) S. Hampshire, "Introduction: From Nature to Second Nature", in his *Morality and Conflict*, Oxford: Blackwell, 1983. p. 9.

종교 윤리적 신념에서 전혀 객관적이기만 한 주장은 있을 수 없다. 자아를 찾았던 키에르케고어는 사유에 경도(傾倒)된 독일관념론 비판했다. 그는 단지 지성적 생활과 윤리적 행동이 동반되는 생활을 예리하게 구분한다.76)

윤리적 주장이 그에 상응하는 생활을 동반하지 못한다면 어떻게 설득력을 얻을 수 있을까? 키에르케고어는 윤리적 행위의 근거를 영원을 사모하는 실존적 주체성에서 찾았다. 우리가 합리성이나 의지(意志)에서만 윤리적 근거를 찾으면 결국 공허한 삶이 된다.

키에르케고어는 보편적 타당성을 지닌 윤리가 일, 결혼, 가족 등 사회적 역할에서 표현되기를 원했다.77) 그에게 하느님과 관계하는 종교적 신념은 윤리적 생활을 가능하게 한다. 그는 인간을 하느님과 관계에서 보기 때문에 윤리적 행위는 자기 자신을 찾아 평온한 생활을 추구할 때 나타나는 매력적 현상이다.

종교 윤리적 생활은 신앙의 비약을 통한 삶의 헌신으로 추구된다. '진리는 주체성'이라는 키에르케고어에서 '나'의 삶을 타인에 의탁하여 성취할 수 없다. 그에게 윤리적 생활은 칸트에서 볼 수 있듯이 개인의 선(善)의지만으로는 충분히 설명되지 않는다. 키에르케고어에게 도덕성은 주어진 역할과 관계에 대한 헌신적 행위로 표현된다.

주어진 일을 자신의 정체성이 드러나는 행위로 대하면 헌신적 행위가 드러나게 된다. 나와 너의 바람직한 관계는 상대방을 단지 나의 즐거움의 대상이 아니라 존엄과 권리의 인격으로 받아들인다.78) 일시적 향락추구에서 결과하는 권태와 허무의 경험은 우정, 결혼생활, 직업 등에 모두 나타날 수 있다.79)

---

76) A. Rudd. *Kierkegaard and the Limits of Ethical*, 1993. p. 58.
77) Kierkegaard, *Fear and Trembling*, 1983, p. 54, 68, 82.
78) 표재명, 『사랑과 영혼의 철학자 키에르케고어를 만나다』, 2012. p. 246.

감각적 향락추구는 자기 마음대로 관계에서 벗어나기에 진정한 의미의 관계가 형성될 수 없다. 타자와 함께 생활하는 세상에서 개인의 자의(恣意)적 행동은 자신의 자유를 오히려 역설적으로 막는다.[80] 내가 추구하는 행동이 영원을 사모하는 마음을 드러낼 때 선택이 된다.[81]

키에르케고어에서 '나'를 찾는 삶의 목적에 상응하는 행동을 할 때에만 선택이 본래적 의미를 지니게 된다. 그에게 선택은 영원한 존재와 관계에서 자기 자신을 선택하여 자아를 형성한다. 자아가 되는 과정은 자신의 가능성을 현실화하는 과정으로서 일생에 걸쳐 열정과 인내가 함께 해야 한다.

자아의 형성에서 영혼의 활동과 요구를 무시하는 쾌락주의는 인간의 본성에서 볼 때 잘못이다. 반대로 신체적 측면을 고려하지 않는 신비적 종교생활에서도 자아가 형성될 수 없다. 키에르케고어는 반복하여 윤리적 생활의 가능성을 영원한 존재와 관계하며 찾는다. 영원을 사모하는 존재로서 인간에게 윤리적 행위는 종교적 전제에서 가능하며 자아는 지속적으로 형성된다.

자아의 형성은 번영의 미래를 약속한다. 키에르케고어에서 자아는 근대사상에서 보듯이 이미 주어진 주체가 아니다. 그에게 자아는 영원한 존재와 관계하며 반복적으로 성취된다. 내가 되어 가는 삶은 주어진 복잡하고 미묘한 상황에서 자아를 선택하는 과정이다. 즉 주어진 상황에서 분리되어 단지 심리적 안정을 추구하는 태도가 아니다.

---

79) Kierkegaard, *Either/Or*, vol. 1, trans. David and Lilian Swenson, with revisions by Howard Johnson, and vol. 2, trans. Walter Lowrie, with revision by Howard Johnson, Princeton: Princeton University Press, 1971. p. 294.

80) Kierkegaard, *Either/Or*, vol. I, 1971. p. 293.

81) Kierkegaard, *Either/Or*, vol. II, trans. Walter Lowrie, Garden City: Anchor Books, 1959. p. 218.

윤리적 선택은 지금까지 자신의 삶의 역사에서 분리된 자아가 아니다. 윤리적 매력으로 표현되는 자아는 지난날의 과오를 포함하여 주어진 현실을 받아들여 미래의 책임을 준비한다. 이런 생활은 자기 자신에 대해 더욱 정직하려고 한다.[82)]

『이것이냐 저것이냐 2』의 주인공 윌리엄 판사에 의하면 헤겔의 주장과 유사하게 타자와 관계에서 개인을 이해하고자 한다. 개인은 사회적 역할을 통해 자아를 실현할 수 있다는 주장이다. 사회적 관계는 결혼생활에서 최고로 나타난다.[83)] 감각적 향락추구에서 육체적 쾌락의 대상이 지속적으로 바뀌지만 결혼생활로 나타나는 윤리적 단계에서는 특정의 대상과 맺어진다.

'나' 를 찾아야 타인과 교제할 수 있다. 자아의 형성은 선택의 진정한 의미인 자기 자신을 선택하면서 이루어진다.[84)] 감각적 향락추구는 끊임없이 자기중심적이지만 현실적으로 자아를 형성하지 못한다. 삶의 근본적 계획에 상응하는 행동을 할 때 심리적으로도 만족한다.[85)]

자발적이며 지속적으로 자아를 찾는 삶이라야 역설적으로 타자와 관계를 맺을 수 있다. 키에르케고어에서 영원한 행복으로서 자아의 형성은 감각적, 사회적, 종교적 차원으로 깊어진다.[86)] 아리스토텔레스에서 '영혼을 좋게' (eudaimonia)는 행복추구의 형식적 정의(定義)다. 슈페만에 의하면 구체적 행위에서 타인에게 선(善)을 베풀며 영혼이 실제 삶에서 좋게 된다.[87)]

---

82) J. Collins, *The Mind of Kierkegaard*, Princeton, NJ: Princeton University Press, 1983. pp. 84-85.

83) Kierkegaard, *Stage on Life's Way*, trans. Howard Hong and Edna Hong, Princeton, NJ: Princeton University Press, 1968, p. 101.

84) Kierkegaard, *Either/Or, II*, 1959. pp. 229-30.

85) B. Williams, "Persons, Characters and Morality", in his *Moral Luck*, Cambridge: Cambridge University Press, 1981, p. 13.

86) Kierkegaard, *Either/Or, II*, 1959. p. 245, 266.

아리스토텔레스는 개인적 목적추구와 추구 그 자체를 목적으로 하는 행위를 구분한다.[88] 즉 인간본성의 추구 그 자체는 목숨보다도 더 귀중하다는 뜻이다. 인간본성에 상응하는 삶은 인생 전체의 성취와 연관되기에 행복과 도덕적 행위는 긴밀히 연관된다.

삶 전체의 성취를 가져오는 효과가 현실적으로 나타날 때에 비로소 도덕적 행위가 된다. 인간의 실존에서 볼 때 영원한 존재와 믿음으로 관계할 때 이 세상의 경제적 관심, 사회적 인정, 감각적 향락 등을 상대적으로 대할 수 있다. 하느님과 인간의 관계는 사변적 관념론에서 보듯이 논리적 필연성이 아니라 신앙의 모험이 진지하게 반복되는 과정이다.

세속적 휴머니즘의 윤리는 인간 자신에 대한 낙관적 견해를 갖지만 그리스도신앙의 윤리는 그리스도를 신앙하지 않는 원죄(原罪)를 전제한다. 그리스도교에서 죄(罪)는 특정의 잘못이 아니라 하느님을 신앙하지 않는 단절이다. 인본주의 윤리학은 죄에 대해 의식하더라도 해결은 못한다. 그리스도신앙은 자기 본위(本位)적 생활에서 나타난 죄의 전(全)적 용서와 불가분리적이다.

키에르케고어에게 영원한 축복의 성취는 영원한 존재로서 역설적으로 유한한 시·공간에 온 예수 그리스도에 대한 신앙을 통해 가능하다. 감각적 향락을 찾는 낭만주의자나 사변적 사상가는 하느님 관계의 단절과 회복으로서 원죄와 신앙을 알지 못한다. 그들은 역설(逆說)적 신앙의 진리를 받아들일 수 없고 삶에서 윤리적 의미를 찾지 못한다. 그리스도와 신앙의 비약을 통해 영원한 축복을 추구하는 윤리적 생활은 감각적 향락추구와 개인적 감정관계를 극복하고자 한다.

87) R. Spaemann, *Glück und Wohlwollen*. 1989. p. 21.
88) R. Spaemann, *Glück und Wohlwollen*. 1989. p. 35. (de anima II, 4).

키에르케고어는 악(惡)의 번창, 의인의 고난 등 삶에서 겪는 납득할 수 없는 물음에 철학이나 신학의 학문적 답을 찾지 않는다. 그는 『반복』 의 욥(Job)에서 보듯이 하느님에 대한 전폭적 신앙을 구할 뿐이다.[89] 그는 정열이 함께 하는 신앙의 역설(逆說)을 통해 윤리적 한계를 넘어 자아를 찾았다. 그는 영원히 변할 수 없는 하느님의 은혜와 사랑을 믿고 체험했다. 이런 믿음의 체험은 이웃과 자연에 대한 윤리적 관계와 사랑을 가능하게 한다.

키에르케고어에게 정열과 함께 하는 사랑은 믿음으로 자신의 몰락도 각오한다. 그는 하느님 앞의 단독자로서 자기를 찾으며 자아의식에 의해 이웃과 주위환경에 관계하였다. 그는 반복적으로 신앙의 역설을 통해서 진리에 다다르려고 했다. 그에게 신앙의 역설을 통해서만 고결한 생활이 가능하다. 권태와 허무를 극복하려는 윤리적 생활은 공동체의 보편성을 고려한다. 이런 보편성을 추구하는 실제적 윤리능력을 키에르케고어는 그리스도신앙에서 찾았다.

영원한 존재에 대한 신앙에 근거하여 인간실존을 설명하는 키에르케고어는 실제생활에서 자신의 가능성을 우선 신뢰하는 윤리적 낙관주의를 받아들이지 않는다. 윤리적 실존은 감각적 향락추구의 모순을 자신의 힘만으로 극복하려고 하지만 하느님신앙에서 성취되는 자아형성을 이루지 못한다. 잠시의 만족 속에 살아가는 감각적 향락추구는 자아의식이 형성되지 않아 역사와 문화의 형성을 등한시한다.

키에르케고어의 독일관념론 비판은 인간사유(思惟)의 가치를 낮게 평가한다는 뜻이 아니다. 그는 실제생활에서 생각의 한계를 극복하고자 했다. 그는 이 방법을 『후서』 에서 이 땅의 생활을 넘어서서 영원한 축복의 삶을 전하며 찾았다.[90] 영원한 축복의 생활은

89) Kierkegaard, *Fear and Trembling/Repetition*, trans. H. Hong and E. Hong, Princeton University Press, 1983.

윤리적 행위를 통해 타인들에게 전달되고 영향력을 미치기에 키에르케고어는 객관적 도덕성을 결코 무시하지 않았다.

키에르케고어에서 실존적 성숙은 감각적, 윤리적, 종교적 단계를 거쳐서 그리스도교신앙에 이르게 된다.[91] 이런 단계는 이미 헤겔의 『정신현상학』에서 절대정신의 발전단계와 전혀 무관하지 않기에 키에르케고어는 독일관념론을 일방적으로 비판하지 않았다. 키에르케고어는 실존운동으로서 현실생활에 관심을 가졌다. 그는 『정신현상학』의 발상과 논리를 전제하면서도 신앙의 윤리적 삶을 통해 생각의 한계를 극복하려고 했다.[92]

인간의 실존은 단지 생각이 아니라 절대적으로 선택하는 과정이다. 키에르케고어에서 자아를 선택하는 생활은 영원한 존재와 관계에서 가능하다. 그의 실존해석에 의하면 직접적 향락추구는 자기중심의 자기폐쇄(閉鎖)적 생활이며 윤리적 단계는 보편성을 추구하는 생활태도다.

개인은 자신의 행복과 성취를 외부에서 찾으려는 향락적 생활에 절망하며 내면으로 향한다. 감각적 향락추구의 끝에 권태와 허무가 있다면 윤리적 단계는 보편적 이해를 통해 삶의 의미를 찾는다.[93] 키에르케고어는 자신의 실존을 종교 윤리적 즉 그리스도신앙에서 찾는다.

윤리적 단계에서 자신의 허물과 뉘우침을 발견하며 스스로 윤리적으로 살 수 없는 자기모순을 발견한다. 죄(罪)는 내재적 한계로

---

90) Kierkegaard, *Abschlissende Unwissenschaftliche Nachschrift zu den Philosophischen Brocken*, (ü), Hans Martin Junghans, Düsseldorf: Eugen Diederichs, 1957-1958.

91) 표재명, 『키에르케고어 연구』, 서울: 지성의 샘, 1998. p. 68.

92) 표재명, 『키에르케고어 연구』, 1998. p. 70.

93) Kierkegaard, *Entweder -Oder II*, (ü), E Hirsch, Düsseldorf: Eugen Diederichs, 1956. p. 239.

서 삶의 좌절이기에 키에르케고어는 초월적 존재를 원한다.[94]

삶의 궁극적 의미에 대한 회의(懷疑)는 논리적 추론을 넘어 신앙의 모험을 통해 극복된다. 키에르케고어에서 그리스도만이 일반적 개인과 다른 개체 이상의 존재다. 인간은 누구나 독특한 개체이기에 한 사람으로 실존하면서 온 인류에 대한 책임을 수행해야 한다. 하느님 앞에서 자기 자신을 찾아가는 생활은 타자 및 주위 환경에 대한 윤리적 책임을 수행할 수 있다.

94) 표재명, 『키에르케고어 연구』, 1998. p. 76.

VIII. 외톨이(den Enkelte), 그 한 사람의 도덕교육적 함의(含意)

1. 자기 자신이 되는 축복
2. 예술과 도덕적 수월(秀越)
3. 소크라테스의 출발과 그리스도의 출발
4. 실존적 사유(思惟)의 간접전달
5. 자기충족(充足) 윤리의 한계
6. 자아로 회귀(回歸)하는 도덕교육
7. 교사와 학생의 실존적 관계
8. 윤리상담과 자아의 형성(形成)
9. 칸트와 키에르케고어의 윤리
10. 자발성과 지속성의 윤리교육

VIII. 외톨이(den Enkelte), 그 한 사람의 도덕교육적 함의(含意)

1. 자기 자신이 되는 축복

도덕교육자는 도덕이론의 전수(傳授)에서 나아가 도덕적 능력을 전달해야 한다. 이런 능력의 전달은 키에르케고어에서 영원한 존재와 관계에 근거한다. 그에게 도덕적 행동은 자기 선택을 통한 자아의 형성에서 가능하다. 자아의 형성으로서 도덕교육은 전달자 혹은 도덕교사가 실제적으로 도덕적 삶을 보여야 한다. 이런 삶을 키에르케고어는 사람의 본성인 영원을 사모하는 마음을 표현하며 드러내려고 했다.

키에르케고어는 자아의 형성과 도덕발달에서 그 한 사람(the single individual), 외톨이, 단독자를 반복하여 강조한다. 그가 외톨이를 처음 사용한 곳은 그의 처녀작 『이것이냐 저것이냐』 출판(1843) 후 본명으로 낸 『두 개의 건덕(建德)적 강화』의 머리말에서다.[1] 외톨이는 모든 사람 중에 오직 한 사람을 의미하는 동시에 '누구나' 를 의미한다.[2] 외톨이는 탁월하거나 재능이 있다는 뜻이 아니라 자기 자신이 됨을 축복으로 받아들인다.

외톨이는 자기다움을 찾기에 주위에서 뛰어남에 대한 분노와 함

---

1) 표재명, 『사랑과 영혼의 철학자 키에르케고어를 만나다』, 2012. p. 214.
2) 쇠얀 키에르케고어, 임춘갑 역, 『관점』, 서울: 도서출판 치우, 2011, p. 105.

께 본성적으로 누구나 자기를 찾아가기에 동감(同感)을 받게 된다.

키에르케고어는 분노와 동감으로 주위 사람들을 그리스도신앙으로 인도하고자 했다. 하느님의 부르심은 언제나 외톨이를 향하고, 부르심을 받은 자는 오직 홀로 서야 하며, 홀로 그의 길을 가야하고, 홀로 하느님과 있어야 한다. 『두려움과 떨림』에서 아브라함은 영원한 하나님은 죽음도 극복한다는 믿음을 홀로 가졌다. 그는 하느님 앞에 홀로 서서 외아들 이삭을 죽여 바치려고 했다.[3)]

신앙의 외톨이는 오로지 하느님의 도움을 받고자 한다.[4)] 키에르케고어는 자신을 힘들게 했던 시름, 우수(憂愁, melancholy)로 지내다 용서에 대한 확신에서 말할 수 없는 기쁨을 체험한다.[5)] 1848년 부활절 '무거운 짐을 진 자는 모두 내게로 오라' (마태복음 11;28)는 말씀에 자주 끌린다. 4월 19일(수) 사죄(赦罪)의 확신과 함께 하느님의 도움으로 시름을 극복할 수 있는 확신을 얻게 되었다.

키에르케고어는 그리스도교세계 내에 그리스도신앙을 다시 끌어들이는 일에 진력(盡力)했다. 1848년 '공산당 선언' 의 저 세계사적인 파국의 해에 키에르케고어는 하느님 앞에 단독자로서 이웃과 마주하고자 했다. 그리스도인은 혁명운동 같이 자기를 확장할 것이 아니다.[6)] 그는 하느님 앞에서 양심의 대결을 통해 자기가 사랑해야 하는 아웃이 있음을 분명히 깨달았다. 그는 실제생활의 현실적 사회변혁을 그리스도교의 사명으로 보았다.

키에르케고어에서 단독자는 이웃과 공동관계를 받아들이고 영원한 존재와 관계에서 진정한 평등관계가 실현되는 새로운 공동체를

3) Kierkegaard, *Fear and Trembling*, 1983, p. 68.
4) 표재명, 『사랑과 영혼의 철학자 키에르케고어를 만나다』, 2012. p. 217.
5) 1838, May 19: Kierkegaard records that he has experienced "an indescribable joy" (the Journals, II A 228).
6) 표재명, 『사랑과 영혼의 철학자 키에르케고어를 만나다』, 2012. p. 236.

지향한다. 외톨이로서 삶의 권유는 사랑의 실천을 위한 뜨거운 요청이다.[7] 모든 정치·사회문제의 진정한 해결은 하느님과 관계하는 영혼의 활동으로써 자아가 이웃사랑을 실현함으로써 가능하다.[8] 타자와 사회적 관계는 자기에 대한 관계에서 나오며 이런 자기관계는 영원한 존재와 존엄한 관계에서 출발한다.

키에르케고어는 문명의 바탕이 되는 도덕성을 유지, 보전하려고 했기에 그의 보수주의는 보수주의적 정치가를 옹호하는 것과 다르다.[9] 그의 단독자로서 개인주의는 해밀튼이 지적했듯이 사회의 다른 것을 고려하지 않는 이기적 관심, 한갓 로맨틱한 것이 아니었다.[10] 그가 생각하는 참된 단독자의 삶은 사회적 책임을 진다.[11]

하느님은 외톨이를 절대적 관계로 이끌어간다.[12] 신앙은 하느님의 은혜를 받기에 합당한 존재로 자신을 만들어 가게 된다. 이 믿음의 선물은 찬양과 고결한 성품의 윤리적 전달을 요청받는다. 홀로 선별된 개인은 하느님 앞에서 책임을 지고 진정한 평등으로서 사람다운 사람이 된다.[13] 키에르케고어에게 이러한 단독자의 출현은 곧바로 윤리적 공동체 형성을 위한 출발점이다.

사람들은 많은 지식과 정보 때문에 실존하는 삶 즉 내면성의 의의를 잊어버리고 산다.[14] 이러한 시대의 질환의 뿌리는 아무래도 헤겔의 체계 또는 사변의 철학에 있었다. 사유(思惟)만 의존하면 실존과 추상 사이에 있는 질적인 대립의 소실, 더 나아가 실존하

---

7) 표재명, 위의 책, 2012. p. 240.
8) 표재명, 위의 책, 2012. p. 241.
9) H. Diem, *Existenzdialektik von S. Kierkehaard*, Zollikon-Zürich: Evangelisher Verlag, 1950. p. 121.
10) K. Hamilton, *The Promise of Kierkegaard*, Philadelphia $ New York: J. B. Lippincott, 1969. pp. 67-68.
11) 표재명, 『사랑과 영혼의 철학자 키에르케고어를 만나다』, 2012. p. 97.
12) 표재명, 위의 책, 2012. p. 103.
13) 표재명, 위의 책, 2012. p. 104.
14) 표재명, 위의 책, 2012. p. 106.

는 인간의 본질적인 존재양식을 잃어버리게 된다.

키에르케고어가 그리스도와 주체적 관계를 강조하였지만 그리스도신앙의 객관적 진리를 결코 등한시하지 않았다. 그는 객관적 차원의 기독교에서 나아가 그리스도에 대한 주체적 신앙을 문제시했다. 그는 순간과 영원 혹은 심미(審美)와 종교가 만나며 영원한 존재에게 헌신하고자 했다. 영원한 존재와 관계는 인간의 능력 너머를 요구하기에 인간의 언어로는 충분히 기술할 수 없다.

키에르케고어에 의하면 객관적 사유는 인간의 경험을 단지 관념 혹은 이념으로 환원시키기 때문에 고결한 삶의 실제 전달이 가능하지 않게 된다. 이에 반해 주체적 숙고는 점점 더 심화(深化)된 내적 주체성과 관계를 갖게 된다. 키에르케고어에 의하면 인간의 숙고는 체계나 추상화가 아니라 구체적 현실과 윤리적으로 관련될 때에만 깊어질 수 있다.[15]

주체적 사유자(思惟者)만이 그들의 세계와 관계하게 되고 자신의 사유에 실제적으로 관여하게 된다.[16] 추상적 사유도 사실은 그런 사유를 하는 순간에는 그에 합당한 실존을 통해서 가능하게 된다.[17] 인간의 주체적 삶은 객관적 서술만으로는 표현될 수 없다.[18] 키에르케고어에서 내적으로 자아의 형성은 일시적 달성이 아니라 끊임없는 과정이다.[19]

실존하는 개인은 자아의 지속적 형성 과정 중에 있으며 주위환경과 끊임없이 새로운 관계를 만들어 간다. 이런 시각에서 볼 때 주체적 실존은 가능한 세계를 현실의 세계로 반복하여 만들어 가는 삶이다. 사람이 자신의 실존을 자발적으로 표현할 때는 개념적

---

15) Kierkegaard, *Postscript*, 1992. p. 71.
16) Kierkegaard, *Postscript*, 1992. p. 67.
17) Kierkegaard, *Postscript*, 1992. p. 170.
18) Kierkegaard, *Postscript*, 1992. p. 102.
19) Kierkegaard, *Postscript*, 1992. p. 79.

차원에 머무를 수 없고 내면화 즉 타자와 관계에서 자신을 도덕적으로 드러낸다.

객관적 사유(思惟)가 생각의 내용에 초점을 맞춘다면 주체적 행위는 우선 자기 자신과 현실적으로 먼저 관계한다.[20] 에반스(Evans)에 의하면 객관적 사유는 구체적 현실을 객관적 개념으로 표현하지만 주체적으로 생각하는 사람은 추상적 사유도 특정 개인의 구체적 현실로서 이해하고자 한다.[21] 추상적 사유와 달리 실존하는 주체에게 생각은 형성 중에 있으며 개인과 사유의 관계는 늘 과정 속에서 드러난다.

인간이 실존 속에 있는 한 어느 순간도 잊어질 수 없다. 인간실존은 단지 사유로 환원될 수 없으며 본질적 지식은 근본적으로 실존과 관계한다.[22] 실존은 과정 속에 있기 때문에 추상적 숙고가 이를 포착할 수 없다. 현실과 유리(遊離)된 추상적 사유는 사유의 굴레에 얽매이게 된다.[23] 키에르케고어에 의하면 인간이 실존에 관여하여 내면화될수록 보편성으로부터는 더욱 더 개체화되고 주체적으로 된다.[24]

각 개인이 자기를 찾아가는 도덕발달은 자신만 위하지 않고 상호관계에서 나타난다. 도덕발달로 표현되는 영원한 축복에 대한 신앙은 실존적 절망, 불안, 분노를 극복한다. 이런 신앙은 타자와 관계에서는 끊임없이 윤리적 의사소통으로 드러난다. 주체적 사상가의 독특한 의사소통 방식은 자아와 타자의 변증법적 과정을 통해 구체적으로 표현된다.[25]

---

20) Kierkegaard, *Postscript*, 1992. p. 181.
21) S. Evans, *Subjectivity and Religious Belief*. Grand Radids, Michigan: Christian University Press, 1978. p. 79.
22) Kierkegaard, *Postscript*, 1992. pp. 176-177.
23) Kierkegaard, *Postscript*, 1992. p. 102.
24) Kierkegaard, *Postscript*, 1992. p. 68.

키에르케고어는 윤리적 생활을 낮게 평가하지 않았고 신과 단독자적 단계에서만 윤리적으로 실존할 수 있다고 믿었다. 그는 인간조건을 재화(財貨)의 부족이 아니라 하느님과 관계가 단절된 죄(罪)에서 찾았다. 죄의 극복인 신(神)과 믿음의 관계는 아브라함에게서 보듯이 단독자로서 실존적 결단이다. 이런 결단이 타인에게 도덕적 생활을 통해 전달되었기 때문에 다른 이들에게도 실존적 결단을 요구할 수 있게 된다.

키에르케고어는 소크라테스의 삶과 행동을 진지하게 받아들였다. 자신의 유익을 판단의 기준으로 삼는 소피스트에게서 소크라테스는 보편적 타당성을 지닌 윤리적 호소력을 볼 수 없었다. 키에르케고어는 자의(恣意)적 행동을 비판하면서 영원한 존재와 관계에서 자기를 찾아간다. 그는 새로운 지식이나 정보를 주기보다는 자아를 형성하는 윤리적 삶의 결단을 촉구한다.

키에르케고어의 '진리는 주체성' 에서 보듯이 진리와 도덕적 행위는 불가분리의 관계가 된다. 거룩한 존재에 대한 신앙의 비약(leap of faith)은 도덕적 행위를 할 수 있는 근거다. 키에르케고어에게 자아의 형성은 그리스도와 관계에서 체험되며 고결한 성품으로 객관화된다. 종교적 생활과 도덕적 생활은 모순적 관계가 아니라 오히려 종교적 근거에서만 윤리적 행동으로서 이웃사랑이 가능하다.

『죽음에 이르는 병』, 『불안의 개념』 등에서 보듯이 절망과 불안이라는 실존적 현상으로 드러나는 원죄(原罪) 아래의 인간은 자율적으로 도덕적 행위를 실천할 능력이 없다. 일시적 향락에 자신

---

25) R. L. Perkins, ed. *International Kierkegaard Library, V. 8, The Concept of Anxiety: A Simple Psychologically Orienting Deliberation on the Dogmatic Issue of Hereditary Sin*, Mercer University Press, 1985. p. 7.

을 내어던지는 생활은 자기 자신을 찾지 못하고 스스로 자신을 속이게 된다. 영원한 존재와 관계에서 출발하여 자신을 찾게 하는 도덕적 행위는 타인의 반응에 연연하지 않는다.

2. 예술과 도덕적 수월(秀越)

행복한 삶은 인간의 본성을 찾아가는 도덕생활과 긴밀히 연관된다. 그리스도신앙에서 인간의 존엄은 예술적 진지함을 통해서 드러나기도 한다. 그런데 키에르케고어에서 하나님과 실존적 관계가 바로 최고의 아름다움이지 아름다움 자체를 위해 사람이 죽을 권리는 없다. 아름다움은 그 자체를 위해 추구되어야 한다는 칸트의 주장과 달리 키에르케고어에서 아름다움은 진리를 드러낼 때에만 의미를 지니게 된다.[26)]

키에르케고어에서 도덕생활의 이론과 실천뿐만 아니라 예술의 창작과 감상도 영원한 존재와 관계할 때 생명력을 얻는다. 그에게 가사내용이 전달되지 않고 감각적 즐거움만을 주는 음악은 단지 향락의 추구일 뿐이다. 이렇게 직접적 향락을 추구하는 사람들에게 거룩함과 진지함의 권위는 비웃음의 대상이 될 뿐이다. 이런 비웃음은 자기 자신을 찾아 자신의 존엄을 지키며 살아가려는 사람에게 찾아오는 영혼의 시련으로서 고난이다.

영원한 존재와 관계를 맺지 않는 현실은 실존적 불안에서 산다. 감각적 향락을 추구하며 살아가는 실존적 불안의 현실이 『이것이냐 저것이냐 1』에서 모차르트의 <돈 죠바니>의 분석에 나타난다. 돈 죠바니에서 감각적 향락추구는 사실 절망적 불안과 두려움을

26) Gesa Elisbeth Thiessen (ed.), *Theological Aesthetics*, Grand Rapids: Eerdmans, 2009. p. 205.

피하기 위한 일시적 도피다.[27] 돈 죠바니의 감각적 향락추구 그 자체가 자기 자신을 지치게 만든다.

스스로 철저하게 절망할 수 없다는 생활에서 인간은 영원한 존재를 사모하며 살아간다는 현실을 간접적으로 알 수 있다. 돈 죠바니, 파우스트(Faust), 아하수에로스(Ahasuerus)는 감각적 향락, 지성적 회의, 절망적 생활의 표현으로 살아가는 불안의 인물들이다.[28] 이들은 삶의 구체적 현실에서 자기 자신을 찾아 살지 못하고 추상적 수준에 머무르고 있다. 육욕(肉慾)과 영혼의 활동 사이의 갈등에는 인간의 실존적 불안이 어쩔 수 없이 드러난다.

아담은 『이것이냐 저것이냐 1』의 감각적 만족을 추구하는 생활과 같이 주위환경에 직접적으로 반응했다. 아담의 이런 상태는 『피가로의 결혼』의 파게(Page)의 모습으로도 그려진다. 어린아이의 불안은 마술피리(The Magic Flute)의 파파게노(Papageno)로서, 에로스의 불안은 오페라 <돈 죠바니>의 주인공 돈 죠바니에게 나타난다. 인간이 전혀 무지한 수준의 상태에서는 영(靈)적으로 활동하지 않는다. 유아시절도 비슷한 상태로서 주위환경에 대한 의식이 없고 자기 자신만 관심을 갖게 된다.

키에르케고어는 『이것이냐 저것이냐 1』에서 모차르트의 오페라 <돈 죠바니>의 뛰어난 작품성을 높이 평가하면서도 음악의 직접적 에로스의 특징을 실존이해의 시각에서 비판한다.[29] 키에르케고어는 고전적 작품의 미학적 요소로서 형식과 내용의 결합을 중시한다. 우리가 아름다운 내용을 전달할 간절한 소망을 가졌다고 할지라도 형식을 갖출 때에만 예술이 될 수 있다.

---

27) Kierkegaard, *Either/Or V.* 1. trans. D. Swenson and L. Swenson, Garden City: Anchor Books, 1959. p. 105.

28) G. Anderson, *The Legend of the Wandering Jew*. Providence: Brown University Press, 1965. xi, p. 489.

29) Kierkegaard, *Either/Or* V. 1. 1959. p. 39.

헤겔의 미학이론은 형식의 일방적 강조에 반하여 내용의 중요성을 지적한다. 예술에서 형식과 내용의 중요성은 분리되어 생각될 수 없다. 예술에서 창조적 에너지는 형성적 과정(formative process)을 거쳐 형식과 내용을 결합한다. 신칸트학파 문화철학자 카시러도 예술작품에서 형성적 혹은 구축적(構築的, architectonic) 과정을 통한 형식과 내용의 결합을 강조한다.[30] 영원한 생명과 축복에 대한 기대는 예술작품의 창작과 생명력의 핵심이다.

키에르케고어에 의하면 희랍인들이 불안정 속에서 끊임없이 새로운 대상을 추구하는 점에서는 돈 주앙(Don Juan)과 유사하다.[31] 돈 주앙의 감각적 향락추구는 일시적 목적을 달성했더라도 영원을 사모하는 인간본성에서 볼 때 삶의 빈곤을 뜻한다. 돈 주앙의 향락추구와 달리 희랍인들에서 보편적 정신의 추구는 특정인에 대한 신뢰로 자신의 사랑을 표현한다. 이런 생활은 영혼의 활동으로써 삶을 전체적으로 보여주지는 못한다.

감각적 사랑에는 잠시의 향락만 있지 내면을 심화(深化)시키는 시간은 없다. 감각적 사랑은 이성(異性)을 구체적 실존이 아니라 추상적으로 보며 사람을 감각의 차이로만 본다. 영혼의 활동으로써 사랑이 시간 안에서 지속되지만 감각적 사랑은 시간 안에서 소멸될 뿐이다.[32] 감각적 사랑에서 여인은 단지 수(數)의 하나로서 끊임없이 반복되는 정복의 대상일 뿐이다. 영원을 사모하는 실존적 변형이 이루어지지 않으면 도덕적 생활은 없다.

모차르트의 <돈 죠바니>에서 돈 주앙은 감각적 천재이기에 특정한 개성을 지닌 인간에 대한 사랑이 아니고 감각적 향락의 음성과 행동으로 계속해서 여인을 탐한다. 돈 주앙은 자기 자신과 다른

30) E. Cassirer, *an Essay on Man*, 1972. p. 154.
31) Kierkegaard, *Either/Or* V. 1. 1959. p. 76.
32) Kierkegaard, *Either/Or* V. 1. 1959. p. 77.

여인을 단지 욕망의 덩어리로 간주하며 살아갈 뿐이다. 돈 주앙이 끊임없이 유혹을 추구한다고 하더라도 의식을 통한 상호관계가 아니라 에로스의 수단을 이용할 뿐이다.

돈 주앙은 윤리적 영역에서 살 수 없는 사람이며 일정한 의식이 작용하는 유혹자라는 말도 쓸 수 없고 그저 욕망이 유혹으로 나타날 뿐이다. 그는 욕망의 충족을 즐길 뿐이고 충족이 끝나면 다른 대상을 또 찾아 나선다. 늘 자신을 자극하며 감각적 향락을 누리고 취득하는 일시적 승리의 즐거움에서 살아가는 생활을 한다. 음악의 감각성은 끊임없이 수많은 사람을 유혹하고 있다.

생존을 위한 생존을 살아가는 돈 주앙에게 사려(思慮)와 진지한 언어를 찾을 수 없다.[33] 그에게 반성적 사유가 없으니 인간다운 생활이 아니라 소멸 속에 지낸다. 그는 자기를 찾지 않고 자신을 상실시키는 즐거움을 찾을 뿐이다. 키에르케고어의 해석에 의하면 돈 주앙은 유혹이라는 의식(意識)도 포기하고 감각적 향락을 음악이라는 수단을 통하여 추구한다. 여기엔 키에르케고어가 그렇게 추구했던 영원한 축복에 대한 의식이 없다.

키에르케고어에서 실존(ek-sistere)은 다른 사람이나 주위의 환경으로부터 나와서 하느님과 외톨이로서 관계하는 생활이다. 그는 『이것이냐 저것이냐 1』에서 모차르트의 오페라 <돈 죠바니>를 언급하는 감각적 욕망과 그 변형을 다루고 있다. 유혹적 추론이나 숙고도 없이 단지 본능적 욕구의 충족으로 살아가는 모습이다. 감각적 직접성을 논하며 언어로서 표현할 수 없는 영혼의 활동은 음성적 자극을 통해서 나타난다고 한다. 감각적 향락추구는 나와 타자의 관계를 자기중심적으로 꿈꾸며 상상한다.

감각적 향락을 추구하는 생활에서 겪는 권태와 허무를 극복하기

---

33) Kierkegaard, *Either/Or*, V. 1. 1959. p. 82.

위해 사회적 규범과 의무를 중시하는 윤리적 생활로서 『이것이냐 저것이냐 2』는 마땅히 해야 할 일을 하고자 한다. 윤리적 삶의 추구에서 문제는 스스로 윤리적 생활을 할 수 없다는 현실이다. 키에르케고어는 그리스도 안에서 신앙의 도약(leap of faith)을 통해 종교적 차원의 영원한 존재를 사모했다.

다 빈치(L. da Vinchi)의 요약대로 '볼 줄 아는' (saper vedere) 능력으로서 예술은 인간에게 세계에 대한 새로운 지평을 열어주는 지각(知覺, perception)이다. 지각은 새로운 습관의 형성을 가져오고 이런 과정의 반복은 결국 제 2의 천성이 된다.[34] 이런 지각은 단지 지성의 차원을 넘어서서 삶의 새로운 지평을 제공하기 때문에 예술은 도덕교육적 의미를 갖는다. 미적 감수성은 세계에 대한 수동적 인식을 넘어 세상을 새롭게 보는 시각을 제공한다.

듀이(J. Dewey)는 지각도 행위나 사고와 마찬가지로 반복에 의해 습관화된다고 보았다. 그는 지각의 교육을 예술로 이해하며 상상적 가능성을 제시해 준다고 주장한다.[35] 그는 도덕발달에서 세계를 새로운 시각에서 볼 수 있게 하는 습관의 중요성에 관심을 가졌다. 습관을 통하여 유기체는 예기치 않은 상황과도 관계하게 된다. 듀이는 주어진 상황에서 윤리적 행위자의 지난 경험과 현재의 의미를 생각하며 행동을 취하고자 한다.

블럼(L. Blum)은 윤리적 규범에 의해 행동방안을 찾으려고 한다. 그는 도덕적 감수성을 보편적 도덕규범에 근거한 행동의 판단력으로 이해한다.[36] 즉 도덕적 감수성은 상황에 대하여 단지 수동적이지 않고 객관적 보편화를 위한 추론을 한다. 이는 카시러에서

---

34) Cassirer, *An Essay on Man*, 1972, p. 144.
35) J. Dewey, *Experience and Nature*, Mccutchen Press, 2008. Ch. 9.
36) Lawence Blum, "Moral Perception and Particularity", in: *Ethics*, Vol. 101, no. 4. 1991. pp. 701-725.

보듯이 예술은 형성적(形成的, formative) 보편화 과정을 반드시 거쳐야 된다는 주장과 상통한다.[37]

슈페만에서 보듯이 존재론은 인간의 실제적 행동을 통해 구현된다.[38] 주관과 객관의 종합으로서 인간의 실존은 형이상학적 근거를 드러내게 된다. 사물들에 대한 개인의 지각은 끊임없이 변하지만 자아의 형성과 예술적 지각은 긴밀히 연관된다. 윤리적 행동은 성숙한 인격에서만 가능하듯이 미(美)적 감수성도 실존적 성숙을 반영한다. 키에르케고어는 영원한 존재 앞에 선 단독자로서 상호관계를 이해했고 주위에 권했다.

3. 소크라테스의 출발과 그리스도의 출발

키에르케고어는 『철학의 부스러기』에서 자기 자신을 찾아가며 자신이 되어가는 현실적 과정을 밝힌다.[39] 『철학의 부스러기』에서 소크라테스적 출발과 그리스도의 출발이 비교된다.[40] 소크라테스는 자기 자신의 이해를 통하여 다른 사람과 관계하였다. 그는 주어진 현실에 얽매이지 않았기에 타인들과 관계가 절대적일 수는 없었다. 그는 자아를 찾으며 자신임에 만족할 수 있는 용기를 추구했다.

소크라테스는 타자로부터 독립해서 자아를 찾으려 한다는 점에서 형식적 의미의 도덕성을 세웠다. 키에르케고어에 의하면 소크라테스가 자신을 주체적으로 대하는 행위는 도덕발달에서 한계가

37) Cassirer, *an Essay on Man*, 1972, p. 143.
38) Spaemann, *Happiness and Benevolence*, 2000. ix.
39) 쇠얀 키에르케고어 저, 표재명 역, 『철학의 부스러기』, 2007. p. 18.
40) 표재명 역, 『철학의 부스러기』, 2007. p. 207.
Kierkegaard, *Concluding Unscientific Postscript to Philosophical Fragments*, 1992. p. 12.

있다. 소크라테스에서는 인간들 사이의 관계가 최고의 관계이지만 진리로서 인간을 찾아온 그리스도는 인간이성(理性)을 넘는 신앙으로 관계한다. 키에르케고어의 해석을 따르면 소크라테스는 세상을 정확히 판단할 수 있으나 구원할 사람은 아니다.

진리를 모르는 사람은 상기(想起)시켜 주는 사람이 필요하기에 소크라테스의 산파(産婆)설이 제기된다. 소크라테스는 산파로서 자신의 사명을 알고 있었다. 소크라테스는 산파에 비유되며 자아를 찾아가는 과정은 각자의 책임이지만 그리스도는 진리이기에 각 개인은 그리스도와 믿음의 관계에서 자신을 찾을 수 있다. 『철학의 부스러기』에서 그리스도의 사랑은 소크라테스의 산파로서 역할에서 나아가 새로운 생명을 낳는다.

소크라테스에서 '너 자신을 알라' 는 자신을 타자로부터 독립해 가는 과정이다.[41] 그에 의하면 사람은 이미 아는 것은 구하지 않고 아직 모르는 것은 구하지 않을 것이라는 '논쟁적 명제' 에 부딪히게 된다.[42] 즉 오성(悟性)만으로는 전혀 다른 존재와 관계할 수 없다는 뜻이다. 소크라테스는 내재적(內在的, immanent)이기에 초월(超越, transcendence)을 추구하는 그리스도신앙과 같을 수 없다. 내재적 분투만으로는 윤리적 성숙에 한계가 있기에 고결한 성품을 사모하는 윤리적 의사소통이 충분히 될 수 없다.

소크라테스와는 실존적 연합을 추구할 수 없지만 그리스도는 진리 자체이기에 믿음으로 관계한다. 그리스도신앙은 계시된 그리스도를 인간이 신앙으로 관계함으로써 진리를 얻지만 소크라테스는 상기(想起)에 의하여 진리가 배워진다고 한다. 그리스도의 삶과 교훈에서 교사와 제자의 관계는 영원한 존재와 관계하는 종교적 차원으로 나아간다.

---

41) Kierkegaard, *The Concept of Irony*, 1989. p. 177.
42) 표재명 역, 『철학의 부스러기』, 2007. p. 8.

그리스도신앙에 의하면 각 개인은 아담 이후 처음부터 비(非)진리의 상태에 있게 되었다. 가르치는 자가 배우는 자에게 진리를 줄 수 있으려면 근본적으로 변화시켜야 되는데 이는 신(神)에게만 가능하다. 아리스토텔레스에게서 신(神)은 스스로 움직이지 않으면서 사랑이라는 동기(動機)로서 움직인다.[43] 키에르케고어에서 하느님과 인간의 신앙의 관계가 영원한 축복이다.

사람이 진리를 받아들임으로써 회개(悔改) 혹은 새로운 전향(轉向)하는데 이 순간 뉘우침은 미래를 내다보기 위해 과거를 돌아본다. 진리는 개인이 과거 비(非)진리에 더 이상 얽매이지 않고 어엿하게 살길 원한다. 비(非)진리와 무(無)에서 진리로 태어남을 키에르케고어는 새로운 생명의 탄생이라고 한다. 이렇게 다시 태어남은 다른 사람에게 단지 생각이나 이론으로 전달될 수 없다.

키에르케고아의 수미일관(首尾一貫) 시각에서 볼 때 철학적 추론이 아니라 타인도 순간(瞬間)적으로 영원한 존재와 관계에서 다시 태어나면서 진리는 전달될 수 있다. 희랍철학에서 정열이 상기(想起)에 집중된다면 그리스도교의 정열은 비진리가 진리를 받아들이는 순간적 사건이다. 그리스도를 진리로서 영접하고 지속적으로 배우는 자는 끊임없는 고결해지며 자신에게 주어진 지극한 축복을 감사하며 노래한다.

하느님과 관계를 가능하게 하는 신앙은 그 자체가 이미 기적이다. 이런 신앙의 기적은 더 이상 타인에게 의존하지 않는 하느님의 선물이다. 물론 타자와 관계를 완전히 절연(絶緣)하는 독립은 윤리의식이라는 의미 자체를 잃게 한다. 키에르케고어는 도덕성의 출발로 본 소크라테스의 부정적 아이러니 즉 완전히 실현되지 않은 자아의 형성을 긍정적 차원으로 높이고자 한다.

---

43) 표재명 역, 『철학의 부스러기』, 2007. p. 49, 재인용, 아리스토텔레스 『형이상학』 제2권 7, 8(1071B).

4. 실존적 사유(思惟)의 간접전달

간접전달은 전달자가 자신의 체험을 내면화(內面化)하여 전달 그 자체에 관심을 갖는 실천적 행동이다. 즉 이론적 윤리학설의 전수(傳授)에서 나아가 실제 윤리적 삶을 통해 윤리를 가르치는 방법이다. 간접전달은 이론을 배제하지 않지만 이론의 한계를 의식하고 실천적 방법에 호소한다. 물론 모든 전달이 간접전달을 요구하지는 않지만 자아의 성숙으로서 도덕발달은 키에르케고어에서 간접전달을 통해서 가능하다.[44]

실존적 주체성의 전달을 요구하는 간접전달은 각 개인이 삶의 체험을 드러낼 수 있을 때 가능하다. 객관적 생각은 개인과 그 생각이 반드시 일치해야 하는 것은 아니다. 극단적 예로 어느 도덕교육자가 자신의 삶은 비(非)도덕적이면서 도덕교육에 대한 명(名)강의를 하고자 한다. 주체적 실존은 일반적 의견에 자신의 생각을 동화(同化)시키지 않고 고유한 소명(召命)을 지키려고 한다.

개인의 삶은 아무리 타인과 내면적으로 일치한다고 하더라도 타인에게 전적으로 동화될 수는 없기에 간접전달이 중요시된다. 키에르케고어에서 신앙의 도약(leap of faith)을 통해 영원한 존재와 관계하는 자기 자신을 의식할수록 윤리적으로 더욱 발달하게 된다. 인간실존에서 간접전달의 의미를 알게 된 키에르케고어는 자신이 타인에 대한 권위의 주체자가 되려고 하지 않았다.

플라톤의 저작을 통해 전달된 소크라테스의 산파술에서 결론을 제시하지 않고 해답을 각자의 실존적 몫으로 돌리려는 의미를 키에르케고어는 진지하게 파악했다. 진리 안에서 권위를 찾고자하는 자는 자신의 속박에서 자신을 풀어내고 영원한 존재와 실존적 관

---

44) Kierkegaard, *Concluding Unscientific Postscript*, 1968. p. 68.

계에 들어서야 한다.45) 이런 실존에서 키에르케고어는 각자가 자신을 발견하도록 즉 서로 권위의 주체가 되어 진리를 발견토록 하였다.46)

간접전달은 자기 자신과 사귀는 방식으로 타인과 교제한다. 키에르케고어는 그리스도를 따르는 길을 진리로 보고 각 개인이 자신의 권위를 그리스도 안에서 찾게 하였다. 자신의 권위는 사람들 사이의 관계에서 전달과 교제를 가능하게 한다. 진리를 찾아가며 자신의 권위를 세우는 책임은 각자의 몫이다. 자기 자신에 대한 존엄한 숙고는 실천을 통한 간접전달을 도모하게 된다. 간접전달의 최종 목표는 영혼의 활동으로 영원한 존재 앞에 홀로 서며 생각에 있어서도 자신의 고유성을 드러내도록 한다.47)

키에르케고어는 인간의 주체성과 자기각성(覺醒, self-awareness)에 눈을 뜨게 하였다. 그는 각자 영원을 사모하는 본성에 따라 주체적으로 자신을 발견하도록 의도한다. 그가 익명의 저작자를 등장시킨 뜻을 연구자들은 간접전달의 의도로 이해한다. 그는 자신의 저작 내용의 결론을 기대하는 독자들에게 오히려 각자 스스로 결론을 찾도록 했다.48)

인간은 형성해 가는 존재로서 자기를 의식하며 타자 및 주위의 환경과 지속적으로 새롭게 관계하며 살아간다.49) 인간 개개인의

---

45) Kierkegaard, *Training in Christianity*, trans. Walter Lowrie, Princeton: Princeton University Press, 1941. pp. 132-133.

46) Evans, *Kierkegaard's "Fragments" and "Postscript" : The Religious Philosophy of Johannes Climacus*. Atlantic, N.J: Humanities Press, 1983. p. 103.

47) Kierkegaard, *The Point of View*, 2000. pp. 255-56.

48) P. Armstrong, "Reading Kierkegaard - Disorientation and Reorientaion", in *Kierkegaard's Truth : The Disclosure of the Self*, (ed.) Joseph H Smith, New Haven: Yale University Press. 1981. p. 47.

49) S. Crites, "Pseudonymous Authorship as Art and as Act", in *Kierkegaard: A Collection of Critical Essays*, edited by J.

자기발견이라는 시각에서 본다면 키에르케고어는 후대 사람들이 자신을 따르지 말고 바로 자기 자신을 찾을 것을 요구했다. 그에게 진리는 '무엇이냐(what)' 와 함께 주체적으로 '어떻게(how)' 에 의해 발견된다. 즉 진리는 인간이 실제 윤리적으로 행동하는 차원에서만 전달될 수 있다.[50]

키에르케고어 연구자들이 흔히 실존의 '단계' 라는 표현을 쓰지만 이는 키에르케고어 자신의 표현이 아니고 후대 학자들이 키에르케고어 이해를 위해 쓴 말이다. 그의 실존단계는 개념을 넘어서서 인간을 이해한다는 뜻에서 실존적 변형 혹은 운동으로 해석할 수 있다. 인간의 실존적 현실은 타인과 단지 개념적으로 관계하며 이해될 수 없고 타인도 그런 실존적 변형이나 운동을 할 때에만 전달되고 공유된다.

인간은 자기 자신을 객관적 차원만으로는 이해할 수 없기에 키에르케고어는 간접전달의 방법을 자기발견을 위해 사용했다. 그는 객관적 차원을 넘어 누구나 자신만의 사명이 있음을 주목했고 이를 개인의 체험에서 발견하려고 간접전달을 원용했다. 말하는 것 자체가 하나의 실존적 행위일 때를 제외하고는 우리는 단지 말이 아니라 윤리적 삶을 통하여 서로 교제한다.

직접적 지시나 간청보다는 윤리적 삶을 통한 간접전달이 상대에게 호소력을 갖는다. 이 과정에서 상대는 자기 자신을 의식하고 주체성을 찾으며 상호관계에 들어가기에 효과적이다. 자신에 대해 눈을 뜨면 주위사람이나 사물이 새롭게 보이게 된다.[51] 자아에 대해 눈을 뜨며 도스토예프스키(Dostoevsky)도 삶의 중대한 회심의

Thompson, 183-229, Garden City: Anchor Books, 1972. p. 185.

50) Armstrong, "Reading Kierkegaard - Disorientation and Reorientaion", 1981. p. 40.

51) P. Barker, *Using Metaphors in Psychotherapy*, New York: Brunner/Mazel, 1985. p. 15.

체험을 하게 된다.[52] 그는 타자에게서 자신의 모습을 발견하면서 주위사람들에 대하여 직접적으로 반응하지 않고 정직한 자신을 표현하며 접근하였다.

인간의 상호 관계를 가능하게 하는 언어도 간접전달의 형식으로 이해된다.[53] 언어의 객관적 측면만 보면 생활의 현실을 단지 지시적 측면에서 이해할 수 있다는 환상을 갖게 한다. 그런데 우리는 자신의 주관적 체험인 실존적 절망, 불안, 분노 등을 다른 사람과 관계에서 발견할 수 있다. 자신의 주체적 체험이 개입되지 않고 사회적 관습에서만 진실을 보려는 시도는 자기기만(欺瞞)일 뿐이다.

간접전달이 정신분석이나 심리분석 연구에서 새롭게 응용되고 있다.[54] 심리치료는 각자 주체성의 상호관계 속에서 형성된다. 구체적 실천으로 표현하는 간접전달은 전달의 수용자(收容者)가 개념을 넘어서 실존적 주체성과 고유성을 획득한다. 주체성이 타자에게 실존적 변형을 통해 윤리적으로 전달될 때 독특한 개성을 발휘하게 된다.

키에르케고어는 자신이 하느님으로부터 거룩한 은혜의 선물을 받은 존재임을 받아들였다. 그는 영원한 존재와 사랑의 관계에서만 살아갈 수 있음을 이웃사랑을 통해 전하려고 했다. 또한 그는 영원한 존재와 관계의 단절인 죄(罪)가 자기 자신에 대한 증오로 나타나고 이런 증오는 이웃과 관계를 악화시키고 있음을 의식했다.[55] 이런 의식은 타인의 천박한 생활에서 기실 자신의 천박을

---

52) J. Frank, *Dostoevsky: The Years of Ordeal*, 1850-1859. Princeton: Princeton University Press. 1987.

53) P. Watzlawick, *The Language of Change*, New York: Basic Books, 1978. pp. 14-15.

54) Ramsland, *Engaging the Immediate - Applying Kierkegaard's Theory of Indirect Communication to the Practice of Psychotherapy* - Lewisburg: Bucknell University Press, 1989.

55) G. Pattison, *Spiritual Writings of Kierkegaard*, Harperperennial

자각하게 되어 윤리적으로 승화된 생활로 나아가게 된다.

우리의 타자와 상호관계는 자아의 형성을 체험하고 표현하는 윤리적 행위로써 심화된다. 키에르케고어에게 가장 깊은 소원은 하느님과 영원한 교제다. 그에게는 사실 하느님 자신이 바로 최고의 선물이며 소원이었다. 그는 아름다운 새의 소리, 우리의 가슴을 시원하게 하는 맑은 공기, 산림(山林)의 고요한 정적 등은 언젠가 소멸될 수 있으며 모두 거짓일 수 있어도 신의 부르심만은 흔들릴 수 없다고 믿었다.

아브라함은 『두려움과 떨림』에서 신의 부르심을 받았을 때 아내 사라와 의논할 수 없었다. 키에르케고어에서 인간과 인간의 관계보다는 종국적으로는 하느님과 관계에서 홀로 서는 삶이 우선이다. 그는 자신을 높이지 않고 하느님의 부르심에 응답하길 원했다. 그는 같은 시대 사람들이 삶의 고통을 말하면서 하느님의 용서의 은혜와 사랑을 깨닫지 못함을 안타까워했다. 그가 하늘로부터 받은 선물을 말하더라도 인간의 자율정신을 무시하지 않았다.

이 세상의 그 누구도, 자기 자신도 인간에게 용서를 통한 영원한 축복을 줄 수 없다. 사람은 슬픈 생각과 의심에 얽매이며 잘못된 과거의 기억에 의해 무거운 짐을 지게 된다. 사람이 아무리 행복해 보여도 '수고하고 무거운 짐을 진 자' 라는 초대에서 그 누구도 예외일 수 없다. 사람은 자신의 꿈이 모두 성취된다고 하더라도 이 초대를 받지 않고는 살 수 없다. 이런 초대는 각 개인의 영원한 축복과 연관한다.

키에르케고어의 시각에서 그리스도가 우리를 불러서 덜어주려고 하는 짐은 바로 죄, 죄의식에 대한 짐이다. 사람은 그리스도 안에서 용서를 통한 영원한 축복을 찾을 때 자기 자신과 주위사람과

Modern Thought, 2010. xxiii.

자연과 관계를 바로 갖게 된다. 이 짐은 하느님을 향해 도발하며 저질렀던 잘못이며 스스로 잊고 싶은 것이다. 복음서에서 그리스도는 초청할 뿐만 아니라 쉼을 약속한다. 참회하는 자는 용서를 갈망하고 영혼의 쉼을 약속받고 있다.

키에르케고어에서 영원한 존재인 하느님의 사랑과 교제는 각자의 삶을 통해 드러나고 이웃사랑을 통해 완성된다. 이런 이웃사랑의 표현은 단지 반복과 훈련을 통해 덕(德)으로서 몸에 배는 것이 아니라 하느님에게서 그 근원을 가져야 가능하다. 믿음이 보통 사람이 의식하지 못하고 보이지 않는 일에 관여한다면(고린도후서 4:16-18) 관대한 삶의 표현인 이웃사랑은 용서의 과정을 통해 심화된다.[56]

키에르케고어는 사람들에게 영원한 쉼을 줄 수 있는 그리스도를 소개하며 자신을 거룩한 유혹자로 받아들인다. 하느님과 관계하는 외톨이로서 자기부인(否認)을 요구하는 최고의 윤리는 이웃사랑이다. 경제적 욕구, 권력의지, 감각적 욕망충족 등을 추구하지만 영혼의 활동에 눈뜨지 않은 사람들은 윤리의 완성으로서 이웃사랑을 거리끼게 한다. 나아가 이런 이웃사랑은 오해되고 미움을 받을 수 있다.

신앙은 단지 지식이 아니라 우리에게 끊임없이 고상한 행동을 요구한다. 키에르케고어에서 영원한 존재와 사랑의 관계는 인간 최대의 힘이며 두려움을 극복할 수 있는 근거다. 그는 일생동안 추구했던 청결한 마음으로 하느님 앞에서 외톨이로서 살고자 했다. 그에게 인간은 종국적으로 경제적 평등이 아니라 하느님 앞에서 영원한 축복을 추구해야 된다는 점에서 평등하다.[57]

56) 임춘갑 옮김, 『사랑의 역사』, 도서출판 치우, 2011. p. 524.
57) Kierkegaard, *Works of Love,* 1962. p. 272.

자기 자신이나 타인 혹은 시간 등 피조물과 관계에서 영원한 축복을 희망할 수 없다. 희망과 기대는 본래적으로 영원한 존재인 하느님과 관계에서만 가능하며 인간적으로는 순수하게 '아무래도 좋다' 는 마음가짐이다. 하느님과 관계에 우선하지 않는 우정과 육체적 사랑은 인간에게 최고의 선물 즉 영혼을 지녔다는 현실을 의식하지 못하기에 오히려 상대방과 자신을 파멸케 한다.[58]

자아를 찾아가는 윤리교육은 각자 자기 자신에 대하여 눈을 뜨게 한다. 자아성취의 정열이 없는 사랑은 불가능하다.[59] 주체적 정열의 표현으로서 신앙은 내면의 정열과 객관적 불확실 사이의 모순을 극복한다.[60] 사랑에서 영원에 대한 의식(意識)이 없을 때 정열은 시들게 된다.[61] 그리스도신앙은 죄, 참회를 통해 윤리적 삶을 가능하게 한다. 『두려움과 떨림』 에서 하느님에 대한 순종과 신앙은 인간에 대한 감각적 사랑을 극복한다.

키에르케고어에게 윤리적 실천으로서 간접전달은 타인에게 삶의 영향을 주는 바람직한 윤리교육이다. 개인이 단지 공공(公共)에만 속하고 자아가 없다면 자신에게 어떤 유익도 줄 수 없다. 키에르케고어는 지식에서 나아가 삶의 현실을 지속적으로 문제시했다.[62] 그는 구체적이고 고결한 삶을 통해 자신과 타인이 자기 자신을 더 깊이 자각하기를 원했다. 교육이나 치료는 타인의 의지(依支)가 아니라 삶의 상호관계에서 성취된다.

---

58) 임춘갑 옮김, 『사랑의 역사』, 2011. p. 489.
59) Kierkegaard, *Works of Love*, 1962. p. 50.
60) Kierkegaard, *Concluding Unscientific Postscript*, 1968. p. 204.
61) Kierkegaard, *Stages on Life's Way*, trans. W. Lowrie, Princeton University Press, 1945. p.410.
62) S. Evans, *Preserving the Person*. Downer's Grove, Ill.: Intervarsity Press. 1988.

5. 자기충족(充足) 윤리의 한계

키에르케고어는 헤겔에 의하여 이성(理性)이 최고의 권좌에 오르고 저 세상과 이 세상이 융합되면서 초월적이고 영원한 존재가 상대화되었다고 비판한다. 나아가 키에르케고어는 인간의 삶도 필연적으로 무의미와 허무에 빠지게 되었다고 지적했다. 그는 자연과학이 놀라운 성과를 과신하는 나머지 인간의 영혼의 영역에까지 손을 뻗히는 것은 인간에 대한 모독이라고 생각했다. 표재명은 키에르케고어의 시각에서 인간영혼에 대한 자연과학적 연구를 비판한다.

"자연과학이 정신의 영역에 발을 들여놓으려고 할 때 위험과 파멸이 온다. 자연과학이 그들 나름의 방식으로 식물과 동물 또는 별을 다루게 하라. 그러나 인간정신을 그런 방법으로 곧 대상의 질적 구별을 양적인 것으로 환원하고 기계 역학적으로 획일화하여 다루는 것은 윤리적인 것, 종교적인 것의 정열을 약하게 만들뿐인 모독인 것이다." 63)

"이제 과거의 어느 세대보다도 일반적 지식수준이 높은 현대인은 그의 풍부한 분별, 반성의 도움으로 무엇을 해야 할 것인지를 잘 알고 있다. 그러나 그들은 결코 행동하지 않는다. 그들은 참가자가 되지 않는다. 그들은 다만 구경꾼, 방관자가 되어 생각에 생각을 더하는 생활이 더욱 힘을 얻고 우세해진다. 따라서 사람들에게서 행동이 그리고 행동하기 위한 결단이 사라져 간다. 서로 이질적인 양자의 한쪽이 상대편과 관계하지 않고, 양자는 나란히 선 채로 서로를 바라보고 있다. 그러나 이러한 긴장은 본래적인 의미

---

63) 표재명, 『사랑과 영혼의 철학자 키에르케고어를 만나다』, 2012. p. 107.

의 관계의 종식이라고 할 수밖에 없다." 64)

하느님을 잊어버리면 저마다 사람을 두려워함으로써 함께 어울려 군중을 이루어 각 사람에게 있는 영원한 고귀함, 곧 한 사람의 단독자일 것을 포기하게 된다. 키에르케고어는 인격적 하느님을 떠난 인간은 다시금 새 하느님을 만들고 섬기지 않고는 못 배길 것을 알고 있었다.65) 그리고 이 새 하느님은 바로 자기를 하느님의 자리에까지 높인 군중과 이 군중이 지배하는 국가가 될 것이라고 생각했다.

키에르케고어에게 인간평등이 정치라고 하는 세속성(世俗性)을 매개로 해서는 결코 실현될 수 없다는 것이 확실했다.66) 그에게 진정한 평등은 정치적 혁명을 통한 사회화의 방향이 아니다. 세속성의 본질이 바로 차별이기 때문이다. 각 사람이 하느님과 관계에서 단독자가 되는 데에서 진정한 평등이 가능하다.

키에르케고어에게 종교적 형태로 인간의 평등을 실현하는 길은 단독자의 윤리적 실천으로서 이웃사랑을 뜻한다. 본래 종교적 · 그리스도교적 범주(範疇)인 단독자의 개념이 정치 · 사회적 영역에서도 결정적 의의를 갖게 된다. 정치 · 사회적 문제를 종교적 문제로 파악하고 종교적 해결을 추구한 키에르케고어의 단독자 사상의 참뜻이 있다.

하느님 앞에서 키에르케고어는 정직하게 살기를 원하여 자기 자신임에 만족하고 세계를 지배하는 대신에 자기 자신을 지배하고 만족하는 일을 배우고자 했다. 그는 이런 삶이 하느님 앞에서 평등이며 최고의 것임을 알고 감격했다. 그는 외톨이가 하느님을 중

64) 표재명, 위의 책, 2012. p. 109.
65) 표재명, 위의 책, 2012. p. 124.
66) 표재명, 위의 책, 2012. p. 131.

간 규정으로 하고 실천하는 이웃사랑에 의하여 새로운 공동체를 기대했다.[67]

확실히 우리는 키에르케고어의 삶과 사상을 그의 역사적 환경과 따로 떼어서 이해할 수 없다. 그러나 또한 우리는 그의 삶과 사상을 모두 그의 사회·역사적 조건에만 돌릴 수도 없다. 그는 사람들이 정치·사회문제에 열중하고 무리를 이루어 절규하는 데서 간과하기 쉬운 인간 내면의 세계를 날카롭게 통찰하였다. 그리하여 그는 근대의 정치적 사회적 상황 아래서 필연적으로 일어나게 되는 인간영혼의 위기를 꿰뚫어볼 수 있었다.

정치적 사회적 위기 앞에서 동시대인들에게 교정제(矯正劑)가 되고 또 경종을 울려주기 위해 키에르케고어는 온갖 힘을 다 기울였다. 공동체나 사회성의 당시 '이념' 이 시대의 구원이 결코 될 수 없었다.[68] 오히려 반대로 공동체의 이념은 자아의 형성이 올바로 이루어지기 위해 필요한 하나의 부정적 계기다. 이 부정적 계기는 개인을 망하게 하든지 혹은 그 이념의 추상성이 단련되어 종교적으로 자기 자신을 형성할 수도 있다.

키에르케고어에게 정치·사회문제는 필연적으로 종교문제로 전환되지 않을 수 없고 그 해결도 종교적 구원에 있지 않으면 안 되었다.[69] 단독자들이 하느님에 대한 관계를 잊음으로써 서로가 서로에 대해 불안을 갖게 된다. 우리는 키에르케고어의 단독자 사상이 자기시대의 정치사회적 상황과 밀접한 관계를 갖고 새로운 공동체의 형성을 지향하는 미래의 관점이었음을 알게 되었다.[70]

자기 자신을 알아야 되는 책임은 주체적 실존의 핵심이다. 키에

---

67) 표재명, 위의 책, 2012. p. 134.
68) 표재명, 위의 책, 2012. pp. 205-6.
69) 표재명, 위의 책, p. 208.
70) 표재명, 위의 책, p. 213.

르케고어에 의하면 만일 진실로 모든 사람이 이웃을 자기 자신같이 사랑한다면 그때에는 완전한 인간평등이 전적으로 이루어질 것이다.71) 영원을 사모하는 인간이 자신의 실존을 자기 자신과 타인과 관계에서만 이해한다면 적극적 자아형성이 안 된다. 개인은 다른 사람이나 자연과 관계만으론 자기 자신을 찾을 수 없다.

타자와 윤리적 관계를 가능하게 하는 자아는 영원한 존재와 관계에서 찾아진다. 이런 주체적 삶은 독단적이거나 맹목적이지 않고 고결한 성품의 도덕발달로 나타난다. 소크라테스에서 대화를 통한 타자와 관계는 자기 자신의 인식과정이었다. 도덕발달로 표현되는 소크라테스의 실존적 성숙은 자기 자신을 형성해 가는 계기다. 타자에 대한 관계는 자기 자신에 대한 관계로부터 출발하기에 타자에 대한 책임도 자기 자신에 대한 인식에서 출발한다.

자기 자신에 대한 윤리적 책임에서 타인에 대한 윤리적 행위가 가능해진다. 자신에 대한 관계와 타자에 대한 관계는 분리되지 않고 상호 관계한다. 자기 자신에 대한 관계가 분명할 때 감각적 향락추구에서 보듯 쾌락의 끝에 찾아오는 권태와 허무를 극복할 수 있다. 투명과 자기관계는 저급한 생활에서 나아가 본성에 걸맞은 자기 자신을 찾게 된다.

키에르케고어에서 자신을 알아가는 윤리적 책임은 소크라테스를 넘어서 영원한 그리스도신앙에 근거한다. 외톨이를 강조한 키에르케고어에서 사회관계는 하느님과 실존적 관계를 통하여 실현된다. 도덕적 행위로 표현되는 문화적 활동은 하느님의 중재(仲裁)를 통해서만 가능하다. 상대방 반응에 연연하지 않는 이웃사랑은 하느님에게서 받는 사랑의 표현이다.

하느님의 중재는 고결한 마음을 통해 표현된다. 키에르케고어의

---

71) 임춘갑 옮김, 『사랑의 역사』, 2011. pp. 74-75.

이런 내면(內面)적 해석은 올센과 파혼하고 하느님 앞에 홀로 서서 영원한 사랑으로 살아가려는 모습에서도 볼 수 있다. 키에르케고어는 한 사람의 외톨이로서 세상의 욕망을 포기하면서 그리스도 안에서 실존적 불안을 극복하고 자기 자신을 찾고자 한다. 그는 레기네뿐만 아니라 다른 이들도 이런 삶을 살도록 간접전달의 삶을 살고자 했다.

『후서』에서 지식의 집적(集積)이 아니라 그리스도와 신앙으로 내면화하는 종교 윤리적 실존이 진리의 길이다.[72] 영원한 진리로 고백하는 그리스도가 시간과 공간이 제한된 세상에 오심을 믿음이 바로 그리스도신앙이다. 이 신앙은 유대인에게는 거리끼고 희랍인에게는 어리석어 보이며 객관적 지식이 아니라 주체적 정열로 증언된다. 사람이 고난을 겪기 위해 이 땅에 온 것은 아니지만 그리스도를 증언하는 삶에는 고난이 따른다. 그러므로 고난을 벗어남이 그 자체로 삶의 목적이 될 수 없다.

사람은 자아의식을 지녔기에 본성적으로 자기를 찾으며 살아갈 수 있다. 하느님을 그리스도 안에서 신앙하는 주체적 정열의 생활은 이웃을 동정하게 된다. 영원을 사모하는 본성에서 남의 안타까운 모습은 나의 모습니다. 우리가 키에르케고어의 뜻에 동의한다면 자기 자신을 찾아 영원한 축복과 도덕적 생활의 성취를 추구할 것이다. 영원한 존재를 사귀며 성숙해가는 생활에서 도덕적 매력이 드러난다.

고결한 성품의 매력은 감각적 만족추구를 넘어서 영원한 존재에 대한 자아의 선택을 통해 표현된다. 실존적 결단은 타인에게 이론적 방법만으로는 배울 수 없다. 영원을 사모하는 자아는 영원한 축복의 하느님과 이 세상 사이에서 선택하게 된다. 영원한 존재와

72) Kierkegaard, *Concluding Unscientific Postscript to Philosophical Fragments*, 1992. p.349.

관계하는 삶은 소명(召命)으로 표현된다.

『후서』의 필명의 저자 클리마쿠스(Climacus)에게 인간의 감각적 향락이나 지식의 축적은 가능성에 단지 가까이 갈 뿐이다. 『후서』에서 보듯이 정열을 지닌 주체적 사상가라야 자아를 찾아가는 삶이 고결한 성품으로 검증된다. 키에르케고어의 실존운동으로서 하느님 앞의 가장 겸손한 모습은 인간다운 생활이다. 그는 실존적 불안을 신앙으로 극복하며 이성(理性)을 넘어서는 하느님사랑을 체험한 순종의 삶을 살고자 했다.

하느님은 존엄한 존재로서 각자에게 절대적 관계를 요청한다. 영원한 존재를 사모하는 삶은 신앙으로 체험되며 도덕적 행위로 확증된다. 근거 없는 자부심과 마땅한 행위를 끊임없이 미루는 비겁한 사람은 주위에서 자기와 비슷한 사람을 찾는다. 허나 신앙의 용기를 가진 사람은 하느님을 바라본다. 하느님의 영(靈)은 인간에게 비겁함이 아니라 힘과 사랑 및 절제를 주었다(디모데후서 1:7).

『두려움과 떨림』에서 아브라함은 다른 보편적 목적을 구하지 않고 하느님의 명령이기에 순종하려고 했다. 아브라함의 신앙은 하느님의 명령과 '살인하지 말라' 는 보편적 윤리 사이의 결단이다. 역설적으로 사람은 하느님 앞에 홀로 섬으로써 성화(聖化)되고 윤리적 생활을 할 수 있다. 이런 생활은 하느님 앞에서 자신의 실존적 변형을 체험하고 이웃사랑을 윤리적으로 표현한다.

인간은 자기 충족적으로 자신을 만들지 못하고 자신에게 주어진 본성을 구현(具現)시켜야 자기다워진다. 자아를 찾는 생활은 이론을 넘어 체화(體化) 혹은 내면화하는 길이다. 개인의 종교적 체험을 일방적으로 신뢰도 부인도 할 수 없을 때 그 사람의 윤리적 생활을 보고 객관적 평가를 함이 설득력 있는 종교철학자들의 주장이다.

각 개인의 종교적 체험이 독단이 아님을 밝히기 위해서는 타자와 관계를 맺으면서 살아가는 현실생활이 윤리적으로 검증되어야 한다. 이렇게 윤리적 생활은 종교적 실존과 형이상학적 주장의 설득력을 보이는 객관적 표지가 된다. 키에르케고어는 자신을 힘들게 한 우울을 그리스도와 주체적 정열의 관계에서 극복하고 은혜와 사랑의 축복된 생활을 노래했다.

6. 자아로 회귀(回歸)하는 도덕교육

자아의 성숙은 지식의 전수(傳授)에서 나아가 건덕 즉 고결한 성품으로 드러난다. 자아를 찾아가며 성숙할수록 세계와 구분된 독립적 자유를 추구하게 된다. 인간은 자아를 계발하여 자기 자신이 되어갈수록 윤리적으로 성숙한다. 만하이머(Manheimer)에 의하면 개인의 중요성 즉 자아로 회귀(return to self)를 키에르케고어는 반복하여 제기한다.73)

자아로 돌아가는 과정은 삶에 대한 태도의 변화로 나타난다. 즉 자아는 객관적 추상적 이해에서 주체적 구체적 현실로 나아간다. 내면의 자유로서 주체적 자아는 단지 감각적 향락이나 사회의 규범을 일방적으로 받아들이지 않는다. 자아의식을 중요시하는 교육자는 학생의 고결한 성품과 역사의식을 형성하고자 한다. 학생을 자기표현의 가능성으로 이끌어낼 때 교육자가 된다.

키에르케고어는 진리를 관계에서 이해하며 생각의 차원을 넘어 실제생활에서 검증하고자 한다. 그에게 의사소통의 완성으로서 이웃사랑은 진정한 자기사랑을 전제한다. 인간의 본질을 의사소통에서 보면 자기가 자신과 소통하는 만큼 타자와 소통하게 된다. 영원한 존재와 관계하지 않는 타자와 상호관계는 잠시 있다가 사라

---

73) Manheimer, *Kierkegaard as Educator*, University of California Press, 1978. p. 15.

질 수밖에 없다.

키에르케고어는 바람직한 교육의 방법을 실존적 성숙으로서 자아의 형성에서 찾았다. 교육의 내용인 '무엇' 과 방법인 '어떻게'는 분리될 수 없고 긴밀히 연관된다. 실존적 성숙은 자신의 가능성과 함께 한계를 의식하게 된다. 이런 한계를 소크라테스는 '너 자신을 알라' 고 반어(反語)적으로 표현한다.

키에르케고어는 교육방법의 이론을 체계적으로 제시한 교육사상가는 아니다. 오히려 교육에서 일정한 체계를 부인하고 개인의 성숙과 가능성에 초점을 맞춘다. 그는 교육이론에서 나아가 실제 삶을 통해 학습자 및 타자와 의사소통하고자 한다. 교사와 학생이 한없이 상호 간 의사소통할 수 없음을 인정함이 또한 교육이다.

키에르케고어는 교육이론 체계의 확립보다는 자아의 발견과 추구를 힘썼다. 자아를 찾아가는 과정으로서 교육은 각 개인의 고유성을 지속적으로 발현시킨다. 키에르케고어에게 자아의 형성은 끊임없이 지속될 수 있다.[74] 즉 유한한 자아가 자유의 가능성을 따라 무한의 영역에로 나아가려고 한다.

교육자로서 키에르케고어는 종교사상가다.[75] 『이것이냐 저것이냐 1, 2』의 사실상 저자 키에르케고어는 교육사상가로 이해된다. 건덕의 암시를 주지만 결론을 내지 않는『이것이냐 저것이냐 1, 2』는 각자에게 책임을 부여한 윤리교육의 저서다. 감각적 향락을 추구하는 심미(審美)주의자와 윤리적 엄격성을 지키려는 윌리엄 판사는 각각 다른 세계관을 의식하며 드러낸다. 감각적 향락을 넘어 보편적 윤리를 추구하는 자기선택의 한계가 지적된다.

도덕적 주체자로서 개인은 도덕법과 일치되는 행위를 함으로써

---

74) Kierkegaard, *The Concept of Irony*, trans. L. M. Capel, Bloomington: Indiana University Press. 1965. p. 278.

75) Manheimer, *Kierkegaard as Educator*, 1978. xvi.

도덕적 책임을 행한다. 『이것이냐 저것이냐 2』에서 도덕성은 도덕적 목적보다는 도덕적 주체의 의지를 강조한다. 도덕적 주체의 의지는 자신의 선택을 뜻한다. 인간은 자아를 선택하고 자기를 실현함으로써 윤리적 존재가 되며 역사를 만들고자 한다.

직접적 향락의 추구는 주어진 상황을 따르는 반응이기에 실존적 성숙이 성취되지 않는다. 향락추구는 동일한 대상이 아니라 새로운 대상을 찾는다. 쾌락을 통한 행복추구는 그 조건이 외부에 있는 대상에 의해 결정되기에 수동적 성격을 만들게 된다. 그러므로 향락에 함몰된 생활에서는 자아의식이 없다. 이런 생활은 단지 인간 사이의 관계로서 자아를 받아들인다.

인간은 인격체로서 다른 인격체와 인격적으로 관계하지 이미 정해진 체계를 따라 살아가지 않는다. 교사와 학생의 관계에서 일정한 교육체계가 있을 수 있는가? 키에르케고어는 이미 정립된 체계의 확실성 대신 믿음의 불확실한 현실에서 자기 자신을 발견하고자했다. 그는 주체적 개인으로서 소크라테스를 받아들인다. 타자에게 교육자이기 전에 소크라테스는 다른 사람들과 마찬가지로 자신을 찾아가며 살았다.[76]

키에르케고어에서 자아는 신과 실존적 결단을 통하여 끊임없이 구체적 현실에서 활동한다.[77] 신 앞에서 단독자로서 생활하면서 자아를 선택할 때 교사와 학생의 구분은 더 이상 의미가 없다. 교사와 학생은 서로의 관계 이전에 영원한 존재와 먼저 관계한다. 자아의 형성으로서 삶이 주위환경에 영향력을 발휘하며 자연까지 포함하여 표현될 때 환경의식이 된다.

키에르케고어에 의하면 인간은 본성적으로 자기를 찾으면서 의사

---

76) Kierkegaard, *The Point of View*. 2000. p. 37.
77) J. Elrod, *Being and Existence in Kierkegaard's Pseudonymous Works*, Princeton University Press, 1975. p. 118, 130.

소통하고자 한다. 실존적 성숙은 의사소통을 풍요롭게 하며 주위사람들로 하여금 자신을 표현하게 한다. 영원을 사모하는 사람은 누구나 자신의 삶의 흔적을 남기고 싶어 한다. 인간의 본성을 드러내는 인성(人性)교육은 교육의 여러 분야 중 하나가 아니라 자아를 발견해 가는(maieutic) 교육의 본래적 의미의 회복이다.

교육자로서 스승과 제자의 관계는 서로 자아를 형성하는 과정 중에 있게 된다. 자아의 형성은 타인으로부터 자신을 구분하며 시작된다. 이렇게 서로 관계하면서 구분하는 소위 사랑의 아이러니에서 교육자와 제자는 서로 매력과 미움을 함께 느끼게 된다. 이런 관계는 자율성과 의존이라는 모순적 체험을 하게 된다.

키에르케고어는 아리스토텔레스에서 운동(kinesis)을 뜻하는 역동적(dynamic) 변화의 고통을 언급한다.[78] 실존적 열정은 새로운 존재를 형성되려는 분투다. 실존적 상상(想像)과 함께 이상(理想)적 자아가 되려는 분투는 유한한 자아를 넘어서려고 한다. 우리는 불확실한 가능성을 통해서 자아를 형성할 수 있는 현실에 살고 있다.

감각적 향락을 추구하는 직접성(直接性)을 넘어 새로운 주체성으로 넘어가면서 자아는 성숙한다. 개인은 진리를 단지 생각으로만 받아들이지 않는다. 영원한 존재와 관계하는 자아의 내면(內面)화 과정은 윤리적 검증을 겪게 된다. 변화에 따르는 고난을 감수하며 영원을 열정적으로 사모하는 자아는 주체성의 강화(强化)를 통해 표현된다. 이런 과정의 반복에서 영원(永遠)을 사모하는 인간본성의 실현을 성취한다.

희랍인들은 이 세상에서 사는 동안 육체에 갇혀 있다고 여긴 마음을 찾음으로써 불사(不死)의 차원으로 나아가고자 했다.[79] 소크

---

78) Manheimer, *Kierkegaard As Educator*, University of California Press, 1978. p. 25.

79) Manheimer, *Kierkegaard As Educator*, 1978. p. 27. (Gorgias 493a).

라테스도 일시적 즐거움을 넘어 인간의 영혼을 찾고자 한다.80) 이런 추구는 인간본성의 표현인 선(善)한 행동을 통해 구체화된다. 선한 행동은 자신과 주위환경에 너그러운 영향을 미친다.

우리는 영원한 존재와 믿음의 관계만큼 타자를 이해할 수 있다. 키에르케고어에게 고결한 덕성은 영원한 하느님 앞에 홀로 섬으로써 가능하다. 영원한 축복을 드러내는 진리의 증인이 됨으로써 의사소통이 가능해진다.81) 윤리적 의사소통은 교사와 제자 사이 관계의 완성인 사랑을 형성한다. 누구나 영원한 존재와 믿음으로 관계하며 자아를 형성한다는 점에서 인간은 평등하다.

그리스도신앙에서 영원한 존재인 하느님이 이 땅에 그리스도로 왔고 인간은 영원을 사모한다. 『철학의 부스러기』에서 소크라테스는 자기를 찾고자 했던 사람이지만 그리스도는 믿음으로 관계할 존재다. 소크라테스는 교육자로서 제자와 상호이해를 추구할 수 있지만 그리스도는 믿음으로 각자 관계한다. 영원한 삶을 사모하는 마음은 각자의 현실에서 자신의 독특한 책임을 표현한다.

교사와 제자는 각자 영원한 존재와 우선적으로 관계함으로써 보이지 않는 상호의존을 극복할 수 있다.82) 소크라테스의 방법에서 상호 간 관계의 목적은 서로 홀로 설 수 있게 위해서이다. 제자가 더 이상 교육자를 의존하지 않도록 함이 교육자의 최종 목표가 된다. 『사랑의 역사』에서 영원한 존재를 체험함으로써 사랑의 상호관계가 가능하고 나아가 독립도 하느님의 도움으로 깊어진다.83)

소크라테스에서 자기 자신에 대한 무지(無知)는 덕(德)이 있는

80) Manheimer, *Kierkegaard As Educator*, 1978. p. 28.
81) Kierkegaard, *Papier*, ed. P. A. Heiberg, V. Kuhr, and E. Torsting. 11 vols. in 18 parts, Copenhagen: Gyldendalske Boghandel Nordisk Forlag, vol. X. 1909-1948: Part A. p. 235.
82) Kierkegaard, *Works of Love*, 1995. p. 256.
83) 임춘갑 옮김, 『사랑의 역사』, 서울: 도서출판 치우, 2011. p. 667.

삶을 위한 출발이다. 키에르케고어는 자신의 힘만으로 윤리적일 수 없는 삶을 스스로 바라보며 자신에게 웃을 수밖에 없었다.[84] 그는 자신이 아무 것도 아님을 체험하는 과정을 하느님의 축복으로 받아들인다.[85] 그는 고결한 삶을 위한 저술도 하느님의 축복으로 받아들인다. 하느님 앞에 홀로 서서 윤리적으로 살아가는 생활이 바로 축복의 증언이다.

교육자와 제자 사이의 덕(德)이 있는 생활의 교육도 본성상 같은 인간이라는 시각에서 이해된다.[86] 인간은 제한된 현실과 능력으로 창조되었기에 우리는 상호 간 깊은 동정을 받아들이게 된다. 키에르케고어에서 인간 사이의 관계만으로 윤리적 행동의 완전함을 추구할 수 없다. 어느 교육자도 자신의 힘만으로 제자를 윤리적으로 살아가게 할 수 없다.

키에르케고어의 실존적 성숙에서 보듯이 그의 저술에도 감각적 향락의 추구에서 철학적 숙고로 나아가고 다시 그리스도신앙에로 운동을 보인다. 각각의 예로 『이것이냐 저것이냐』, 『후서』, 『건덕적 강화(講話)』를 들 수 있다. 그의 저작에서 독자는 시적, 철학적 사유와 함께 종교적 의사소통의 의도를 읽어낼 수 있다.[87]

키에르케고어 자신도 영원한 존재 앞에서 독자와 마찬가지로 실존적 단독자임을 알리고자 했다. 그는 독자가 각자 실존적 상황에 더 깊이 들어가서 자기를 더 깊이 발견하길 바란다. 영원한 존재와 우선 관계하기에 저자가 독자보다 더 높은 위치에 있을 수 없다. 저술을 이해하고 개념을 갖는다고 해서 윤리적 삶을 실제로 사는 것도 아니다.

---

84) Kierkegaard, *Concluding Unscientific Postscript*, trans. David F. Swenson and Walter Lowrie, 1968. p. 490.
85) Kierkegaard, *Works of Love*, 1995. p. 258.
86) Manheimer, *Kierkegaard As Educator*, 1978. p. 41.
87) Kierkegaard, *The Point of View*, 1962. p. 143.

키에르케고어에게 숙고(熟考)와 저술은 실존적 변화를 위함이다.[88] 즉 독자가 저술의 내용을 자기의 삶에 실제로 적용하는 과정이 요구된다. 실존적 성숙이 이루어지며 저술에서 저자와 독자 사이의 의사소통은 영원한 존재와 관계하며 더 깊어진다. 키에르케고어에서 자아는 영원한 존재 앞에서 자신을 비움으로써 오히려 강해진다.

키에르케고어의 저술활동은 윤리적 의사소통의 방법이었다. 그에게 윤리적 삶은 탐구의 결론이 아니라 영원한 존재와 자아를 찾으며 이웃을 사랑하는 방법이다. 그는 감각적 차원을 넘어 영혼의 활동으로써 윤리적 삶을 보였다. 그는 영원한 존재와 관계에서 역사의식을 지닌 윤리사상가가 될 수 있었다.

숙고란 단지 지성만 뜻하지 않고 자기 자신의 행위를 알아가는 능력을 뜻한다. 즉 숙고를 동반한 저술은 윤리적 성숙을 성취하고 전달할 수 있어야 한다. 그러므로 키에르케고어에서 저자는 자기의 저술대로 실제로 살아가길 원하기에 독자이기도 하다. 그는 『들의 백합 공중의 새』에서 영원한 하느님 앞에 홀로 서서 감사와 은혜를 직접적으로 표현한다.

저자이며 동시에 독자라는 점에서 우리는 각 시대에서 자신의 책임을 수행하며 동시대인으로 살아가고 있다. 독자로서 각 개인은 홀로 서서 행동의 변화를 성취함으로써 진리를 증언하게 된다. 키에르케고어에서 독자나 수강자(受講者)는 단지 수동적 수용자(受容者)가 아니라 진리를 증언하며 살아가는 사람이다.

키에르케고어에서 실존적 성숙으로 말미암은 의사소통이 윤리교육의 주요한 방법이다. 개념을 넘어 구체적 행위를 통한 윤리적 생활은 의사소통의 방법이다. 실제 삶이 동반될 때 윤리교육은 이

88) Kierkegaard, *The Point of View*, 1962. p. 147.

론을 넘어 윤리적 능력이 전달된다. 영원한 존재와 관계를 사모하는 마음은 실존적 변형을 요구하며 외부의 자극을 따르기보다는 내면의 가치를 중시한다.

단지 도덕적 지식의 전수가 아니라 학생이 도덕적으로 되길 원한다면 교사가 실제적 삶에서 도덕적이어야 한다. 윤리적 삶으로 진리의 증인이 되고 교육의 완성으로서 이웃을 사랑을 할 수 있다면 가장 행복한 교육의 실천이 된다. 소크라테스는 많은 사람의 지지가 아니라 진리의 증인이고자 했다.[89] 반어(反語) 혹은 아이러니(irony)는 모순적 방법을 통해 자신의 무지와 능력의 한계를 자각하며 윤리적 행동을 추구한다.

진리의 증인이 아닌 자는 다수의 의견을 대변하려고 할 뿐 윤리적으로 살려하지 않는다. 진리의 증언자는 이 땅에서 삶을 최종으로 받아들이지 않고 영원한 존재를 그리며 믿는다. 증언자는 오직 영원한 하느님 앞에 홀로 순종하며 인격의 주체적 변화를 추구한다. 영원한 존재 앞에서 최고의 책임으로서 자기를 선택할 때에만 자기답게 살아간다고 할 수 있다.

자아의 선택을 키에르케고어는 영원을 사모하는 인간본성에서 찾았다. 감각적 향락추구에서는 자아를 형성하고 권위를 세우는 실존의 변형이 보이지 않는다. 윤리적 생활을 추구하는 단계는 자아와 역사의식을 생각하게 된다. 자신의 구체적 삶이 변용되는 과정을 타자에게 알림으로써 우리는 교육적으로 된다.

향락추구에서 도덕적 주체의 문제는 욕망과 본능의 제어(制御)다. 『이것이냐 저것이냐 1』은 직접적 향락을 추구한다면 『이것이냐 저것이냐 2』는 변화되어 가는 자아를 추구한다.[90] 윤리적 단

---

89) Platon, *Gorgias*, from *Socratic Dialogues*, trans. Woodhead, Edinburgh: The Nelson Press. 1953. 472c.
90) Kierkegaard, *Either/Or*, vol. 2, 1959. p. 182.

계는 자아의 형성에 관심을 갖는다. 『이것이냐 저것이냐 2』의 윌리엄 판사는 스스로 자아의 변형이 가능하다고 생각한다.

윌리엄 판사는 감각적 향락에 사는 사람에게 '너 자신을 선택하라' 고 교육한다. 윌리엄 판사는 단지 언어적 교육뿐만 아니라 자신의 구체적 삶을 통해 교육하고자 한다. 윤리적 삶의 단계는 보편적 가치를 지니는 사회적 책임을 다하려고 한다. 자아의 권위는 미성숙한 아이의 자기중심적 의식의 극복에서 출발한다. 영혼의 활동으로써 자아의 권위와 형성은 일시적 향락과 특정 사회에서 용인되는 가치를 넘어서려고 한다.

윌리엄 판사는 보편적 규범을 준수하는 인간에게서 절대적인 것을 찾고자 한다. 즉 완전한 하느님의 모습을 각 개인의 고유하고 예외적 능력에서 구하려고 한다. 그러나 윌리엄은 자신의 실제적 모습에서 한계를 느끼고 실존적으로 절망한다. 윌리엄은 윤리적 생활을 실제적으로 하지 못하는 자신의 곤혹스런 현실을 인정하고 하느님의 은혜에서 '새로운 탄생' 을 원한다.

교육자는 진리를 실제적 삶을 통해 드러낸다. 인간은 영원한 존재와 끊임없이 관계하면서 자기를 선택할 수 있음을 보일 때 교육이 시작한다. 다른 사람들과 다른 자신만의 고유성을 자각할 때 윤리의식을 갖게 된다. 윤리적 생활은 직접적 향락을 넘어서서 자유와 능력을 통해 구현된다. 이런 교육은 자기 자신을 찾아가는 생활을 통해 타자에게 효과적으로 전달된다.

키에르케고어에서 영원한 존재와 관계에서 도덕발달이 교사와 학생 사이의 도덕교육이 된다. 즉 교사는 자신의 의지만으론 윤리적 모범을 보일 수 없고 교사와 학생 사이의 관계로 환원될 수 없다는 역설적 현실이 도덕교육의 단초가 된다. 도덕에 대한 세련된 지식이나 교사의 의지만으로 도덕교육이 가능할 수 없다. 『이것이냐 저것이냐 1』에서 삶의 진지한 현실을 인정하지 않고 감각적 향락만으로 만족을 추구하는 허구의 자아상을 본다.

감각적 향락추구의 허구는 자기 자신을 선택하지 않은 결과다. 감각적 향락추구는 자아의 현실을 받아들이지 않고 비현실적 자아상을 갖게 한다. 한편 엄격한 윤리의식만으로 살아가려면 자기의지의 한계와 역사의식의 결핍을 체험하게 된다. 감각적 향락생활을 넘어 윤리적 생활의 추구는 자아의식과 자기선택에 눈뜨게 된다. 자기를 선택하는 책임에서 교사는 학생과 관계 이전에 자기 자신과 먼저 관계하게 된다.

7. 교사와 학생의 실존적 관계

본성적으로 영원한 존재와 관계에서 자아를 찾아가는 교사의 자기교육은 학생에 대한 관계보다 우선한다. 교사가 자기 자신과 우선 관계하는 삶은 키에르케고어의 시각에서 진정으로 학생과 관계하는 방법이다. 그의 시각에서 자신의 도덕적 의지만으로 온전하게 되려는 시도는 지나친 자부심이다. 이런 자부심은 각자 자신에게 주어진 인간의 조건으로서 실존적 현실을 잊게 한다.

영원한 존재와 사랑의 관계는 인간을 도덕적으로 성숙하게 한다. 이런 사랑의 관계는 도덕적 의지보다 실존적으로 우선한다. 키에르케고어에서 진리는 도덕적 성숙과 늘 긴밀히 연관된다.[91] 영원한 존재와 관계에서 자아형성의 가능성을 찾는 교육자는 고결한 삶으로써 학생을 가르칠 수 있게 된다.

키에르케고어는 영원한 하느님과 깊은 교제를 가장 귀하게 본다.[92] 교사는 도덕이론을 넘어 자신을 고결하게 표현하며 학생을

---

91) Kierkegaard, *Either/Or*, vol. 2, 1959. p. 350.

92) Kierkegaard, *Edifying Discourse*, trans. D. F. Swenson and Lilian Marvin Swenson, 4vols. Minneapolis: Augsburg Publishing House.

이끌고 싶어진다. 교사는 도덕이론의 전달에서 나아가 고결한 삶의 학생을 원하기 때문이다.[93] 삶의 현실에서 자아의 형성을 성취할 때 윤리적 성품을 얻게 된다.[94] 도덕교사는 학생을 설득하기 이전에 자신의 실존적 성숙을 드러내어야 한다.[95]

자아를 찾는 생활 즉 자기선택은 교육자가 학생에게 실제적 영향을 미친다. 윤리교육자의 자기주장은 상호 간의 대화에서 온전히 드러날 수 없고 윤리적 생활을 통하여 입증된다. 실존적으로 성숙한 생활의 자기교육이 타자에 대한 인성교육의 출발이 된다. 여기서 인성교육은 높은 단계로 도덕적 성숙을 뜻한다.

실존적 성숙을 키에르케고어는 영원한 존재와 신앙을 통하여 추구했다. 고결한 성품은 교사와 학생 사이의 관계만으로는 가능하지 않다. 영원한 존재와 신앙의 관계에서 찾아지는 자아는 교사가 학생에게 교육이론과 함께 자신의 삶을 보여준다. 영원한 존재와 관계에서 자아를 찾는 생활은 교사와 학생이 함께 성취하게 된다.

영원한 삶에 대한 의식은 구체적 생활에서 미래에 대한 준비 혹은 자신의 흔적을 남기고 싶은 희구(希求) 등으로 나타난다. 삶의 흔적을 남기고 싶은 마음은 생활의 다반사를 영원의 시각에서 보게 되며 베푸는 삶을 원한다. 영원한 존재를 사모하는 마음은 유한한 이 땅의 삶을 영원한 축복의 시각에서 오히려 정당하게 받아들인다.

타자와 관계 이전에 영원한 존재와 관계하려는 키에르케고어는 교사가 아니라 자신도 배우는 사람으로 받아들인다. 그는 끊임없

1943-46: vol. 4.

93) Collins, *The Mind of Kierkegaard*, Chicago: Henry Regnery Co., 1953. p. 154.

94) Kierkegaard, *Papier*, ed. P. A. Heiberg, 1909-1948. 4 B 59. Manheimer, p. 214.

95) Kierkegaard, *Papier,* 1909-48. X2 A 235.

이 배우길 원했고 다른 이들도 자아를 찾아 자기가 되길 원한다. 그는 하느님과 관계를 체험하면서 실존적 자기의지의 한계를 발견한다. 교사는 자아의 인식과 형성이 깊어지며 도덕교육의 권위와 효과가 발휘된다.

키에르케고어에게 자기의 구원과 영원한 행복에 대한 확신이 찾아왔고 윤리적 소명을 의식했다. 영혼의 활동으로써 자아의 형성과 윤리적 진지함이 동반되는 숙고는 함께 간다. 윤리적 자아는 영원한 축복을 추구하면서 잠시 후에 소멸될 직접적 감각을 넘어선다. 『들의 백합과 공중의 새』에서 축복된 생활은 영원한 존재와 관계에서 근원한다.

『후서』에서 영원한 축복은 자기중심적 의식을 넘어 신과 단독자의 관계에서 드러난다. 키에르케고어에서 인간은 신과 신앙으로 관계할 때 자아의 형성으로서 은혜와 사랑을 표현하게 된다. 그는 그리스도와 관계하는 영혼의 활동으로써 자아를 받아들인다. 영원을 사모하는 마음은 불안의 일시적 도피로서 향락추구와 자기의지적 윤리를 극복하는 도덕생활의 원천이다.

키에르케고어가 강조한 영혼의 활동으로써 자아는 자신의 소명을 자각한다. 자기 자신을 찾아 신으로부터 소명을 확신할 때 비로소 나는 내가 된다. 소명을 통해 자기 자신이 되는 과정은 아브라함과 사무엘이 부름을 받아 하나님 앞에 홀로 서서 결단하고 행동하는 데에서도 볼 수 있다(창세기 22장, 사무엘상 3장). 소명의 삶은 물론 도덕적으로 검증된다.

키에르케고어에서 하느님은 당신의 부름을 표현하라며 각자를 부른다. 신(神)이 각자에게 준 고유한 소명은 타인과 공유할 수 없고 자신만 응답할 수 있다. 단독자로서 자기표현은 이 땅에서 자신의 소명(召命) 즉 신의 부르심의 응답이다. 영혼의 표현으로서 언어는 신 앞의 단독자로서 자기 자신을 드러낸다.[96] 『들의 백합 공중의 새』에서 영원한 축복에 대한 확신은 기쁨의 노래로 표현된다.

키에르케고어의 시각에서 신 앞에서 홀로 설 수 있을 때만 오히려 역설적으로 타자와 관계를 맺을 수 있게 된다. 그러므로 자아의 형성은 도덕적 행위의 추구보다 더 근원적이다. 자아의 형성은 결국 보편적으로 타당한 상호관계를 윤리적으로 표현한다. 홀로서는 실존적 표현이 타자와 관계보다 우선하기 때문에 자기를 알아가는 과정은 타인에게 침묵으로 나타나기도 한다.

사람은 본성적으로 초월적 존재를 그리워한다.[97] 실존적 불안으로 드러나는 죄(罪)는 내재(內在)적 분투의 한계와 윤리적 삶의 좌절을 겪게 한다. 미적 단계에는 불안의 동요가 있다면 윤리적 단계는 지속성을 통한 생활을 추구한다.[98] 윤리적 단계에서 사람은 자기 자신을 선택하며 내면적 인격으로서 자기를 선택하려고 한다. 그러나 이 단계에서 허물과 뉘우침을 발견하며 자신의 힘만으로는 윤리적으로 살 수 없는 자기모순을 보게 된다.

자아를 찾아가는 과정은 누구에게나 주어진 과제다. 자아의 형성은 결국 우리들 삶의 보편적 책임이다. 자기를 찾는 과정에서 겪는 실존적 절망과 불안은 누구에게나 깃들어 있으면서 학문적으로 충분히 이해될 수 없는 삶의 현실이다. 고대 희랍의 자연철학자나 소크라테스에서 보듯이 우주와 삶의 신비를 밝히는 일과 자기 자신을 찾는 과정은 같이 간다.

『죽음에 이르는 병』과 『불안의 개념』에서 실존적 절망과 불안은 부정적 측면만 있지 않고 자아를 찾아가는 적극적 측면에서 도

---

96) R. Hall, "Spirit and Presence: a Kierkegaardian Analysis", Robert L. Perkins, eds., *International Kierkegaard Commentary, Either/Or*, I, Macon, George, Mercer University Press, 1995. p. 282.

97) 표재명, 『키에르케고어 연구』, 지성의 샘, 1995, p. 76.

98) Kierkegaard, *Entweder -Oder*, II, E Hirsch (u.), Düsseldorf: Eugen, Diederichs, 1956, p. 239.

덕교육적으로 이해된다. 교육자와 학습자가 각자 자기 자신을 찾아가는 과정은 도덕적 생활을 통해 서로 영향을 미치게 된다. 인간에게 도덕적 생활은 논증의 결과가 아니라 본성을 따르는 자발적 동의에 의해 전제된다. 자아를 찾아가는 과정으로서 도덕교육은 문화를 변형시킨다.

『죽음에 이르는 병』의 실존적 절망에서 각 개인은 자기 자신이 있음을 잊거나, 자기 자신이려고 하지 않거나, 자신의 힘만으로 자기 자신이려고 한다. 『불안의 개념』에서 실존적 불안도 심리학적으로 충분히 설명되지 않으며 자기 자신을 찾아가는 계기가 될 수 있다. 키에르케고어에서 죄(罪)는 관념적 설명을 넘어서며 그리스도와 관계하는 은혜와 사랑도 학문적 이해를 넘어선다. 즉 은혜와 죄는 영원한 존재와 상호관계 및 단절에서만 받아들여진다.

자아의 형성은 영원한 존재와 관계에 근거한다. 그리스도교의 시각에서 인간은 실존적으로 자율적 상태에 있지 않고 자신의 본질에서 떠나 있다. 이런 모습은 절망, 불안, 분노의 현상으로 『죽음에 이르는 병』, 『불안의 개념』, 『후서』에서 언급된다. 인간이 겪는 삶의 현실로서 절망, 불안, 분노 등은 상담이나 정신분석을 넘어 자아의 형성과 도덕발달의 계기가 될 수 있다.

『두려움과 떨림』과 『후서』에서 영원한 축복의 기쁨은 윤리적 관계 이전에 하느님과 단독자적 관계서만 가능하게 된다. 이런 시각에서 도덕발달은 단지 덕목으로서 선(善)한 생활이 아니라 인간의 본성을 찾아 자기다운 생활의 드러남이다. 키에르케고어에서 교육자는 학습자와 관계하기 이전에 하느님과 관계한다는 점에서 교사 이전에 자기 자신을 찾아야 한다.

인간은 실제 삶에서 결단을 하며 살아가기에 단지 추론이나 과학적 방법만으로는 영혼의 활동을 온전히 이해할 수 없다. 『후서』에서 도덕발달을 위해서는 도덕이론의 숙지나 지식의 점진적 습득을 넘어서 개인의 주체적 결단이 요구된다. 그렇기에 인간은 단지 탐구의 대상이 아니라 하느님과 먼저 교제하고 자기 자신 및 타자와 관계하게 된다. 하느님 앞에 우선 관계하는 자아의 지속적 형성은 윤리적 생활을 가능하게 한다.[99]

키에르케고어는 일평생 실존적 변형을 추구했으며 마침내 하느님 앞에서 용서의 확신과 은혜의 감격을 노래한 사람이다. 그는 자신의 영원한 축복에 대한 확신에서 다른 사람들도 이렇게 행복한 삶을 살도록 간절한 노력을 했다. 그는 하느님의 무조건적 은혜의 사랑으로 용서받은 자신이 자기와 관계할 뿐만 아니라 다른 사람, 나아가 자연과 관계하였다.

8. 윤리상담과 자아의 형성(形成)

윤리상담은 자기 자신을 찾아가는 과정을 통하여 도덕발달을 이루고자 한다. 경제적 발전만으론 성취되지 않는 행복한 삶을 위해 인간본성에 걸맞은 도덕적 행위를 찾아야 한다. 윤리교육의 오랜 숙제인 어떻게 하면 '실제로' 도덕발달이 가능할까? 우리 사회의 윤리수준을 안타까워하는 학자들은 윤리교육의 목적인 윤리적 행위를 위한 다양한 방법론 개척과 새로운 이론창출을 위해 노력하고 있다.

나는 자아의 형성을 위한 윤리상담(ethics counseling)의 근거로서 키에르케고어의 실존심리학을 받아들이고자 한다. 윤리상담은 상담자와 내담자가 자신을 알아가는 과정이다. 이 과정에서 상담자와 내담자는 상호 의사소통하게 된다. 자기 자신을 찾아가는

---

99) Manheimer, R. 이홍우·임병덕 역, 『키에르케고르의 교육이론』, 서울: 교육과학사, 2003. p. 19.

진정한 행복추구는 단지 주관적 느낌이 아니라 도덕적 생활로 드러난다.

윤리상담은 교육자와 학습자 사이의 관계 이전에 서로 자기 자신을 찾게 한다. 상담자는 내담자와 관계에서 특정문제를 해결해 주기보다는 자신을 찾아가도록 한다. 상담자는 내담자를 만남으로 내담자가 되고 내담자는 상담자를 만남으로 상담자가 될 수도 있다. 자아를 우선 찾아가는 윤리상담은 자아와 타자의 관계만으로 해결될 수 없다.

한 개인이 영원한 존재 앞에 설 수 있을 때에만 오히려 타인과 대화하며 도덕적 삶을 전달할 수 있다. 키에르케고어는 실제적 삶을 통해서만 전달할 수 있는 방법을 찾았다. 그는 자신을 교육에서 교사가 아니라 다른 사람과 마찬가지로 끊임없이 자신을 찾아가는 사람 중의 한 사람으로 받아들였다. 소위 맹신(盲信)적 열정주의로서 종교는 타인과 교류되는 체험이 없기에 윤리적으로 받아들이기 어렵다.

자기 자신을 찾아가는 과정으로서 윤리상담의 핵심은 인간본성에 근거한 자기교육이다. 자아의 깊은 이해는 윤리상담의 기초와 실천이 된다.[100] 우리는 자아에 대하여 앎으로써 자기 자신에 대하여 각성할 수 있고 도덕적 성숙을 기대할 수 있다. 윤리교육은 새로운 이론의 창출을 넘어서 행동의 실제적 변화를 가져올 때 의미를 지닌다.

진교훈은 윤리교육의 실행의 측면에서 윤리상담을 통하여 내담자에게 도덕적 각성과 반성을 일깨우는 목적을 중요시한다.[101] 진교

---

100) R. L. Perkins, ed., *International Kierkegaard Commentary: The Sickness unto Death*, Georgia: Mercer University Press, 1987. p. 3.

101) 진교훈, 「윤리상담의 실제: 도덕적 건강과 도덕교육」, 『도덕교육론: 치유와 상담』(한국윤리교육학회 추계학술대회, 2016). pp. 1-14.

훈은 상담자가 내담자를 조언하고 가르치는 상담자 중심을 주장한다. 이진남은 철학상담과 관련하여 윤리상담의 근거를 논한다.[102)]

박장호는 윤리교육에서 윤리상담의 중요성을 선구자로서 제기하며 학문적 근거를 요구하고 있다.[103)] 나는 박장호가 제기한 윤리상담의 학문적 근거를 '자아의 발견과 형성'에서 찾는다. 윤리상담은 상담자와 내담자가 각자 자아를 찾아가며 상호 의사소통하는 과정이다. 그러므로 윤리상담의 핵심은 인간본성에 근거한 자기교육 혹은 자기다움의 발견이다.

이미식은 행복한 삶을 도덕적 성장에서 찾는다. 이미식은 윤리상담에서 언어적 관계의 존재로서 인간을 보며 교사중심의 치료보다는 학생 자신의 치유 가능성을 강조한다.[104)] 장승희는 도와주려는 전문가(counselor)와 도움을 필요로 하는 자(client) 사이에 성립된 인간관계의 활동 및 과정으로서 윤리상담을 받아들인다.[105)]

김연숙은 자아초월과 상처의 치유를 윤리상담의 근거와 실제로 본다.[106)] 이정렬은 윤리상담의 준거로 실존적 공허를 극복하는 삶

---

102) 이진남, "철학상담의 도전과 과제: 윤리상담은 정립가능한가?", 『철학연구』, 135호, (대한철학회, 2015.8). p. 53.

103) 박장호, 「윤리상담 -이론적 토대에 대한 검토」, 『윤리교육연구 제34집』, (한국윤리교육학회, 2014). p. 6.
"윤리상담: 이론적 토대에 대한 검토", 『도덕치유와 윤리상담』, (교육과학사, 2018). p. 15.

104) 이미식, 「무기력의 치료를 위한 윤리상담의 실제 -초등학교 도덕과 수업을 중심으로」, 『도덕교육론: 치유와 상담』(한국윤리교육학회 추계학술대회, 2016). pp. 34-51.
"초등학교 도덕과 교육에 활용할 수 있는 윤리상담의 실제", 『도덕치유와 윤리상담』, (교육과학사, 2018). p. 355.

105) 장승희, 「윤리교육에서 윤리상담의 적용을 위한 제언」, 『도덕교육론: 치유와 상담』, (한국윤리교육학회 추계학술대회, 2016) pp. 55-85.
김홍규 · 원애경, 『상담심리학』, (파주: 양서원, 2007). p. 66.
"불교이론과 윤리상담", 『도덕치유와 윤리상담』, (교육과학사, 2018). p. 95.

106) 김연숙, "켄 윌버의 자아초월과 트라우마치유", 『도덕치유와 윤리상담』, (교육과학사, 2018). p. 342.

의 의미치료(logotherapy)를 제시한다.[107] 의미치료에서 자기초월의 가능성은 그 근거를 키에르케고어와 연관할 수 있다.

김대군은 분노조절을 윤리상담에서 특정주제로 다룬다.[108] 자아가 발견되지 않거나 형성되지 않을 때 실존적 분노가 경험된다. 박형빈이 윤리상담에서 제기한 셀리그만(M. Seligman)의 '번영의 학문'은 자아발견의 구체적 방법으로 받을 수 있다.[109] 윤영돈은 윤리상담을 전인격적 건강에서 이해한다.[110] 이경희는 학생의 자기성찰과 현실적 사회문제인 여성혐오 등 폭력의 극복방안을 논한다.[111]

영혼의 활동으로써 자아의 형성과 번영은 특정의 목적성취와 함께 끝날 수 없고 평생 지속된다. 자아의 형성과 관련하여 키에르케고어는 의지(意志)의 중요성을 강조한다. 그에게 영원을 사모하는 마음을 드러내는 자기다움은 의지적 생활을 통해 도덕적으로 표현된다.[112] '진리는 주체성'에서 진리란 상호관계의 윤리적 삶을 통해 성취될 수 있다는 뜻이다.[113]

---

107) 이정렬, "삶의 의미와 상담",『도덕치유와 윤리상담』, (교육과학사, 2018). p. 253.

108) 김대군, "분노와 윤리상담",『도덕치유와 윤리상담』, (서울: 교육과학사, 2018). p. 269.

109) 박형빈, "뇌신경과학과 윤리상담",『도덕치유와 윤리상담』, (교육과학사, 2018). p. 294.
"서구 심리치료(psychotherapy)의 동향과 도덕교육",『초등도덕교육』, (한국초등도덕교육학회, 2018.9).

110) 윤영돈, "인문건강과 인문치료",『도덕치유와 윤리상담』, 교육과학사, 2018. p. 438.

111) 이경희, "도덕과 수업에서 비판적, 성찰적 글쓰기" -프로젝트학습과 교육토론을 중심으로,『윤리교육연구』, 제40집, (한국윤리교육학회, 2016. 4). p. 283.
"여성혐오와 윤리상담",『윤리교육연구』, 제44집, (한국윤리교육학회, 2017. 4). p. 219.

112) K. Ramsland, *Engaging the Immediate, Applying Kierkegaard's Theory of Indirect Communication to the Practice of Psychotherapy*, Lewisburg: Bucknell University Press, 1989. p. 75.

인간본성에 걸맞은 의지는 실존적 절망, 불안, 분노를 자아형성의 계기로 삼는다.[114] 감각적 향락의 생활에서는 자아가 되려는 의지가 피상적일 뿐이다. 일시적 욕망충족은 주체적 활동이 아니고 주어진 상황에 수동적으로 의존이다. 『이것이냐 저것이냐 2』의 윌리엄 판사는 감각적 향락을 윤리적 생활과 조화하며 즐기려고 한다.[115] 그는 결혼을 윤리적 생활의 완성으로 이해한다.

키에르케고어에게 인간은 스스로 윤리적 생활을 할 수 있거나 평안에 도달할 수 있는 존재가 아니다.[116] 그에게 자아의식은 영원한 존재와 믿음의 관계에서 가능하다. 역사를 창조하려는 존엄한 자아의식은 결혼생활을 감각적 향락의 합리화가 아니라 영원의 지평(地平)에서 본다.

키에르케고어에서 인간은 하느님의 도움과 용서를 통해 실존적 절망과 불안을 극복할 수 있다. 윤리적 생활의 자기 충족적 분투는 『죽음에 이르는 병』의 도전적 자아의식과 비슷하다.[117] 도전적 자아의식은 이미 주어진 상황과 한계를 필연적으로 받아들이지 않고 의지적 분투만으로 새로운 역사를 창조하고자 한다.[118] 절대 권력을 가졌으나 다스릴 땅이 없는 왕과 비슷하다.

영원한 존재로서 하느님과 투명한 관계가 키에르케고어에서 자아이해의 핵심이다.[119] '나' 혹은 자아는 영원한 존재와 관계하며

---

113) Kierkegaard, *Concluding Unscientific Postscript*, trans. D. Swenson, W. Lowrie, Third Edition, Princeton: Princeton University Press, 1974. p. 177.
114) Kierkegaard, *The Sickness unto Death*, 1980. p. 42.
115) John D. Glenn, Jr. "The Definition of the Self and the Structure of Kierkegaard's Work", R. L. Perkins, ed., *International Kierkegaard Commentary: The Sickness unto Death* Georgia: Mercer University Press, 1987. p. 13.
116) Kierkegaard, *The Sickness unto Death*, 1980. p. 13.
117) Kierkegaard, *The Sickness unto Death*, 1980. p. 49.
118) Kierkegaard, *Either/Or*, V. 2, 1959. p. 254.

윤리적 행동을 현실적으로 가능하게 한다. 창조자와 관계할 때 개인은 자신의 삶을 선물로 받아들이며 자신의 소명을 실천하게 된다. 자아의 근거를 영원한 존재와 주체적으로 찾은 키에르케고어는 다른 실존철학자 니체, 하이데거, 사르트르와 구분된다.

인간은 자신의 힘만으로는 자아가 될 수 없고 절망할 수밖에 없다. 『죽음에 이르는 병』에서 제기된 실존적 죽음으로서 절망은 영원한 존재에 대한 믿음의 도약으로 극복된다. 본성적으로 영원한 존재와 관계하며 순간과 영원을 종합하는 인간이기에 자신의 힘만으론 절망할 수밖에 없다. 이런 실존적 현실은 오히려 절망의 극복하는 계기가 될 수 있다.

키에르케고어는 영원한 존재의 신적 은혜에 대한 믿음으로 죄의 용서가 가능하다고 한다.[120] 그는 인간이 자율적으로 선(善)을 행할 수 없다면서 영원한 존재와 단절된 상태를 죄(罪)라고 한다.[121] 신(神)과 관계의 단절인 죄는 실존적 절망, 불안, 분노의 현상으로 생활에 나타난다. 자율성과 합리성의 생활만으론 이런 절망, 불안, 분노에서 벗어날 수 없다. 신앙은 자기 충족적 윤리의 한계를 극복한다.

키에르케고어에게 영원한 존재와 관계의 부정은 결과적으로 자아형성의 부정이 된다. 그에게 자아의 형성은 자신의 분투만으로는 가능하지 않고 영원한 존재와 관계해야 한다.[122] 하느님에 대한 의식이 분명하고 투명할수록 관계에 대한 단절로서 죄에 대한

---

119) Kierkegaard, *The Sickness unto Death*, 1980. p. 48.

120) Glenn, Jr. "The Definition of the Self and the Structure of Kierkegaard's Work", in ed. Robert L. Perkins, International Kierkegaard Commentary v. 19, *The Sickness unto Death*, 1987. p. 21.

121) Louis Mackey, *Kierkegaard: A Kind of Poet*, Philadelphia: University of Philadelphia Press, Inc., 1971. pp. 224-25.

122) Kierkegaard, *The Sickness unto Death*, 1980. p. 79.

의식이 예민해진다. 하느님 관계에서 자유와 개성을 더욱 강조하는 자아는 자신을 의존하는 윤리적 차원을 극복하게 된다.

자아의 형성과 번영은 타자와 관계보다 초월적 존재와 우선 관계한다.[123] 대상과 직접적으로 관계하는 감각적 향락에서 시작하여 윤리적 생활이 현실적으로 가능하게 하는 영혼의 활동에서 도덕적으로 발달하게 된다. 감각적 향락추구는 자아를 영원한 존재와 관계에서 받아들이지 않아 참된 자아가 형성되지 않는다.[124] 영원한 존재와 관계를 맺지 않으려는 자아는 이성(理性), 감정, 의지를 현실적으로 절대화한다.

자아는 도덕적 성숙에 따라 주위환경과 대상을 달리 관계하게 된다. 키에르케고어는 자아를 영원한 존재와 관계하는 자유로서 설명한다.[125] 그는 『두려움과 떨림』에서 공동체의 규범에 우선하여 영원한 존재를 사모하는 마음을 신앙으로 받아들인다.[126] 영원한 존재와 관계를 맺지 않는 절망은 단지 고통이 아니라 자신만 의지하는 결과다.[127] 주위의 대상을 단지 수동적으로만 받아들인다면 자아가 그 대상에 의해 사실 함몰(陷沒)된 상태다.

영원한 존재를 믿는 신앙은 개인을 보편성보다 우위(優位)에 둔다. 신앙의 개인은 보편적 규범의 준수를 넘어서서 영원한 존재를 믿음으로 공동체의 규범을 실제적으로 지킨다. 절대자와 신앙의 관계가 절대적이라면 인간들 사이의 보편적 규범을 따르는 윤리는 상대적이다. 영원을 사모하는 존재로서 자아는 마음과 육체가 분

---

123) Kierkegaard, *Concluding Unscientific Postscript*, trans. David F. Swenson and Walter Lowrie, Princeton: Princeton University Press for American-Scandinavian Foundation, 1941. p. 506.
124) Kierkegaard, *The Sickness unto Death*, 1980. p. 77.
125) Kierkegaard, *The Sickness unto Death*, 1980. p. 29.
126) Kierkegaard, *Fear and Trembling*, 1983. pp. 38-40.
127) Kierkegaard, *Fear and Trembling*, 1983. p. 62.

리되지 않고 전인격으로서 존재한다. 구체적으로 '빵을 얻고자 하는 행위' 가 영혼의 활동일 수 있다.[128)]

영원을 사모하는 마음으로서 자아는 자유로운 활동을 통해 문화를 만든다.[129)] 그리스도인이 된다고 세상의 차별이 없어지지는 않는다. 영원한 축복을 기대하면서 평정(平靜)의 마음을 갖고 사회적 차별에서 오는 유혹을 이기려고 한다. 사람은 사회적 차별 속에서 살아가지만 영원한 축복을 사모한다는 점에서 모두 평등하다. 역사적으로 보면 노예제도의 폐지 등 하느님 앞의 평등사상이 역설적으로 지상적 차별을 없애왔다.

9. 칸트와 키에르케고어의 윤리

윤리적 행동의 근거와 가능성을 칸트와 키에르케고어를 비교하여 살펴본다. 하늘의 빛나는 별과 양심의 도덕률은 칸트의 마음을 숭경(崇敬)하게 했다. 윤리는 그 본질상 보편적 가치를 고려한다.[130)] 이런 보편성을 칸트는 인간의지(意志)의 영역 내에서 찾는다. 칸트와 키에르케고어가 동기(動機)와 영혼의 순수함을 추구했다는 점에서는 유사하다. 이들은 도덕성의 계발을 통해 세상을 밝게 하려는 뜻을 가졌는데 그 방법과 가능성은 차이가 난다.[131)]

칸트에 의하면 인간에게는 선(善)에 대한 취향과 악한 본성이 있다. 악한 본성에서 더 나아가 근본악(根本惡, radical evil, das radikal Böse)을 지적한다.[132)] 즉 인간에게는 도덕적 규범을 깨

128) Kierkegaard, *Fear and Trembling*, 1983. p. 27.
129) Kierkegaard, *The Concept of Anxiety*, 1980. p. 66.
130) 표재명, 『사랑과 영혼의 철학자 키에르케고어를 만나다』, 2012. p. 135.
131) Green, *Kierkegaard and Kant*, 1992. p. 93-.
132) Kant, *Die Religion innerhalb der Grenzen der bloßen Vernunft*, Meiner, 2004. 1st. Ab.

뜨리는 부패한 성품이 있다. 그런데도 그가 도덕적 구원의 가능성을 찾은 것은 '당위는 능력을 함의(含意)한다' 고 생각했기 때문이다. 즉 칸트는 인간의 도덕적 선과 완전을 향한 의지적 선택은 악으로 향하는 경향을 극복할 수 있다고 생각했다.

칸트가 고상한 성품의 도덕적 구원을 추구했다면 키에르케고어는 인간의 자기구원의 가능성을 부인한다. 키에르케고어는 칸트의 근본악을 더 극단적으로 본다. 즉 인간은 불안을 실존적 현상으로 드러내는 죄 안에 있기에 스스로 도덕적 추론이나 행위를 할 수 없는 조건에 있다. 그러므로 신(神)적 은혜로만 가능하다고 본다. 역사적 예수는 신앙으로만 관계할 수 있다는 주장도 같은 맥락으로 이해된다.

칸트의 도덕률은 인간의 당위(當爲)적 의무에서 출발한다. 키에르케고어의 초월적 시각과 달리 칸트는 인간의 선의지(善意志)에서 도덕적 생활을 찾았다.[133] 선의지를 중시하는 칸트는 윤리를 믿음보다는 인간의 자율성에서 찾는다.[134] 선의지를 신뢰하며 인간의지에 근거하는 도덕생활을 추구한 칸트는 도덕적 가능성을 현실적으로 존경할만한 타인에게서 찾는다.[135]

칸트가 종교를 윤리적 영역에서 설명하고자 했다면 키에르케고어는 신과 인격적 관계에서 윤리적 삶의 가능성을 보았다. 키에르케고어의 윤리적 행동에 대한 이해는 선의지에 근거한 칸트와 본질적으로 구분된다. 키에르케고어에서 윤리적 행위의 가능성은 예수 그리스도와 관계로 가능하다. 인간이 죄와 허물 안에 있다면

---

133) Kant, *Die Religion innerhalb der Grenzen der bloßen Vernunft*, Hamburg: Meiner Verlag, 2004. p. 57.

134) Kant, *The Conflict of Faculties*. (Der Streit der Fakultäten), trans. Mary J. Gregor, New York: Albaris Book. 1979. p. 81.

135) Kant, *Critique of Practical Reason*, trans. Lewis White Back, New York: The Bobbs-Merrill Company, 1956. p. 158.

그 희망은 인간 밖에서 주어져야 한다.136)

칸트는 이성(理性)적 종교에 근거하며 초월적 하느님의 도움으로 윤리적 의무를 해결하려고 하지 않는다.137) 칸트와 달리 키에르케고어는 도덕적 행위의 근거를 하느님의 계시에서 찾아 역사 속에 들어온 예수그리스도에게서 찾는다. 영원한 존재와 절대적으로 관계하고 상대적인 것들을 상대적으로 받아들이는 생활은 끊임없는 열정과 인내를 요구한다.

'당위(當爲)는 능력을 함의(含意)한다' 는 명제를 키에르케고어는 영원한 존재와 관계에서 받아들인다. 그에게 인간의 자연스러운 본성은 신 앞의 단독자로서 실존이기에 자신의 의지(意志)만으로 존엄을 지킬 수 없다. 키에르케고어에 의하면 사람은 하느님을 홀로 따르면서 각자에게 주어진 자신의 소명을 추구해야 한다.138) 그에게서 진리란 개인의 주체적 참여를 통해서만 이해되고 체험된다.139)

키에르케고어는 신앙의 역설을 통하여 의지의 한계를 넘어서고 윤리적 행위의 현실적 능력을 이해하려고 했고 실천했다. 그는 하느님 앞의 외톨이로서 실존하며 도덕성의 근거를 찾았다. 키에르케고어에게도 윤리는 재능과 무관하게 누구나 지켜야 되는 보편적 규범이다. 그런데 그에게 윤리적 실행능력의 근거는 영원한 존재와 믿음으로 관계하는 영혼의 활동이다.

칸트는 인간의 본능적 경향을 넘어서는 도덕을 의무로서 주장한다. 칸트와 키에르케고어는 인간의 욕망이나 경향성(傾向性, Neigung)

---

136) Green, *Kierkegaard and Kant*, 1992, pp. 156-178.
137) John E. Hare, *The Moral Gap*, Oxford University Press, USA, 1997. pp. 60-65.
138) Kierkegaard, *Either/Or*, trans, H. Hong and E. Hong, Princeton University Press, 1987, v. II, p. 265.
139) Kierkegaard, *Concluding Unscientific Postscript*, 1944, p. 169.

과 다른 순수한 도덕적 동기를 구분했다는 점에서는 같다. 이들에게 세상이 악의 영향 아래에 있다는 의식을 감지(感知)할 수 있다. 칸트는 인간의 선행이 악을 이긴다는 생각하지만 키에르케고어는 그리스도의 은혜에서 선행의 가능성을 믿는다.[140)]

칸트는 『도덕 형이상학 원론』에서 인간의 경향성을 넘어서는 보편적 규범으로서 정언명법(定言命法, kategorischer imperativ, categorical imperative) 즉 "네 의지의 준칙이 보편적 입법에 타당하도록 행동하라"를 주장한다.[141)] 그러나 키에르케고어에서 영원한 하느님과 관계는 윤리의 보편적 규범보다 우선한다. 키에르케고어는 하느님 관계에 근원하며 보수(報酬)에 유혹되지 않고 고난을 마다하지 않는 이웃사랑을 전한다.[142)]

칸트는 기독교의 요구를 인간의 도덕성에 근거한 자연종교에 의해 해결하고자 하였다.[143)] 그는 성경의 예수도 완전한 도덕성의 실현으로 보고 인간관계도 선의지의 실행이라는 점에서 이해한다.[144)] 종교적 신앙은 단지 지적(知的) 수준을 넘어 의지(意志)의 질(質)적 운동을 한다는 점에서 칸트와 키에르케고어는 같다. 그런데 역사적 예수를 구세주로 고백하는 키에르케고어와 도덕적 원형(archetype)으로 생각하는 칸트는 서로 다른 견해다.[145)]

키에르케고어는 크리스천으로서 도덕에서 인간의 원죄에 대한

---

140) Green, *Kierkegaard and Kant*, 1992. p. 76.

141) I. Kant, "Handle nur nach derjenigen Maxime, durch die du zugleich wollen kannst, dass sie ein allgemeines Gesetz werde." *Grundlegung zur Metaphysik der Sitten*. Ausgabe der Preußischen Akademie der Wissenschaften, Berlin, 1900. p. 421.

142) Kierkegaard, *Purity of Heart*, trans, D. Steere, New York: Harper, 1948. p. 70, 149.

143) Green, *Kierkegaard and Kant*, 1992. p. 61.

144) Kant, *Religion within the Limits of Reason Alone*, trans, T. Green and H. Hudson, New York: Harper and Row, 1960. p. 182.

145) Green, *Kierkegaard and Kant*, 1992. p. 145.

칸트의 견해에 관심을 가졌다. 그러나 키에르케고어는 칸트의 합리적 계몽주의에 의한 인간의 자율적 도덕행위에 대한 주장을 전통적 은혜(恩惠)의 교리에 근거하여 거부한다. 키에르케고어와 칸트는 인간행동에서 자유를 존중했는데 키에르케고어는 그리스도와 관계에서, 칸트는 인간의 자율성에서 찾았다.

칸트는 사람이 자기 자신에 대해 좋은 의견을 낼 때 가장 자신을 속일 수 있다면서 대속(代贖)이나 구속자(救贖者)를 통한 도덕적 해결을 추구하지 않고 인간의지에 대한 신뢰를 견지한다.[146] 죄는 인간의 자유에서 말미암았다고 믿는 키에르케고어에게 죄가 세상에 들어온 이유를 설명하는 시도는 어리석다.[147] 이렇게 인간에게 자유와 죄는 전제될 뿐이지 그 이유가 설명되지 않는다. 같은 맥락으로 죄의 극복인 그리스도의 전(全)적 은혜도 합리적 설명을 할 수 없다.

윤리적 생활의 근거를 영혼의 활동에서 찾는 키에르케고어에서 인간은 과오(過誤)에서 벗어나 그리스도신앙에서 종교 윤리적 생활을 할 때 참회(懺悔)하게 된다. 인간의 윤리적 삶에는 참회가 필수적이지만 참회에만 잠기면 역설적으로 윤리적 행동을 미루게 된다.[148] 사람은 잘못된 과거에 얽매어 낭비하는 시간에 대해 윤리적 책임이 있다. 그리스도를 신앙함으로써 윤리적 생활의 근거를 찾는 참회의 키에르케고어와 도덕적 재생(再生)을 스스로 추구하려는 칸트는 다르다.[149]

칸트는 기독교신앙에 대해 인간의 도덕적 책임을 회피한다는 점에서 비판적이지만 근본적 악에 대항하여 선한 행동을 위한 신적

146) Green, *Kierkegaard and Kant,* 1992. p. 168.
147) Kierkegaard, *The Concept of Anxiety*, 1980, p. 50.
148) Kierkegaard, *the Concept of Anxiety*, 1980. p. 117.
149) Green, *Kierkegaard and Kant,* 1992. p. 171.

은혜의 개념을 부인하지는 않았다. 그러나 그는 인간의 도덕적 자율성을 중시했다. 키에르케고어에서 인간은 하느님 앞에서 속죄와 은혜를 필요로 하는 존재다. 속죄의 은혜는 인간을 과거의 잘못에 얽매인 회한(悔恨)에 사로잡히지 않고 새로운 삶을 살게 한다.

『철학적 단편』에서 키에르케고어는 소크라테스의 산파(産婆)에서 나아가 죄와 과오(過誤)에서 구원하는 하나님이며 인간인 그리스도에 대해 신앙으로 관계한다.[150) 『후서』에서 보듯이 키에르케고어에서 영원한 축복은 하느님에 대한 주체적 믿음으로 성취되고 전달된다. 그는 종교적 근거에 의한 윤리적 행동의 중요성을 반복하여 강조한다.

칸트에서 실천이성(理性)이 이론(理論)이성보다 우위(優位)였다면 키에르케고어는 도덕적 삶이 하느님신앙에서만 가능하다고 믿었다. 칸트는 인간에게 악(惡)이 실재하여 성격을 왜곡시킨다는 도덕적 확신을 갖는다.[151) 칸트는 역사적 계시적 기독교에 대하여 합리적 시각을 갖고자 한다. 이와 다르게 키에르케고어는 인간을 하느님 앞에 종교적 실존으로 해석하고 인간이 자율적으로 선을 행할 능력이 없다고 본다.

키에르케고어가 하느님사랑에 근거한 이웃사랑에 대해 윤리적 실천을 전하는데 반하여 칸트는 이기심에 반대하는 보편적 선의지에 근거한 이웃사랑의 의무를 주장한다. 칸트는 쾌락을 찾는 자기사랑과 선의지를 추구하는 자기사랑을 구분한다. 그는 사랑도 선의지를 추구하는 의미에서 이해하려고 한다.[152) 이런 의지에 연유한 행위가 인간의 본래적 선을 향한 경향을 회복시킨다고 생각했다.

---

150) Kierkegaard, *Fear and Trembling*, 1983. pp. 15-18.

151) William Peck, *"On Autonomy: The Primacy of the Subject in Kant and Kierkegaard,"* Ph. D. Dissertation, Yale University, 1974. p. 150.

152) Green, *Kierkegaard and Kant*, 1992. p. 62.

키에르케고어와 칸트는 이웃사랑에서 비슷한 점도 있다. 1) 이들은 인간의 타락한 모습을 인정했고, 2) 이웃사랑을 의무로 보았으며, 3) 하느님으로부터 도덕법이 나온다고 생각했다.[153] 그렇지만 칸트는 인간 자신에서 도덕적 선의 가능성을 찾았고 키에르케고어는 하느님의 사랑에 근거한 이웃사랑을 전한다. 키에르케고어는 칸트의 도덕적 책임론에 의한 구원론과 속죄론을 거절하며 속죄와 연관하여 역사적 구원자로서 그리스도를 분명히 한다.

어거스틴의 "우리의 마음은 주님 안에서 쉴 때까지는 안식이 없었나이다" 라는 고백에서 보듯이 슈페만은 인간의 자율적 행복추구를 비판한다.[154] 키에르케고어와 슈페만의 견해를 볼 때 행복추구는 하느님 관계에 근거하는 타자와 관계 속에서 성취된다.[155] 종교적 삶과 윤리적 행위의 관계에서 칸트와 키에르케고어는 상당한 유사점이 있지만 그 본질에 있어서는 차이가 있다.[156]

키에르케고어에 의하면 건전한 종교는 결국 윤리적으로 검증되고 객관화된다. 그러므로 종교적 단계와 윤리적 단계는 서로 변증법적으로 관계한다. 『사랑의 역사』에서 인간은 그리스도 안에서 진정으로 자신을 사랑할 때만 타자를 사랑하게 된다.[157] 즉 하느님사랑에 근거하는 이웃사랑은 중재자의 정화(淨化)하는 과정이 있어야 한다. 이런 시각에서 하느님을 의식하지 않는 이웃사랑은 그 자체로 불가능하다.

아리스토텔레스에 의하면 도덕적 행동은 반복과 훈련을 통해 몸

---

153) Green, *Kierkegaard and Kant*, 1992. p. 66.
154) Spaemann, *Happiness and Benevolence*, University of Notre Dame Press, 2000, p. 52.
155) 황종환, "도덕과 예술에서 성취된 삶으로서 행복", 『윤리교육연구』 제20집, 한국윤리교육학회, 2009. p. 171.
156) 황종환, "키르케고아와 카시러의 종교성 비교연구", 『철학논총』 제51집 제1권, 2008. p. 366.
157) 임춘갑 옮김, 『사랑의 역사』, 도서출판 치우, 2011. pp. 22-23.

에 밴다. 그러나 키에르케고어에서 죄(罪) 안에 있는 인간은 스스로 윤리적 책임을 완수할 수 없기에 도덕적 행동은 단지 습관의 소산이 아니다. 키에르케고어의 시각에서 죄와 참회를 생각하지 않는 철학적 윤리학은 그 한계에 다다를 수밖에 없다. 그러나 참회가 단지 참회로서 극단화되면 자기포기에 이를 수 있다.

키에르케고어는 하느님과 영혼의 활동을 인간실존의 근거로 본다. 『두려움과 떨림』에서도 개인의 타자와 관계는 하느님과 절대적 관계에서 근거한다.[158] 인간은 죄 속에 있고 구속(救贖)을 요구한다. 인간에게 윤리가 최종적 목적이 될 수 없고 이보다 더 높은 용서의 체험에서 윤리적 삶이 가능하다.

하느님 관계에서 이웃사랑은 윤리적 생활의 완성이다. 『두려움과 떨림』에서 윤리적인 것이 목적론적으로 정지되는 하느님 관계에서만 윤리적 행위가 현실적으로 가능해진다. 키에르케고어가 윤리적 생활의 근거를 종교적 근거에서 찾는 이유는 자기를 찾아가는 윤리적 생활이 단지 언어만으론 교육될 수 없기 때문이다.

키에르케고어에서 자아의 형성은 영원한 존재와 관계의 지속적 반복이다. 행위의 기준이 보편의 입법에 타당하도록 행동하라는 칸트의 정언명법과 달리 키에르케고어는 윤리적 행동의 가능성을 영원한 하느님과 믿음의 관계에서 찾는다.[159] 칸트는 의지적 분투로 본능적 경향성을 극복하면서 자존감이 형성된다고 본다.

감각적 향락추구는 그 과정에서 자아를 잃게 하고 자기 충족적 윤리는 영원한 존재와 관계가 없기에 자아를 잃는다. 상호관계를 뜻하는 의식이 전자는 환상에서 후자는 의지(意志)만 의지(依支)하기에 자아에 침투하지 못한다. 자신을 실제적으로 고결하게 하

158) Kierkegaard, *Fear and Trembling*, 1983. p. 62.
159) Kant, *Metaphysical Foundation of Morals*, trans. C. J. Friedrich, New York: Modern Library, 1953. p. 185.

는 도덕적 진리만이 자아를 찾게 한다.

철학사(哲學史)에서 사유(思惟)는 실재(實在)를 갖고 있다고 흔히 고대와 중세까지 주장되었지만 칸트는 이 전제에 의심을 가졌다.[160] 즉 사유의 세계에는 있지만 실재하지 않을 수 있다는 주장이다. 이 말은 현실적 변화를 논리적으로 정치(精緻)하게 설명하고 주장하더라도 실제적 변화가 없을 수 있다는 뜻이다.

칸트의 도덕률은 인간의 당위적 의무에서 출발한다. 그는 이성(理性)적 종교에 근거하며 윤리적 책임을 초월적 하느님의 도움으로 해결하려고 하지 않는다.[161] 칸트와 달리 키에르케고어는 도덕적 행위의 근거를 하느님의 계시에서 찾아 역사 속에 들어온 예수 그리스도에게서 찾는다. 키에르케고어와 달리 칸트는 인간의 도덕적 의무에서 도덕적 생활을 찾았다.[162]

칸트는 인간의 선행이 악을 이긴다는 생각을 갖고 있다. 키에르케고어는 선행의 역사(役事)를 하느님과 영원한 축복을 희망하는 관계에서 찾으면서 그리스도의 은혜로만 가능하다고 믿는다.[163] 그린(Green)에 의하면 인간의 가능성이 원죄(原罪)에 의하여 부패되었다면 외부로부터 즉 다른 존재로 말미암는 희망이 주어질 뿐이다.[164]

키에르케고어의 '진리는 주체성' 에서 볼 수 있듯이 사랑의 역사(役事)는 인간 사이의 관계로 환원될 수 없고 사랑의 원천인 하느님과 인간의 관계를 심화(深化)시키는 일이다. 이렇게 사랑은 인간이 하느님 앞에 정직하게 홀로 섬으로써 가능하다. 『사랑의 역사』 에서 키에르케고어는 그리스도의 사랑만이 일시적 에로스와 제

---

160) 임춘갑 옮김, 『불안의 개념』 , 다산글방, 2007. pp. 19-20.
161) John E. Hare, *The Moral Gap*, 1997. pp. 60-65.
162) Kant, *Religion within the Limits of Reason Alone*, 1960, p. 57.
163) Green, *Kierkegaard and Kant*, 1992. p. 76.
164) Green, *Kierkegaard and Kant*, 1992. pp. 156-178.

한된 대상의 우정과 달리 유일하게 진정한 사랑임을 강조한다.

나무는 열매를 통해 알 수 있듯이 그리스도신앙의 사랑은 일시적이지 않고 영원한 진리를 통해 나타난다. 키에르케고어에게 하느님은 윤리적 행위의 완성인 사랑을 가능하게 하는 분이다. 하느님은 지식의 점진적 접근을 통한 인식의 대상이 아니라 신앙에 근거하여 고결해지는 자아를 체험하게 한다.

키에르케고어는 윤리적 생활의 가장 구체적 표현으로서 진리에 주체적으로 관여하고자 했다. 나아가 그는 현실생활에서 인간영혼의 활동으로써 사랑의 역사(役事)를 통해 현실의 실제적 변화를 추구했다. 그에 의하면 인간은 불안을 실존적 현상으로 드러내는 죄(罪) 때문에 자신의 노력만으론 윤리적으로 살 수 없다.

흔히 도덕교육이 인간의 자율적 도덕성을 신뢰하지만 키에르케고어는 『두려움과 떨림』에서 그리스도신앙 안에서 도덕적 행위의 가능성을 받아들인다. 그린(Green)에 의하면 키에르케고어가 칸트의 영향을 받았지만 독창적 사상을 전개했다. 칸트는 키에르케고어의 『두려움과 떨림』의 도덕적 근거를 비판한다. 칸트는 아브라함이 받은 신(神)의 명령이라도 도덕법을 준수해야 된다고 주장한다.165)

칸트는 인간의지에 근거하는 선의지를 신뢰하며 도덕생활을 추구한다. 그렇지만 키에르케고어는 인간의 실존을 불안과 절망으로 보고 하느님에 대한 주체적 신앙을 통해 극복하며 윤리적 생활로 확증한다. 키에르케고어는 자신의 불안이 하느님의 용서에 대한 확신에서 극복되자 영원한 축복에 대한 믿음에서 하느님을 노래하는 삶을 살게 되었다.

칸트는 인간이 신으로부터 받은 초월적 명령이더라도 이성(理性)

---

165) Kant, *Religion within the Limits of Reason Alone*, 1960, p. 175.

적 도덕의무를 벗어날 수 없다는 입장이다. 그는 그리스도신앙의 핵심인 예수 그리스도의 대속(代贖)의 신앙을 인간의 노력에 배치된다면서 받아들이지 않는다. 칸트는 그리스도를 성육신의 하느님이 아니라 단지 도덕적 원형(原形)으로 본다. 즉 그리스도를 초월적 존재가 아니라 도덕적 측면에서 보아 비신화화(非神話化)한다.

칸트는 윤리의 보편성을 주장하며 사람을 목적으로 대하는 인간 존엄의 책임을 주장한다.166) 영원한 존재와 관계에서 윤리적 삶의 근거를 찾은 키에르케고어는 윤리적 자율성을 비판한다. 그는 실존적 불안으로 드러나는 죄(罪)를 개인이 스스로 해결할 수는 없다고 믿는다. 키에르케고어는 칸트와 달리 역사 속에 계시된 하느님 즉 예수 그리스도를 통한 구속(救贖)을 믿으며 고결한 성품을 추구한다.

『두려움과 떨림』에서 윤리의 종교적 근거는 하느님의 명령에 따라 아브라함이 이삭을 희생하려고 했던 믿음이다. 키에르케고어는 인간을 구원하는 하느님의 은혜에 근거하여 자기 자신과 관계하려고 했고 나아가 타자와 자연과도 관계한다. 그는 영원한 존재와 관계에서 도덕성의 근거를 세우면서 미(美)적 체험도 종교적 실존에서 찾는다. 영원한 존재와 관계하는 영혼의 활동으로써 도덕적 생활은 상대방의 반응에 연연하지 않는다.167)

칸트는 인간의 선에 대한 취향(趣向)과 악한 본성, 더 나아가 근본악(根本惡)을 지적하지만 '당위는 능력을 함의(含意)한다' 는 생각에서 자율적 도덕을 찾으려고 했다. 칸트는 이성(理性)적 종교에 근거했지 초월적 하느님의 도움으로 윤리적 문제를 해결하려

---

166) Kant, *Foundation of the Metaphysics of Morals*, trans, Lewis White Beck. Indianapolis: Bobbs-Merrill. (*Grundlegung zur Metaphysik der Sitten*), 1959. pp. 428-429.

167) 임춘갑 옮김, 『사랑의 역사』 서울: 도서출판 치우. 2011. p. 611.

고 하지 않는다.[168] 이와 달리 키에르케고어는 도덕적 행위의 근거를 하느님의 계시인 예수 그리스도를 믿음으로 하느님사랑과 이웃사랑을 실천하고자 한다.

칸트와 달리 키에르케고어는 하느님과 관계하며 영원한 축복에 참여한 그리스도의 은혜의 능력에서 오는 선행이 악을 이기게 한다고 본다.[169] 칸트는 선의지를 신뢰하며 자율적 윤리를 세우려고 했지만 키에르케고어는 보편적 규범보다는 신앙을 통해서만 그리스도와 영원한 관계에 들어갈 수 있으면 도덕적 생활을 할 수 있다고 한다. 이런 과정에서 종교적 체험의 정당성은 도덕적 행위를 통해 객관적으로 밝혀진다.

키에르케고어의 해석에 의하면 몸은 영혼의 활동으로 될 때에만 자신을 표현하게 된다.[170] 그에 의하면 보편적 관계를 설명하는 정신적 작용을 넘어서 신과 관계하는 영혼의 활동에 들어갈 때 이 세상을 넘어서서 저 세상의 영원한 행복을 추구하게 된다. 영혼의 역동적 활동은 감각적 향락추구를 극복하고 역사적 행위로 표현된다.[171]

칸트가 인간의 자율적 선의지를 윤리의 근거로 삼는데 반하여 키에르케고어는 신율(神律)적(theonomous) 윤리를 주장했다. 키에르케고어에게 영원한 행복추구는 상대적 대상들을 모험적으로 버리고 하느님신앙에서 살고자 한다.[172] 영원한 축복은 미래에 완

168) John E. Hare, *The Moral Gap*, 1997. pp. 60-65.

169) Green, *Kierkegaard and Kant*, 1992. p. 76.

170) R. Hall, "Spirit and Presence: A Kierkegaardian Analisis", Robert L. Perkins, (ed.), *International Kierkegaard Commentary, Either/Or*, I, Mercer University Press, 1995), p. 282.

171) Kierkegaard, *Concluding Unscientific Postscript to Philosophical Fragments*, Volume 1, 1992. p. 77.

172) Kierkegaard, *Concluding Unscientific Postscript to Philosophical Fragments*, 1992. p. 427.

성되지만 이 땅에서 삶에서도 맛볼 수 있게 된다.

키에르케고어는 새로운 자아와 문화의 형성을 그리스도를 주체적으로 신앙하며 영원을 사모하는 인간본성에서 찾았다. 그는 악에 대하여는 절대적 무관심 내지 도덕적으로 순수한 분노로 물리치려고 했다.[173] 그는 이성(理性)의 분노와 신앙의 역설을 통해서만 가능한 종교적 실존을 인간성숙의 최고 단계로 보아 그리스도와 관계에서 전달하려고 했다.

신칸트학파 카시러에서 인간은 직접적 반응을 넘어서서 자율적 문화의 세계에 산다. 그런데 키에르케고어는 문화의 형성을 영원을 사모하는 인간본성의 영혼의 활동에서 찾았다. 인간의 자율적 도덕성에 근거한 문화가 그리스도와 관계에서 찾아지는 인간본성의 시각에서 비판된다. 우리는 도덕이론의 교훈을 넘어 각자 도덕적 삶과 행위를 통해서만 문화의 출발인 도덕교육을 할 수 있다.

『사랑의 역사』에서 인간은 그리스도 안에서 영원한 축복을 얻는 자신을 찾게 되고 이웃사랑이 가능하다.[174] 이런 시각에서 이웃사랑은 하느님의 중재로 가능하다. 칸트나 키에르케고어는 인간의 타락한 모습과 이웃에 대한 사랑의 의무에 관심을 가졌다는 점에서 비슷하다. 그런데 칸트는 인간의 자율적 선(善)의 가능성을 찾았고 키에르케고어는 하느님의 사랑에 근거한 이웃사랑을 실천하고자 했다.

키에르케고어에게 인간은 신과 인격적 관계를 가질 때 자기다워지며 가장 자연스러운 존재가 된다. 그에게 세상에서 겪는 고난과 시련은 상대적일 수밖에 없다. 자기의 본성을 찾지 않고 감각적

---

173) L. Keeley, *"Spiritual Trail in the Thought of Kierkegaard"*, International Kierkegaard Commentary V. 12, *Concluding Unscientific Commentary to "Philosophical Fragments"* Mercer University Press, 1997. p. 322.

174) 임춘갑 옮김, 『사랑의 역사』, 도서출판 치우, 2011. pp. 22-23.

향락을 추구하는 생활은 그 만족을 외부에서 추구하기에 자기 자신으로부터 소외된다. 자기 충족적 윤리는 인류역사의 어두운 면과 물질적 풍요로 채워지지 않는 인간영혼의 공허함을 체험하면서 그 한계가 드러났다.

이웃사랑을 가능하게 하는 하느님과 새로운 관계는 『죽음에 이르는 병』에서 자기 자신을 찾아가는 과정에서 출발한다.175) 『죽음에 이르는 병』, 『불안의 개념』 등에서 제기된 인간의 죄는 윤리적 자율성을 함축적으로 부인(否認)한다. 이렇게 키에르케고어에서 죄를 생각하지 않는 윤리학과 윤리교육은 한계가 있을 수밖에 없다.176)

도덕교육은 도덕이론의 새로운 정보의 습득이나 욕망의 절제를 넘어 자기 자신을 찾아가는 과정이다. 키에르케고어는 그리스도를 통하여 하느님과 관계하는 종교적 실존을 도덕발달의 최고 단계로 본다. 자기 자신을 찾아가는 과정은 도덕적 행위를 통해 사회적으로 표현된다. 자기를 찾아가는 과정은 영원한 하느님과 자신의 실존적 관계다. 이 관계는 개념적 차원만으로는 정리될 수 없고 평생 계속되는 윤리적 책임이다.

일시적인 감각의 향락에서 삶의 궁극적 만족을 찾지 않는다는 뜻에서 고난(苦難)은 영원한 행복을 추구하는 과정이다. 영원한 축복에 대한 절대적 목적은 매 순간 절대적 선택을 요구한다. 즉 절대적이지 않은 것에 절대적 관심을 보이는 것은 맹목적 열정주의일 뿐이다.177) 이런 점에서 도덕교육은 특정 도덕발달이론의 숙지(熟知)이기보다는 끊임없는 삶의 선택 과정이다.

---

175) 임춘갑 옮김, 『죽음에 이르는 병/관점』, 다산글방, 2007, p. 24.
176) Kierkegaard, *Fear and Trembling*, 1983. p. 98.
177) L. Keeley, "*Spiritual Trail in the Thought of Kierkegaard*", 1997. p. 310.

10. 자발성과 지속성의 윤리교육

인간 존엄의 행동을 위한 자발성(自發性, spontaneity)과 지속성(持續性, consistency)은 현대윤리학에서 덕목이 되고 있다.178) 키에르케고어는 『강화집(講話輯)』에서 영원한 존재와 지속적으로 관계하면서 살아가려고 한다. 영원한 존재와 관계에서 자발적 행동은 실존적 절망과 불안을 극복하며 자아를 지속적으로 형성한다. 영원한 존재를 사모하는 영혼의 활동은 보편적 규범으로서 윤리적 행동을 가능하게 한다.179)

키에르케고어에서 주위환경에 대한 이해는 하느님에 대한 인간 영혼의 윤리적 활동이며 표현이다. 인간은 타자와 객관적으로 관계하기 이전에 자기 자신과 주체적으로 먼저 관계한다. 이런 점에서 우리는 자신의 주관이 관여하는 시각에서 완전히 자유롭게 중립적일 수는 없다. 아니 주체적 시각이 오히려 강력히 요구된다. 영원한 존재와 관계하지 않고 단지 홀로만 있는 즉 자기침잠(沈潛)은 상호관계로서 도덕적 삶을 가능하지 못하게 한다.

자아의 형성은 도덕적 행위로서 이웃사랑과 사회변화를 가능하게 한다. 그는 주체적 정열의 자기표현을 통해 도덕적 의사소통을 추구했다.180) 그에게 이웃을 비롯한 주위환경에 대한 관계는 단지 수동적 관찰이 아니라 '어떻게 보느냐?' 즉 자기이해에서 출발한다. 올바른 주체적 정열은 이성과 윤리를 통해 객관적으로 검증된다.

키에르케고어에서 자발적 참여를 통해서만 자아인식이 지속적으

---

178) 황종환, 『키에르케고어와 도덕교육』, 대전: 글누리, 2016. pp. 9-10.
179) Kierkegaard, *Christian Discourses*, trans, W. Lowrie, London: Oxford University Press, 1940. p. 37.
180) Kierkegaard, *Stages on Life's Way*, Princeton University Press, 1945, p. 184.

로 가능하다. 실존적 참여를 전제하면 그리스도신앙의 인식과 과학의 객관적 관찰은 서로 배타적이지 않고 함께 간다. 관찰은 단지 수동적 수용이 아니라 관찰자가 참여하는 창조적 과정이다. 심리학, 철학, 신학 등 제반 학문은 자발적 자아가 지속적으로 참여할 때 의미를 갖는다.

인격적 성숙과 긴밀히 연관되는 실존적 참여에서 자아는 자기인식을 통해 세계를 이해하게 된다. 주체적 참여가 동반되지 않는 자기분석은 무의식에 대한 발견과 연구가 진척됨에 따라 비판되었다. 키에르케고어에서 자기분석은 단지 내성(內省)적 분석이 아니라 하느님에 대한 주체적 정열의 신앙을 통한 인식과정이다.

인간이 하느님에 대한 주체적 신앙을 갖지 않는다면 예술가의 특유의 고유성이 없으면 예술가가 아니듯이 자신을 알 수 없게 된다. 키에르케고어에서 하느님 관계에서 근원하는 윤리적 행위는 과학적 인식 등 학문적 행위에도 적용될 수 있다. 그가 당시 과학을 비판한 것은 인간영혼도 계량화(計量化)하려는 시도를 감지(感知)했기 때문이다. 그에게 인식과 관찰은 실존적 참여와 함께 도덕적 덕(德)을 고양시킨다.

개인의 주장은 언어를 통한 상호 대화에서 온전히 드러날 수 없고 도덕적 행위를 통하여 타당성이 검증된다. 키에르케고어에게 믿음과 행위 사이의 관계는 인격적이기에 의지적 자기표현을 통해서 타인에게도 객관적으로 알려진다. 그는 신 앞에 신앙의 삶을 통하여 도덕적 삶을 표현했다. 이런 삶은 타자와 관계에서는 끊임없이 고결한 행위로 표현된다. 그에게 신앙의 삶은 하나님의 사랑을 체험하는 순종의 길이다.

키에르케고어는『사랑의 역사』에서 이웃사랑의 근거인 하느님 사랑을 단지 관념이 아니라 실천을 통해 드러낸다. 그의 이웃사랑은 칸트의 선의지(善意志)를 넘어서 그리스도와 신앙의 역설로서 관계한다. 즉 감각적 향락의 불안과 윤리적 절망이 갈등의 단계를 거쳐 하느님 앞에 홀로 서면서 영혼의 감사와 평화로서 완성되어 간다. 키에르케고어는 약혼 후 파혼했던 올센에 대한 평생의 사랑으로 구체적 삶을 보였다.

키에르케고어는 보편적 규범인 윤리보다 더 높은 그리스도와 관계에서 자신의 삶을 찾았다. 실존적 사상가는 그리스도와 단지 학문이 아니라 인격적으로 관계하며 내면의 변형을 받아들인다. 『두려움과 떨림』에서 보듯이 도덕적 규범보다 하느님을 순종한 아브라함이 전형적으로 그런 사람이다.181) 신앙의 비약(leap of faith)으로 그리스도와 관계에서 도덕적 행위가 근거하며 가능해진다.

『두려움과 떨림』에서 아브라함은 다른 사람들로부터 떨어져서 신앙으로 하느님 앞에 홀로 섰다. 어린아이가 어머니로부터 젖을 뗄 때 아이뿐만 아니라 어머니도 슬픔을 겪게 된다. 인간은 세상에서 안전하다고 여겨지는 경제적 풍요, 감각적 행락, 사회적 인정 등에서 나와 내면 깊은 곳에서 영원을 사모하는 마음을 따라 하느님과 신앙의 관계를 맺으면서 도덕적으로 성숙하게 된다.

삶에 주어지는 상황은 끊임없이 변하지만 인간의 본성으로서 자기 자신을 알아가는 과정은 변할 수 없다. 아리스토텔레스가 영혼을 좋게 하는(eudaimonia) 행복의 형식을 제시했다. 인간은 영원한 존재를 사모하는 자신을 찾으며 영혼을 좋게 하는 행복을 성취할 수 있다. 그리스도와 관계에서 실존이 고양되고 완성된다는 시각에서 누구도 자기 충족적 존재일 수 없다.

인간에게는 본성적으로 영원을 사모하는 마음이 있다. 인간은 자신의 실존을 스스로 변형시킬 수 없고 그리스도를 신앙함으로써

181) 황종환, 「윤리적인 것의 목적론적 정지'의 도덕교육적 함의 -환경의식을 중심으로-」, 『도덕윤리과 교육』, 한국 도덕윤리과 교육학회, 28호, 2008. p. 125.

가능해진다. 이런 삶은 하느님이 자신을 변형시키기를 바라며 세상에 대해 무한한 자기체념의 고난을 요구한다. 신앙의 사람은 자기 확신이 아니라 지난날의 회한(悔恨)과 영원한 사랑의 용서에 대한 확신 속에서 하느님을 만나게 된다.

키에르케고어에는 신앙 안에서 자기인식을 통해 인간을 이해하고자 했다. 그에게 심리학은 단지 인간 내면에 대한 객관적 탐구가 아니라 하느님과 실존적 신앙으로 관계하는 삶의 이해다. 그의 실존심리학은 인간의 적극적 자세와 번영을 강조하는 긍정심리학을 현실적으로 더욱 심화(深化)시킨다. 영원한 하느님과 신앙의 관계가 독단이나 맹목이 아니라면 내면의 평화와 기쁨이 도덕적 행위로 입증된다.

인간은 자기인식을 통해서만 주변세계를 알아가게 된다. 키에르케고어는 인간 안에서 감각적 향락으로는 만족되지 않는 영원을 사모하는 영혼의 활동을 보았다. 그는 진리와 주체적 관계를 통해 자기를 찾아가는 영혼의 활동으로 이웃사랑을 실천했다. 그에게 윤리적 행위의 완성으로서 이웃사랑은 하느님사랑에 근거하는 영혼의 활동이다.

키에르케고어는 자아를 상실해 가는 시대적 변화를 예민하고 알고서 한 개인의 윤리적 중요성을 심각하게 의식하고 있었다. 그는 동시대 사람들이 서로 상대방을 의존하지만 자아를 찾지 않는 현상을 지적하고 해결책을 제시했다.[182] 영원한 존재와 관계하는 개인의 존엄은 사회적 참여의 도덕적 행동을 통해 나타난다.

키에르케고어에서 사회의 진정한 변혁과 혁명은 뭇사람이 하느님 앞에서 주체적 개인으로서 자기 자신을 찾아가는 과정을 통하여 가능하다. 현대사회에서 권위가 존중되지 않으면 군주(君主)의

---

182) Kierkegaard, *Two Ages: A Literary Review*, trans. H. Hong & E. Hong, Princeton, NJ: Princeton University Press, 1978. p. 84.

전제(專制)가 다수군중의 전제로 바뀔 뿐이다. 그리스도신앙은 영혼의 활동으로써 인간의 본성상 평등을 받아들이며 사회적 차별을 역사적으로 해결해 왔다.[183] 이전의 차별적 사회제도가 남아있더라도 그 내용은 그리스도의 사랑에 의해 변화되어 왔다.

키에르케고어에서 인간은 영원한 하느님과 관계하며 자아를 형성하고 표현할 수 있기에 누구나 위대하다.[184] 그는 사회적 권위를 존중하지만 삶과 행동의 궁극적 근거는 영원한 하느님과 신앙의 관계다. 개인이 자신의 주체성을 의식하지 못하면 자발성과 지속성의 열정을 잃고 단지 사회구성원의 하나가 될 뿐이다. 우리는 영원을 사모하는 마음의 충족을 통해 자아를 형성해 간다.[185]

『이것이냐 저것이냐 2』에서 윌리엄 판사는 기독인이 되는 생활을 단지 사회적 역할의 하나로 받아들인다. 즉 종교를 마치 일종의 금욕적 신비주의 같이 사회적 질서에 순응하는 차원에서만 이해한다.[186] 여기서는 종교가 보편적 시회규범인 윤리에 단지 부가(附加)되어 문화적 수준에서 받아들여진다. 윤리가 단지 보편적 사회규범이라면 우리에게 과연 절대적이고 영원한가?

인간의 실존적 성숙에서 심미(審美)적 단계는 감각적 향락의 충족을 자기 자신이 아닌 대상에서 찾기에 의존적이다. 이런 생활은 인간문화라는 측면에서 보면 자기의 삶을 실제로 영위하지 못하고 있다. 또한 직접적 만족의 추구 가운데 어떤 삶의 목적도 달성하지 못하게 된다. 키에르케고어에 의하면 인간은 삶의 모순 속에서

183) Kierkegaard, *Works of Love*, trans. David and Lilian Swenson, London: Oxford University Press, 1946, p. 112.

184) Kierkegaard, *Purity of Heart is to Will One Thing*, trans. Douglas Steere, Glasgow: Fontana Books, 1961. p. 55.

185) Kierkegaard, *The Journal of S. Kierkegaard*, a selection ed. and trans. Alexander Dru, London and Toronto: Oxford University Press, 1940. p. 1041.

186) A. Rudd, *Kierkegaard and the Limits of Ethical*, 1993. p. 142.

더 높은 단계에로 나아가고자 하는데 윤리적 삶의 추구가 된다.

키에르케고어는 자기 자신을 스스로 강화(强化)함이 아니라 하느님과 실존적 관계로서 윤리적 자아를 형성하고자 했다. 그는 윤리적 자아를 『두려움과 떨림』에서 보듯이 신앙의 실존적 도약(existential leap of faith)을 통해 그리스도 안에서 하느님과 관계하는 종교 윤리적 차원에서 추구했다. 하느님과 실존적 관계는 타인도 결국 이성(理性)과 도덕을 통해 받아들일 수 있기 때문에 객관적으로 검증된다.

키에르케고어에서 윤리교육은 이론과 지시를 통한 직접전달을 넘어 실제적 삶을 통한 방법이 더 효과적다. 자아의 형성은 종교 윤리적 생활의 도덕발달을 통해 성취된다. 영원한 존재와 교제하며 자신을 찾는 생활은 가능성을 현실로 바꾼다. 자아를 찾아가는 고결한 성품은 타인에게 직관적 매력을 준다.

키에르케고어 묘비에는 그가 준비한 브로어손(Hans A. Brorson, 1694-1764)의 시(詩)가 새겨져 있다.[187)]

잠시 때가 지나면
그때 나는 승리하고 있으리라
그때 모든 싸움은 벌써 그치고
나는 안식하게 되리라
장미꽃 속에서
그리고 언제까지나
나의 예수와 이야기 하리라.

---

187) 표재명, 『사랑과 영혼의 철학자 키에르케고어를 만나다』, 2012. p. 49.

IX. 결 론

IX. 결 론

도덕적 성숙으로서 자아의 형성은 인간의 보편적 희구(希求)인 행복한 생활을 가능하게 한다. UN의 행복지수도 국내총생산(GDP) 중심에서 성장의 질(質)로 바뀌게 되었다. 한국 사회는 경제적 발전에 비해 도덕발달은 크게 높아지지 않았다. 경제적 발전만으론 성취할 수 없는 자아형성의 행복한 삶은 인간본성에 걸맞은 도덕적 행위를 찾아야 한다.

자아의 형성과 도덕발달은 모든 사람에게 주어진 근본적 책임이다. 키에르케고어에서 자아의식의 형성으로서 도덕발달은 이론중심의 윤리교육의 한계를 극복한다. 그에게 '나'를 찾으며 형성되는 도덕발달은 영원한 존재인 하느님 관계에서 근거한다. 윤리교육자는 자기선택을 통해 자신의 독특성을 의식하는 생활로 학생에게 도덕발달을 권유한다. 영원한 존재와 관계하는 자아는 세상을 은혜와 감사의 장소로 의식하기 시작한다.

키에르케고어에서 개인은 그리스도와 내면적 관계를 통해 자기 자신을 형성하고 강화시킨다. 그는 도덕교육에서 이성(理性)과 의지(意志) 중심의 한계를 극복했다. 도덕교육은 보편적 타당성의 이론을 넘어 영원한 존재 앞에 홀로 서는 실존으로만 가능하다. 『사랑의 역사』에서 도덕발달의 완성으로서 이웃에 대한 호의(好誼)적 사랑은 하느님의 사랑에서 연원한다.

키에르케고어는 자아의식을 통해 도덕교육에서 특별한 소명을 받은 사람이 있다고 생각했다. 자신을 이 예외로서 의식했고 자기를 찾는 윤리적 생활은 내재(內在)적 차원을 넘어 초월자와 관계에서 가능하다. 그에게 죄(罪)는 하느님과 관계를 맺지 않음이다. 윤리교육은 자아를 찾지 못한 삶에 대한 참회에서 시작한다. 영원한 존재와 관계에서 '진리는 주체성' 이지만 영원을 사모하는 마음이 없는 주체성은 윤리적으로 진리가 될 수 없다.

소크라테스는 윤리를 요구하지 않는 소피스트와 달리 가르침과 삶을 일치시키고자 했다. 키에르케고어에서 윤리적 삶이 처음에는 기존의 보편적 규범이나 사회적 관습을 벗어나지만 결국은 사회를 고양시키는 도덕적 행위로 나타난다. 『아이러니의 개념』에서 도덕발달은 이론적 전개를 넘어서 고결한 생활의 구체적 변화로 나타난다.

키에르케고어는 영원한 존재와 관계에서 자신을 찾았다. 미적, 윤리적, 종교적 단계의 실존은 서로 연관되어 있다. 즉 미적 단계에서도 영원한 존재에 대한 갈망이 있고 종교적 단계에서도 감각적 향락에 대한 관심을 갖는다. 영혼의 활동으로써 자아는 일시적 만족을 극복하고자 한다. 영원한 축복은 『후서』의 일관된 주장대로 역사적 사실의 집적(集積)에 근거할 수 없고 그리스도를 믿음으로 성취된다.

자아가 윤리적으로 변형되지 않으면 다른 것들을 얻더라도 스스로에게 절망한다. 키에르케고어는 내면의 불안과 절망이 하느님의 용서에서 극복되자 영원한 축복에 대한 확신 안에서 감사의 삶을 살았다. 그에게 영원한 존재와 관계에서 자아를 찾는 체험은 고결한 성품으로 드러났다. 영원한 존재와 관계는 자유로운 개성을 표현하며 윤리적 삶을 가능하게 한다. 건강한 자아의 형성은 윤리적 의사소통과 번영의 삶을 가능하게 한다.

자신만 의존하는 자의(恣意)적 낭만주의는 이상적 세계를 감정에 따라 꿈꾸는 중에 자기 자신을 소진(消盡)하게 된다. 이런 생활에서 성취가 없는 까닭은 자아의 형성에서 만나는 실존적 불안과 절망에 직면할 용기가 부족하기 때문이다. 키에르케고어는 시(詩)적 삶을 구체적으로 고양시키는 현실적 삶에 대해 관심을 가졌다. 그에게서 미적(美的) 생활은 종교 윤리적 단계에서 현실적으로 가능하다.

키에르케고어에서 진리는 논리의 한계를 넘어 주체적으로 파악되어야 한다. 그는 객관적 지식과 추론에만 매달리는 관념철학을 비판한다. 즉 인간실존을 밝히지 못하는 객관적 이해와 주체적으로 체험된 진리는 다르다. 인간의 생각에만 매달리는 사람은 역사적 지식과 정보의 끊임없는 집적(集積)과 철학적 체계화에 관심을 갖는다. 그러나 주체적 사상가는 내면의 열정을 갖고 영원한 축복의 고결한 삶을 위해 믿음으로 분투한다.

주체적 사상가가 객관적 지식이나 지위를 통해 자신의 확실성을 찾고자 할 때 우습게 된다. 키에르케고어는 열정을 갖고 주체적으로 자신을 찾아가는 사람을 예술가라고 하면서 『후서』를 통해 헤겔과 대치되는 주체적 사상을 전개한다. 내면적 결단은 독단적 이지 않고 심미적, 윤리적, 종교적 단계로 고양되면서 고결한 성품의 행동으로 객관화된다.

우리에게는 도덕적으로 정당화되는 자기발견의 책임이 있다. 삶의 기쁨은 자신의 존엄을 의식하면서 출발한다. 인간존엄의 표현으로서 도덕교육은 타인을 그 자체로서 받아들인다. 키에르케고어에서 자아의 형성은 구체적 생활에서 도덕적 성숙을 통해 정당화된다. 그는 하느님의 소명(召命)을 실존적으로 의식함으로써 자아를 변형한다. 그에게 사회적 관계는 하느님과 종교적 관계에서 나온다.

키에르케고어는 하느님이 사람의 마음에 영원을 사모하는 마음을 심어주었음을 믿는다. 인간의 영혼이 필연, 순간, 유한의 범주에서 자유, 영원, 무한의 높은 차원으로 나아갈 때 실존적 불안이 증가한다. 영원한 존재를 사모하는 사람의 본성은 고결한 성품으로 나아가도록 한다. 영원한 존재와 실존적 관계에서 형성되는 자아가 현실생활에서 윤리적으로 활동한다.

진리의 탐구와 윤리적 삶은 분리될 수 없다. 키에르케고어는 그리스도신앙을 단지 학문적 이해가 아니라 주체적 사상가로서 해석한다. 기독교의 진리는 단순히 객관적 지식체계로 설명될 수 없고 개인의 주체적 신앙으로 받아들여야 한다. 각자의 실존은 어떤 철학적 체계로도 설명될 수 없고 자신의 문제를 타인이 풀어줄 수도 없다.

키에르케고어에게 자아의 형성과 도덕발달의 완성으로서 이웃사랑은 영혼의 활동이다. 그는 이웃사랑을 실천하기 위해 그리스도와 신앙의 역설로서 관계한다. 선(善)한 행위는 자기 자신을 찾고자 하는 삶의 객관적 표현이지 도덕적 행위 자체가 삶의 목적이 아니다. 『사랑의 역사』에서 이웃사랑의 근거인 하느님사랑은 단지 관념이 아니라 삶의 실천을 통해 드러난다.

윤리교사와 학생은 자신을 찾아 표현하며 살아간다는 점에서 똑같이 한 개인이다. 물론 윤리적 성품에서 교사가 학생보다 더 고결하고 윤리교육에 대한 지식이 더 풍부할 것으로 기대한다. 그렇지만 각 개인은 사회적 신분의 차이 이전에 실존적 절망과 불안을 극복하며 윤리적 생활을 추구한다는 점에서 평등하다. 영원한 존재 앞에서 실존적 결단을 요구받는다는 시각에서는 그 누구도 타인의 교사가 될 수 없다. 도덕교육은 실제 삶이 동반될 때 가능하고 더 효과적이다.

참고문헌

김대군, “분노와 윤리상담”, 『도덕치유와 윤리상담』, 서울: 교육과학사, 2018.

김연숙, “켄 윌버의 자아초월과 트라우마치유”, 『도덕치유와 윤리상담』, 교육과학사, 2018.

김홍규 · 원애경, 『상담심리학』, 파주: 양서원, 2007.

김 현, 「헤겔의 낭만주의 비판」, 『철학논총』 제5집, 2008, 제1권.

니시타니 케이지 지음, 정병조 옮김, 『종교란 무엇인가』, 대원정사, 1996.

Manheimer, R. / 이홍우 · 임병덕 역, 키에르케고르의 교육이론, 교육과학사, 2003.

바실 콜 저, 박균열 역, 『음악윤리학』, 철학과 현실사, 2008.

박영하, “바람직한 도덕·윤리교사의 자질과 역할”, 『道德倫理科敎育』, 제37호, 2012.

박장호, “윤리상담 -이론적 토대에 대한 검토”, 『윤리교육연구 제34집』, (한국윤리교육학회, 2014).

“윤리상담: 이론적 토대에 대한 검토”, 『도덕치유와 윤리상담』, 교육과학사, 2018.

박형빈, “뇌신경과학과 윤리상담”, 『도덕치유와 윤리상담』, 교육과학사, 2018.

“서구 심리치료(psychotherapy)의 동향과 도덕교육”, 『초등도덕교육』, (한국초등도덕교육학회, 2018.9).

변순용, “도덕교육의 서양윤리학적 접근”, 『道德倫理科敎育)』, 37호.

『성경전서』, 대한성서공회, 1993.

송재우, “키에르케고르적 개인적 체험의 학문적 정초가능성 -하이데거의 해석학적 방법을 통하여-, 『철학논총』, 55집 1권, 새한철학회, 2009.

쇠얀 키아케고어, 강학철 역, 『두려움과 떨림』, 민음사, 1991.
쇠얀 키에르케고어 지음, 임춘갑 옮김, 『불안의 개념』, 도서출판 치우, 2011.
쇠얀 키에르케고어 지음, 임춘갑 옮김, 『사랑의 역사』, 도서출판 치우, 2011.
쇠얀 키에르케고어 지음, 임춘갑 옮김, 『이것이냐 저것이냐 1, 2』, 도서출판 치우, 2012.
쇠얀 키에르케고어 지음, 임춘갑 옮김, 『죽음에 이르는 병』, 도서출판 치우, 2011.
쇠얀 키에르케고어 저, 표재명 역, 『들의 백합 공중의 새』, 서울: 21세기 선교출판사, 1999.
쇠얀 키에르케고어, 표재명 역, 『이방인의 염려』, 서울: 프리칭 아카데미, 2005.
쇠얀 키에르케고어, 표재명 역, 『철학의 부스러기』, 서울: 프리칭 아카데미, 2007.
『신약성경』, 서울: 대한성서공회, 1956.
아르네 그뤼엔 지음, 하선규 옮김, 『키에르케고어의 인간학, 불안과 함께 살아가기』, 서울: 도서출판 b. 2016.
윌터 라우리 지음, 임춘갑 옮김, 『키르케고르의 생애와 사상』, 서울: 다산글방, 2007.
유병열, "학교 인권교육 강화를 위한 실천방안 연구", 『道德倫理科敎育』, 제39호, 2013.
윤영돈, "인문건강과 인문치료", 『도덕치유와 윤리상담』, 교육과학사, 2018.
이경희, "도덕과 수업에서 비판적, 성찰적 글쓰기" -프로젝트학습과 교육토론을 중심으로-, 『윤리교육연구』, 40집, (한국윤리교육학회, 2016. 4).
"여성혐오와 윤리상담", 『윤리교육연구』, 44집, (한국윤리교육학회, 2017. 4).

이미식, “무기력의 치료를 위한 윤리상담의 실제 -초등학교 도덕과 수업을 중심으로-”, 『도덕교육론: 치유와 상담』, (한국윤리교육학회 추계학술대회, 2016).

“초등학교 도덕과 교육에 활용할 수 있는 윤리상담의 실제”, 『도덕치유와 윤리상담』, 교육과학사, 2018.

이정렬, “삶의 의미와 상담”, 『도덕치유와 윤리상담』, 교육과학사, 2018.

이진남, “철학상담의 도전과 과제: 윤리상담은 정립가능한가?”, 『철학연구』, 135호, (대한철학회, 2015.8).

임병덕, 『教育方法으로서의 間接傳達』, 서울: 교육과학사. 1995.

『키에르케고르의 간접전달』, 서울: 성경재, 2003.

장승희, “윤리교육에서 윤리상담의 적용을 위한 제언”, 『도덕교육론: 치유와 상담』, (한국윤리교육학회 추계학술대회, 2016).

“불교이론과 윤리상담”, 『도덕치유와 윤리상담』, 교육과학사, 2018.

정창우, “사회정서학습의 이론 체계와 도덕교육적 함의”, 『道德倫理科教育)』, 제38호, 2013.

조수동, “禪과 자유”, 『철학논총』 제49집, 제3권, 2007.

중앙자살예방센터, (http://www.spckorea.or.kr/index.php).

진교훈, “윤리상담의 실제: 도덕적 건강과 도덕교육”, 『도덕교육론; 치유와 상담』 (한국윤리교육학회 추계학술대회, 2016).

“도덕적 건강과 도덕교육”, 『도덕치유와 윤리상담』, 교육과학사, 2018.

키르케고르 저, 임춘갑 역, 『죽음에 이르는 병』/『관점』, 다산글방, 2007.

키에르케고어 저 황문수 역, 『유혹자의 일기』 서울: 올재 클라식스. 2013.

키에르케고어 지음, 임춘갑 옮김, 『불안의 개념』, 다산글방, 2007.

키에르케고어 지음, 임춘갑 옮김, 『죽음에 이르는 병/관점』, 다산글방,

2007.

키엘케골 저 김형석 역, 『죽음에 이르는 병』, 지경사, 1956.

표재명, 『사랑과 영혼의 철학자 키에르케고어를 만나다』 서울: 도서출판 치우, 2012.

표재명, 『키에르케고어 연구』, 서울: 지성의 샘, 1995.

표재명 역, 『철학의 부스러기』, 서울: 프리칭 아카데미, 2007.

한스 요나스 저, 이진우 역, 『책임의 원칙: 기술 시대의 생태학적 윤리』, 서광사. 1994.

황종환, "생태정의와 인간의 존엄", 『철학논총』, 제47집 1권, 새한철학회, 2007.

황종환, "영원한 행복의 도덕적 함축", 『철학논총』 제67집 제1권, 2012.

황종환, "윤리적인 것의 목적론적 정지'의 도덕교육적 함의 -환경의식을 중심으로", 『도덕윤리과 교육』, 한국도덕윤리과 교육학회, 28호, 2008.

황종환, "키르케고아와 카시러의 종교성 비교연구", 『철학논총』, 51집 1권, 새한철학회, 2008.

황종환, 『키에르케고어와 도덕교육』, 대전: 글누리, 2016.

황종환, "키에르케고어(S. Kierkegaard)의 『사랑의 역사』의 종교 윤리적 함의", 고려대학교 철학연구소, 『철학연구』, 47집. 2013.

황종환, "윤리적인 것의 목적론적 정지'의 도덕교육적 함의 -환경의식을 중심으로", 『도덕윤리과 교육』, 한국 도덕윤리과 교육학회, 28호, 2008.

Adorno, T., *Minima Moralia*, trans. E. Jephcott, London: Verso, 1976.

Anderson, G., *The Legend of the Wandering Jew*. Providence: Brown University Press, 1965

Anderson, J., *Morality, Law and Grace*, Downers Grove, Illinois: InterVarsity Press. 1972.

Aristoteles, *Nikomachische Ethik*, Ditzingen: Reclam. 1986.

Aristoteles, *Politik*, Ditzingen: Reclam, 1989.

Aristotle, *Nicomachean Ethics*, Oxford University Press, 2009.

Aristotle, *Poetics I*, trans. Richard Janko, Indianapolis/ Cambridge, Hackett Publishing Company, 1987.

Armstrong, P. B., "Reading Kierkegaard -Disorientation and Reorientation." In *Kierkegaard's Truth: The Disclosure of the Self*, (ed.) Joseph H Smith, New Haven: Yale University Press, 1981.

Barber, H. and Donnelly, J., "Self-Knowledge and the Mirror of the Word." in ed. Robert L. Perkins, *International Kierkegaard Commentary v. 19*, Macon, Georgia: Mercer University Press, 1978.

Barker, P., *Using Metaphors in Psychotherapy*, NY: Brunner/ Mazel, 1985.

Berkhof, H., *Christian Faith: An Introduction to the Study of the Faith*, Grand Rapids: Eerdmans, 1979.

Binswanger, L., "Insanity as Life-Historical Phenomenon and as Mental Disease" in Rollo May et. al, *Existence*, New York: Simon & Schuster, 1958.

Birnbacher, D., *Verantwortung für zukünftige Generationen*, Ditzingen: Reclam, 1988.

Björkhem, J., *Søren Kierkegaard in Psychologisk Belysning* [Søren Kierkegaard in the Light of Psychology] , Uppsala: Nyblom, 1942.

Bloesch, D., *Essentials of Evangelical Theology* Vol. I. God, Authority, & Salvation, SF: Harper & Row, 1978.

Blum, L., "Moral Perception and Particularity", in: *Ethics*, Vol. 101, no. 4. 1991.

Bruun, S., "The Concept of 'The Edifying' in Søren Kierkegaard's Authorship", in ed. by Schulz, H. Stewart, J., Verstrynge, K., *Kierkegaard Studies Yearbook*, Berlin: Walter de Gruyter, 1997.

Buber, M., *I and Thou*, trans. W. Kaufmann, NY: Scribner's, 1970, p. 89.

Burgess, A., *Kierkegaard and Christianity*, ACTA KIERKEGAARDIANA v. 3. Kierkegaard Circle, Toronto: Trinity College, 2008.

Burgess, A., "The Upbuilding in the Irony of Kierkegaard's The Concept of Irony", in *International Kierkegaard Commentary v. 2*, ed. R. Perkins, Mercer University Press, 2001.

Cassirer, E., *An Essay on Man*, Yale University Press, 1951, 1972.

Cassirer, E., *Versuch über den Menschen*, Frankfurt: Fischer Verlag, 1990.

Churchland, P., *Brain-Wise Studies in Neurophilosophy*, MIT Press, 2002.

Churchland, *Neurophilosophy*, MIT Press, 1986.

Clouse, B., *Moral Development, Perspectives in Psychology and Christian Belief*, Grand Rapids, MI: Baker Book House, 1985.

Collins, G., *The Mind of Kierkegaard*, Chicago: Henry Regnery Company, 1953.

Collins, G., *The Rebuilding of Psychology*, Wheaton: Tyndale House. 1977.

Crites, S., "Pseudonymous Authorship as Art and as Act.", in *Kierkegaard: A Collection of Critical Essays*, edited by J. Thompson, Garden City, N.Y.: Anchor Books, 1972.

Dewey. J., *Experience and Nature*, Mccutchen Press, 2008.

Diels u. Kranz, *Die Fragmente der Vorsokratiker*, Hildesheim: Weidemann, 1961.

Diem, H., *Existenzdialektik von S. Kierkegaard*, Zollikon-Zűrich: Evangelisher Verlag, 950.

Dunning, S. "Kierkegaard's Systematic Analysis of Anxiety", in R. Perkins (ed.), *The Concept of Anxiety, International Kierkegaard Commentary. v. 8*, Mercer University Press, 1985.

Dupre, L., "The Sickness unto Death: Critique of the Modern Age, in ed. R. Perkins, *International Kierkegaard Commentary v. 19, The Sickness unto Death*, Macon, Georgia: Mercer University Press, 1987.

Elrod, J., *Being and Existence in Kierkegaard's Pseudonymous Works*, Princeton University Press. 1975.

Elrod, J., "The Social Dimension of Despair", in ed. R. Perkins, *International Kierkegaard Commentary v. 19, The Sickness unto Death*, Macon, Georgia: Mercer University Press, 1987.

Evans, S., *Kierkegaard's "Fragments" and "Postscript" : The Religious Philosophy of Johannes Climacus*. Atlantic, N. J. : Humanities Press, 1983.

Evans, S., *Preserving the Person*, Downer's Grove, Ill.: Intervarsity Press. 1988.

Evans, S., *Subjectivity and Religious Belief*. Grand Radids, Michigan: Christian University Press, 1978.

Fichte, J., *Grundlage der gesammten Wissenschaftslehre* : als Handschrift fűr seine Zuhȍrer, Leipzig: Gabler, 1794.

Fink-Eitel, H., *Die Philosophie und die Wilden*, Hamburg: Junius, 1994.

Frank, J., *Dostoevsky: The Years of Ordeal, 1850-1859.* Princeton: Princeton University Press. 1987.

Frank, E., *Philosophical Understanding and Religious Truth,* New York: Oxford University Press, 1966.

Furnal, J., *Catholic Theology after Kierkegaard,* Oxford University Press, 2016.

Gerdes, H., *Das Christusbild des S. Kierkegaards,* Dűsseldorf: Diederichs, 1960.

Glymour, C., *Thinking Things Through.* Cambridge: MIT Press. 1997.

Glenn, J. Jr., "The Definition of the Self and the Structure of Kierkegaard's Work", in ed. R. Perkins, *International Kierkegaard Commentary v. 19, The Sickness unto Death,* Macon, Georgia: Mercer University Press. 1987.

Glenn, J. "A Highest Good ... An Eternal Happiness: The Human Telos in Kierkegaard's Concluding Unscientific Postscript", R. Perkins, ed., *International Kierkegaard Commentary V. 12, Concluding Unscientific Commentary to "Philosophical Fragments",* Mercer University Press, 1997.

Green, R., *Kierkegaard and Kant, The Hidden Debt,* State University of New York Press, 1992.

Greene, M., *Introduction to Existentialism,* Chicago: Phoenix Press, 1959.

Groh, R. u. D., *Weltbild and Naturaneignung. Zur Kulturge- schichte der Natur,* Frankfurt: Suhrkamp. 1991.

Hall, R.,"The Irony of Irony", in *International Kierkegaard Commentary v. 2, the Concept of Irony,* ed. R. Perkins, Princeton University Press, 2001.

Hall, R., "Spirit and Presence: A Kierkegaardian Analysis", R.

Perkins, eds., *International Kierkegaard Commentary, Either/Or I*, Macon, George, Mercer University Press, 1995.

Hamilton, K., *The Promise of Kierkegaard*, Philadelphia & New York: J. B. Lippincott, 1969.

Hammes, J., *Humanistic Psychology: A Christian Interpretation*, New York: Grune & Stratton, 1971.

Hampshire, S., 'Introduction: From Nature to Second Nature' , in his *Morality and Conflict*, Oxford: Blackwell, 1983.

Handwerk, G., *Irony and Ethics in Narrative: From Schlegel to Lacan*, New Haven and London: Yale University Press, 1985.

Hannay, A., "Spirit and Idea of the Self as a Reflexive Relation" in ed. R. Perkins, *International Kierkegaard Commentary v. 19, The Sickness unto Death*, Macon, Georgia: Mercer University Press, 1987.

Hare, J., *The Moral Gap*, Oxford University Press, USA, 1997.

Hart, H., *Der Begriff des Rechts*, Frankfurt: Suhrkamp. 1973.

Hartmann, N., *Ethik*, Berlin: de Gruyter. 1926.

Hay, S., "Wrenching Open the Lock of Self-Love: Kierkegaard on Narcissism". *Søren Kierkegaard Newsletter*. A Publication of the Howard and Edna Hong Kierkegaard Library St. Olaf College · Northfield, Minnesota. Number 67: Summer 2001.

Heidegger, M., *Die Grundbegriffe der Metaphysik*, Frankfurt: Klostermann. 1983.

Helliwell, J., R. Layard and J. Sachs. *World Happiness Report* 2018.

Henry, C., *God, Revelation, and Authority*, V. 5, TX: Word Books. 1982.

Hirsch, E., *Űber den Begriff der Ironie*, Dűsseldorf/Kȍln: Eugen Diederichs, 1961.

Horn, C., [u. a], (Hrsg.): *Umweltpolitik in Europa*. Műnchen, [u. a], BLV Verlagsgesellschaft. 1973.

Hume, D., *A Treatise of Human Nature*, Oxford University Press. 2000.

Hwang, JongHwan, *Őkologische Gerechtigkeit, eine interkulturelle Begrűndung*, Műnchen: Herbert Utz Verlag, 2003.

Jaspers, K., *Existenzphilosophie*, Berlin: Walter de Gruyter, 1938.

Kahn, A., *Salighed as Happiness?: Kierkegaard on the Concept Salighed*, Waterloo, Ontario: Wilfrid Laurier University Press, 1985.

Kant, I., *The Conflict of Faculties*, trans. M. Gregor, (Der Streit der Fakultäten), New York: Albaris Book. 1979.

Kant, *Critique of Practical Reason*, trans. L. Back, New York: The Bobbs-Merrill Company, 1956.

Kant, *Foundation of the Metaphysics of Morals*, trans. L. Beck. Indianapolis: Bobbs-Merrill. (Grundlegung zur Metaphysik der Sitten), 1959.

Kant, *Grundlegung zur Metaphysik der Sitten*, Ditzingen: Reclam. 1986.

Kant, *Metaphysical Foundation of Morals*, trans. C. Friedrich, New York: Modern Library, 1953.

Kant, *Die Religion innerhalb der Grenzen der bloßen Vernunft*, Hamburg: Meiner, 2004.

Kant, *Religion Within the Limits of Reason Alone*, trans. T. Greene and H. Hudson, New York: Harper & Row, 1960.

Keeley, L., "Spiritual Trail in the Thought of Kierkegaard", *International Kierkegaard Commentary V. 12, Concluding*

Unscientific Commentary to "Philosophical Fragments" Mercer University Press, 1997.

Kierkegaard, *Abschlissende unwissenschaftliche Nachschrift zu den Philosophischen Brocken*, Dűsseldorf/Kőln: Eugen Diederrichs, 1957-1958.

Kierkegaard, *The Book on Adler*, trans. H. Hong and E. Hong. Princeton University Press, 1998.

Kierkegaard, *Christian Discourses*, trans. W. Lowrie. London: Oxford University Press, 1940.

Kierkegaard, *The Concept of Anxiety*, trans. R. Thomte, Princeton University Press, 1980.

Kierkegaard, *The Concept of Dread*, trans. W. Lowrie, Princeton University Press, 1957.

Kierkegaard, *The Concept of Irony*, trans. L. Capel, Bloomington: Indiana University Press, 1965.

Kierkegaard, *The Concept of Irony with Continual Reference to Socrates, Notes of Schelling's Berlin Lectures*, ed. with Introduction and Notes, H. Hong and E. Hong, Princeton University Press. 1989.

Kierkegaard, *Concluding Unscientific Postscript*, trans. D. Swenson and W. Lowrie, Princeton University Press for American-Scandinavian Foundation, 1941.

Kierkegaard, *Concluding Unscientific Postscript*, trans. D. Swenson, W. Lowrie(completed after his death), Princeton University Press, 1944.

Kierkegaard, *Concluding Unscientific Postscript*. trans. D. Swenson and W. Lowrie. Princeton: Princeton University Press, 1968.

Kierkegaard, *Concluding Unscientific Postscript to Philosophical*

Fragments, Volume 1, trans. Howard Hong and Edna Hong, Princeton University Press, 1992.

Kierkegaard, *The Crisis and a Crisis in the Life of an Actress*, ed. and trans. H. Hong and E. Hong, Princeton University Press, 1997.

Kierkegaard, *Crisis in the life of an Actress and Other essays on Drama*, trans. S. Crites, New York and Evanston: Harper Torchbooks, 1967.

Kierkegaard, *Edifying Discourse*, trans. D. Swenson and L. Swenson, 4 vols. Minneapolis: Augsburg Publishing House. 1943-46: vol. 4.

Kierkegaard, *Either/Or*. Vol. 1. 2, trans. D. Swenson and L. Swenson, Princeton University Press, 1917. p. 38. (Enten-Eller, ed. Victor Eremita, 1843).

Kierkegaard, *Either/Or*, vol. 1, trans. D. Swenson and L. Swenson, with revisions by H. Johnson, and vol. 2, trans. W. Lowrie, with revision by H. Johnson, Princeton, NJ: Princeton University Press, 1971.

Kierkegaard, *Either/Or*, II, trans. W. Lowrie, Garden City: Anchor Books. 1959.

Kierkegaard, *Either/Or*, V. 2. trans. W. Lowrie, Princeton University Press, 1959.

Kierkegaard, *Either/Or*, I, trans. W. Lowrie, Princeton University Press, 1971.

Kierkegaard, *Entweder/ Oder*, (ű), E. Hirsch, Dűsseldorf: Diederichs Verlag, 1982.

Kierkegaard, *Fear and Trembling*. trans. H. Hong and E. Hong, Princeton University press 1983. (Frygt og Bæven, by Johannes De Silentio, 1843).

Kierkegaard, *Fear and Trembling, and the Sickness Unto Death*, translated with Introductions and Notes by W. Lowrie, Princeton University Press, 1954.

Kierkegaard, *Fear and Trembling*, trans. W. Lowrie, Princeton University Press, 1971.

Kierkegaard, *Furcht und Zittern*, (ű.) E. Hirsch, Dűsseldorf /Kȍln: Eugen Diederichs, 1950.

Kierkegaard, *The Journal of S. Kierkegaard*, a selection ed. and trans. A. Dru, London and Toronto: Oxford University Press, 1940.

Kierkegaard, *Johannes Climacus, or, De Omnibus dubitandum est* (1843), trans. H. Hong and E. Hong, published with Philosophical Fragments, Princeton, NJ: Princeton University Press, 1985.

Kierkegaard, *Journals and Papers*. trans. H. Hong and E. Hong, assisted by G. Malantschuk, Bloomington and London: Indiana University Press, 1967.

Kierkegaard, *Die Krankheit zum Tode*, (ű.) E. Hirsch, Dűsseldorf: Eugen Diederichs Verlag, 1982. Abt. 24–25.

Kierkegaard, *Papirer*, ed. Peter Andreas Heiberg, Victor Kuhr and Einer Torsting, 20vols. Copenhagen: Gyldendalske Boghandel, Nordisk Forlag, 1909–48.

Kierkegaard, *Philosophical Fragments*, trans. H. Hong and E. Hong, published with Johannes Climacus, Princeton University Press, 1985.

Kierkegaard, *The Point of View for my Work as an Author*, trans. H. Hong and E. Hong, Princeton University Press, 2000.

Kierkegaard, *The Point of View for My Work as an Author*,

trans. W. Lowrie, New York: Harper & Row, Harper Torchbooks, 1962.

Kierkegaard, *The Point of View for My Work as an Author*, including the appendix "The Single Individual" Two "Notes" Concerning My Work as an Author, and On My Work as an Author. trans. W. Lowrie, London and New York: Oxford University Press, 1939.

Kierkegaard, *The Present Age, on the Death of Rebellion*, trans. by A. Dru, New York City: Harper Collins Publisher, 1962.

Kierkegaard, *Purity of Heart*, trans. D. Steere, New York: Harper. 1948. (Opbyggelige Taler i forskjellig Aand, by S. Kierkegaard, 1847, Part One, "En Leiligheds-tale".)

Kierkegaard, *Repetition,* trans. H. Hong and E. Hong, Princeton: Princeton University Press, 1983. (Gjentagelesen, by Constantin Constantius, 1843).

Kierkegaard, *The Seducer's Diary*, trans, H. Hong and E. Hong, Princeton University Press, 2013.

Kierkegaard, *The Sickness unto Death*, trans. H. Hong and E. Hong, Princeton University Press, 1980. (Sygdommen til Doden, by Anti-Climacus, ed. S. Kierkegaard, 1849).

Kierkegaard, *The Sickness unto Death*, trans. W. Lowrie, Princeton: Princeton University Press, 1968.

Kierkegaard, *Stages on Life's Way*, trans. W. Lowrie, Princeton University Press, 1945.

Kierkegaard, *Training in Christianity*, trans. W. Lowrie, London and NY: Oxford University Press, 1941; rpt.: Princeton University Press, 1944 (Indovelse i Christendom, by Anti-Climacus, ed. S. Kierkegaard, 1850).

Kierkegaard, *Two Ages: The Age of Revolution and the Present*

Age, A Literary Review, trans. H. Hong and E. Hong, Princeton: Princeton University Press, 1978.

Kierkegaard, *Upbuilding Discourses in Various Spirit*, ed. and trans. H. Hong and E. Hong, Princeton University Press, 1993.

Kierkegaard, *Works of Love*, trans. D. Swenson and L. Swenson, London: Oxford University Press, 1946.

Kierkegaard, *Works of Love*, trans. H. Hong and E. Hong, New York: Harper and Row, 1962.

Kierkegaard, *Works of Love*, ed. and trans. H. Hong and E. Hong, Princeton University Press, 1995.

Kohlberg, L., *Essays on Moral Development: The Philosophy of Moral development*, Vol. 2, NY: Harper & Row. 1984.

Kwak, Duck-Joo, 「A New Formulation of the Ethical Self through Kierkegaard's Notion of Subjectivity」 : *In Search of a New Moral Education*, Asia Pacific Education Review, 2001, Vol. 2, No 1.

Laube, J., *Dialektik der absoluten Vermittlung : Hajime Tanabes Religionsphilosophie als Beitrag zum "Wettstreit der Liebe" zwischen Buddhismus und Christentum*. Freiburg I. Br.: Herder, 1984.

Leon, C., "The No Woman's Land of Kierkegaardian Seduction", Robert L. Perkins, eds., *International Kierkegaard Commentary, Either/Or, I*, Macon, George: Mercer University Press, 1995.

Lessing, E., "Demographic, Developmental, and Personality Correlates of Length of Future Time Perspective", *Journal of Personality 16*, Hoboken, NJ: Wiley-Blackwell. 1968.

Lowtzky, F., *Søren Kierkegaard, Das subjective Erlebnis und die religiöse Offenbarung, Eine psychoanalytische Studie Fast-Selbstanayse,* Vienna: Internationale Psychoanalyti-sche Verlag. 1935.

MacIntyre, A., *Verlust der Tugend,* Frankfurt: Suhrkamp, 1997.

Malantschuk, G., *Kierkegaard's Thought,* ed. and trans. H. Hong and E. Hong, Princeton University Press, 1971.

Manheimer, R., *Kierkegaard As Educator,* University of California Press, 1978.

Marsh, J., "Kierkegaard's Double Dialectic of Despair and Sin", in ed. R. Perkins, *International Kierkegaard Commentary v. 19, The Sickness unto Death,* Macon, Georgia: Mercer University Press, 1987.

May, R., *The Meaning of Anxiety,* NY: Ronald Press Co., 1950.

May, R., Angel, E., Ellenberger, H., (eds.), *Existence: A New Dimension in Psychiatry and Psychology,* NY: Basic Books, 1958.

Mckeon, R., (ed.), *The Basic Works of Aristotle, Nicomachean Ethics,* New York: Random House, 1941.

Moore, C, (ed.), *Provocations, Spiritual Writings of Kierkegaard,* Maryknoll, N.Y.: Orbis, 2002.

Møller, P., *Efterladte Skrifter,* (Leftover Scripture), Copenhagen: Reitzel Bo og Arvinger, 1855.

Musil, R., *The Man without Qualities,* NY: Perigee Books, 1965.

Narveson, J., "Utilitarianism and New Generation", *Mind 76.* Oxford University Press. 1967.

Nishitani, K., *Religion and Nothingness,* trans. with introduction Jan Van Bragt, University of California Press, 1983.

Nishitani, Keiji, *Was ist Religion?,* Frankfurt: Insel, 2001.

Norman, S., "Future Generation, Public Policy, and the Motivation

Problem", *Environmental Ethics 4*. 1982.

Nye J. Jr., *Soft Power: The Means To Success In World Politics,* Public Affairs; New edition, 2005.

Nordentoft, K., *Kierkegaard's Psychology*, trans. Bruce H. Kirmmse, Wipf & Stock, Eugene, Oregon, Duquesne University Press, 1978.

Ostenfeld, Ib, *Søren Kierkegaard's Psychology*, trans. and ed. by A. McKinnon, Wilfrid Laurier University Press, 1978.

Packer, J., *God's Words: Studies of Key Bible Themes*, Downers Grove, IL: Inter-Varsity, 1981.

Packer, J., *Knowing Man*, Westchester; IL: Cornerstone Books, 1979.

Pattison, G., "Kierkegaard and the Anxious Sublime," in: *Kierkegaard Studies Yearbook*, Walter de Gruyter, 1998.

Pattison, G., *Spiritual Writings of Kierkegaard*, Harper Perennial Modern thought, 2010.

Peck, W., "On Autonomy, The Primacy of the Subject in Kant and Kierkegaard". Ph. D. Dissertation, Yale University, 1974.

Perkins, R. L., "Hegel and Kierkegaard: Two Critics of Romantic Irony," *Review of National Literatures, 1*, 1970.

Perkins, R.(ed.), *International Kierkegaard Commentary v. 2, The Concept of Irony*, Mercer University Press, 2001.

Perkins, R. (ed.). *International Kierkegaard Commentary, V 3, Either/Or, I,* Mercer University Press, 1995.

Perkins, R. (ed), *International Kierkegaard Commentary: The Sickness unto Death*, Mercer University Press, 1987.

Piaget, J., *The Moral Judgment of the Child*, trans. M. Gabain, Free Press. 1997.

Plato, *Hippias Minor or The Art of Cunning*, introduction and artwork by Paul Chan, trans. Sarah Ruden, essay by Richard Fletcher, Badlands Unlimited, 2015.

Potter-Efron, R. & P., *Letting Go of Anger*, New Harbinger Publications, 2006.

Quine, W., Epistemology naturalized. In his *Ontological Relativity and Other Essays,* Columbia University Press. 1969.

Ramm, B., *The Right, the Good and the Happy*, Waco, TX: Word Books. 1971.

Ramsland, K., *Engaging the Immediate, Applying Kierkegaard's Theory of Indirect Communication to the Practice of Psychotherapy*, Lewisburg: Bucknell University Press, 1989.

Rawls, J., *Eine Theorie der Gerechtigkeit*, Frankfurt: Suhrkamp. 1994.

Rawls, J., *A Theory of Justice*, Cambridge: Harvard University Press. 1971.

Ringleben, R., *Aneigung: Die Spekulative Theologie Søren Kierkegaards*, Berlin: Walter de Gruter. 1985.

Roberts, R., "The Grammar of Sin and the Conceptual Unity of The Sickness unto Death", in ed. R. Perkins, *International Kierkegaard Commentary v. 19, The Sickness unto Death*, Macon, Georgia: Mercer University Press, 1987.

Rudd, A., *Kierkegaard and the Limits of Ethical*, New York: Oxford University Press, 1993.

Schiller, F., *Letters Upon The Aesthetic Education Of Man*, Kessinger Publishing, LLC, 2004.

Spaemann, R., *Glűck und Wohlwollen*, Stuttgart: Klett-Cotta. 1993.

Spaemann, *Happiness and Benevolence*, trans. S. J. Jeremiah

Alberg, University of Notre Dame Press, 2000.

Spaemann R., *Das Natűrliche und das Vernűnftige*, M□nchen: Piper, 1987.

Stack, G., *The Journal of the History of Philosophy Volume 19*, Number 3, July 1981.

Stewart, J., "Hegel und Ironiethese. Zu Kierkegaards űber den Begriff der Ironie", *Jahrbuch fűr Hegelforschung 3*, 1997.

Strawser, M., *Both/And: Reading Kierkegaard from Irony to Edification*, New York: Fordham University Press, 1997.

Theunissen, M., "Kierkegaard's Negativistic Method", in *Kierkegaard's Truth: The Disclosure the Self*, ed. Joseph H. Smith, New Haven, CT: Yale University Press. 1981.

Thiessen G. E., (ed.), *Theological Aesthetics*, Grand Rapids, Michigan: Eerdmans, 2009.

Thomson, J., *The Lonely Labyrinth: Kierkegaard's Pseudonymous Works*, Carbondale: Southern Illinois University Press, 1967.

Thulstrup, N., *Commentary on Kierkegaard's Concluding Unscientific Postscript*, trans. R. Widenmann, Princeton University Press, 1984.

Thulstrup, *Kierkegaard's Relation to Hegel*, trans. George L. Stengren, Princeton NJ: Princeton University Press. Danish original(Copenhagen: Gyldendal.1967), 1980.

Thulstrup, trans. *Sφren Kierkegaards Papirer*, Copenhagen: Gyldendal, 1968.

Tillich, P., *Systematic Theology I-III*, Chicago: University of Chicago Press, 1959. I.

Tolentino, J., "What Happens When We Decide Everyone Else is a Narcissist." The New Yorker, 17 August, 2016.

Vitz, P., *Psychology as Religion: The Cult of Self Worship*, Eerdmans Publishing Company, 1995.

Vorländer, K., *Philosophie des Altertums 1*, Reinbek bei Hamburg: Rowohlt, 1969.

Walsh, S., *Living Poetically: Kierkegaard's Existential Aesthetics*, University Park: Pennsylvania State University Press, 1994.

Watzlawick, P., *The Language of Change*, NY: Basic Books, 1978.

Westphal, M., "Kierkegaard's Psychology and Unconscious Despair" in R. Perkins ed., *International Kierkegaard Commentary v. 19, The Sickness unto Death*, Mercer University Press, 1987.

Williams, B., *Morality: An Introduction to Ethics*, Cambridge University Press, 1976.

Williams, B., "Persons, Characters and Morality", in his *Moral Luck*, Cambridge: Cambridge University Press, 1981.

Wittgenstein, L., *Culture and Value*, trans. P. Winch, Oxford: Blackwell, 1980.

Worthington, Jr. E., *The Power of Forgiving*, Templeton Foundation Press, 2005.

Zajonc, R., "Feeling and Thinking: Preferences need no inferences." *American Psychologist 35*: 1980.

(http://www.newyorker.com/culture/jia-tolentino/what-happens-when-we-decide-everyone-else-is-a-narcissist).

키에르케고어의 '나'를 찾는 도덕발달

Moral Development in S. Kierkegaard's Searching for Self

2020년 09월 29일 발행

저　　자 황 종 환
발 행 처 한남대학교 출판부(글누리)
34430 대전광역시 대덕구 한남로 70(오정동)
전화 042-629-7536
전송 042-629-7264
인　　쇄 바　름
전화 042-628-2412
I S B N 978-89-7066-401-9 93160

정　가 17,000원